# DIREITO MUNICIPAL
# EM DEBATE

TAISA CINTRA DOSSO
*Coordenadora-Geral*

GUSTAVO MACHADO TAVARES
THIAGO VIOLA PEREIRA DA SILVA
*Coordenadores*

*Prefácio*
Irene Patrícia Nohara

# DIREITO MUNICIPAL EM DEBATE

Volume 6

Belo Horizonte

2022

© 2022 Editora Fórum Ltda.

É proibida a reprodução total ou parcial desta obra, por qualquer meio eletrônico, inclusive por processos xerográficos, sem autorização expressa do Editor.

## Conselho Editorial

Adilson Abreu Dallari
Alécia Paolucci Nogueira Bicalho
Alexandre Coutinho Pagliarini
André Ramos Tavares
Carlos Ayres Britto
Carlos Mário da Silva Velloso
Cármen Lúcia Antunes Rocha
Cesar Augusto Guimarães Pereira
Clovis Beznos
Cristiana Fortini
Dinorá Adelaide Musetti Grotti
Diogo de Figueiredo Moreira Neto (*in memoriam*)
Egon Bockmann Moreira
Emerson Gabardo
Fabrício Motta
Fernando Rossi
Flávio Henrique Unes Pereira
Floriano de Azevedo Marques Neto
Gustavo Justino de Oliveira
Inês Virgínia Prado Soares
Jorge Ulisses Jacoby Fernandes
Juarez Freitas
Luciano Ferraz
Lúcio Delfino
Marcia Carla Pereira Ribeiro
Márcio Cammarosano
Marcos Ehrhardt Jr.
Maria Sylvia Zanella Di Pietro
Ney José de Freitas
Oswaldo Othon de Pontes Saraiva Filho
Paulo Modesto
Romeu Felipe Bacellar Filho
Sérgio Guerra
Walber de Moura Agra

**FÓRUM**
CONHECIMENTO JURÍDICO

Luís Cláudio Rodrigues Ferreira
Presidente e Editor

Coordenação editorial: Leonardo Eustáquio Siqueira Araújo
Aline Sobreira de Oliveira

Rua Paulo Ribeiro Bastos, 211 – Jardim Atlântico – CEP 31710-430
Belo Horizonte – Minas Gerais – Tel.: (31) 2121.4900
www.editoraforum.com.br – editoraforum@editoraforum.com.br

Técnica. Empenho. Zelo. Esses foram alguns dos cuidados aplicados na edição desta obra. No entanto, podem ocorrer erros de impressão, digitação ou mesmo restar alguma dúvida conceitual. Caso se constate algo assim, solicitamos a gentileza de nos comunicar através do *e-mail* editorial@editoraforum.com.br para que possamos esclarecer, no que couber. A sua contribuição é muito importante para mantermos a excelência editorial. A Editora Fórum agradece a sua contribuição.

Dados Internacionais de Catalogação na Publicação (CIP) de acordo com ISBD

| | |
|---|---|
| D598 | Direito Municipal em Debate / coordenado por Taisa Cintra Dosso, Gustavo Machado Tavares, Thiago Viola Pereira da Silva. - Belo Horizonte: Fórum, 2022. |
| | 398 p. ; 14,5cm x 21,5cm. |
| | Inclui bibliografia. |
| | ISBN: 978-65-5518-406-8 |
| 2 0 2 2 - 1588 | 1. Direito Municipal. I. Dosso, Taisa Cintra. II. Tavares, Gustavo Machado. III. Silva, Thiago Viola Pereira da. IV. Título. |
| | CDD 342 |
| | CDU 342 |

Elaborado por Odilio Hilario Moreira Junior - CRB-8/9949

Informação bibliográfica deste livro, conforme a NBR 6023:2018 da Associação Brasileira de Normas Técnicas (ABNT):

DOSSO, Taisa Cintra; TAVARES, Gustavo Machado; SILVA, Thiago Viola Pereira da. (Coords.). *Direito Municipal em Debate*. Belo Horizonte: Fórum, 2022. 398 p. ISBN 978-65-5518-406-8.

## SUMÁRIO

**PREFÁCIO**
Irene Patrícia Nohara .................................................................. 13

**O FEDERALISMO COOPERATIVO SANITÁRIO E A JUDICIALIZAÇÃO DA SAÚDE NO ÂMBITO MUNICIPAL**
**Patricia Candemil Farias Sordi Macedo** ........................................ 17
1     Introdução ........................................................................... 17
2     A compreensão do direito à saúde e o conceito de saúde no contexto dos direitos humanos no plano internacional e no Direito Constitucional brasileiro ........................................ 19
3     A compreensão da concretização do direito social à saúde no Brasil, pós-Constituição de 1988 e a evolução do fenômeno conhecido como "judicialização da saúde" e sua afetação nas políticas constitucionais municipais .......... 23
3     Compreensão das políticas constitucionais relacionadas à saúde no constitucionalismo contemporâneo, para além da judicialização ........................................................ 44
4     Observações finais .............................................................. 49
Referências .................................................................................. 50

**A IMPLEMENTAÇÃO DE POLÍTICAS SOCIAIS PÚBLICAS PELA VIA JUDICIAL SOB O VIÉS DA *JUDICIAL DEFERENCE***
**Bárbara Roedel Berri** .................................................................. 57
1     Introdução ........................................................................... 57
2     Direitos sociais: efetivação das políticas públicas ............... 58
3     Política de Estado: o controle judicial da escolha administrativa ....................................................................... 60
3.1   Da deferência judicial à interpretação administrativa: o contrapeso à eficiência ................................................... 62
4     Conclusão ........................................................................... 66

Referências..................................................................................................68

## O REGIME ESPECIAL DE PRECATÓRIOS COMO UMA GARANTIA PARA SUSTENTAÇÃO DO FEDERALISMO NO BRASIL
**Alexsandro Rahbani Aragão Feijó, Helena Marques Lima**................71
1       Introdução...................................................................................71
2       Federalismo.................................................................................72
2.1     O desequilíbrio financeiro.........................................................73
2.1.1   O descontrole no pagamento de precatórios..........................76
2.2     A reestruturação dos entes federados......................................79
2.3     A atuação de instituições na defesa de unidades da
        Federação....................................................................................80
3       O regime especial de precatórios.............................................81
3.1     Histórico......................................................................................82
3.1.1   Evolução do regime de precatórios na Constituição da
        República de 1988......................................................................84
3.2     Sua natureza...............................................................................87
3.3     Direito Comparativo: execução contra a Fazenda Pública
        em outros países.........................................................................88
3.4     Estudo do caso do município de São Luís...............................90
3.4.1   Do funcionamento do regime especial....................................90
3.4.2   Da atuação da Procuradoria-Geral do Município..................91
4       Federalismo e o regime especial de precatórios....................93
4.1     A necessidade de autonomia das unidades federativas.........93
4.2     O regime especial como um instrumento garantidor
        do federalismo............................................................................95
4.3     Da intervenção federal por suspensão do pagamento
        de precatórios.............................................................................96
4.4     Análise da ADO nº 58/STF........................................................99
5       Considerações finais................................................................101
Referências................................................................................................102

## A DECISÃO TRANSITADA EM JULGADO AMPARADA EM TESE INCONSTITUCIONAL NO ÂMBITO DOS JUIZADOS ESPECIAIS E O TRÂNSITO DE TÉCNICAS DE ARGUIÇÃO DE INEFICÁCIA DO TÍTULO JUDICIAL
**Lucas Andrade Pereira de Oliveira**......................................................107

| | | |
|---|---|---|
| 1 | O ordenamento jurídico como um sistema | 107 |
| 1.1 | O microssistema dos juizados especiais e seu diálogo com o código de processo civil | 109 |
| 1.2 | O trânsito de técnicas entre o procedimento do processo civil comum e o procedimento dos juizados especiais. Uma via de mão dupla | 115 |
| 1.3 | Segurança jurídica em processos flexíveis, simples e informais | 118 |
| 2 | A coisa julgada nos juizados especiais | 121 |
| 2.1 | A coisa julgada contendo tese inconstitucional | 121 |
| 2.2. | A vedação ao ajuizamento da ação rescisória no âmbito dos juizados especiais | 126 |
| 2.3 | A arguição de acórdão ou sentenças inconstitucionais no âmbito dos juizados especiais | 130 |
| 2.4 | O trânsito de técnicas para arguir-se a ineficácia do título executivo transitado em julgado no procedimento comum | 133 |
| 2.5 | O prazo para pleitear a declaração de ineficácia da sentença ou acórdão amparados em tese contrária a entendimento do STF | 136 |
| Conclusões | | 139 |
| Referências | | 140 |

## O USO DA TECNOLOGIA NAS CONTRATAÇÕES PÚBLICAS: UMA NECESSÁRIA INOVAÇÃO NO ÂMBITO DA ADMINISTRAÇÃO PÚBLICA PÓS-PANDEMIA DE COVID-19

| | | |
|---|---|---|
| **Edcarlos Alves Lima** | | 145 |
| Introdução | | 145 |
| 1 | Inovação voltada às contratações públicas | 147 |
| 2 | Manutenção de certames no contexto da pandemia: reinvenção em prol da concretização de políticas públicas | 155 |
| 3 | Incorporação das inovações tecnológicas no campo das contratações públicas | 160 |
| Considerações finais | | 163 |
| Referências | | 166 |

## O PODER DE POLÍCIA EXERCIDO PELA EMPRESA ESTATAL DEFINIDO PELO SUPREMO TRIBUNAL FEDERAL NO JULGAMENTO DO RECURSO EXTRAORDINÁRIO Nº 633.782

**Miguel Gustavo Carvalho Brasil Cunha** .................................................. 171
1 Introdução .............................................................................. 171
2 Da demanda ........................................................................... 173
3 Análise do posicionamento do STF no RE nº 633.782/MG e o poder de polícia das empresas estatais. Voto do relator ............................... 181
4 Os possíveis reflexos da decisão. alcance. fenômeno da autarquização das estatais .................................... 184
5 Conclusão ............................................................................... 189
Referências ....................................................................................... 189
Apêndice .......................................................................................... 191

## PARÂMETROS PARA A APLICAÇÃO DA RECEITA ORIUNDA DA CONTRIBUIÇÃO PARA O CUSTEIO DO SERVIÇO DE ILUMINAÇÃO PÚBLICA (COSIP): ANÁLISE DA JURISPRUDÊNCIA DO STF E DOS TRIBUNAIS DE CONTAS ESTADUAIS

**Eduardo de Souza Floriano, Marcus Mota Monteiro de Carvalho, Carolina Guimarães Ayupe, Hugo Vidigal Ferreira Neto** .................. 193
Introdução ........................................................................................ 193
1 Natureza jurídica, hipótese de incidência e sujeitos passivos da contribuição de iluminação pública: discussões doutrinárias ..................................................... 194
1.1 Natureza jurídica da contribuição de iluminação pública ....................................................................................... 196
1.2 Hipótese de incidência e sujeito passivo da contribuição de iluminação pública ................................................. 197
2 Vinculatividade das receitas .............................................. 198
2.1 Posicionamento do Supremo Tribunal Federal no Recurso Extraordinário nº 666.404/SP ........................................ 201
2.2 Posicionamento dos Tribunais de Contas Estaduais ............ 203
2.2.1 Utilização da contribuição de iluminação pública para iluminação de Natal ..................................................... 203

| | | |
|---|---|---|
| 2.2.2 | Utilização da contribuição de iluminação pública para pagamento do salário de eletricistas responsáveis pela manutenção da rede e pagamento de faturas de energia elétrica de espaços esportivos .................................................. | 205 |
| 2.2.3 | Utilização da contribuição de iluminação pública para pagamento de Parceria Público-Privada para fins de modernização do serviço de iluminação pública ................... | 206 |
| 2.2.4 | Utilização da contribuição de iluminação pública para custeio de sistema de videomonitoramento ........................... | 206 |
| 3 | A razão de decidir e os fundamentos dos casos acima como balizas para extração da aplicabilidade das receitas de Contribuição para Custeio de Iluminação Pública ........... | 207 |
| Considerações finais .................................................................................. | | 210 |
| Referências .................................................................................................. | | 211 |

## A EXTRAFISCALIDADE DO IPTU COMO INSTRUMENTO DE POLÍTICA URBANA: UMA ANÁLISE PARA ALÉM DA PROGRESSIVIDADE NO TEMPO

**Suelane Ferreira Suzuki** .......................................................................... 213

| | | |
|---|---|---|
| 1 | Introdução ............................................................................... | 213 |
| 2 | O papel dos municípios na execução da política urbana ..... | 214 |
| 3 | A política urbana e a função social da propriedade .............. | 216 |
| 4 | O IPTU como instrumento de política urbana ...................... | 217 |
| 5 | A utilização da seletividade do IPTU como forma de concretização da função social da propriedade urbana ........ | 221 |
| 6 | Conclusão ................................................................................ | 224 |
| Referências .................................................................................................. | | 225 |

## O PROCESSO DE CRIAÇÃO DA PROCURADORIA-GERAL DO MUNICÍPIO DE CORDEIRÓPOLIS-SP

**Marco Antonio Magalhães dos Santos** .................................................. 227
Introdução.................................................................................................... 227
O município de Cordeirópolis-SP .............................................................. 228
A luta dos procuradores municipais de Cordeirópolis-SP ..................... 229
A decisão de inconstitucionalidade na ADI nº 2135099-15.2017.8.26.0000 ...................................................................................... 232
A fixação da tese por parte do Órgão Especial do Tribunal de Justiça do Estado de São Paulo ............................................................. 236

A decisão do Supremo Tribunal Federal e a
"constitucionalização" da carreira de procurador municipal ............ 238
A criação Da Procuradoria-Geral do Município de
Cordeirópolis-SP .................................................................................. 240
Conclusão ............................................................................................. 243
Referências .......................................................................................... 245

## DA PROFISSIONALIZAÇÃO DA ADVOCACIA PÚBLICA MUNICIPAL: ANÁLISE DO PODER DE CONFORMAÇÃO ADMINISTRATIVA DIANTE DA REGRA CONSTITUCIONAL DO CONCURSO PÚBLICO, DAS LIMITAÇÕES IMPOSTAS A CRIAÇÃO DE CARGOS EM COMISSÃO E DAS BALIZAS LEGAIS PARA A CONTRATAÇÃO DE ESCRITÓRIOS ADVOCATÍCIOS

**Eliane Pires Araújo, Guilherme Sanini Schuster,
Rafael de Moraes Brandão** ................................................................ 249
Introdução ........................................................................................... 249
1      Da necessária profissionalização das funções públicas
e da regra constitucional do concurso público para
ingresso nos cargos públicos ................................................... 250
2      Da exclusividade do exercício da consultoria jurídica
pelos órgãos integrantes da advocacia pública municipal
e da sua concepção como função essencial à Justiça ............. 255
Considerações finais .......................................................................... 261
Referências .......................................................................................... 261

## PARECER
**Célio Natal dos Santos Júnior** ........................................................ 263
I      Relatório ..................................................................................... 263
II     Fundamentação jurídica .......................................................... 264
II.1   Da natureza do parecer e responsabilidade do parecerista .... 264
II.2   Da matéria trazida a debate ..................................................... 265
III    Conclusão ................................................................................... 269
Referências .......................................................................................... 270

## PARECER
**Cristiane da Costa Nery, Jhonny Prado Silva** ............................. 271
1      Introdução ................................................................................. 271

| | | |
|---|---|---|
| 2 | Do contexto fático | 273 |
| 3 | Análise normativa dos gastos com educação: a posição do Tribunal de Contas do Estado do Rio Grande do Sul | 275 |
| 4 | Análise normativa dos gastos com inativos no âmbito do município de XXX | 278 |
| 5 | Da não caracterização do pagamento de aposentadorias e pensões com os recursos do FUNDEB - natureza jurídica tributária dos encargos sociais dos servidores | 281 |
| 6 | Da necessidade de uma regra de transição | 290 |
| 7 | Conclusões e recomendações | 299 |
| Referências | | 300 |

## PARECER
**Marcelo Rodrigues Mazzei** .................................................. 303
Relatório ........................................................................... 303
Desenvolvimento ............................................................... 303
Conclusão ......................................................................... 322
Referências ....................................................................... 322

## PEÇA
**Nathália Suzana Costa Silva Tozetto** .................................. 325

| | | |
|---|---|---|
| I | Da síntese da pretensão | 325 |
| II | Do Direito | 326 |
| II.I | Sociedade de propósito específico, sua finalidade e a impertinência de seu uso para a simulação de negócio jurídico | 326 |
| II.II | Legalidade da cobrança de ISTI/ITBI no caso | 330 |
| VI | Pedido | 334 |
| Referências | | 334 |

## PEÇA
**Julia Rodrigues Carvalho** ..................................................... 335

| | | |
|---|---|---|
| I | Breve síntese fática | 336 |
| II | Das preliminares obstativas ao conhecimento do incidente | 336 |
| II.1 | Ausência de discussão de lei federal – questionamento de decreto municipal | 336 |
| II.2 | Rediscussão de fatos e provas | 337 |
| II.3 | Decisão paradigma proferida por juízo comum de 1º grau – ausência de divergência entre turmas recursais | 338 |

| | | |
|---|---|---|
| III | Do mérito | 339 |
| IV | Dos pedidos | 343 |
| Referências | | 343 |

## PEÇA
**Patrícia Candemil Farias Sordi Macedo** .................................................. 345
| | | |
|---|---|---|
| I | Síntese da demanda | 345 |
| II | Fundamentação | 346 |
| a) | Da constitucionalidade da política pública de "fila de espera" e entendimento jurisprudencial | 346 |
| b) | Da autoaplicabilidade condicionada do art. 208, IV, da CF: meta 1 do plano nacional de educação da Lei nº 13.005/14 e a ampliação progressiva da oferta de educação infantil em creches | 353 |
| c) | Da constitucionalidade do critério de hipossuficiência e *dever constitucional da família* em assegurar o direito à educação | 360 |
| III | Requerimento | 374 |
| Referências | | 374 |

## PEÇA
**Nathália Suzana Costa Silva Tozetto** ....................................................... 375
| | | |
|---|---|---|
| I | Dos fatos | 376 |
| II | Do Direito | 377 |
| II.I | Da obrigação de fazer decorrente da necessidade de respeito a área de preservação permanente - Decisão Judicial autos nº 0508698.75.2008.8.09.0051 | 377 |
| III | Do pedido | 380 |
| IV | Valor da causa | 381 |

## PEÇA
**Julia Rodrigues Carvalho** ............................................................................ 383
| | | |
|---|---|---|
| I | Do contexto fático da ação | 383 |
| II | Do direito | 384 |
| II.1 | Da diferença entre piso salarial e reajuste salarial | 384 |
| II.2 | Da intenção de utilizar o piso salarial como base de cálculo para a incidência de promoções dos servidores do magistério | 390 |
| II.3 | Dos impactos orçamentários imediatos | 392 |
| III | Do pedido | 393 |

**SOBRE OS AUTORES** ................................................................................ 395

# PREFÁCIO

O Brasil constitui-se, segundo o IBGE, de 5.570 municipalidades. É indiscutível a importância do município para o bem-estar do povo brasileiro. Trata-se de entidade da Federação que estava latente, isto é, em potência, desde o período colonial. Este foi período em que, em tese, o Direito vigorante no país seria originariamente proveniente das longínquas Ordenações do Reino. Contudo, as câmaras municipais criavam regras, sendo delas plantadas as primeiras sementes de *Direito Municipal*, o qual, frise-se, floresceu em território brasileiro antes mesmo de o Brasil ser um país independente.

Assim, antes de termos Direito nacional, antes de termos regras para os âmbitos estaduais, antes mesmo das províncias no Império, podemos considerar como pioneiros os primeiros passos de *Direito Municipal* dados pelas câmaras no sentido de criar regras para atender às necessidades mais próximas da população.

Para além do debate teórico acerca da autonomia de fato dos municípios, o *Direito Municipal* sempre se orientou na proximidade maior com as demandas cotidianas da população, estabelecendo uma dinâmica muito peculiar e interdisciplinar com todas as relevantes atribuições que coube ao município equacionar, desde as questões edilícias e demais atividades locais, inclusive no debate sobre o conflito de competência em algumas matérias em relação aos demais entes federativos, sobretudo a partir do momento em que o Brasil começou a aperfeiçoar o federalismo cooperativo.

Neste sentido, há uma riqueza histórica da matéria, que é, ainda, atualizada por todas as novas demandas do município na contemporaneidade, atreladas às cidades sustentáveis e inteligentes, o que se relaciona com a necessidade de digitalização da gestão e sobretudo da articulação e cooperação federativa para disponibilizar infraestruturas viabilizadoras, bem como aos desafios de enfrentamento do *caos* provocado pela pandemia de covid-19, que marca de forma traumática e indelével o começo do século XXI no planeta.

Assim, é motivo de grande celebração o livro de *Direito Municipal em debate*, que alcança sua sexta edição, com temas novos e candentes, organizado com muito zelo e competência por Taisa Cintra Dosso, Gustavo Machado Tavares e Thiago Viola Pereira da Silva, expoentes ativos aos quais agradeço a honra do convite para prefaciar esta importante obra.

Quero aqui também externar a feliz alegria de ter encontrado, entre os talentosos coordenadores e autores, amigos estimados e pessoas pelas quais tenho a mais autêntica admiração, tanto pela atuação profissional impecável entre os ilustres procuradores aqui reunidos quanto pelo verdadeiro amor que é cultivado na aplicação prática e, portanto, na criação mesma do *Direito Municipal* em geral, o que inclui, aliás, os temas de *Direito Administrativo* em particular.

Nessa perspectiva, há muitos temas que aqui são trabalhados e que refletem as grandes mudanças que ocorrem na área, com enfoque na nova lei de licitações e contratos, que atinge os municípios, questões tributárias atualizadas segundo a jurisprudência das cortes de contas e dos tribunais superiores, bem como as tendências e os relatos exemplares a inspirar a gestão e profissionalização da administração pública municipal.

O *Direito Municipal* abordado pelos autores não deixa também de ressaltar preocupação com a desarticulação federativa no fito de zelar pela saúde pública, questão de acentuada relevância, diante do caos perpetrado pela covid-19, e que deita preocupações financeiras e de precatórios que irão suscitar debates nas municipalidades diante dos desafios sociais que o período de crise, inflação e arrefecimento dos problemas sociais lamentavelmente nos lega.

Este volume conta com 10 artigos, 3 pareceres e 5 peças, submetidas ao criterioso crivo de Concurso de Artigos, Pareceres e Peças Processuais. Aliás, é de se exaltar a atuação da Associação Nacional dos Procuradores Municipais (ANPM), da qual Gustavo Machado Tavares é presidente, na luta pelas importantes causas que gravitam em torno das procuradorias, questionando as partes de propostas das reformas provenientes de Brasília que seriam um verdadeiro retrocesso às administrações municipais e à sua força de trabalho, bem como exaltando o labor e a pena dos mais admiráveis procuradores municipais.

Dos procuradores municipais advém a força de transformação, sendo o *Direito Municipal* a matéria-prima da qual são extraídas as ferramentas de entrega de grandes melhorias sociais, sendo dele que ainda haverá a perspectiva de mudanças e soluções para os novos problemas que afligem a sociedade (em âmbito local, o que é quase um pleonasmo).

Os autores desta edição da presente obra: Patrícia Macedo; Bárbara Berri; Alexsandro Feijó; Helena Lima; Lucas Oliveira; Edcarlos Alves Lima; Miguel Cunha; Eduardo Floriano; Marcus Carvalho; Carolina Ayupe, Hugo Ferreira Neto; Suelane Susuki; Nathália Tozetto; Marco Antônio dos Santos; Eliene Araújo; Guilherme Schuster; Rafael Brandão; Célio Santos Júnior; Cristiane Nery; Jhonny Prado Silva; Marcelo Mazzei; Júlia Carvalho. Eles compartilham seus conhecimentos sobre temas relacionados a, entre outros: federalismo sanitário, políticas sociais públicas, precatórios e federalismo; juizados especiais; uso da tecnologia nas contratações públicas; poder de polícia exercido por estatal conforme julgamento do STF; análise jurisprudencial do STF e dos Tribunais de Contas da COSIP; extrafiscalidade do IPTU para além da progressividade; relato histórico do processo de criação da Procuradoria-Geral do Município de Cordeirópolis-SP e a profissionalização da administração pública municipal.

Como se percebe, são temas de inquestionável aplicabilidade prática no cotidiano dos municípios, que são desdobrados de forma dedicada e atualizada. Os autores contribuem generosamente com seus conhecimentos em temas que serão, portanto, de grande utilidade para esse universo de mais de 5.000 mil municípios e suas procuradorias, para os estudos que se dão na área do *Direito Municipal* e para a reflexão do estado da arte de cada um dos assuntos desdobrados.

Assim, em um ano em que o coronavírus infelizmente ganha variantes com mais mutações, em que *ainda* não nos podemos considerar livres deste flagelo que ceifou vidas, afastou fisicamente pessoas e que gerou efeitos com os quais lidaremos também nos próximos anos, mas contra o qual já contamos com vacinas eficazes, temos a alegria de tomar contato com essa *preciosidade*, que é a obra produto do labor dos que estão à frente da ANPM e que conseguiram reunir esforços para que fosse publicada a primorosa sexta edição.

Reitero a alegria e honra que foi receber esse convite, que me foi endereçado pela ANMP, por meio de seus coordenadores Taisa Cintra Dosso, Gustavo Machado Tavares e Thiago Viola Pereira da Silva, e faço votos explícitos e efusivos para que a presente publicação alcance o merecido sucesso e possa, portanto, transformar a vida dos aplicadores cotidianos do *Direito Municipal*, com foco na advocacia municipal pública, a partir dos qualificados estudos que foram aqui criteriosamente reunidos.

Rio de Janeiro, 20 de março de 2022.

**Irene Patrícia Nohara**
Livre-docente e doutora em Direito do Estado pela USP. Professora da Pós-Graduação em Direito Político e Econômico da Universidade Presbiteriana Mackenzie.

# O FEDERALISMO COOPERATIVO SANITÁRIO E A JUDICIALIZAÇÃO DA SAÚDE NO ÂMBITO MUNICIPAL

**PATRICIA CANDEMIL FARIAS SORDI MACEDO**

## 1 Introdução

O direito à saúde surgiu no plano internacional como um direito fundamental social, e o conceito básico de saúde foi elencado pela Organização Mundial da Saúde (OMS) como sendo um estado completo de bem-estar físico, mental e social, e não somente a ausência de afecções e enfermidades.

Com essas considerações iniciais, o presente artigo fará uma análise da evolução histórica do conceito de saúde como um direito fundamental social, para a compreensão dos principais elementos que formam o Estado Democrático de Direito brasileiro, do ponto de vista do princípio da dignidade da pessoa humana, como fundamento da sociedade brasileira e núcleo axiológico da Constituição, com a finalidade precípua de consecução das políticas constitucionais de saúde (MELO; CARDUCCI, 2016), diante do constitucionalismo dirigente.

Será aprofundado o conhecimento sobre a forma como a saúde foi reconhecida como um direito fundamental, identificado a partir da Constituição Federal de 1988, expressamente declarado como direito fundamental previsto no artigo 6º e artigos 196 e seguintes. E, devido ao seu status de direito fundamental, ele possui aplicabilidade imediata, sendo progressivamente consolidado no arcabouço normativo infraconstitucional.

Em seguida, o estudo irá analisar o fenômeno conhecido como "judicialização da saúde" no Brasil pós-Constituição de 1988, com base nas jurisprudências do Supremo Tribunal Federal (STF). A partir dessas decisões do Supremo Tribunal Federal, deduzem-se as seguintes fases da judicialização da saúde no Brasil (CUNHA, 2020, p. 66): 1ª) "não ativismo", de 1988 a 1996; 2ª) "absolutização da saúde", de 1997 a 2003; 3ª) "custo dos direitos" (reserva do financiamento do possível x mínimo existencial), de 2004 a 2009; e 4ª) "Medicina Baseada em Evidências", de 2009 a 2019.

O presente artigo abordará e delimitará uma 5ª fase da judicialização da saúde, denominada "racionalização de parâmetros", no sentido de um *processo de concessão mais eficaz e menos dispendioso*, com base nas recentes decisões do Supremo Tribunal Federal, a partir do julgamento do Tema em Repercussão Geral nº 793 do STF, em maio de 2019. Ao retomar o julgamento do Recurso Extraordinário nº 855.178,[1] em Embargos de Declaração, o STF tentou corrigir os efeitos adversos do princípio da solidariedade irrestrita entre os entes, sem, contudo, afastá-la, e fixou a seguinte tese em repercussão geral:

> Os entes da federação, em decorrência da competência comum, são solidariamente responsáveis nas demandas prestacionais na área da saúde, e diante dos critérios constitucionais de descentralização e hierarquização, compete à autoridade judicial direcionar o cumprimento conforme as regras de repartição de competências e determinar o ressarcimento a quem suportou o ônus financeiro.

O novo entendimento faz justiça aos municípios brasileiros, muitos de pequeno porte, com parcas rubricas orçamentárias, diante das ondas de judicialização arroladas alhures, de 1997 em diante. Nos votos dos ministros isso ficou muito bem evidenciado, a serem analisados com profundidade na pesquisa.

Cabe rememorar a ocorrência de inúmeras ordens judiciais de prisão por descumprimento judicial, efetuadas em face de secretários municipais de saúde, diante da parca verba orçamentária frente às inúmeras decisões para pagamento de tratamentos de competência constitucional e legal do Estado e/ou União.

A aplicação do Tema nº 793 do STF ainda não se consolidou, havendo grande divergência na tentativa de interpretação, permanecendo, em muitas vezes, a aplicação da tradicional "solidariedade entre os entes federativos" em matéria de saúde, com a divisão *pro rata*, sem, contudo, delimitar as atribuições de cada ente federativo com base na solidariedade, numa ideia de um federalismo cooperativo (competências normativas do Sistema Único de Saúde). Para isso, a presente pesquisa abarcará o estudo

---
[1] BRASIL, 2019b.

da competência constitucional dos entes federativos, sua divisão de competências e o próprio federalismo, com digressão no constitucionalismo brasileiro.

Nesse particular, a partir da delimitação do tema, as questões que se colocam à discussão são as seguintes: como a nova fase da judicialização poderá alterar positivamente, no âmbito municipal, a promoção de políticas constitucionais relacionadas ao direito à saúde? E como uma redefinição e ampliação do espaço público, não somente com a participação estatal, mas aliadas aos diversos atores da sociedade, setor privado e coletividade, poderiam contribuir para a garantia e concretização das políticas constitucionais relacionadas ao direito fundamental à saúde?

O estudo fará uma análise do quadro apontado, do ponto de vista do "federalismo solidário" e a questão orçamentária: sua gravidade limitada ao gasto irracional, tendo como consequências a perda da capacidade de administrar compras, a ineficiência em relação à escala e, principalmente, os prejuízos à própria lógica do sistema público de saúde – o que induz a novos gastos e à criação de um atendimento ao cidadão absolutamente diverso do estabelecido nas políticas públicas traçadas –, além da análise aprofundada relacionada à participação social, juntamente com o ente público, para a concreção das políticas constitucionais, como busca da promoção do direito fundamental à saúde.

Os resultados de pesquisa visam achar as soluções da controvérsia, do ponto de vista municipal. A Constituição estabelece como fins essenciais a garantia e a promoção dos direitos fundamentais, e as políticas constitucionais constituem o meio pelo qual os fins constitucionais podem ser realizados de forma sistemática e abrangente, sem olvidar que as políticas públicas envolvem gastos com recursos públicos.

## 2 A compreensão do direito à saúde e o conceito de saúde no contexto dos direitos humanos no plano internacional e no Direito Constitucional brasileiro

Numa perspectiva dos *direitos sociais*, no contexto de uma *sociedade democrática*, o direito à tutela da saúde foi maturado pelas exigências da sociedade industrial e implica, por seu lado, um *comportamento ativo* por parte do Estado ao garantir aos cidadãos *uma situação de certeza* (BOBBIO, 1998, p. 354).

Do ponto de vista dos *aspectos históricos dos direitos sociais*, o Estado do Bem-Estar (Welfare State), ou Estado Assistencial, seria um "estado garantidor" dos direitos à saúde, ou seja, um Estado que garantiria tipos mínimos de renda, alimentação, saúde, habitação, educação, assegurados a todo o cidadão, não como obra de caridade, mas como um verdadeiro direito político (BOBBIO, 1998, p. 416).

O reconhecimento e a proteção dos direitos humanos são base das Constituições democráticas; todavia, o grande problema atual não seria justificá-los, mas sim protegê-los. A questão não seria seu caráter filosófico, mas seu caráter *político*, portanto, o mais importante para a realização dos direitos humanos estaria na sua real efetivação, por meio de consecução de políticas públicas para a sua promoção (BOBBIO, 2004, p. 16).

O direito social à saúde teria uma *faceta positiva*, exigindo um agir do poder público na consecução das prestações materiais, bem como uma *faceta negativa* dos direitos sociais prestacionais, ou seja, ao Estado não incumbiria apenas a tarefa de prestar o serviço de saúde, mas também a de "abster-se de prejudicar a saúde dos indivíduos" (SARLET, 2009, p. 278).

Para a maioria dos doutrinadores, o conceito de saúde universalmente consolidado do ponto de vista institucional é o que emana do preâmbulo da Constituição da OMS de 1946, agência da Organização das Nações Unidas (ONU), como sendo "um estado de completo *bem-estar físico, mental e social* e não somente ausência de afecções e enfermidades".

Na perspectiva do direito fundamental social, com a evolução dos direitos humanos no pós-Segunda Grande Guerra, o direito à saúde surgiu no plano internacional com a positivação no art. 25 da Declaração Universal dos Direitos Humanos, da qual o Brasil é signatário (SCHWARTZ, 2001, p. 45).

O artigo 25 da Declaração Universal dos Direitos Humanos de 1948 dispõe que toda a pessoa tem direito a um nível de vida suficiente para lhe assegurar e à sua família *a saúde e o bem-estar*, principalmente quanto à alimentação, ao vestuário, ao alojamento, à assistência médica e ainda quanto aos serviços sociais necessários, e tem direito à segurança no desemprego, na doença, na invalidez, na viuvez, na velhice ou noutros casos de perda de meios de subsistência por circunstâncias independentes da sua vontade.

O preâmbulo da Constituição da Organização Mundial da Saúde elenca o direito à saúde como um direito fundamental de todos, independentemente de suas qualificações pessoais, sem quaisquer discriminações, ao proclamar que "gozar do melhor estado de saúde que é possível atingir constitui um dos direitos fundamentais de todo o ser humano, *sem distinção de raça, de religião, de credo político, de condição econômica ou social*" (SCHWARTZ, 2001, p. 46; 48).

O conceito de saúde remete-nos à garantia *da dignidade da pessoa humana*, dentro da visão do direito social fundamental, representando consequência constitucional do direito à vida. A dignidade da pessoa humana não contém apenas declaração de conteúdo ético e moral, mas constitui norma jurídico-positiva com status constitucional dotada de eficácia, transformando-se em valor jurídico fundamental da comunidade, como qualidade de princípio fundamental, constituindo valor-guia não apenas dos direitos fundamentais, mas de toda a ordem constitucional, caracterizando-se como princípio constitucional de maior hierarquia axiológico-valorativa (SARLET, 2005, p. 221-222).

Num contexto atual, surgiram novas gerações (dimensões) de direitos fundamentais como um direito muito mais amplo que o próprio direito à saúde: o *direito à saúde coletiva*, numa perspectiva biológica e social, para compreensão dos determinantes da produção social das doenças e da organização dos serviços de saúde (SANTOS, 2014, p. 67).

O conceito de saúde na perspectiva do *direito à cidadania* está ligado ao próprio exercício da cidadania, pois, na *ausência de saúde, o ser humano encontra-se despido de seu papel de ator social*. A hierarquização do direito à saúde encontra-se como direito social primordial. Sem saúde não há vida digna, não há direito ao trabalho, há apenas um resquício de vida. Portanto, a saúde é uma premissa do exercício da cidadania (MENDES, 2013, p. 41-46).

Os direitos sociais presentes na Constituição de 1988 têm sua fundamentalidade garantida no texto constitucional e na sua relação com valores e objetivos, especialmente com a dignidade da pessoa humana. São normas de caráter predominantemente principiológico, que estabelecem obrigações *prima facie* de prestar algo, de modo que sua aplicação geralmente requer ponderação com bens jurídicos ou direitos em sentido contrário, mediante análise da máxima da proporcionalidade. Segundo a classificação doutrinária de Robert Alexy, o direito à saúde seria um direito *prima facie*, considerando que é uma necessidade primordial do ser humano gozar de boa saúde, sem a qual estaria limitado para todos os outros direitos sociais constitucionais (ALEXY, 2011, p. 136-137).

A respeito da "concretização-efetividade" dos direitos sociais, econômicos e culturais, como elemento constitutivo fundamental para a cidadania, destaca-se a passagem do *garantismo individual ao garantismo social ou coletivo* a partir do texto inovador da Constituição Federal de 1988, ao alargar a dimensão dos direitos e garantias, incluindo no seu catálogo os direitos sociais, com destaque no Capítulo II, Título II. Dentre as Constituições brasileiras, é a primeira a enquadrar os direitos sociais no título dedicado aos direitos e garantias, realçando a relação indissociável que existe entre direitos econômicos, sociais e culturais e direitos, liberdades e garantias (MELO, 1995, p. 222-223).

No sistema constitucional brasileiro, cita-se o *princípio da aplicabilidade imediata ou direta das normas* que traduzem direitos e garantias fundamentais, reforçando a imperatividade das normas, presente na Constituição de 1988, art. 5º, parágrafo 1º, reforçando a "força normativa e o efeito vinculante aos direitos fundamentais" (MELO, 1995, p. 225).

Sarlet (2008, p. 5) ressalta a "dupla fundamentalidade formal e material do direito à saúde na ordem jurídico-constitucional": em sentido *material* estaria ligada à relevância do bem jurídico tutelado – importância da saúde como pressuposto à manutenção da vida com dignidade, vida saudável e com qualidade, para a fruição dos demais direitos, fundamentais ou não, como viabilização do livre desenvolvimento da pessoa e de sua personalidade. Já a *fundamentalidade formal* decorre do Direito Constitucional Positivo: parte integrante da Constituição escrita, os direitos fundamentais situam-se no ápice do ordenamento jurídico como "normas de superior hierarquia axiológica", submetidos aos limites formais (procedimento agravado para modificação dos preceitos constitucionais) e materiais ("cláusulas pétreas") da reforma constitucional; e, nos termos do que dispõe o §1º do artigo 5º da CF, as normas definidoras de direitos e garantias fundamentais são diretamente aplicáveis, vinculando de forma imediata às entidades estatais e aos particulares – comando que alcança outros dispositivos de tutela da saúde, por força da cláusula inclusiva constante do §2º do mesmo artigo 5º da CF.

O conceito atual de saúde abrange uma série de fatores extras, que compõem a pluralidade de sentidos do conceito de saúde, transmutando-se de acordo com o *momento histórico* e com o *avanço científico da humanidade*, considerando-se a saúde e a doença como estados de um mesmo processo, composto por fatores *biológicos econômicos, culturais e sociais* (MENDES, 2013, 41-46).

Na perspectiva das leis que tutelam o direito à saúde, a conceituação de saúde é mais alargada, envolvendo *aspectos biológicos e sociais*, além de ser resultado da harmonia existente entre o *ser humano e seu entorno social, cultural e religioso* (AITH, 2007, p. 46).

Com essas considerações, conclui-se que a análise da evolução histórica do conceito de saúde como um direito fundamental social é de suma relevância para a compreensão dos principais elementos que formam o Estado Democrático de Direito brasileiro, do ponto de vista do princípio da dignidade da pessoa humana, como fundamento da sociedade brasileira e núcleo axiológico da Constituição, com a finalidade precípua de consecução das políticas públicas de saúde, diante do constitucionalismo dirigente.

## 3 A compreensão da concretização do direito social à saúde no Brasil, pós-Constituição de 1988 e a evolução do fenômeno conhecido como "judicialização da saúde" e sua afetação nas políticas constitucionais municipais

Com *relação ao histórico da judicialização da saúde no Brasil*, para a maioria dos autores, a origem da questão é incerta, não apenas pela ausência de estudos empíricos sistemáticos e comparativos, mas principalmente pela amplitude da judicialização, no pós-Constituição de 1988, do ponto de vista do constitucionalismo contemporâneo e seus diferentes níveis de expressão nos tribunais, culminando no STF. Sobre a "judicialização da saúde no STF", o *Portal TRF2*[2] sistematizou os principais temas e ações paradigmas para consulta.

Para Barroso (2018, p. 144), as constituições contemporâneas desempenham dois grandes papéis: expressar decisões políticas essenciais em que se funda uma dada sociedade, sobretudo no que diz respeito aos direitos fundamentais e, ainda, disciplinar o processo democrático, para assegurar o governo da maioria em defesa dos elementos essenciais da Constituição.

Jarbas Cunha (2020, p. 66), a partir das decisões do Supremo Tribunal Federal relativas ao direito à saúde, sistematizou de forma inédita, as seguintes *fases da judicialização da saúde no Brasil*, o que se faz compreender a dinâmica histórica e conceitual: 1ª) "não ativismo", de 1988 a 1996; 2ª) "absolutização da saúde", de 1997 a 2003; 3ª) "custo dos direitos" (reserva do financiamento do possível x mínimo existencial), de 2004 a 2009 e, 4ª) "Medicina Baseada em Evidências (MBE) de 2009 a 2019.

O presente estudo pretende abordar e delimitar uma *5ª fase da judicialização da saúde*, denominada "racionalização de parâmetros", a partir da classificação anterior, com base nas recentes decisões do STF, a partir do julgamento do Tema em Repercussão Geral nº 793 do STF, em maio de 2019, com especial ênfase a este julgado.

Esta fase de "racionalização de parâmetros", no sentido de *eficiência e rendimento*, para tornar o processo mais eficaz e menos dispendioso, caminha a partir dos julgados que começaram a propor uma valorização da medicina baseada em critérios técnicos, a partir das evidências científicas, culminando com as *decisões práticas*, com relação à *delimitação dos tratamentos de alto custo* e ainda, o importante reforçamento da *delimitação das competências do SUS*, com a responsabilidade dos entes federativos e direcionamento ao ente competente, segundo a arquitetura da legislação do SUS, e, ainda, com a determinação do ressarcimento ao ente público que sofreu o ônus financeiro.

---

[2] PORTAL TRF2, [2021].

O STF, no julgamento dos Embargos de Declaração no Recurso Extraordinário nº 855.178, tentou corrigir os efeitos adversos do princípio da solidariedade irrestrita entre os entes, sem, contudo, afastá-la, e fixou a seguinte tese em repercussão geral:

> Os entes da federação, em decorrência da competência comum, são solidariamente responsáveis nas demandas prestacionais na área da saúde, e diante dos critérios constitucionais de descentralização e hierarquização, compete à autoridade judicial direcionar o cumprimento conforme as regras de repartição de competências e determinar o ressarcimento a quem suportou o ônus financeiro.

Esse novo entendimento, em especial, faz justiça aos municípios brasileiros, muitos deles de pequeno porte, com parcas rubricas orçamentárias, diante das ondas de judicialização arroladas alhures, de 1997 em diante. Nos votos dos ministros, isso ficou muito bem evidenciado, dentre eles, o voto do ministro Fachin[3] consignou os seguintes dados estatísticos:

> – No Estado do Paraná, o valor da distribuição de medicamentos para atendimento de ordens judiciais dirigidas ao Estado, *em 2003 era de 741.36906 (setecentos e quarenta e um mil reais) passou, em 2013, para 85.009.327,63 (oitenta e cinco milhões de reais)*. Projete-se este crescimento para os 26 Estados e milhares de Municípios.
> – Em São Paulo, segundo informações da Secretaria de Saúde do Estado (considerando a Capital e as cidades do interior), apresenta-se a seguinte relação entre ações e gasto com a determinação judicial nelas determinadas: *média mensal de 1550 (mil, quinhentas e cinquenta) ações dirigidas ao Estado (entre capital e interior), que somam dispêndio médio mensal de pouco menos de 5.000.000,00 (cinco milhões). São 60.000.000,00 (sessenta milhões de reais) por ano, com ações judiciais, só com demandas movidas contra o Estado de São Paulo* (fora o gasto dos Municípios individualmente e da União).
> – A propósito, um estudo comparativo mencionado por Renato Luís Dresch (Federalismo Solidário: a responsabilidade dos entes federativos na área da saúde. *In* SANTOS, Lenir; TERRAZAS, Fernanda (org). *Judicialização da Saúde no Brasil*. Campinas: Saberes, 2014. p. 31) permitiu concluir: *"Os Municípios ainda são os mais sacrificados com os gastos com saúde. Com base em dados do ano de 2012 constata-se que os Municípios gastaram em média 21,45% de receitas próprias, os Estados– membros investiram em média 12,69%, enquanto a União gastou apenas 3,9% do PIB".*

---

[3] BRASIL, 2019b.

> – Corroborando e complementando o dado supra, apresenta-se o exemplo do Município de Tubarão/SC (em documento que juntou aos autos do RE 566.471), que informa gastar com o atendimento de determinações judiciais a ele dirigidas (para um pouco mais de mil ações) o mesmo R$ 1.000.000,00 (um milhão, em dados válidos para o ano de 2012, que só devem ter crescido) dos recursos destinados à saúde, que gasta nas políticas públicas destinadas a atender os seus 100.000 (cem mil) habitantes.
> – *Como visto, Estados e Municípios (em especial os economicamente mais débeis) são os mais atingidos pela inobservância das leis e pactos do SUS, pois são compelidos por ações judiciais a custear medicamentos e tratamentos que não estão e sequer estariam sob sua responsabilidade, segundo as normas legais (e pactuadas, nos termos da lei) de distribuição de competências.*

Cabe rememorar a ocorrência de inúmeras ordens judiciais de prisão por descumprimento judicial, efetuadas em face de secretários municipais de saúde, diante da parca verba orçamentária frente às inúmeras decisões para pagamento de tratamentos de competência constitucional e legal do estado e/ou União. Renato Luís Dresch[4] observa esse fenômeno, citando Luís Roberto Barroso:

> As decisões do Poder Judiciário, atribuindo a responsabilidade solidária e impondo aos três gestores idêntica responsabilidade pelo acesso à saúde, tem agravado ainda mais os problemas de gestão, sobretudo dos Municípios menores, porque sofrendo um impacto deslocativo no orçamento, ao são obrigados a desviar recursos para ações não planejadas, sem atentar que isso acarreta "ineficiência na prestação dos serviços de saúde, com a mobilização de recursos federais, estaduais e municipais para realizar as mesmas tarefas".[5]

Sobre a fase inicial da judicialização da saúde, Patricia Macedo (2006, p. 4), em artigo para a *Revista da Ordem dos Advogados do Brasil*, seção Santa Catarina, a respeito das ações de fornecimento de medicamentos, discorre sobre o problema no âmbito municipal, numa fase de quantidade excessiva de ações, na maioria de medicamentos de "alto custo", em pretensões deduzidas em face apenas do ente municipal, sendo "flagrantemente injusto que o Município arque com o ônus de tratamentos complexos

---

[4] DRESCH, 2015.
[5] Citado por BARROSO, 2009.

de responsabilidade de outros entes". No artigo, menciona-se a *distribuição legal de competências no SUS, sobre o ressarcimento do ônus ao ente que sofreu o prejuízo financeiro* (quase como um prenúncio ao Tema nº 793 do STF), e que a crítica que se fazia às decisões judiciais não seria com relação ao caráter do direito à saúde como um direito humano e "instrumento de aperfeiçoamento social", mas sim o caráter de *desorganização do sistema*, já que há normativa distributiva das competências tripartites no SUS entre União, estados e municípios.

Em 2017, com a conhecida "Marcha dos Prefeitos",[6] houve um movimento de gestores municipais, promovido pela Confederação Nacional de Municípios (CNM), para debater a implantação de comitês para monitorar e reduzir a judicialização de demandas da saúde, em especial diante da condenação judicial dos municípios, em grande parte, com a obrigação de fornecimento de tecnologias de alta e média complexidade, ou seja, com a maioria das condenações fora da atenção básica municipal. Assim, não seria correto a imposição, em muitas das vezes, de toda a responsabilidade ao ente municipal que recebe a menor parte da fatia de arrecadação e repasses fiscais. Esses comitês promoveriam um monitoramento dialógico com os diversos representantes de Poderes, do Ministério Público, defensorias públicas e Poder Judiciário, dentre outros.

A experiência em Santa Catarina tem sido exitosa, pois já existe o Comitê Estadual de Monitoramento e Resolução das Demandas de Assistência da Saúde de Santa Catarina (COMESC), criado com base nas Resoluções nº 107 e 238, ambas do Conselho Nacional de Justiça (CNJ), e instalado em 2012.[7] É integrado por representantes do Poder Judiciário, Ministério Público, procuradorias municipais, estaduais e federais, secretarias de saúde municipais e estadual, conselho de secretarias municipais de saúde, defensoria pública, Tribunal de Contas do Estado, Federação Catarinense de Municípios, conselhos regionais de classe e outros segmentos do poder público, sociedade civil e de comunidades interessadas que, voluntariamente, cumulam essa atividade com os seus respectivos trabalhos, a fim promover

---

[6] LIDERANÇA..., [2021].
[7] COMESC, [2021].

debates e busca de consensos, de forma integrada e articulada, dando ensejo a enunciados e recomendações. O COMESC emite enunciados e recomendações que tratam sobre temas comuns nas ações judiciais envolvendo a judicialização da saúde. Essas medidas são de conhecimento público e encaminhadas aos magistrados pela Corregedoria-Geral da Justiça. Os enunciados uniformizam procedimentos a serem adotados pelos profissionais de saúde e do direito, priorizando a assistência à saúde, a organização do SUS e o desenvolvimento das políticas públicas de modo isonômico para todos que buscam o SUS.[8]

A atualização da temática da judicialização da saúde reside *na resistência de aplicação do Tema nº 793 do STF*, o qual ainda não se consolidou, havendo grande divergência na tentativa de interpretação, permanecendo por vezes a aplicação da tradicional "solidariedade entre os entes federativos" em matéria de saúde, com a divisão *pro rata* dos valores de condenação, *sem, contudo, delimitar as atribuições de cada ente federativo*, numa ideia de *federalismo cooperativo*, segundo as competências normativas do Sistema Único de Saúde.

Para isso, faz-se necessário o estudo da competência constitucional dos entes federativos, sua divisão de competências e o próprio federalismo, com digressão no constitucionalismo brasileiro.

Sobre a relevância constitucional do direito fundamental à saúde e o conceito constitucional do Sistema Único de Saúde, assim leciona José Afonso da Silva:[9]

> A *saúde* é concebida como direito de todos e dever do Estado que a deve garantir mediante políticas sociais e econômicas que visem à redução do risco de doença e de outros agravos. O direito à saúde rege-se pelos princípios da universalidade e da igualdade de acesso às ações e serviços que a promovem, protegem e recuperam.
> (...)
> O *sistema único de saúde*, integrado de uma rede regionalizada e hierarquizada de ações e serviços de saúde, constitui o meio pelo qual o Poder Público cumpre seu dever na relação jurídica de saúde que tem no polo ativo qualquer pessoa e a comunidade, já que o direito à promoção e à proteção da saúde é também um direito coletivo. O sistema único de saúde implica ações e serviços federais, estaduais, distritais

---

[8] COMESC, [2021].
[9] SILVA, 2014, p. 844.

(DF) e municipais, regendo-se pelos princípios da descentralização, com direção única em cada esfera de governo, do *atendimento integral*, com prioridade para as atividades preventivas, e da *participação da comunidade*, que confirma seu caráter de direito especial pessoal, de um lado, e de direito social coletivo, de outro.

E também por meio dele que o Poder Público desenvolve uma série de atividades de controle de substâncias de interesse para a saúde e outras destinadas ao aperfeiçoamento das prestações sanitárias.

O sistema é financiado com recursos do orçamento da seguridade social da União, dos Estados, do Distrito Federal e dos Municípios, além de outras fontes. A EC-29/2000, dando nova redação ao art. 198, previu que essas entidades apliquem, anualmente, em ações e serviços de saúde pública recursos do produto de suas arrecadações tributárias de transferências em percentagens e critérios estabelecidos em lei complementar, mas o art. 77 do ADCT, acrescido pela mesma Emenda, já estabelece o percentual de 5% para a União, 12% para os Estados e 15% para os Municípios e Distrito Federal, até a promulgação da referida lei complementar.

Considerando a *relevância pública* das ações e serviços de saúde, direitos de todos e dever do Estado, nos termos da Constituição de 1988, as ações e serviços públicos de saúde integram uma rede regionalizada e hierarquizada e constituem um sistema único (CRF, 1988, art. 198).

Essa *hierarquização* significa que a estrutura conferida ao Sistema Único de Saúde, com a descentralização das ações e a cooperação técnica e financeira dos entes federativos, reflete o *federalismo cooperativo* adotado pela nossa Constituição. Assim, os serviços de atendimento à saúde da população devem ser prestados pelos municípios, com a cooperação técnica da União e dos estados (CRF, 1988, art. 30, inciso VII). Apesar de constituírem um sistema único e integrarem uma rede regionalizada e hierarquizada, as prestações de saúde foram *descentralizadas no tocante à sua execução*.

Paulo Bonavides[10] conceitua Estado federal citando a doutrina abalizada de Jellinek: o Estado soberano é aquele formado por uma pluralidade de Estados, no qual o poder do Estado emana dos estados-membros, ligados numa unidade estatal.

O *federalismo clássico* é formado por duas esferas de poder distintas, autônomas e hierarquicamente independentes, quais se-

---

[10] BONAVIDES, 2000, p. 229.

jam, a União e os estados. Nesse modelo, é por meio da junção dos estados-membros que se forma a União (pessoa jurídica de direito público interno) e o Estado federal (pessoa jurídica de direito público internacional), e eventuais divisões geográficas constituem, apenas, unidades administrativas, não dotadas de autonomia e competências exclusivas (VASCONCELOS JÚNIOR, 2012, p. 11).

Segundo o art. 1º, *caput*, da nossa Carta Maior, a República Federativa do Brasil é formada pela união indissolúvel dos estados e municípios e do Distrito Federal. O Brasil adota, portanto, o regime político-administrativo federalista. O federalismo brasileiro foi introduzido com a Proclamação da República em 1889, como forma de organização e distribuição do poder estatal, com um governo central, com a divisão de responsabilidades e competências entre ele e os estados-membros.

No regime político-administrativo federalista há mais de uma esfera de poder dentro de um mesmo território e sobre uma mesma população. No Estado federativo, os entes políticos que o compõem possuem autonomia, sendo o poder de cada um deles atribuído pela Constituição. Decorrente do princípio federativo, o princípio da indissolubilidade do pacto federativo (*união indissolúvel dos estados e municípios e do Distrito Federal*) veda aos estados o direito de secessão. Caso ocorra qualquer tentativa de separação tendente a romper com a unidade da Federação brasileira, é permitida a intervenção federal com o objetivo de manter a integralidade nacional (artigo 34, inciso I, da Constituição Federal).

O *princípio federativo* é um dos princípios materiais estruturantes que constituem diretrizes fundamentais para toda a ordem constitucional, e tem como dogma fundamental a autonomia político-administrativa dos entes que compõem a Federação. O federalismo é, portanto, tema da mais alta envergadura em nosso ordenamento jurídico, pois está atrelado à esfera de liberdade de cada ente da Federação, ou seja, o que cada um pode ou não fazer dentro dos limites traçados pela Constituição Federal.

Assim, saber a extensão da atuação de cada ente faz-se necessário para que as exigências sociais possam recair sobre quem teria condições de atuar naquela área específica, de modo que o conhecimento da abrangência dos entes federados servirá como ferramenta do exercício efetivo da cidadania.

A Constituição Federal prevê em seu art. 18[11] como é formada a organização federativa, indicando mais especificamente que ela é composta pela União, os estados, o Distrito Federal e os municípios. A Constituição de 1988 rompeu com o federalismo de dois níveis, inspirado no modelo clássico norte-americano, instituindo uma *federação sui generis de terceiro grau*, com referência aos *municípios como entidade federativa*.

Foram asseguradas autonomias organizatórias, legislativas, administrativas e governamentais a cada um os entes que compõem a federação brasileira (União, estados, Distrito Federal e municípios). A autonomia consiste na capacidade de autodeterminação dentro de certos limites constitucionalmente estabelecidos. Diversamente da soberania, que segundo a formulação clássica consiste em uma autodeterminação incondicionada por determinantes jurídicas extrínsecas à vontade do povo.

Para José Afonso da Silva,[12] a autonomia pressupõe uma zona de autodeterminação (propriamente autônoma) restringida por um conjunto de limitações e determinantes jurídicas extrínsecas (heterônoma).

A respeito da repartição de competências como instrumento que favorece a ação estatal, leciona Paulo Branco:[13]

> Como no Estado Federal há mais de uma ordem jurídica incidente sobre um mesmo território e sobre as mesmas pessoas, impõe-se a adoção de mecanismo que favoreça a eficácia da ação estatal, evitando conflitos e desperdício de esforços e recursos. A repartição de competências entre as esferas do federalismo é o instrumento concebido para esse fim.
> A repartição de competências consiste na atribuição, pela Constituição Federal, a cada ordenamento de uma matéria que lhe seja própria.
> As constituições federais preveem, ainda, uma repartição de rendas, que vivifica a autonomia dos Estados-membros e os habilita a desempenhar as suas competências.
> Para garantir a realidade da autonomia dos Estados – e o mesmo vale para o Distrito Federal e para os Municípios – a Constituição regula, no capítulo sobre o sistema tributário nacional, a capacidade tributária das

---

[11] "Art. 18. A organização político-administrativa da República Federativa do Brasil compreende a União, os Estados, o Distrito Federal e os Municípios, todos autônomos, nos termos desta Constituição" (BRASIL, 1988).

[12] SILVA, 2014, p. 563.

[13] MENDES, 2014, p. 736-737.

pessoas políticas e descreve um modelo de repartição de receitas entre elas [6]. Estados e Municípios também participam das receitas tributárias alheias por meio de fundos (art. 159, I, da CF) e de participação direta no produto da arrecadação de outras pessoas políticas (arts. 157, 158 e 159, II, da CF). Dessa forma, propicia-se que Estados e Municípios com menor arrecadação possam, preservando a sua autonomia, enfrentar as demandas sociais que superam as receitas obtidas por meio dos tributos da sua própria competência.

Sobre a atuação conjunta dos entes federados em relação à saúde, enraizado no *federalismo cooperativo*, com regras de repartição tributária para concretização dos fins, num verdadeiro *federalismo sanitário* entre os entes, realçando o seu caráter interestatal, assim leciona Paulo Branco:[14]

> A Constituição de 1988 adotou a sistemática preconizada pelo federalismo cooperativo, em que o Estado, permeado pelos compromissos de bem-estar social, deve buscar a isonomia material e atuação conjunta para erradicação das grandes desigualdades sociais e econômicas. Para tanto, foi dado destaque à distribuição de receitas pelo produto arrecadado e ampliada participação de Estados e Municípios na renda tributária (...).
> (...)
> Pautado no modelo de federalismo por cooperação, o SUS há de ser estruturado com caráter interestatal. Essa característica manifesta-se na criação de instâncias permanentes de pactuação – as Comissões Intergestores Tripartite (em âmbito nacional) e Bipartite (em âmbito estadual) – e na criação de mecanismos solidários para a solução de problemas comuns, como os Consórcios Intermunicipais de Saúde.
> O Pacto pela Saúde, instituído pela Portaria GM/MS n. 399/2006, é mais uma medida para alcançar a efetiva operacionalização do sistema de saúde, promovendo-se inovações nos processos e instrumentos de gestão e uma integração de todas as esferas do SUS. Dá-se por meio de adesão de Municípios, Estados e União ao Termo de Compromisso de Gestão, que estabelece metas e compromissos.
> Do ponto de vista do financiamento do SUS, é claro que um modelo efetivo somente será alcançado mediante distribuição mais equânime das receitas tributárias entre os entes federados. Nesse sentido, para que seja alcançado o equilíbrio entre competição e cooperação no federalismo sanitário brasileiro, necessário é reforçar os mecanismos cooperativos desenvolvidos (...).

Nesse particular, a partir da delimitação do tema, as questões que se colocam à discussão são as seguintes: como a nova fase da

---
[14] MENDES, 2014, p. 593.

judicialização poderá alterar positivamente, no âmbito municipal, em termos de promoção de políticas constitucionais relacionadas ao direito à saúde? E como uma redefinição e ampliação do espaço público, não somente com a participação estatal, mas aliadas aos diversos atores da sociedade, setor privado e coletividade, poderiam contribuir para a garantia e promoção das políticas constitucionais relacionadas ao direito fundamental à saúde?

O caminho mais seguro para a identificação do fundamento constitucional, no exercício da competência dos entes federados, é o que se depreende da *própria legislação do Sistema Único de Saúde (SUS)*.

A Lei do SUS (Lei nº 8080/1990) regulamentou o artigo 198, inciso I, da Constituição Federal e prevê no seu artigo 9º, incisos I, II e II, um modelo institucional que *delimita o federalismo brasileiro na área da saúde*:

> Art. 9º A direção do Sistema Único de Saúde (SUS) é única, de acordo com o *inciso I do art. 198 da Constituição Federal*, sendo exercida em cada esfera de governo pelos seguintes órgãos:
> I – no âmbito da União, pelo Ministério da Saúde;
> II – no âmbito dos Estados e do Distrito Federal, pela respectiva Secretaria de Saúde ou órgão equivalente; e
> III – no âmbito dos Municípios, pela respectiva Secretaria de Saúde ou órgão equivalente.

Essa *distribuição tríplice de tarefas* na área do direito à saúde expressa o federalismo brasileiro, com a definição das três esferas dos entes federados de gestão sanitária, formando uma "organização política que pode ser adequada e designada como *federalismo sanitário brasileiro*" (DOURADO, 2010, p. 83).

O sistema "único" diz respeito aos serviços públicos de saúde que devem se pautar e se desenvolver sob um só comando único, em cada esfera de governo, por meio de diretrizes e políticas comuns. O planejamento das ações e políticas de saúde deve ser compartilhado e integrado, coordenando-se a atuação dos entes federativos, ainda que resguardada a parcela de autonomia de cada um. Portanto, "o equilíbrio nesses arranjos institucionais é resultado de processos constantes de negociação e pactuação entre os gestores, cujas principais instâncias são as Comissões Intergestores Bipartite, Tripartite e, mais recentemente, Regionais" (CANOTILHO, 2018, p. 2.021).

Sempre houve discussão na doutrina se os municípios seriam realmente entes federativos, ou se seriam apenas entidades "sui generis". Grande parte da doutrina constitucionalista, dentre eles, José Afonso da Silva, embora reconheça que a Constituição Federal de 1988 consagrou o entendimento de que o município brasileiro constitui "entidade de terceiro grau", integrante e necessária ao sistema federativo adotado no país, trata-se de "tese equivocada", pois o fato de uma entidade territorial possuir autonomia político-constitucional não a torna, necessariamente, integrante do conceito de entidade federativa (PIRES, 2005, p. 65).

José Afonso da Silva nega que o município seja um ente federado, conceituando-o como mera divisão política do estado-membro e cita como solução para a controvérsia inaugurada pela Constituição, que "o Município é um componente da federação, mas não entidade federativa" (SILVA, 2004, p. 101).

*A contrario sensu*, os municípios têm assumido um *protagonismo* destacado na *Federação brasileira* em relação à *saúde pública*, perceptível no panorama hodierno, principalmente demonstrado no contexto da pandemia de covid-19, devido à proximidade com a população, calcado nas divisões de competências constitucionais, legais e regras hierarquizadas de distribuição de competências administrativas do SUS, no âmbito do federalismo cooperativo, ganhando relevo na consecução de políticas públicas, reafirmadas essas competências por recentes julgados do Supremo Tribunal Federal (ADI nº 6341). A decisão na ADPF nº 672 (BRASIL, 2020, p. 15) ressaltou a importância do modelo de Estado Federal adotado em nossa Constituição, bem como a repartição de competências nela estabelecida, com o reforçamento da "descentralização político-administrativa do Sistema Único de Saúde brasileiro":

> A adoção constitucional do Estado Federal gravita em torno do princípio da autonomia das entidades federativas, que pressupõe repartição de competências legislativas, administrativas e tributárias. Em relação à saúde e assistência pública, inclusive no tocante à organização do abastecimento alimentar, a Constituição Federal consagra, nos termos dos incisos II e IX, do artigo 23, a existência de competência administrativa comum entre União, Estados, Distrito Federal e Municípios. Igualmente, nos termos do artigo 24, XII, o texto constitucional prevê competência

concorrente entre União e Estados/Distrito Federal para legislar sobre proteção e defesa da saúde; permitindo, ainda, aos Municípios, nos termos do artigo 30, inciso II, a possibilidade de suplementar a legislação federal e a estadual no que couber, desde que haja interesse local; devendo, ainda, ser considerada a descentralização político-administrativa do Sistema de Saúde (art. 198, CF, e art. 7º da Lei 8.080/1990), com a consequente descentralização da execução de serviços e distribuição dos encargos financeiros entre os entes federativos, inclusive no que diz respeito às atividades de vigilância sanitária e epidemiológica (art. 6º, I, da Lei 8.080/1990).

A Lei nº 8.080/90, a chamada Lei do SUS, dispõe sobre as condições para a promoção, proteção e recuperação da saúde e assegura esse direito por meio da *municipalização dos serviços*.

Como mencionado alhures, o *caput*, do art. 198 da CF/88 prevê que as ações e serviços públicos de saúde integram uma rede regionalizada e hierarquizada e constituem um sistema único. Quando se fala em rede "hierarquizada", não se quer dizer que exista uma hierarquia entre os entes federados, ou seja, a União não está acima dos estados nem estes acima dos municípios. Deverá haver um comando único dentro de cada uma dessas esferas respectivas de governo. O exercício da competência da União não diminui a competência própria dos demais entes da federação nos serviços da saúde, principalmente quando a diretriz constitucional é no sentido justamente de municipalizar esses serviços.

O que se pensou que fosse a solução para os problemas da judicialização da saúde, com o julgamento do Tema nº 793 do STF, revelou-se uma celeuma interpretativa a respeito do seguinte questionamento: quem seria o ente federativo competente para aquela prestação de saúde judicializada?

A solução para os conflitos de atribuição com relação aos medicamentos e tratamentos judicializados perpassa pelo conhecimento das normas do SUS acerca do financiamento da assistência farmacêutica. E, nesse sentido, há uma grande dificuldade para a correta identificação de quem seria o ente responsável pela prestação, pois a maioria dos pedidos judiciais são tratamentos de alto custo não incorporados ao SUS.

O STF tem uniformizado suas decisões para tornar definitivos alguns parâmetros da judicialização da saúde, como forma de corrigir o fenômeno da "absolutização da saúde", a partir de 1997, com o descontrole na política de saúde pública brasileira, já que não há como "fornecer tudo a todos", sem critérios claros e bem definidos. Esta seria uma nuance da chamada "judicialização sentimental", em que se considerava apenas a prescrição médica como requisito para a concessão dos tratamentos (SCHULZE, 2020, p. 72).

Em razão da importância do tema, em 5 de março de 2009, o STF convocou audiência pública sobre o direito à saúde e com essas experiências, em julgado emblemático, fixou parâmetros para o tema, definidos no julgamento do Agravo Regimental na Suspensão de Tutela Antecipada nº 175/CE. O voto do ministro Gilmar Mendes foi acompanhado pelo plenário do Tribunal, estabelecendo-se as seguintes balizas, de forma sistematizada e sintética (BALESTRA NETO, 2015, p. 106):

> (...) (a) *se existe a política pública e a Administração Pública não fornece a prestação material ali prevista*, o cidadão tem *direito subjetivo a obtê-la*. Neste caso, o Poder Judiciário não está criando política pública, mas apenas determinando seu cumprimento;
> (b) *se não existe política pública* que abranja a prestação material requerida, deve-se *verificar o motivo* da falta de fornecimento, que pode ser: (i) uma omissão legislativa ou administrativa; (ii) uma decisão administrativa de não fornecê-la ou (iii) a vedação legal expressa à sua dispensação. De qualquer forma, é *vedado à Administração Pública fornecer prestação material que não possua registro na Anvisa*, por força de lei
> (c) outro dado a ser considerado é *a motivação para o não fornecimento* de determinada ação de saúde pelo SUS. Há situações em que se ajuíza a ação com objetivo de garantir prestação de saúde que o SUS decidiu não custear, por entender que inexistem evidências científicas suficientes para autorizar sua inclusão. Nesse caso, há *duas hipóteses a se considerar*: (i) o *SUS fornece tratamento alternativo, mas não adequado a determinado paciente*. Esta situação exige cautela, pois os protocolos clínicos e diretrizes terapêuticas adotados representam um consenso científico sobre a condução de determinada doença. São instrumentos das políticas públicas de saúde, que visam à universalidade e à igualdade, principalmente porque equalizam as demandas da coletividade com a escassez dos recursos públicos para atendê-las. Assim, como regra, deve ser privilegiado o tratamento fornecido pelo SUS, salvo em situações excepcionalíssimas, nas quais restar assentada a ineficácia ou impropriedade da política pública existente. *(ii) O SUS não fornece* nenhuma prestação material para determinada doença. Neste caso, é possível que existam

tratamentos experimentais, que *não têm ainda comprovação científica de sua eficácia*. Tais drogas, porque ainda *não aprovadas* pelas autoridades sanitárias, *não podem sequer ser comercializadas e, menos ainda, fornecidas pelo SUS*. Outra hipótese é a existência de novos tratamentos, ainda não incorporados aos protocolos clínicos e diretrizes terapêuticas do SUS. É cediço que a burocracia administrativa pode eventualmente dificultar a incorporação desses novos tratamentos ao sistema público. Assim, não se afasta a possibilidade de que a omissão administrativa seja objeto de impugnação judicial.

Assim, denota-se que o STF deu especial atenção aos casos de falta de registro de medicamentos na Anvisa e a ausência de estudos científicos conclusivos sobre determinadas prestações materiais, com realce ao campo da medicina baseada em evidências.

O Supremo Tribunal Federal tem aprofundado e delimitado a judicialização da saúde, estabelecendo parâmetros, em especial, nos seguintes recentes julgados, referentes à *5ª fase da judicialização da saúde, denominada "racionalização de parâmetros"*: 1) *Responsabilidade dos entes da federação para o fornecimento de medicamentos e tratamentos médicos* (Embargos de Declaração no Recurso Extraordinário nº 855.178/2019), que deu origem ao Tema nº 793); 2) *Fornecimento de tratamentos sem registro na Anvisa* (Recurso Extraordinário nº 657.718/2019, que deu origem ao Tema nº 500); 3) *Fornecimento de tratamentos de alto custo não incorporados ao SUS* (Recurso Extraordinário nº 566.471/2020); 4) *Dever de o Estado fornecer medicamento que, embora não possua registro na Anvisa, tem a sua importação autorizada pela ANVISA* (Recurso Extraordinário nº 1165.959/2021, Tema nº 1.161).

Essas decisões fixam teses em "repercussão geral", com entendimentos que deverão ser aplicados pelos tribunais inferiores para casos idênticos, servindo como referência para o julgamento de futuras demandas judiciais envolvendo o direito à saúde.

No Recurso Extraordinário nº 657.718/2019, o STF reafirmou a importância da exigência do registro na Anvisa como mecanismo para a proteção da saúde pública e do direito à saúde. Ressaltou-se que o Poder Judiciário deve respeitar a decisão da agência reguladora, por razões de saúde pública e pela competência técnica da Anvisa. Por fim, reconheceu-se que a concessão de tratamentos sem registro na Anvisa pode ter um grande impacto financeiro no SUS e prejudicar a oferta de outros serviços de saúde para a população. Portanto, a regra é o não fornecimento de tratamento sem registro na Anvisa. Logo, a concessão de tratamentos não registrados deve ocorrer apenas excepcionalmente, quando forem satisfeitos os critérios estabelecidos pelo STF na tese de repercussão geral nº 500 (Tema nº 500):

> *Tema 500 do STF*
> 1. O Estado não pode ser obrigado a fornecer medicamentos experimentais.
> 2. A ausência de registro na ANVISA impede, como regra geral, o fornecimento de medicamento por decisão judicial.
> 3. É possível, excepcionalmente, a concessão judicial de medicamento sem registro sanitário, em caso de mora irrazoável da ANVISA em apreciar o pedido (prazo superior ao previsto na Lei nº 13.411/2016), quando preenchidos três requisitos:
> (i) a existência de pedido de registro do medicamento no Brasil (salvo no caso de medicamentos órfãos para doenças raras e ultrarraras);
> (ii) a existência de registro do medicamento em renomadas agências de regulação no exterior; e
> (iii) a inexistência de substituto terapêutico com registro no Brasil.
> 4. As ações que demandem fornecimento de medicamentos sem registro na ANVISA deverão necessariamente ser propostas em face da União.

Analisando o Tema nº 500 do STF, o primeiro critério absoluto, sem exceções, estabelece que o Judiciário não pode obrigar o SUS a fornecer um medicamento experimental, ou seja, ainda em fase de testes.

O STF também estabeleceu que em regra, o SUS não tem o dever de fornecer tratamentos sem registro na Anvisa. Por ser essa uma regra geral, ela admite exceções. Todavia, a distinção entre tratamentos experimentais e tratamentos sem registro deixa abertas algumas questões importantes porque há tratamentos com registro e que ainda são experimentais.

O STF reconheceu o caráter de excepcionalidade da concessão de tratamentos não incorporados no RE nº 566.471/2020. A decisão de incorporação de uma nova terapia analisa e compara os tratamentos médicos à luz da evidência científica, além da avaliação econômica e seu impacto sobre o sistema de saúde e é realizada pela Comissão Nacional de Incorporação de Tecnologias no Sistema Único de Saúde (Conitec).

Nesse caso, o SUS não pode ser obrigado a fornecer todo e qualquer tratamento prescrito pelo médico ao seu paciente. O SUS tem o dever judicialmente exigível de fornecer os tratamentos já incorporados, mas, em regra, não é obrigado a fornecer tratamentos não incorporados. Todavia, apenas em situações excepcionais, o Poder Judiciário pode obrigar o fornecimento de tratamentos não incorporados.

Este reconhecimento pelo STF de que a regra é pela não concessão de tratamentos não incorporados é considerado um grande avanço com relação à jurisprudência, até então predominante, que reconhecia o dever de fornecer qualquer tratamento prescrito.

O *Recurso Extraordinário nº 1165.959/2021* foi julgado e deu origem ao *Tema em Repercussão Geral nº 1161*, que determinou o "dever do Estado de fornecer medicamento que, embora não possua registro na ANVISA, tem a sua importação autorizada pela agência de vigilância sanitária". Assim, cabe ao Estado fornecer, em termos excepcionais, medicamento que, embora não possua registro na ANVISA, tem a sua importação autorizada pela agência de vigilância sanitária, desde que comprovados os seguintes requisitos: incapacidade econômica do paciente, imprescindibilidade clínica do tratamento e a impossibilidade de substituição por outro similar constante das listas oficiais de dispensação de medicamentos e os protocolos de intervenção terapêutica do SUS.

O STF, portanto, colocou mais critérios objetivos no que tange à obrigação de o Estado em fornecer ou não um *medicamento não registrado na ANVISA*. Agora, não somente os critérios de excepcionalidades estabelecidos no Tema nº 500 devem ser observados, como também os critérios do Tema nº 1.161, o qual determina que, ainda que não haja registro do medicamento na Anvisa, ocorrendo a autorização de importação pela agência reguladora, devem ser observados três critérios já mencionado alhures, quais sejam: 1) comprovação da incapacidade econômica do paciente; 2) a imprescindibilidade clínica do tratamento e 3) a impossibilidade de substituição por outro similar constante das listas oficiais de dispensação de medicamentos e os protocolos de intervenção terapêutica do SUS. Logo, se preenchidos tais critérios, o Estado será obrigado a fornecer o medicamento.

Já o *Tema nº 793 do STF* possui grande relevância aos municípios, pois como visto, estes geralmente possuem orçamentos escassos em comparação aos dos estados e da União. A responsabilidade financeira pelo fornecimento de medicamentos, produtos de interesse para a saúde ou procedimentos a respeito da assistência terapêutica e da incorporação de tecnologia em saúde será pactuada na Comissão Intergestores Tripartite (CIT). Porém, a divisão de tarefas varia conforme cada política pública. A política de assistência farmacêutica possui uma Relação Nacional de Medicamentos Essenciais (Rename) cujos três componentes principais mostram a complexidade da divisão de responsabilidades – financiamento, aquisição e fornecimento – entre os diferentes entes para a execução da política.

O STF entendeu que os entes federativos são solidariamente responsáveis em demandas por tratamentos médicos, ou seja, qualquer ente pode compor o polo passivo de uma demanda judicial, por qualquer demanda de saúde do SUS. Portanto, os pacientes podem escolher qual ente processar independentemente da divisão de responsabilidades de acordo com as normas e pactuações do SUS.

Todavia, o STF reconheceu que a tese da responsabilidade solidária irrestrita dificultaria a gestão e desestruturaria e desorganizaria as políticas do SUS. Para tentar resolver esses problemas, foi estabelecido que cabe ao juiz analisar o pedido de tratamento e considerar as regras de repartição de competências do SUS para: 1) que o ente responsável pelo tratamento, segundo as regras do SUS seja chamado para responder a demanda judicial e 2) determinar qual ente ficaria responsável por custear o fornecimento do tratamento, no caso de condenação judicial.

Outra dúvida relacionada ao Tema nº 793 é que não menciona que o ente responsável precise figurar no polo passivo. O voto do ministro Edson Fachin, que serviu de referência para a tese do Tema nº 793, diz explicitamente que isso deveria ocorrer. Essa é uma questão ainda a ser decida pelo Poder Judiciário.

Outro ponto que também gera inúmeras dúvidas com relação ao Tema nº 793 é com relação a como determinar quem é o ente responsável. Para tratamentos já incorporados ao SUS, a resposta é simples, por meio da avaliação das regras e pactuações do SUS.

Outra celeuma é se devem ser incluídos no processo e cumprir eventual decisão os entes responsáveis pelo financiamento, aquisição ou fornecimento do tratamento, como por exemplo, em uma ação por um medicamento do componente estratégico, deve ser incluída apenas a União (responsável pelo financiamento e aquisição), apenas o município (responsável pelo fornecimento) ou os dois entes federativos?

Mais uma dúvida é para o caso de demandas por *tratamentos não incorporados ao SUS*, pois, à primeira vista, nenhum ente teria a responsabilidade de financiar, adquirir e fornecer o tratamento. Já com relação às ações por tratamentos sem registro na Anvisa, estas deverão ser propostas necessariamente contra a União, conforme complementa o Tema nº 500.

Com relação aos *tratamentos com registro junto à Anvisa*, mas *não incorporados*, a tese que vem prevalecendo é a de que as ações devem ser propostas necessariamente contra a União por ser ela responsável pela incorporação de tratamentos. Porém, o voto do ministro Fachin (que serviu de base para a tese do Tema nº 793) propõe que a responsabilidade deve ser distribuída de acordo com o pactuado na Comissão Intergestores Tripartite. Assim, a dificuldade com a aplicação dessa tese é que a pactuação sobre tratamentos não incorporados é muito improvável, já que a pactuação ocorre em conjunto com ou posteriormente à incorporação.

Outra interpretação possível seria a de que o juiz analisaria qual o ente responsável pelo tratamento solicitado, caso este tratamento fosse incorporado. Para isso, há a dificuldade técnica para analisar o tratamento e a dinâmica do próprio SUS.

O entendimento do ministro Fachin foi aplicado em decisões recentes do STF, como por exemplo, nas Suspenções de Tutela Provisória STP nº 174/2020 e nº 127/2020, sobre *tratamentos já incorporados*, mas ainda *não pactuados*. Nesses casos, foi decidido que o *município não pode ser responsável* pelo cumprimento da decisão, pois o tratamento é *altamente especializado e de alto custo*.

Um exemplo de decisão que distribuiu o ônus de atribuições entre os entes federativos, no caso de *medicamento não incorporado às tecnologias do SUS*, ocorreu no caso em que a parte requereu o fornecimento, solidariamente da União, estado e município, de *medicamento oncológico de alto custo* (temozolomida) para o tratamento de câncer em estágio avançado (glioblasma, grau 4), medicamento registrado na Anvisa. Todavia, a Conitec deliberou pela não recomendação de sua incorporação pelo Ministério da Saúde e, portanto, não estava padronizado em nenhum programa do Ministério da Saúde. Em razão da alegada urgência, pleiteou antecipação dos efeitos da tutela, a qual restou indeferida. A parte autora ingressou com medida cautelar contra tal indeferimento, obtendo decisão favorável nos seguintes termos:

> (...) A jurisprudência da 3ª Turma Recursal, por determinado período, imputou tão somente ao Estado de Santa Catarina a obrigação de entregar o medicamento (ou realizar tratamento médico), determinando que a compensação financeira ocorresse na seara administrativa, o que não se mostrou eficaz, pois inúmeras as reclamações em relação ao descumprimento das decisões judiciais na matéria.
> Posteriormente, este Colegiado alterou seu entendimento, no sentido de que *a obrigação deveria ser impingida a todos os réus, indistintamente, dada a solidariedade entre os entes públicos*. Tal posição é amplamente majoritária na jurisprudência dos Tribunais. Entretanto, na prática judiciária, *não se mostrou como a melhor resposta que pode ser dada à sociedade*, ressurgindo casos de descumprimento a tempo e modo das decisões judiciais.
> Assim, após ouvir as partes, particularmente a União e o Estado de Santa Catarina, especialmente envolvidas no cumprimento das ordens emanadas nas ações de saúde, bem como refletir a respeito dos custos e sua equânime divisão no âmbito do SUS, penso que devemos rever as nossas decisões e buscar outra solução para o caso, de molde a otimizar e efetivar o Direito à Saúde.
> Isto posto, o cumprimento da obrigação solidária deve ocorrer da seguinte forma:
> a) *ao Estado de Santa Catarina caberá a obrigação de fazer/entregar*, sob pena de multa diária para a hipótese de descumprimento;
> b) *à União caberá efetuar o ressarcimento dos valores despendidos pelo Estado de Santa Catarina*, na seguinte proporção: b.1) 50% do custo nominal do medicamento e/ou tratamento, a título de compensação pela aquisição daquele(s); b.2) 50% do custo nominal do medicamento e/ou tratamento, a título de compensação pelo custo operacional gerado para o cumprimento da obrigação judicial; e
> c) *o Município, quando integrar o polo passivo, pela proximidade com o cidadão, poderá ficar, em eventual acerto com o Estado de Santa Catarina, responsável pela guarda e entrega direta do medicamento à parte autora*.
> Por fim, destaco que tal forma de cumprimento não pretende eximir totalmente os demais réus da obrigação de fazer, mas apenas determinar a forma inicial de cumprimento da decisão. Assim, havendo descumprimento por parte do Estado de Santa Catarina, os demais réus poderão ser intimados para dar cumprimento ao determinado na decisão, uma vez que reconhecida a existência de solidariedade entre eles. Dessa

forma, também se sujeitarão às penalidades já estabelecidas ou às que vierem a ser oportunamente determinadas
(...)
Multa cominatória: No tocante à multa cominatória, fixo em R$ 100,00 (cem reais), em caso de eventual descumprimento da tutela ora deferida, excluída a União da sua incidência, visto que os atos de aquisição e entrega dos medicamentos) não ficaram a seu encargo.

A decisão reporta o entendimento anterior do tribunal, que era a posição ainda amplamente majoritária na jurisprudência dos tribunais, no sentido de que *a obrigação deveria ser impingida a todos os réus, indistintamente, dada a solidariedade entre os entes públicos*. Todavia, tal entendimento *não foi a melhor resposta que pode ser dada à sociedade*, e, após ouvir as partes, particularmente a União e o Estado, envolvidas no cumprimento das decisões, e ainda após refletir a respeito dos *custos e divisão equânime no âmbito do SUS*, buscou-se outra solução para otimizar e efetivar o direito à saúde, determinando-se o cumprimento da obrigação no seguinte sentido: 1) *ao Estado* cabe a obrigação de fazer/entregar; 2) *à União* cabe efetuar o ressarcimento dos valores despendidos pelo Estado; e 3) *ao município*, quando integrar o polo passivo, pela proximidade com o cidadão, poderá caber, em eventual acerto com o Estado de Santa Catarina, a responsabilidade pela guarda e entrega direta do medicamento à parte autora.

O tema da judicialização da saúde, portanto, é tema complexo e multidisciplinar, envolvendo diversos conhecimentos técnicos específicos, como por exemplo, na área de farmacologia e medicina, estudos científicos (medicina baseada em evidências), orçamentária, atribuições do SUS por meio das inúmeras legislações e regulamentos infralegais (portarias e determinações de diferentes órgãos estatais), além da complexidade dos diversos órgãos e suas distintas atribuições.

Conclui-se que o Tema nº 793 do STF buscou tentar resolver os conflitos e distorções federativas causadas pela judicialização da saúde, em especial em face dos municípios, mas ainda não conseguiu abordar toda a complexidade da política pública de saúde, deixando em aberto inúmeros questionamentos, principalmente, qual deve ser o ente responsável pelo cumprimento da decisão, tarefa a ser ainda solucionada pelo Poder Judiciário.

## 3 Compreensão das políticas constitucionais relacionadas à saúde no constitucionalismo contemporâneo, para além da judicialização

A compreensão e reflexão acerca da problemática da judicialização da saúde, do ponto de vista orçamentário, da finitude dos recursos públicos e da organização de todo o sistema de saúde, impacta diretamente na promoção de políticas constitucionais (MELO; CARDUCCI, 2021) relacionadas ao direito social à saúde.

O art. 193 determina que a ordem social possui como base o primado do trabalho, e como objetivo o *bem-estar* e a *justiça social*. De forma inédita, a Constituição de 1988, apelidada como Constituição Cidadã, traz a novidade de um texto principiológico redigido exclusivamente para informar uma nova ordem social, não por razões de técnica legislativa, mas sim por questões políticas, tendo como propósito refundar a ordem social do Brasil (CANOTILHO, 2018, p. 1980).

Na Constituição Federal de 1988, o direito à saúde está presente em vários dispositivos. Inicia-se com o art. 1º, inciso III, da Constituição Federal, determinando a proteção constitucional do direito à saúde, como o corolário do direito à vida, com respeito à dignidade da pessoa humana, como fundamento da República Federativa do Brasil. De forma complementar, o inciso IV do art. 3º afirma como objetivo da República brasileira a promoção do bem de todos. O art. 5º prevê a inviolabilidade do direito à vida e o art. 6º traz a noção de que o direito à saúde é expressamente garantido dentre os direitos sociais.

O art. 196 determina a saúde como direito de todos e dever do Estado; o art. 23 traz o dever cuidar da saúde, como de competência comum da União, dos estados, do Distrito Federal (DF) e dos municípios; o art. 24, XII, traz a competência concorrente da União, estados e DF para legislar sobre proteção e defesa da saúde, e o art. 197 menciona a relevância pública e a aplicação de políticas públicas.

O reconhecimento da *saúde como direito fundamental social foi inovação da Constituição Federal de 1988*. Inexistiu em constituições anteriores a previsão de acesso aos serviços de saúde de forma universal e igualitária. As Constituições de 1824 e 1891 foram omissas no tocante ao direito à saúde. As Constituições Federais de 1934, 1937, 1946 e 1967, por sua vez, apenas delimitavam as competências legislativas dos entes federativos (CANOTILHO, 2018, p. 2004).

Os direitos sociais possuem *aspecto político*, relacionado *às funções e deveres do Estado*, à definição de formas da *organização social*. Como se sabe, para a implementação dos direitos sociais, denominados direitos de segunda geração (dimensão), exige-se uma prestação estatal, o que certamente demandará um *gasto público*.

A problemática da *efetivação do direito social à saúde* demanda escolhas de políticas públicas diante da finitude dos recursos financeiros. O federalismo solidário e a questão orçamentária estão interligados e trazem a noção da gravidade limitada ao gasto irracional, tendo como consequências a perda da capacidade de administrar compras, a ineficiência em relação à escala, e principalmente, prejuízos à própria lógica do sistema público de saúde, o que induz novos gastos e a criação de um atendimento ao cidadão absolutamente diverso do estabelecido nas políticas públicas traçadas, além da análise aprofundada relacionada à participação social, juntamente com o ente público, para a *concreção das políticas constitucionais*, como busca da efetivação do direito fundamental à saúde.

A questão relacionada à consecução das políticas constitucionais relacionadas ao direito à saúde, do ponto de vista da teoria da "reserva do possível" e do "mínimo existencial", como fatores que promoveriam o retrocesso à consolidação do direito à saúde e da legislação relacionada ao SUS não aponta como solução para o problema da judicialização da saúde.

O princípio da democracia econômica e social determina a *proibição de retrocesso social ou proibição de contrarrevolução social* ou da *evolução reacionária*, ou seja, em termos de direitos sociais, como o direito à saúde, uma vez alcançados e conquistados, passam a constituir, simultaneamente uma *garantia institucional* e um *direito subjetivo* (CANOTILHO, 2010, p. 338).

Assim, o princípio da "proibição de retrocesso social" não poderia atuar contra as recessões e crises econômicas, ou seja, a reversibilidade fática, mas limitaria a reversibilidade dos direitos adquiridos, como por exemplo, no caso do direito à saúde, em clara violação ao *princípio da proteção da confiança e da segurança* dos cidadãos no âmbito econômico e social e do núcleo essencial da *existência mínima* inerente ao respeito ao *princípio da dignidade da pessoa humana* (CANOTILHO, 2010, p. 340).

Importante frisar que, a Constituição determina que a saúde é um direito de todos e dever do Estado, garantido mediante *políticas sociais e econômicas* que visem à redução do risco de doença e de outros agravos e ao acesso universal e igualitário às ações e serviços para a sua promoção, proteção e recuperação. E ainda, são de *relevância pública* as ações e serviços de saúde, cabendo ao poder público dispor, nos termos da lei, sobre sua regulamentação, fiscalização e controle, devendo a sua execução ser feita diretamente ou por meio de terceiros e, também pessoa física ou jurídica de direito privado (CRFB, 1988).

A temática relacionada às *políticas públicas* é ampla e constituiria uma temática oriunda da ciência política, sob o aspecto da interdisciplinaridade das tradicionais teorias do Estado, do Direito Constitucional, do Direito Administrativo ou do Direito Financeiro (DALLARI, 2001, p. 5).

Na busca pelo *conceito de políticas públicas* para a *concretização dos Direitos Humanos*, faz-se necessário buscar o retrospecto constitucional, a respeito da efetividade da norma constitucional, do ponto de vista das normas sobre direitos: princípios e regras, sob o prisma das políticas públicas e um dos pilares dessa visão jurídica centrada nas garantias é o da afirmação dos princípios nas constituições nacionais (DALLARI, 2001, p. 8).

Em termos de direitos à saúde, como um direito fundamental expresso na Constituição, aplicam-se princípios interpretativos de tal modo que se possa extrair a *máxima efetividade* em termos de garantias aos direitos fundamentais à saúde. A respeito do *princípio da máxima efetividade* a uma norma constitucional deve ser atribuído o sentido que maior eficácia lhe dê. Embora se trate de um princípio aplicável a toda norma constitucional, tem espaço de alcance nas normas constitucionais programáticas e nos direitos fundamentais.

O princípio hermenêutico da "força normativa da Constituição" reafirma o caráter normativo da Constituição e procura conciliá-lo com a realidade. Assim, caberia ao Direito Constitucional contribuir para a conservação da força normativa da Constituição, demonstrando a relevância da abertura da Constituição ao tempo e à realidade para a preservação de sua estabilidade político-jurídica e respectiva força normativa. Quanto mais o conteúdo de uma Constituição corresponder à natureza singular do presente, mais seguro há de ser o desenvolvimento de sua força normativa. Assim, a força normativa relaciona-se com o poder de operar a realidade de forma determinante (HESSE, 1991, p. 20).

A *força viva* da Constituição seria capaz de proteger o Estado, se os pressupostos da força normativa encontram correspondência na Constituição, se as forças em condições de violá-la ou de alterá-la mostrarem-se dispostas a render-lhe homenagem; se, em tempos difíceis, a Constituição preservar a sua força normativa, então ela configura verdadeira força viva capaz de proteger a vida do Estado contra as desmedidas investidas do arbítrio (HESSE, 1991, p. 25).

Maria Paula Dallari Bucci (2001, p. 9) sintetiza a caminhada histórica do processo pela qual se passou da Constituição como documento político apenas para a *Constituição normativa*, ou seja, para aquela dotada de *força jurídica* para a realização dos direitos nela encartados, sobre o embate entre a Constituição política, a folha de papel, determinada pelos fatores reais de poder de que falava Lassalle e a Constituição jurídica de Konrad Hesse.

A concretização plena da *força normativa* constituiria uma meta a ser almejada pela ciência do Direito Constitucional, para que não se convertam em meras questões de poder. Não bastaria uma Constituição bem escrita para que ela seja cumprida e obedecida, mas sim que seja capaz de melhorar as condições sociais, por meio da garantia do exercício de direitos individuais e de cidadania a todos, da forma mais abrangente possível, estabelecida para ser instrumento significativo de melhoria social, desde que se admita uma arena jurídica para a solução dos conflitos políticos e sociais, com instrumentos adequados para a concretização dos direitos e a promoção social (BUCCI, 2001, p. 9).

O *princípio da democracia econômica, social e cultural*, como um princípio organizatório, tem relevância maior como princípio organizatório para a consecução das *tarefas pelos poderes públicos* e há um limite imposto: o acesso aos bens públicos não pode implicar a violação do núcleo essencial dos direitos sociais já efetivados. A transmutação de formas de organização públicas em esquemas organizatórios privados, por exemplo, pressupõe a continuação do princípio da universalidade de acesso das pessoas aos bens indispensáveis a um mínimo de existência (CANOTILHO, 2010, 345-346).

Sarlet (2013, p. 3.194) destaca a existência de *deveres fundamentais* impostos pela Lei Orgânica do SUS também aos particulares, explicitando que "o dever do Estado não exclui o das pessoas, da família, das empresas e da sociedade", envolvendo a iniciativa privada, igualmente submetida aos mesmos princípios e diretrizes, constitucionais e legais, em razão desses deveres fundamentais conectarem-se ao *princípio da solidariedade*. Assim, toda a sociedade seria também responsável pela efetivação e proteção do direito à saúde de todos.

Canotilho denomina de uma *responsabilidade compartilhada* (*shared responsability*), com efeitos projetados no presente e sobre as futuras gerações, como reconhecido no direito ambiental. Num sentido horizontal, o reconhecimento de deveres entre particulares, no que concerne a medidas de proteção e promoção da saúde, retoma a ideia de um "suporte recíproco" e de um "movimento circular na esfera pública", mais do que propriamente a prevalência dos setores público ou privado (SARLET, 2013, p. 3.194).

Outrossim, num contexto de *democracia participativa*, para a consecução das *políticas constitucionais* referentes ao Direito à saúde, necessita-se de articulação dos três poderes da República (Executivo, Legislativo e Judiciário), no sentido de aumentar a participação social institucionalizada e cogestora das políticas públicas setoriais". A construção de políticas constitucionais relacionadas ao direito à saúde seria articulada a partir do Poder Executivo "com os mais diversos parceiros, dentro e fora do poder público, para que o direito à saúde a ser cotidianamente construído seja fruto das verdadeiras demandas da sociedade" (DELDUQUE, 2009, p. 106-107).

Dentro de uma realidade de um *Estado Democrático Social de Direito*, estabelece-se um comportamento positivo para implementação desses direitos sociais, irradiando-se para a condução das políticas públicas, na atuação do legislador e do julgador no caso de solução de conflitos.

Wang (2015, p. 56) defende ainda uma *participação diferenciada do Poder Judiciário*: uma participação democrática maior para legitimar e dar maior concreção às políticas públicas de saúde, com uma maior participação, especialmente daqueles socialmente menos favorecidos (por exemplo, na *aproximação e diálogo entre as instituições*: defensoria pública, Poder Judiciário, com parcerias com as secretarias de saúde, com efeito indireto na judicialização da saúde).

Amartya Sem interliga a importância da participação democrática com o resultado das políticas públicas, defendendo que "a resposta do governo ao sofrimento do povo, frequentemente depende da pressão exercida sobre esse governo, e, nesse ponto, o exercício dos direitos políticos e civis (votar, criticar, protestar etc.) pode realmente fazer a diferença" (WANG, 2015, p. 56).

Por fim, a OMS reconhece que "qualquer esforço sério para reduzir iniquidades em saúde deve passar pela distribuição de poder em uma sociedade, empoderando (*empowering*) indivíduos e grupos para representarem suas necessidades e interesses nas agendas das políticas públicas" (CSDH, 2008, p. 18, 155-164).

## 4 Observações finais

O direito à saúde é um direito fundamental previsto na Constituição Federal em seu artigo 6º e 196, com status de direito fundamental e por isso, *aplicabilidade imediata*. Canotilho (2010, p. 12) faz uma relação sobre a dependência legal dos *direitos constitucionais sociais*, tendo em conta a *"reserva de cofres financeiros"* e o problema da chamada *crise do Estado Social*, diante do triunfo esmagador do globalismo neoliberal, colocando em risco não só a *gradualidade de realização desses direitos*, como também a *reversibilidade das posições sociais*.

Assim, a compreensão e reflexão acerca das políticas constitucionais referentes ao direito fundamental à saúde, do ponto de vista da problemática do *custo orçamentário e da organização de todo o sistema de saúde*, reforça a necessidade da participação social, juntamente com o ente público, para a concreção das políticas constitucionais, como busca da efetivação do direito fundamental social à saúde, com foco no município, para além da judicialização.

Torna-se necessária a *busca dialógica* entre todos os atores da sociedade para a "desjudicialização da saúde", para além da aplicação do Tema nº 793 do STF em sua integralidade, como forma de promoção e concreção das políticas constitucionais para a efetivação do direito fundamental à saúde, com foco nos municípios.

A mitigação do direito à saúde, por meio da jurisprudência do Supremo Tribunal Federal, com base em critérios racionais, interpretados com razoabilidade, sem inviabilizar as já existentes políticas públicas de saúde, evitaria a própria falência de todo o sistema público de saúde, em especial, diante da *redução orçamentária com a aprovação da Emenda Constitucional nº 95*[15] (conhecida durante a sua tramitação como "PEC da morte"), cunhada como a "emenda do enfraquecimento do pacto social", ao qual estabelece o teto de gastos para a União, com a principal tendência, dentro de alguns anos, de redução dos gastos públicos e limitação de recursos que financiam serviços públicos essenciais, como a saúde.

Por fim, há relevante impacto social na promoção de políticas constitucionais, com o viés relacionado à participação da sociedade, juntamente com o ente público, no contexto do constitucionalismo contemporâneo, diante da chamada "crise do Estado Social".

Assim, numa perspectiva para além da judicialização, com foco na proteção do ente municipal, diante de sua relevância, em especial pela proximidade com a população, faz-se necessária a "desjudicialização da saúde" como um importante meio de solução de conflitos.

## Referências

AITH, Fernando. *Curso de Direito Sanitário*: a proteção do direito à saúde no Brasil. São Paulo: Quartier Latin. 2007.

AITH, Fernando. *Direito à saúde e democracia sanitária*. São Paulo: Quartier Latin. 2017.

ALEXY, Robert. *Teoria dos Direitos Fundamentais*. Tradução: Virgílio. Afonso da Silva. São Paulo: Malheiros, 2006.

ALEXY, Robert. *Teoría de los derechos fundamentales*. 2. ed. Madrid: Centro de Estudios Políticos y Constitucionales, 2007.

BARROSO, Luís Roberto. *A dignidade da pessoa humana no direito constitucional contemporâneo*: a construção de um conceito jurídico à luz da jurisprudência mundial. Belo Horizonte: Editora Fórum, 2016.

BARROSO, Luís Roberto. Da falta de efetividade à judicialização excessiva: direito à saúde, fornecimento gratuito de medicamentos e parâmetros para a atuação judicial. *Revista de Jurisprudência Mineira*, Belo Horizonte, ano 60, n. 188, 2009. Disponível em: https://www.conjur.com.br/dl/estudobarroso.pdf. Acesso em: 25 abr. 2021.

---

[15] MENEZES; MORETTI; REIS, 2020.

BOBBIO, Norberto. *A era dos direitos*. Tradução: Carlos Nelson Coutinho. Rio de Janeiro: Campus Elsevier, 2004. Disponível em: https://edisciplinas.usp.br/pluginfile.php/297730/mod_resource/content/0/norberto-bobbio-a-era-dos-direitos.pdf. Acesso em: 25 mar. 2021.

BONAVIDES, Paulo. *Ciência política*. 10. ed. São Paulo: Malheiros, 2000.

BONAVIDES, Paulo. *Curso de Direito Constitucional*. São Paulo: Malheiros, 2011.

BRASIL. [Constituição (1988)]. *Constituição da República Federativa do Brasil de 1988*. Brasília, DF: Presidência da República, [1988]. Acesso em: 25 mar. 2021.

BRASIL. Supremo Tribunal Federal. Ação de Descumprimento de Preceito Fundamental 672. Relator: Alexandre de Moraes, 2020. *Dje*: Brasília, DF, 2020a.

BRASIL. Supremo Tribunal Federal. Agravo Regimental na Suspensão de Tutela Antecipada 175/CE. Relator: Ministro Gilmar Mendes, 2010. *Dje*: Brasília, DF, 2010. Disponível em: https://redir.stf.jus.br/paginadorpub/paginador.jsp?docTP=AC&docID=610255. Acesso em: 20 set. 2021.

BRASIL. Supremo Tribunal Federal (Plenário). Ação Direta de Inconstitucionalidade 6.341. Relator: Min. Marco Aurélio de Melo, 2020. *Dje*: Brasília, DF, 2020b.

BRASIL. Supremo Tribunal Federal. Recurso Extraordinário 566.471. Relatora: Min. Carmen Lúcia, 2020. *Dje*: Brasília, DF, 2020c. Disponível em: https://redir.stf.jus.br/paginadorpub/paginador.jsp?docTP=TP&docID=753795628. Acesso em: 29 set. 2021.

BRASIL. Supremo Tribunal Federal. Recurso Extraordinário 657.718. Relator: Min. Marco Aurélio, 2019. *Dje*: Brasília, DF, 2019a. Disponível em: https://redir.stf.jus.br/paginadorpub/paginador.jsp?docTP=TP&docID=754312026. Acesso em: 20 set. 2021.

BRASIL. Supremo Tribunal Federal. Recurso Extraordinário 855.178-SE. Relator: Ministro Luiz Fux, 2019. *Dje*: Brasília, DF, 2019b. Disponível em: http://portal.stf.jus.br/processos/detalhe.asp?incidente=4678356. Acesso em: 02 abr. 2021.

BRASIL. Supremo Tribunal Federal. Recurso Extraordinário 1.165.959. Relator: Min. Marco Aurélio, 2021a. *Dje*: Brasília, DF, 2021.

BRASIL. Supremo Tribunal Federal. Suspenção de Tutela Provisória 127. *Dje:* Brasília, DF, 2020d. Disponível em: https://portal.stf.jus.br/processos/detalhe.asp?incidente=5690120. Acesso em: 28 set. 2021.

BRASIL. Supremo Tribunal Federal. Suspenção de Tutela Provisória 174. *Dje*: Brasília, DF, 2020e. Disponível em: https://portal.stf.jus.br/processos/detalhe.asp?incidente=5890996. Acesso em: 28 set. 2021.

BUCCI, Maria Paula Dallari. *Direito Administrativo e políticas públicas*. São Paulo: Saraiva, 2006.

BUCCI, Maria Paula Dallari *et al*. *Direitos humanos e políticas públicas*. São Paulo: Pólis, 2001.

BUCCI, Maria Paula Dallari et al. *Políticas públicas*: reflexões sobre o conceito jurídico. São Paulo: Saraiva, 2006.

CANOTILHO, José Joaquim Gomes. *Comentários à Constituição do Brasil*. São Paulo: Saraiva, 2018.

CANOTILHO, José Joaquim Gomes *et al*. *Direitos fundamentais sociais*. São Paulo: Saraiva, 2010.

COMESC. *Comitê Estadual de Monitoramento e Resolução das Demandas de Assistência da Saúde de Santa Catarina*, [2021]. Disponível em: https://mpsc.mp.br/programas/comesc. Acesso em: 26 abr. 2021.

COMISSÃO PARA OS DETERMINANTES SOCIAIS DA SAÚDE (CSDH). *Relatório final da Comissão dos Determinantes Sociais da Saúde.* Genebra: Organização Mundial de Saúde, 2008.

CUNHA, Jarbas Ricardo Almeida. *A efetivação constitucional do direito à saúde no Brasil*: alternativas jurídicas para a consolidação do Sistema Único de Saúde (SUS). 2020. 328 f. Tese (Doutorado em Direito), Universidade de Brasília, Brasília, 2020. Disponível em: https://repositorio.unb.br/handle/10482/38898. Acesso em: 20 mar. 2021.

DALLARI, Dalmo de Abreu. *Elementos de teoria geral do Estado.* 16. ed. São Paulo: Saraiva, 1991.

DALLARI, Sueli Gandolfi; VENTURA, Deisy de Freitas Lima. *In*: SCHWARTZ, Germano (org.). *A saúde sob os cuidados do Direito.* Passo Fundo: Ed. UPF, 2003.

DALLARI, Sueli Gandolfi. O direito à saúde. *Revista de Saúde Pública*, São Paulo, v. 22, n. 1, p. 57-63, fev. 1988.

DALLARI, Sueli Gandolfi; NUNES JÚNIOR, Vidal Serrano. *Direito Sanitário.* São Paulo: Verbatim, 2010.

DALLARI, Sueli Gandolfi *et al.* (org.). *O direito achado na rua*: introdução crítica ao direito à saúde. Brasília: CEAD/UnB, 2009.

DALLARI, Sueli Gandolfi; VENTURA, Deisy de Freitas Lima. Reflexões sobre a saúde pública na era do livre comércio. *In*: SCHWARTZ, Germano (org.). *A saúde sob os cuidados do direito.* Passo Fundo: UPF, 2003.

DELDUQUE Maria Célia; OLIVEIRA, Mariana S. de Carvalho. Tijolo por tijolo: a construção permanente do direito à saúde. *In*: COSTA, Alexandre Bernardino *et al.* (org.). *O Direito achado na rua*: introdução crítica ao direito à saúde. Brasília: Cead/UnB, 2009. p. 103-111. Disponível em: https://www.arca.fiocruz.br/bitstream/icict/39290/2/ve_Maria_Delduque_etal.pdf. Acesso em: 29 abr. 2021.

DOURADO, Daniel de Araújo. *Regionalização e federalismo sanitário no Brasil.* 2010. Dissertação (Mestrado em Medicina) – Faculdade de Medicina, Universidade de São Paulo, São Paulo, 2010. Disponível em: https://www.teses.usp.br/teses/disponiveis/5/5137/tde-02062010-164714/publico/DanielDourado.pdf. Acesso em: 23 ago. 2021.

DRESCH, Renato Luís. A garantia de acesso à saúde e as regras de repartição da competência entre os gestores. *RAHIS-Revista de Administração Hospitalar e Inovação em Saúde*, v. 12, n. 1, 2015. DOI https://doi.org/10.21450/rahis.v12i1.2801. Acesso em: 25 mar. 2021.

DRESCH, Renato Luís. Federalismo solidário: a responsabilidade dos entes federativos na área da saúde. *In:* SANTOS, Lenir; TERRAZ, Fernanda (org.). *Judicialização da saúde no Brasil.* Campinas: Saberes, 2014.

DRESCH, Renato Luís. Judicialização da saúde no Brasil: regulação, avanços e perspectivas. *TJMG*, 2016. Disponível em: http://www.tjmt.jus.br/INTRANET.ARQ/CMS/GrupoPaginas/126/1127/JUDICIALIZA%C3%87%C3%83O-DA-SA%C3%9ADE-NO-BRASIL-REGULA%C3%87%C3%83O-AVAN%C3%87OS-E-PERSPECTIVAS.pdf. Acesso em: 29 mar. 2021.

HESSE, Konrad. *A força normativa da Constituição.* Porto Alegre: Sérgio Antônio Fabris Editor, 1991.

LIDERANÇA Municipal na Redução da Judicialização da Saúde: CNM promove seminário nesta quinta. *Portal CMN*, 5 out. 2017. Disponível em: https://www.cnm.org.br/comunicacao/noticias/lideranca-municipal-na-reducao-da-judicializacao-da-saude-cnm-promove-seminario-nesta-quinta. Acesso em: 29 set. 2021.

MACEDO, Patricia Candemil Farias Sordi. Ações para fornecimento estatal de medicamentos – proliferação no Brasil, problema visto no âmbito municipal. *Revista da Ordem dos Advogados do Brasil*, n. 122, p. 4-5, 2006.

MELO, Milena Petters. A concretização-efetividade dos direitos sociais, como elemento constitutivo fundamental para a cidadania no Brasil. *Revista IIDH Instituto Interamericano de Derechos Humanos*, San José da Costa Rica, v. 34-35, 2001-2002. Disponível em: https://www.corteidh.or.cr/tablas/R08068-6.pdf. Acesso em: 30 abr. 2021.

MELO, Milena Petters; CARDUCCI, Michele. Políticas Constitucionais e Sociedade. *In* MELO, Milena Petters; ROCHA, Leonel Severo. *Políticas constitucionais e sociedade*. Curitiba: Editora Prismas, 2016. v. II: Jurisdição Constitucional e Democracia.

MELO, Milena Petters; CARDUCCI, Michele. Apresentação. *In*: MELO, Milena Petters; CARDUCCI, Michele (org.). *Políticas Constitucionais, desafios contemporâneos*. Florianópolis: Imaginar o Brasil, 2021. v. I: Proteção dos Bens Comuns e Sustentabilidade socioambiental.

MENDES, Gilmar Ferreira; BRANCO, Paulo Gustavo Gonet. *Curso de Direito Constitucional*. São Paulo: Saraiva, 2014.

MENDES, Karyna Rocha. *Curso de Direito da Saúde*. São Paulo: Saraiva, 2013.

MENEZES, Ana Paula do Rego; MORETTI, Bruno; REIS, Ademar Arthur Chioro dos. O futuro do SUS: impactos das reformas neoliberais na saúde pública–austeridade versus universalidade. *Saúde em Debate*, Rio de Janeiro, v. 43, p. 58-70, 2020. Disponível em: https://scielosp.org/article/sdeb/2019.v43nspe5/58-70/. Acesso em: 24 set. 2021.

NOGUEIRA, Marcia Colle. O Tema 793 do STF e o direcionamento do cumprimento das prestações na área de saúde conforme as regras de repartição de competências estabelecidas no SUS. *Cadernos Ibero-Americanos de Direito Sanitário*, Brasília, v. 8, n. 4, p. 8-26, out./dez. 2019. Disponível em: https://www.cadernos.prodisa.fiocruz.br/index.php/cadernos/article/view/558. Acesso em: 28 mar. 2021.

PIRES, Maria Coeli Simões. O município no federalismo brasileiro: constrangimentos e perspectivas. *Cadernos da Escola do Legislativo*, Belo Horizonte, v. 8, n. 13, p. 55-84, jan./jun. 2005. Disponível em: https://dspace.almg.gov.br/xmlui/handle/11037/1118?locale=en. Acesso em: 25 set. 2021.

PORTAL TRF2. *Comitê Estadual de Saúde – CNJ/RJ*, [2021]. Disponível em: https://www10.trf2.jus.br/comite-estadual-de-saude-rj/judicializacao/stf/ Acesso em: 1 maio de 2021.

SANTOS, Boaventura de Sousa. Prefácio *In*: SANTOS, Boaventura de Sousa (org.). *Democratizar a democracia*: os caminhos da democracia participativa. Rio de Janeiro: Civilização Brasileira, 2002. v. 1. (Coleção Reinventar a emancipação social: para novos manifestos, v. 1).

SANTOS, Boaventura de Sousa; CHAUÍ, Marilena. *Direitos humanos, democracia e desenvolvimento*. São Paulo: Cortez, 2014. Disponível em: https://edisciplinas.usp.br/pluginfile.php/4604349/mod_resource/content/1/Direitos_Humanos_Democracia_e_Desenvolvi-1.pdf. Acesso em: 22 abr. 2021.

SANTOS, Boaventura de Souza; AVRITZER, Leonardo. Introdução: para ampliar o cânone democrático. *In*: SANTOS, Boaventura de Souza. *Democratizar a democracia*: os caminhos da democracia participativa. Rio de Janeiro: Civilização Brasileira. 2002.

SANTOS, Lenir. Direito à saúde e Sistema Único de Saúde: conceito e atribuições – o que são ações e serviços de saúde. *In*: SANTOS, Lenir (org.). *Direito da Saúde no Brasil*. Campinas: Saberes, 2010.

SANTOS, Lenir; TERRAZ, Fernanda (org.). *Judicialização da Saúde no Brasil*. Campinas: Saberes, 2014.

SARLET, Ingo Wolfgang. *A Eficácia dos Direitos Fundamentais*. Porto Alegre: Livraria do Advogado, 2009.

SARLET, Ingo; FIGUEIREDO, Mariana Filchtiner. Algumas considerações sobre o direito fundamental à proteção e promoção da saúde aos 20 anos da Constituição Federal de 1988. *Revista de Direito do Consumidor*, 2008. Disponível em: https://www.stf.jus.br/arquivo/cms/processoAudienciaPublicaSaude/anexo/O_direito_a_saude_nos_20_anos_da_CF_coletanea_TAnia_10_04_09.pdf. Acesso em: 22 abr. 2021.

SARLET, Ingo Wolfgang. Proibição de retrocesso. dignidade da pessoa humana e direitos sociais: manifestação de um constitucionalismo dirigente possível. *Revista do Instituto de Hermenêutica Jurídica*, Porto Alegre, n. 2, 2004.

SARLET, Ingo Wolfgang; ZOCKUN, Carolina Zancaner. Notas sobre o mínimo existencial e sua interpretação pelo STF no âmbito do controle judicial das políticas públicas com base nos direitos sociais. *Revista de Investigações Constitucionais*, Curitiba, v. 3, n. 2, maio/ago. 2016. Disponível em: https://revistas.ufpr.br/rinc/article/view/46594/28767. Acesso em: 07 abr. 2021.

SARLET, Ingo; FIGUEIREDO, Mariana Filchtiner. O direito fundamental à proteção e promoção da saúde na ordem jurídico constitucional: uma visão geral sobre o sistema (público e privado) de saúde no Brasil. *Revista de Direito do Consumidor*, n. 67, 2013. Disponível em: https://www.cidp.pt/revistas/ridb/2013/04/2013_04_03183_03255.pdf. Acesso em: 22 abr. 2021.

SARLET, Ingo Wolfgang; FIGUEIREDO, Mariana Filchtiner. Reserva do possível, mínimo existencial e direito à saúde: algumas aproximações. *In:* SARLET, Ingo Wolfgang, TIMM, Luciano Benetti (org.). *Direitos fundamentais:* orçamento e "reserva do possível". Porto Alegre: Livraria do Advogado, 2010.

SCHULZE, Clenio Jair. A Nova Judicialização da Saúde. Brasil. Conselho Nacional do Ministério Público. *Revista de Direito Sanitário da Comissão da Saúde: Saúde e Ministério Público: desafios e perspectivas*, Brasília, n. 1, 2020. Disponível em: https://www.cnmp.mp.br/portal//images/documentos/REVISTA_DIREITO_SANITARIO_WEB.pdf. Acesso em: 29 set. 2021.

SCHWARTZ, Germano. *Direito à saúde*: efetivação em uma perspectiva sistêmica. Porto Alegre: Livraria do Advogado, 2001.

SEN, Amartya. *A ideia de justiça*. São Paulo: Companhia das Letras, 2009.

SEN, Amartya. *Desenvolvimento como liberdade*. São Paulo: Companhia das Letras, 2000.

SILVA, José Afonso da. *Curso de Direito Constitucional Positivo*. São Paulo: Malheiros, 2014.

SILVA, José Afonso da. *Aplicabilidade das normas constitucionais*. 6. ed. São Paulo: Malheiros, 2002.

VALLE, Vanice Regina Lírio do. *Políticas públicas, direitos fundamentais e controle judicial*. Belo Horizonte: Editora Fórum, 2009.

VASCONCELOS JÚNIOR, Marcos de Oliveira. O federalismo e a posição do município no Estado federal brasileiro. *Revista Jus Navigandi*, Teresina, ano 17, n. 3107, 3 jan. 2012. Disponível em: https://jus.com.br/artigos/20774. Acesso em: 03 out. 2021.

WANG, Daniel. Poder Judiciário e políticas públicas de saúde: participação democrática e equidade. *Cadernos Gestão Pública e Cidadania*, 2015. Disponível em: http://bibliotecadigital.fgv.br/ojs/index.php/cgpc/article/view/44185/43066. Acesso em: 29 mar. 2021.

Informação bibliográfica deste texto, conforme a NBR 6023:2018 da Associação Brasileira de Normas Técnicas (ABNT):

MACEDO, Patricia Candemil Farias Sordi. O federalismo cooperativo sanitário e a judicialização da saúde no âmbito municipal. *In*: DOSSO, Taisa Cintra; TAVARES, Gustavo Machado; SILVA, Thiago Viola Pereira da. (Coords.). *Direito Municipal em Debate*. Belo Horizonte: Fórum, 2022. p. 17-55. ISBN 978-65-5518-406-8.

# A IMPLEMENTAÇÃO DE POLÍTICAS SOCIAIS PÚBLICAS PELA VIA JUDICIAL SOB O VIÉS DA *JUDICIAL DEFERENCE*

**BÁRBARA ROEDEL BERRI**

## 1 Introdução

A consecução de políticas públicas por meio de decisões judiciais é tema que vem sendo amplamente debatido no seio jurídico, mormente em tempos de pandemia de covid-19, em que a sociedade visualiza esse cenário de tumulto na estrutura dos Poderes.

Dessa forma, a celeuma surge acerca da competência para a escolha de políticas públicas que melhor atenda os anseios da sociedade máxime ao fim precípuo do interesse público primário.

É cediço que ao Poder Judiciário é cabível o controle dos atos administrativos que infrinjam a legalidade. Todavia, o liame existente com a decisão justa, fundamentada no interesse público (na interpretação do julgador), é balizado pelo princípio da separação dos Poderes e seus corolários.

Nesse esteio, ganha reforço no meio administrativista brasileiro a encampação da doutrina estadunidense de Chevron, a qual alude à deferência judicial à administração pública, sob o prisma da expertise dos órgãos públicos.

Com supedâneo no princípio da eficiência, sobreleva-se que a concretização de políticas sociais públicas não só é dever do Estado como assim o é a sua aplicação com responsabilidade calcada na especialidade e nas regras orçamentárias que justificam o mister público.

É tímida a regulação da sindicabilidade dos atos administrativos no Brasil, e, nessa medida, surge o eixo do direito comparado norte-americano – a *judicial deference*, que reforça a primazia ao juízo conferido pelo agente administrativo.

E, nesse passo, objetiva-se revelar que não obstante a inafastabilidade da jurisdição e as ondas renovadoras neoconstitucionalistas acerca da ampliação do controle jurisdicional sobre a discricionariedade, o juízo administrativo requer muito mais que a interpretação jurídica, por vezes, prescindível; requer-se a contrabalança da tecnicidade, do *know-how* que os órgãos instituídos para esse fim, como estrutura permanente de Estado, atestam à segurança jurídica da decisão administrativa.

Para esse intuito, discorrer-se-á acerca dos direitos sociais e meios de efetividade dispostos na Lei Maior, para posterior análise das nuances da discricionariedade e consequente averiguação do controle judicial sobre o cerne do mérito administrativo.

Por derradeiro, o arremate mediante a mensuração ao princípio da deferência como norte a preponderar a eficiência no juízo valorativo à implementação de uma política social pública, na medida em que atende ao interesse público a decisão que melhor assegure a sua execução.

## 2 Direitos sociais: efetivação das políticas públicas

Sob a influência da Constituição alemã de Weimar, a ordem econômica social foi inaugurada no Brasil pela Constituição de 1934, perpetuando nas constituições posteriores, possuindo campo próprio na atual *Lex Mater* de 1988, no Título II, Capítulo II, e adiante em titulação especial de número VIII, sobre a ordem social (SILVA, 2000).

O artigo 6º da Lei Maior de 1988 previu como direitos sociais de prestação positiva "à educação, a saúde, o trabalho, a moradia, o lazer, a segurança, a previdência social, a proteção à maternidade e à infância, a assistência aos desamparados" (BRASIL, 1988).

Referida disposição constitucional estabeleceu, por conseguinte, que referidos direitos sociais dar-se-ão *na forma desta Constituição*, remetendo-se ao Título VIII, que trata da ordem social, os instrumentos de sua aplicabilidade.

Os direitos sociais, compreendidos os econômicos, sociais e culturais, na evolução dos direitos do homem, são classificados como direitos de segunda geração (BOBBIO, 1992 citado por COELHO, 2009, p. 759), ou, como prefere a doutrina moderna, de segunda "dimensão" (SARLET, 2003), os quais nasceram como mecanismos destinados a positivar a redução ou supressão das desigualdades sociais.

Tratar de direitos fundamentais consiste em dizer que estes "só cumprem sua finalidade se as normas que os expressem tiverem efetividade", tanto que a Constituição estabeleceu "que as normas definidoras dos direitos e garantias fundamentais têm aplicação imediata" (SILVA, 2000, p. 469).

Com efeito, os direitos sociais, como classe dos direitos fundamentais, detêm a primeira ordem na obrigação de atuação positiva do Estado, pela qual deve o gestor público constituí-los como metas anuais supremas.

De se ver que a própria Constituição engessou percentual a ser utilizado a esse fim ao tratar da repartição de receitas, bem assim a lei infraconstitucional vigente ao limitar a destinação dos recursos e estabelecer prerrogativas no uso às áreas abrangentes.

Nessa seara, o administrador público é delimitado pelo princípio da reserva do possível,[1] de ordem social, pelo qual o Estado que esbarra na incapacidade do atendimento integral frente à contingência gerencia a adoção de um planejamento de objetivos, diretrizes e metas.[2]

A propósito, traz-se à colação parte da decisão prolatada na ADPF nº 45 MC/DF,[3] de relatoria do ministro Celso de Mello:

> Vê-se, pois, que os condicionamentos impostos, pela cláusula da "reserva do possível", ao processo de concretização dos direitos de segunda geração – de implantação sempre onerosa –, traduzem-se em um binômio que compreende, de um lado, (1) a razoabilidade da pretensão individual/social deduzida em face do Poder Público e, de outro, (2) a existência de disponibilidade financeira do Estado para tornar efetivas as prestações positivas dele reclamadas.

Apuradas as considerações alhures, depreende-se que os direitos sociais são contextualizados como direitos fundamentais, e, como tais, há que se verificar que na escolha da política pública

---

[1] (...) "limite ao poder do Estado de concretizar efetivamente direitos fundamentais a prestação" (SARLET, 2010, p. 180).
[2] Lei de Responsabilidade Fiscal (LC nº101/2000 c/c Lei dos Orçamentos Públicos nº 4.320/64.
[3] Disponível em: http.www.stf.jus.br.

existe a gerência entre a sua positivação (o direito em si) e a das medidas que irão garanti-los à sociedade (efetividade).

## 3 Política de Estado: o controle judicial da escolha administrativa

A eleição de uma política pública deve ser pautada no interesse público primário,[4] sendo a intelecção para tal subjetiva – num primeiro olhar –, e é aí que deságua a celeuma da intitulação de melhor interpretação à escolha "administrativa".

A Carta Maior, no seu espírito máximo, incumbiu à administração pública a salvaguarda desse múnus, por seus órgãos e respectivos agentes administrativos, por meio do campo de discricionariedade inerente à decisão administrativa.

Celso Antônio Bandeira de Mello (2009, p. 25) alude à função do Estado: "(...) [a] função pública, no Estado Democrático de Direito, é a atividade exercida no cumprimento do dever de alcançar o interesse público, mediante o uso de poderes instrumentalmente necessários conferidos pela ordem jurídica."

Essa atividade administrativa precípua do Poder Executivo, quando não vinculada[5] aos ditames da lei, é dirigida pela predileção oportuna e conveniente – o mérito administrativo –,[6] existente nos atos discricionários.

O mérito administrativo, à ensinança de Hely Lopes Meirelles (2014, p. 171), traduz à administração pública a valoração dos motivos e objeto do ato, suas consequências e vantagens interinamente, sob a direção de sua "conveniência, oportunidade e justiça".

---

[4] Com esteio na doutrina italiana de Renato Alessi, Celso Antônio Bandeira de Mello (2009, p. 68) faz a distinção entre interesse público primário (à coletividade) e interesse público secundário (à administração pública).

[5] "(...) o legislador pode descrever, na própria norma jurídica, todos os elementos do ato administrativo que deverão ser observados pelo agente, sem qualquer margem de liberdade. Nesse caso, a atuação é vinculada" (OLIVEIRA, 2016, p. 297).

[6] "(...) o campo de liberdade suposto na lei e que efetivamente venha a remanescer no caso concreto, para que o administrador, segundo critérios de conveniência e oportunidade, decida-se entre duas ou mais soluções admissíveis perante a situação vertente, tendo em vista o exato atendimento da finalidade legal, ante a impossibilidade de ser objetivamente identificada qual delas seria a única adequada" (MELLO, 2009, p. 955).

Às novas acepções do Direito Administrativo, a discricionariedade dos atos administrativos é revisitada e subdividida em: administrativa (pura) e técnica (ou imprópria).

Para Maria Sylvia Zanella Di Pietro (2001, p. 67), a discricionariedade administrativa ou pura é "a faculdade que a lei confere à Administração para apreciar o caso concreto, segundo critérios de oportunidade e conveniência, e escolher uma dentre duas ou mais soluções, todas válidas perante o direito".

Nos termos propostos por Di Pietro (2007), a evolução dos meandros da concepção da discricionariedade administrativa, sob influência do Estado de Direito, possibilitou o controle judicial, antes ilegítimo; ultrapassada a era positivista, a escolha do administrador está entre alternativas do Direito, e não mais jungidas às dispostas na lei.

Portanto, atualmente, o mérito do ato administrativo é inserto não somente em critérios de oportunidade e conveniência – próprios da administração pública – mas em valores de justiça, equidade, razoabilidade, interesse público etc.

Esse cenário decorrente da teoria dos conceitos jurídicos indeterminados, oriunda do Direito europeu, abriu o leque à exegese jurídica e, desse modo, permitiu à cognição judicial do aspecto político dos atos administrativos (DI PIETRO, 2014).

Os limites de apreciação jurisdicional do ato administrativo sedimentada no mérito administrativo já foram ultrapassados, e a liberdade do campo da discricionariedade, antes intangível, agora é revisada por valores constitucionais, emergindo ao ativismo judicial desenfreado.

E, nesse diapasão, surge a subsunção da deliberação da política pública aos ditames do amplo espectro dos princípios e valores do sistema constitucional[7] que serão sopesados na reavaliação na seara judicial.

Já a discricionariedade técnica ou imprópria "a lei usa conceitos técnicos, cuja interpretação cabe a órgãos especializados. A discricionariedade pode existir abstratamente na lei, mas desaparece no momento de sua aplicação nos casos concretos, com base em manifestação de órgãos técnicos" (DI PIETRO, 2014).

---

[7] Fenômeno cunhado pela doutrina de "constitucionalização do Direito Administrativo".

A ideia de controle judicial, no Estado Democrático de Direito, subsome-se na inafastabilidade da jurisdição (art. 5º, XXXV, CRFB), forte no axioma de proteção dos direitos individuais e coletivos contra arbitrariedades na atuação da administração pública, a qual é regida por um sistema de direito público fundamentado no primado de valores fundamentais.

Todavia, o comando judicial não pode ser tido por absoluto e requer a ponderação aos contrapesos do princípio da separação dos poderes e seus consectários, como o da legalidade e eficiência, ao fito de impedir a ingerência indevida na atividade administrativa.

A questão nevrálgica surge, então, quanto ao liame existente entre a possibilidade de intervenção judicial sobre as decisões da administração pública e a inadvertida revisão do ponto substancial do ato administrativo.

Diante deste cenário, considerada a tímida estrutura jurídica a equacionar a questão, ao fito de limitar o controle judicial sobre questões técnicas e políticas, ganha reforço no meio administrativista a inserção da doutrina do Direito Comparado norte-americano da *judicial deference*.

## 3. 1 Da deferência judicial à interpretação administrativa: o contrapeso à eficiência

Nos Estados Unidos, o controle judicial acerca da interpretação legislativa efetuada por agências reguladoras[8] é sedimentado na doutrina Chevron, pela qual o Judiciário assegura deferência à decisão administrativa, não sendo o caso de teratologia.

A Suprema Corte americana, no julgamento paradigma de Chevron –[9] que trata acerca de dúvida legislativa ambiental –,

---

[8] "O termo agência no contexto dos Estados Unidos por vezes designa conceito diverso daquele usualmente manuseado no Brasil. Inclui, como no Brasil, agências reguladoras, mas também se estende às chamadas agências executivas. Até aqui se fez referências às agências governamentais, como forma de englobar ambos os conceitos. Desse modo, Chevron não deve ser lida como uma doutrina de aplicabilidade restrita à atividade regulatória, embora seja esse um dos campos alvissareiros para a sua consolidação em virtude das circunstâncias institucionais que o envolvem" (MEDEIROS, 2020, p. 149).

[9] Chevron U.S.A. Inc. v. Natural Resources Defense Council, Inc., 467 US 837 (1984).

definiu que em caso de ambiguidade na lei, a atuação judicial seria restrita a verificação da razoabilidade dedução administrativa.

Eduardo Jordão (2016, p. 17, grifos nossos), autoridade no tema, explica:

> Os tribunais deveriam perguntar-se se a questão trazida a juízo teria resposta clara na legislação. Nesse caso, então a opção legislativa deveria ser concretizada e a interpretação administrativa deveria ser anulada quando não lhe correspondesse. No entanto, se a legislação fosse ambígua (ou silente) sobre a questão trazida a juízo, *então não deveriam os tribunais aplicar a solução que entendessem a mais correta*: deveriam apenas julgar se a interpretação da Administração Pública seria permissível (razoável).

Com efeito, a bipartição entre atos vinculados e discricionários traduzida na atividade administrativa em nosso ordenamento jurídico também é visualizada no direito norte-americano, ao passo que a direção única proposta na lei, tal qual é aqui, deve ser cumprida, legitimando-se o controle judicial no seu descumprimento.

No tocante à existência de indeterminação legislativa,[10] consubstancia-se a *judicial deference* ao mérito administrativo, mediante o respeito à "capacidade institucional própria de cada órgão"[11] e à função administrativa na sua esfera de discricionariedade.

A preponderância ao juízo administrativo, para a doutrina norte-americana, é atrelada à maior tecnicidade da administração pública para enfrentar as demandas desse jaez, em contraposição ao Poder Judiciário,[12] que não dispõe desse aparato pericial.

---

[10] Sobre os métodos de interpretação – cânones de interpretação e cânones substanciais –, remete-se ao estudo proposto por Eduardo Jordão em *Entre o prêt-à-porter e a alta costura: procedimentos de determinação da intensidade do controle judicial no direito comparado* (2016, p. 18).

[11] CARVALHO, 2019.

[12] "Uma pesquisa do CNJ, por exemplo, analisou 1.371 ações judiciais em que foram questionadas decisões de agências reguladoras entre 1994 e 2010 e revelou que mais de 80% dos casos que tiveram seu mérito julgado pelos tribunais superiores foram favoráveis às agências – embora, no decorrer do processo, incidência de decisões desfavoráveis esteja presente com alguma incidência" (AZEVEDO; FERRAZ JUNIOR; MARANHÃO, 2011). Segundo o relatório, a complexidade e o caráter estritamente técnicos das entidades administrativas autônomas é uma de suas razões de decidir. Juliano Maranhão (2016, p. 26-46), ao analisar o estudo, observa que (i) há uma supervalorização de questões procedimentais; (ii) os magistrados geralmente carecem de conhecimento técnico para resolver as questões; (iii) a dicotomia entre o direito público e privado dificulta a compreensão judicial sobre assuntos regulatórios complexos; e (iv) há uma insensibilidade ao raciocínio regulatório

"Como a matéria regulatória é tecnicamente complexa, a deferência judicial às decisões das agências reguladoras transmitiria a ideia de respeito judicial a uma instituição comparativamente mais bem adaptada para enfrentá-la (tanto em função da natureza da sua atuação diuturna, como em função do seu maior aparelhamento institucional). Além disso, veicularia a intenção de não prejudicar a coerência e a dinâmica da política regulatória da autoridade administrativa" (JORDÃO; JÚNIOR, 2018, p. 541).

De fato, o Estado-juiz detém o múnus primordial à interpretação jurídica; todavia, há questões que ultrapassam o campo da exegese pura – às vezes utópica –, e requerem uma conjugação global a fatores administrativos internos à validação da medida eleita.

Em posição de deferência jurisdicional às decisões administrativas, o exame judicializado resta circunscrito à verificação ao cumprimento das disposições legais e sua execução, bem assim o afastamento de atos arbitrários ou irrazoáveis.

É dizer, à legitimidade do ato proferido por quem faz a presentação da *res publica*, que conta com a perícia que o órgão a quem é subordinado detém, uma vez que estrutura permanente de Estado. Está-se aqui diante do peso do valor constitucional da eficiência, bem assim a responsabilidade fiscal a que é, exclusivamente, subordinado.

Diogo de Figueiredo Moreira Neto (2000, p. 84), nesse compasso, alude ao princípio da eficiência ao da boa administração do Direito italiano, "que é hoje respaldado pelos novos conceitos gerenciais, voltado à eficiência[13] da ação administrativa pública".

Irene Patrícia Nohara (2014, p. 183), nesta sintonia, propõe novas formas de alcance da eficiência na gestão pública:

> É imprescindível, pois, fomentar um diálogo saudável entre gestores públicos e juristas, para que o administrador público possa criar tais inovações, em forma de projetos, e testá-los com segurança, sem correr o risco de violar o ordenamento jurídico.

---

que, muitas vezes, leva o Poder Judiciário a um formalismo jurídico" (citado por JORDÃO; JÚNIOR, 2018, p. 542).

[13] "Essa avaliação do grupo se concentra sobre a eficiência que poderá ser lograda (futuro), a que está sendo obtida (presente) ou a que foi realizada (passado) com uma determinada decisão a respeito a uma proposta de poder" (MOREIRA NETO, 2008, p. 64-65).

Por outro lado, exige-se do jurista uma postura mais proativa, dentro de uma visão do Direito do ponto de vista da razoabilidade, inspirada numa hermenêutica mais teleológica, do que meramente lógica, para que o Direito Administrativo seja aplicado numa atmosfera de maior funcionalidade e efetividade conferida ao princípio jurídico da eficiência administrativa.

No escólio de Di Pietro (2014) à questão posta ao crivo judicial, o "juiz tem, primeiro, que interpretar a norma diante do caso concreto a ele submetido. Só após essa interpretação é que poderá concluir se a norma outorgou ou não diferentes opções à Administração Pública. A existência de diferentes opções válidas perante o direito afasta a possibilidade de correção do ato administrativo que tenha adotado uma delas".

Nesse contexto, ainda, do melhor resultado à sociedade pela mensuração do gestor público à implementação de políticas sociais públicas, consubstanciada no contrapeso da eficiência, tem-se o escopo da governança pública que norteia os entes públicos.

É válido dizer, nesse sentido, que a Constituição Federal ao dispor sobre a estrutura, prerrogativas e procedimentos específicos à administração pública, como o concurso público, o processo licitatório, a responsabilidade fiscal, cauciona os meios de dispor à sociedade a melhor escolha à execução das políticas de estado.

E, no mesmo viés, a segurança jurídica que o respeito ao posicionamento da instituição precípua a esse fim infere à coletividade, a qual resvala no orçamento público e na própria ordem econômica do país,[14] interna e externamente.

Nesse sentido, a própria reforma da Lei de Introdução às Normas do Direito Brasileiro, cuja feição vem disposta ao reconhecimento do provimento administrativo, determina a consideração da realidade das "circunstâncias práticas"[15] experienciadas pelo gestor na atividade de controle (CARVALHO, 2019).

E, nessa direção, sendo uma administração pública com pressupostos de entrega de resultados e que bem gerencia, a LINDB apresenta ainda a ideia da abstenção de motivação com base em con-

---

[14] Remete-se à leitura de: BOCKMAN, 2016.
[15] Vide art. 20 c/c art. 22.

ceitos abstratos, para o qual é determinado o exame dos "argumentos jurídicos, o contexto fático e as consequências" (OLIVEIRA, 2020).

O Excelso Pretório, na Suspensão de Tutela Provisória nº 193, de relatoria do ministro Dias Toffoli, de 5 de maio de 2020,[16] posicionou-se nessa salvaguarda da liberdade política:

> Não se mostra admissível que uma decisão judicial, por melhor que seja a intenção de seu prolator ao editá-la, venha a substituir o critério de conveniência e oportunidade que rege a edição dos atos da Administração Pública, notadamente em tempos de calamidade como o presente, porque ao Poder Judiciário *não é dado dispor sobre os fundamentos técnicos que levam à tomada de uma decisão administrativa*.

De outro norte, impende ressaltar que o favoritismo da instituição política deve estar "amparado não apenas em capacidade em tese, mas em capacidade de fato. Do contrário, em vez de favorecer que as decisões sejam tomadas nos centros especializados mais aptos, apenas as tornará imunes ao controle judicial, desprotegendo os administrados do socorro que cumpre ao Poder Judiciário prestar quando não há mais a quem recorrer diante da ameaça, ou violação a um direito seu" (RIBEIRO, 2016).

A intensificação do controle judicial é benéfica quando caminha de forma "minimalista",[17] com ensejo no mote da proporcionalidade, sob de pena de se chegar "*muito* próximo do chamado governo dos juízes, de longa data superado nos Estados Unidos, seu país de origem" (DI PIETRO, 2013, p. 24).

## 4 Conclusão

A juridicização dos atos administrativos, com o advento do que a literatura jurídica denominou de constitucionalização do Direito Administrativo, adquiriu relevância, e a administração pública viu-se refém da intromissão judicial no planejamento das metas públicas.

---

[16] Referido precedente foi utilizado no Tribunal de Justiça de Santa Catarina para restabelecer as medidas de flexibilização de hotéis e eventos na pandemia: Suspensão de Liminar e de Sentença nº 5047103-74.2020.8.24.0000 (SANTA CATARINA, 2020, grifos nossos).
[17] RIBEIRO, 2016.

Sob a perspectiva de valoração do mérito administrativo aliada a discricionariedade reduzida, a intelecção judicial acerca da melhor forma de aplicação de uma política social pública, em substituição ao gestor público na sua função originária, vindica limitações.

Conquanto indeclinável o exame judicial, percuciente é ponderar às barreiras também existentes ao Poder Judiciário na sua esfera de atuação, em tempos de desjudicialização, inclusive, a fim de preservar a máxima da separação de poderes, notadamente porque também é Estado.

Desta feita, diante da ultrapassada noção de intangibilidade do mérito administrativo, a equação apontada é a prevalência da decisão administrativa, seja em se tratando de discricionariedade técnica, seja de discricionariedade pura, quando a lei dispuser alternativas ao locutor público.

Notadamente não engloba o entendimento decisões dotadas de teratologia ou irrazoáveis, cuja interpretação jurídica recai à autoridade constitucional suprema. O que se quer resguardar, a despeito da justiça da decisão eleita, é o ônus da função administrativa que é dotada de experiência e técnica, ancorada na regulação fiscal, orçamentária e procedimental próprios, além da já sujeição controladora. E tudo isso sob pena de responsabilização.

Vale dizer, nem sempre a melhor interpretação jurídica à implementação de uma política social pública origina a mais eficiente execução desse direito fundamental – escopo da atuação estatal.

A concretização das normas programáticas, cuja competência é asseverada precipuamente em âmbito administrativo, passa por um largo e criterioso planejamento de metas e diretrizes – efetuadas com base na própria Constituição e leis infraconstitucionais –, a fim de atender a contingência em meio à escassez dos recursos públicos.

A atividade administrativa à eleição de uma política pública perpassa a apreciação jurídica; é como dito, função gerencial instituída para esse propósito de concretizar o interesse público primário à luz da eficiência – prestação de serviço público de resultado.

Premente atentar-se, ainda, que a exteriorização da vontade estatal é cunhada de presunção de legitimidade, sendo essa premissa um pilar do nosso ordenamento jurídico à invalidação precoce do ato administrativo pela via do controle judicial.

Desta feita, em juízo de cognição sumária, a "intensidade do controle judicial"[18] merece peculiar atenção, porquanto os efeitos, muitas vezes irreparáveis, que o provimento antecipado conserva podem esgotar integralmente o objeto da ação.

E, nesse limiar, a proposta da deferência judicial somada à presunção de legitimidade dos atos administrativos e ao princípio da reserva do possível, em se tratando de diretos sociais, na defesa da intervenção judicial minimizada na gestão de políticas públicas.

Para esse mister, imperioso é a fortificação do Poder Executivo, mediante a inserção de mecanismos de governança e eficiência, preservando-se o espírito da Carta Maior. A exemplo, as prerrogativas aos servidores públicos que garantem a técnica e experiência ao ato administrativo, o concurso público e a estabilidade, evitando-se ingerência indevida à legitimidade do encargo estatal.

A defesa das potencialidades administrativas em nosso país pode se iniciar pelo escopo educativo do processo – à pacificação social, a fim de que o serviço público seja *accountable* ao seu papel original de atender a coletividade e conferir segurança jurídica à sua fiel execução.

## Referências

BOCKMANN MOREIRA, Egon. Crescimento econômico, discricionariedade e o princípio da deferência, *Direito do Estado*, 2016. Disponível em: http://www.direitodoestado.com.br/redae.asp. Acesso em: 9 jan. 2021.

BRASIL. Supremo Tribunal Federal. ADPF 45 MC/DF. Relator: Min. Celso de Mello, 2009. Dje: Brasília, DF, 29 abr. 2009. Disponível em: http://www.stf.jus.br. Acesso em: 31 out. 2020.

BRASIL. Supremo Tribunal Federal. Suspensão de Tutela Provisória 193. Relator: Min. Dias Toffoli. *Dje*: Brasília, DF, 5 de maio de 2020. Disponível em: http://www.stf.jus.br. Acesso em: 31 jan. 2020.

CARVALHO, RAQUEL. LINDB – artigo 22: o início de uma nova teoria das nulidades para os atos administrativos viciados? *Direito Administrativo Para Todos*, 2019. Disponível em: http://raquelcarvalho.com.br. Acesso em: 30 jan. 2021.

JORDÃO, Eduardo; JÚNIOR, Renato Toledo Cabral. A teoria da deferência e a prática judicial: um estudo empírico sobre o controle do TJRJ à AGENERSA. *Revista Estudos Institucionais*, v. 4, n. 2, p. 537-573, jul./dez. 2018.

---

[18] Expressão utilizada por Eduardo Jordão.

JORDÃO, Eduardo. *Controle Judicial de uma administração pública complexa*: a experiência estrangeira na adaptação da intensidade do controle. São Paulo: Malheiros, 2016.

JORDÃO, Eduardo. Entre o *prêt-à-porter* e a alta costura: procedimentos de determinação da intensidade do controle judicial no direito comparado. *Revista Brasileira de Direito Público – RBDP*, Belo Horizonte, ano 14, n. 52, p. 9-43, jan./mar. 2016.

KRELL, Andreas. Controle judicial dos serviços públicos na base dos direitos fundamentais sociais. *In*: SARLET, Ingo Wolfgang. *A Constituição concretizada*: construindo pontes entre o público e o privado. Porto Alegre: Livraria do Advogado, 2000.

MEIRELLES, Hely Lopes. *Direito Administrativo Brasileiro*. 40. ed. São Paulo: Malheiros, 2014.

MELLO, Celso Antônio Bandeira de. *Curso de Direito Administrativo*. 26. ed. São Paulo: Malheiros, 2009.

MENDES, Gilmar Ferreira; COELHO, Inocêncio Mártires; BRANCO, Paulo Gustavo Gonet. *Curso de Direito Constitucional*. 4. ed. São Paulo: Saraiva, 2009.

MOREIRA NETO, Diogo de Figueiredo. A lei de responsabilidade fiscal e seus princípios jurídicos. *Revista de Direito Administrativo*, Rio de Janeiro, v. 221, p. 84, jul./set. 2000.

MOREIRA NETO, Diogo de Figueiredo. *Quatro paradigmas do Direito Administrativo pósmoderno*: legitimidade, finalidade, eficiência, resultados. Belo Horizonte: Editora Fórum, 2008.

NOHARA, Irene Patrícia. Contrato de gestão para ampliação da autonomia gerencial: case jurídico de malogro na importação e novas formas de se alcançar maior eficiência na gestão pública. *A&C – Revista de Direito Administrativo & Constitucional*, Belo Horizonte, ano 14, n. 55, p. 169-185, jan./mar. 2014.

OLIVEIRA, Rafael Carvalho Rezende. *Curso de Direito Administrativo*. 4. ed. Rio de Janeiro: Forense; São Paulo: MÉTODO, 2016.

OLIVEIRA, Rafael Carvalho Rezende; HALPERN, Erick. O mito do "quanto mais controle, melhor" na Administração Pública. *Zênite Fácil*, 7 out. 2020. Disponível em: http://www.zenitefacil.com.br. Acesso em: 8 jan. 2020.

DI PIETRO, Maria Sylvia Zanella. *Discricionariedade administrativa na Constituição de 1988*. São Paulo: Atlas, 2001.

DI PIETRO, Maria Sylvia Zanella. Discricionariedade técnica e discricionariedade administrativa. *Revista Eletrônica de Direito Administrativo Econômico (REDAE)*, Salvador, n. 9, fev./abr. 2007. Disponível em: http://www.direitodoestado.com.br/redae.asp. Acesso em: 9 jan. 2021.

DI PIETRO, Maria Sylvia Zanella. Limites do controle externo da Administração Pública: ainda é possível falar em discricionariedade administrativa? *Revista Eletrônica de Direito Administrativo Econômico (REDAE)*, Salvador, n. 37, jan./mar. 2014.

RIBEIRO, Leonardo Coelho. Presunções do ato administrativo, capacidades institucionais e deferência judicial a priori: um mesmo rosto, atrás de um novo véu? *Revista de Direito Administrativo Contemporâneo*, v. 22, p. 1-25, 2016.

SANTA CATARINA. *Suspensão de Liminar e de Sentença 5047103-74.2020.8.24.0000*. Relator: Desem. Raulino Jaco Bruning, 29 de dezembro de 2020.

SILVA. José Afonso da. *Curso de Direito Constitucional Positivo*. 18. ed. São Paulo: Malheiros, 2000.

SARLET, Ingo Wolfgang; TIMM, Luciano Bennete. *Direitos fundamentais*: orçamento e reserva do possível. Porto Alegre: Livraria do Advogado, 2010.

---

Informação bibliográfica deste texto, conforme a NBR 6023:2018 da Associação Brasileira de Normas Técnicas (ABNT):

BERRI, Bárbara Roedel. A implementação de políticas sociais públicas pela via judicial sob o viés da *judicial deference*. In: DOSSO, Taisa Cintra; TAVARES, Gustavo Machado; SILVA, Thiago Viola Pereira da. (Coords.). *Direito Municipal em Debate*. Belo Horizonte: Fórum, 2022. p. 57-70. ISBN 978-65-5518-406-8.

# O REGIME ESPECIAL DE PRECATÓRIOS COMO UMA GARANTIA PARA SUSTENTAÇÃO DO FEDERALISMO NO BRASIL

**ALEXSANDRO RAHBANI ARAGÃO FEIJÓ**
**HELENA MARQUES LIMA**

## 1 Introdução

O mecanismo dos precatórios está consolidado no Poder Judiciário brasileiro há mais de um século. Assim, mostrou-se mecanismo eficaz ao respeitar os princípios da separação dos Poderes e da igualdade. Desse modo, a administração consegue arcar seus débitos de forma igualitária, observando o procedimento disposto na Constituição da República de 1988, ou seja, utilizando apenas as preferências destacadas no dispositivo, sem favoritismos de qualquer modo.

Em contraposição, os grandes valores seriam pagos por meio de precatórios. Ademais, antes mesmo da promulgação da Constituição da República de 1988, a administração pública já se encontrava com débitos provenientes do período da Constituição de 1967-1969, isto é, já no nascedouro da nova ordem econômico-social do Brasil, o país era devedor.

Nesse quadro, restou evidenciado que a Constituição da República elenca uma série de obrigações aos entes federativos, resultando na sobrecarga dos cofres públicos e iniciando um ciclo vicioso de desequilíbrio financeiro. Dessa forma, mesmo a considerável carga tributária ou os investimentos governamentais são insuficientes para arcar com os débitos do poder público.

Assim, o estudo sobre o funcionamento do regime especial de precatórios e sua relação com o modelo federalista se faz relevante, visto que um acaba por sustentar e garantir o outro. Ademais, somente estudando essa relação é que se é capaz de encontrarem meios de seu aperfeiçoamento e, consequentemente, de desenvolverem-se o funcionamento do regime especial de precatórios, a proteção e a manutenção da forma federativa, sobretudo para os municípios.

## 2 Federalismo

De início, devem ser rememoradas as formas de Estado que foram aplicadas no Brasil. Inicialmente a colonização do Brasil teve sua organização territorial de forma descentralizada, visto que se utilizava do modelo de capitanias hereditárias. Desse modo, o território foi dividido em 12 partes irregulares, passando-se a criar diversos núcleos de povoamento.

Posteriormente, no Brasil Império, houve a tentativa de utilização do Estado Unitário como forma de Estado, logo, não havia autonomia das províncias. Como consequência, a concentração de poderes mostrou-se ineficaz ante o tamanho do país, bem como a necessidade de autonomia e de organização das províncias.

Destarte, a partir do Decreto nº 1 (documento oficial da Proclamação da República), de 15 de novembro de 1889 (BRASIL, [1889]), passou-se a utilizar como forma de Estado a Federação, o que foi expressamente previsto na Constituição de 1891, dando, no nome oficial ao novo Estado brasileiro, Estados Unidos do Brasil.[1] Desde então, o federalismo é a forma de Estado adotada no país.

Nesse sentido, cabe destacar a relevância que as Constituições republicanas deram à forma de Estado federativa, dando status de cláusula pétrea no parágrafo 4º do art. 60 da Lei Maior de 1988.

Ademais, conforme evidencia S. O. Boff (2002), deve-se lembrar que as Constituições de 1891 (art. 90, §, 4º) (BRASIL, [1891]), de 1934 (art. 178, §5º) (BRASIL, [1934]), de 1946 (art. 217, §6º) (BRASIL, [1946]) e de 1967-1969 (art. 47, §1º) já tinham cristalizado esse posicionamento, impedindo que formalmente aquela fosse alterada.

---

[1] A implementação do federalismo no Brasil deu-se por desagregação, ou seja, o Estado Unitário descentralizou-se.

## 2. 1 O desequilíbrio financeiro

Primordialmente, é necessário entender o cerne das dívidas do Estado brasileiro, bem como a conexão dos deveres e meios financeiros dos entes federativos nesse cenário. Assim, é essencial analisar o endividamento financeiro sob aspecto do federalismo.

Nessa perspectiva, a Constituição da República[2] elencou as competências administrativas dos entes federativos, assim dividindo o que cabia à União, aos estados, Distrito Federal e municípios. Desse modo, destaca-se comentário do professor Gilberto Bercovici (2008, p. 7): "Essa delimitação (da atuação dos entes federados), chamada de repartição de competências, é o ponto central do federalismo, pressuposto da autonomia dos entes federados."

Consequentemente, depreende-se que, ao tentarem seguir os ditames dos art. 25, §1º, e 30 da Carta Magna, os estados e municípios acabaram desenvolvendo ou até mesmo aumentando o desequilíbrio financeiro, visto que há mais saída de recursos do que arrecadação.

Em continuidade, ao se observar o texto constitucional, fica claro que há uma limitação das competências administrativas dos estados-membros em comparação com as dos municípios. Esta é a chamada competência remanescente. Assim, em detrimento de sua autonomia em relação à União, terá responsabilidade apenas daquilo que não for vedado na Lei Maior, logo serão as competências que não forem da União, dos municípios e comuns, conforme se extrai de seu art. 25, §1º.

Dessarte, foram enumerados apenas os poderes da União e dos municípios, ficando aos estados a competência residual. Além disso, deve-se lembrar da observação trazida por Bernardo Gonçalves Fernandes (2017, p. 889): "(...) fica claro que os Estados poderão legislar sobre todas as matérias que não lhes

---

[2] Importante destacar apontamento de José Cláudio Pavão Santana (2019, grifos nossos): "Constituição Federal encerra apenas uma ideia orgânica do Estado, definindo a pluralidade de pessoas políticas que o compõem. É uma forma de Estado contraposta, por exemplo, ao Estado Unitário ou ao Estado Confederado. No nosso caso na espécie de Federação tripartite.
*Constituição da República, por seu turno, traduz o sistema de governo, sinalizando com os elementos próprios que são a representatividade do poder, a limitação temporal de mandatos, a eletividade dos cargos, a responsabilização dos agentes e* (por que não?) *a alternância do poder.*"

sejam vedadas expressamente ou mesmo implicitamente pela Constituição."

Ainda analisando a divisão de poderes estabelecidos na Constituição Cidadã, observa-se que suas competências não legislativas estão elencadas nos incisos III a IX do art. 30 do texto constitucional. Nesse quadro, cabe realçar que, após a sua promulgação em 1988, foi verificado aumento considerável de gastos sociais nos municípios, tendo como efeito a piora das dificuldades financeiras dos municípios (BOVO, 2001).

Em contrapartida, depreende-se que a própria Constituição, ao tratar da competência tributária para instituir impostos, gera uma clara assimetria entre aquilo que é arrecadado pela União, pelos estados-membros e municípios. Dessa forma, como exemplo, basta verificar que há previsão para União de instituir sete impostos, enquanto os estados e municípios podem, respectivamente, instituir três, conforme os arts. 153, 155 e 156. Dentro desse contexto, Edith Maria Barbosa Ramos *et al.* (2020, p. 94) criticam quanto à falta de independência financeira dos municípios:

> Mesmo com sua capacidade para tributar e arrecadas recursos, ocorre que a maioria dos recursos que sustentam os municípios são verbas oriundas da União e dos estados membros. Mesmo as grandes metrópoles brasileiras como São Paulo, por mais que arrecadem com seus tributos, é óbvio que só estes não têm como sustentar a máquina pública, sendo, portanto, necessária a complementação por meio de recursos federais e estaduais.

Nessa esfera, é importante realçar que o Portal da Transparência (BRASIL, 2021) dispõe de forma clara que 36% do orçamento de 2021 do governo federal de origem de receita corrente[3] é oriundo de impostos,

---

[3] De acordo com o art. 2º, IV, da Lei de Responsabilidade Fiscal: "IV – *receita corrente líquida: somatório das receitas tributárias, de contribuições, patrimoniais, industriais, agropecuárias, de serviços, transferências correntes e outras receitas também correntes*, deduzidos:
a) na União, os valores transferidos aos Estados e Municípios por determinação constitucional ou legal, e as contribuições mencionadas na alínea a do inciso I e no inciso II do art. 195, e no art. 239 da Constituição;
b) nos Estados, as parcelas entregues aos Municípios por determinação constitucional;
c) na União, nos Estados e nos Municípios, a contribuição dos servidores para o custeio do seu sistema de previdência e assistência social e as receitas provenientes da compensação financeira citada no §9º do art. 201 da Constituição.
§1º Serão computados no cálculo da receita corrente líquida os valores pagos e recebidos

taxas e contribuições de melhorias. Por outro lado, ao observar a Lei Orçamentária de 2020 do Município de São Luís (SÃO LUÍS, 2019), pode-se concluir que pouco mais de 25% de suas receitas correntes têm como origem impostos, taxas e contribuições de melhoria. Sob essa perspectiva, argumenta Harrison Leite (2016, p. 340):

> (...) uma simples análise dos orçamentos públicos permite concluir que a União é o ente que mais arrecada, seguida pelos Estados e Municípios. Sendo assim, Estados e Municípios, não raramente, ficam à mercê de repasses de valores arrecadados pela União, o mesmo ocorrendo com Municípios em relação aos Estados, uma vez que não possuem força econômica suficiente para obter receita pública como fruto da arrecadação de Tributos cobrados de seus cidadãos/contribuintes.

Nesse contexto, fica cristalino o desequilíbrio de receitas e despesas dos entes federados. Essa falta de recursos normalmente inviabiliza ou reduz a prestação de deveres e obrigações da administração pública. Também sobressa diferenciação de arrecadação entre unidades federativas, discutem Marco Antônio Praxedes de Moraes Filho e Kath Anne Meira da Silva Simonasi (2018, p. 157, grifos nossos):

> (...) é imprescindível observar que *são totalmente distintas a maneira de assimilação das receitas desvinculadas entre Municípios e a União*, já que os primeiros são entes federativos beneficiários da repartição das receitas, enquanto o segundo é o ente federativo responsável por "alimentar" o sistema das repartições.

Assim, tem-se como efeito dessa situação a repetida provocação do Poder Judiciário para solucionar o inadimplemento do Poder Executivo, o que resulta na expedição de Requisições de Pequeno Valor (RPV) ou de Precatórios.[4]

---

em decorrência da Lei Complementar no 87, de 13 de setembro de 1996, e do fundo previsto pelo art. 60 do Ato das Disposições Constitucionais Transitórias.
§2º Não serão considerados na receita corrente líquida do Distrito Federal e dos Estados do Amapá e de Roraima os recursos recebidos da União para atendimento das despesas de que trata o inciso V do §1º do art. 19.
§3º A receita corrente líquida será apurada somando-se as receitas arrecadadas no mês em referência e nos onze anteriores, excluídas as duplicidades" (grifos nossos).

[4] Conceitua-se Precatório e Requisição de Pequeno Valor (RPV) como mecanismos, de natureza administrativa, oriundos de condenação judicial para pagamento de determina

## 2.1.1 O descontrole no pagamento de precatórios

É inquestionável que os precatórios se tornaram instrumento essencial para a administração adimplir com seus débitos, visto que respeita tanto o princípio da igualdade quanto o da separação dos Poderes. Entretanto, também se mostram um óbice à dívida consolidada nacional e ao orçamento.

Pois bem, basta verificarem-se os dados fornecidos no sítio eletrônico do Portal da Transparência, o qual dispõe que, na dívida consolidada[5] da União, há um débito de R$ 419.072.322,00 de precatórios emitidos a partir de 5 de janeiro de 2000 e não pagos durante a execução do orçamento em que estavam previstos.

Ainda nesse cenário, ao se estudar a dívida consolidada de todos os estados-membros em relação aos precatórios emitidos após janeiro de 2000 e não adimplidos no período esperado, observa-se um débito de R$ 76.541.762.311,11, isto é, mais de 182 vezes o valor devido pela União. De modo que, ao buscar os precatórios em mora e fazer a média destes por estado-membro (26 estados e o Distrito Federal), têm-se a média de pouco mais de R$ 2,8 bilhões por estado, em comparativo a dívida por unidade federativa ainda seria 6,6 vezes maior que a da União. Assim, estes compõem 7,7% da dívida consolidada dos estados, de acordo com o Portal da Transparência.

Somado a isso, em simples consulta à lista fornecida pelo portal do Tribunal de Justiça de São Paulo (TJSP, 2021), observa-se que a Prefeitura Municipal de São Paulo ainda tem precatórios de previsão orçamentária de 1982 pendentes de pagamento. Em outras palavras, o credor está aguardando há 39 anos o adimplemento de dívida mesmo após sua discussão no Poder Judiciário com trânsito em julgado da decisão.

---

soma de processo transitado em julgado. Diferenciam-se esses instrumentos quanto ao momento de pagamento, visto que o pagamento da RPV será imediato, enquanto os precatórios devem respeitar a ordem de cronológica de pagamento.

[5] Consoante art. 29, I, da LRF: "Art. 29. Para os efeitos desta Lei Complementar, são adotadas as seguintes definições: "I – *dívida pública consolidada ou fundada: montante total, apurado sem duplicidade, das obrigações financeiras do ente da Federação, assumidas em virtude de leis, contratos, convênios ou tratados e da realização de operações de crédito, para amortização em prazo superior a doze meses* (...)" (grifos nossos).

Em comparativo, o município de Porto Alegre-RS ainda possui débitos de competência do ano de 2011, conforme se extrai do sítio eletrônico do Tribunal de Justiça do Rio Grande do Sul (TJRS, 2021).

Desse modo, é interessante lembrar que o legislador previu a possibilidade de intervenção tanto da União quanto dos estados-membros no caso de suspensão de pagamentos por período superior a dois anos consecutivos, conforme dispõe o art. 34, V, a, c/c 35, da Constituição da República.

Entretanto, o quadro de inadimplência e descontrole do pagamento de precatórios não é algo recente no Judiciário brasileiro. O Supremo Tribunal Federal (STF) julgou o pedido de Intervenção Federal nº 2.915 em face do estado de São Paulo em razão do não pagamento de precatórios de natureza alimentar, conforme se discute:

> INTERVENÇÃO FEDERAL. 2. Precatórios judiciais. 3. *Não configuração de atuação dolosa e deliberada do Estado de São Paulo com finalidade de não pagamento.* 4. Estado sujeito a quadro de múltiplas obrigações de idêntica hierarquia. Necessidade de garantir eficácia a outras normas constitucionais, como, por exemplo, a continuidade de prestação de serviços públicos. 5. A intervenção, como medida extrema, deve atender à máxima da proporcionalidade. 6. Adoção da chamada relação de precedência condicionada entre princípios constitucionais concorrentes. 7. Pedido de intervenção indeferido (BRASIL, 2003b, grifos nossos).

Em comentário baseado em seu voto, o ministro Gilmar Mendes (2004) destaca as limitações econômico-financeiras do estado, ainda que sofresse intervenção federal:

> É duvidosa, de imediato, a adequação da medida de intervenção. *O eventual interventor, evidentemente, estará sujeito àquelas mesmas limitações factuais e normativas a que está sujeita a Administração Pública do Estado.* (...), é inegável que *as disponibilidades financeiras do regime de intervenção não serão muito diferentes das condições atuais* (grifos nossos).

Assim, verificaram-se as limitações da administração pública, a qual deve respeitar o princípio da reserva do possível,[6] bem como

---

[6] "(...) por vários motivos, nem todas as metas governamentais podem ser alcançadas, principalmente pela costumeira escassez de recursos financeiros. Somente diante dos concretos elementos a serem sopesados ao momento de cumprir determinados empreendimentos é que o administrador público poderá concluir no sentido da *possibilidade* de fazê-lo, à luz

de princípios orçamentários como o da limitação[7] e da programação,[8] devendo-se restringir o pagamento de precatórios aos valores previstos e programados no orçamento vigente. Dessa maneira, dispõe Maria Sylvia Zanella Di Pietro (2020):

> Como o modelo do Estado Social é pródigo na proteção dos direitos fundamentais e na previsão de inúmeros serviços sociais como deveres do Estado, a consequência inevitável é a de que acabam por se colocar em confronto, de um lado, o *dever* constitucional de atender às imposições constitucionais, que correspondem a *direitos* do cidadão (essenciais para garantir a dignidade da pessoa humana), e, de outro lado, a escassez dos recursos públicos para atender a todos esses direitos. Daí o *princípio da reserva do possível*, oriundo do direito alemão: *os deveres estatais, impostos pelo ordenamento jurídico, devem ser cumpridos na medida em que o permitam os recursos públicos disponíveis* (grifos nossos).

Outrossim, cabe destacar comentário e crítica das dificuldades do regime de precatórios, bem como de suas possíveis causas e agravantes, elaborado pelo professor José de Ribamar Caldas Furtado (2014, p. 251):

> Em verdade, problema de tamanha magnitude não pode ser atribuído a uma única causa; foram vários fatores que atuaram produzindo esse resultado. Existiram razões de ordem estrutural e de conjuntura. Não se pode negar que a efetivação do Estado Democrático de Direito no País impulsionou o cidadão a buscar na Justiça a reparação de danos contra seus direitos, em face da responsabilidade objetiva do Estado. Outra realidade é que, em muitos casos, talvez a maioria, Estado e cidadãos são apenas vítimas das trapalhadas dos governantes. São demandas oriundas da desordenada Previdência Oficial, de planos econômicos mirabolantes, de relações mal resolvidas com o funcionalismo público, da pífia política agrária. Por outro lado, não se sabe se, por puro descompromisso ou falta de perspectiva de solução para o problema, os orçamentos públicos deixaram de ver dotações proporcionais às necessidades para pagamento de precatórios.

---

do que constitui *reserva administrativa* dessa mesma possibilidade. Por lógico, não se pode obrigar a Administração a fazer algo que se revela impossível" (CARVALHO FILHO, 2019).

[7] "(...) condiciona a realização de despesas e a utilização de créditos ao montante previsto no orçamento" (ABRAHAM, 2018).

[8] "De acordo com esse princípio, o orçamento público deve ter a natureza de elo entre o planejamento e as ações governamentais. As necessidades cada vez mais crescentes, diante de recursos sempre escassos, constituíram o ambiente que propiciou a consolidação desse princípio no sistema orçamentário" (FURTADO, 2013).

Portanto, torna-se claro a dificuldade de controle no pagamento de precatórios de alguns entes federados. Contudo, é evidente que esse inadimplemento não tem como origem posicionamento doloso e intencional por parte da Fazenda Pública, tal qual se observou nas decisões da Corte Suprema sobre intervenção federal nesses casos.

## 2.2 A reestruturação dos entes federados

Nos últimos anos tem se observado mudanças na administração pública, de modo a ter mais cautela e fiscalização quanto à gestão e às finanças públicas. Tal alteração é consequência da aplicação mais rigorosa da Lei de Responsabilidade Fiscal, Lei Complementar nº 101/2000, e da Lei nº 14.133/2021, a nova Lei de Licitações e Contratos Administrativos, especialmente ao se estudar seu art. 5º.[9]

Destarte, nota-se que também há maior severidade quanto a aplicação desses princípios, por parte do poder público (controle interno) e do Judiciário e do Legislativo (controle externo), bem como se verifica maior participação da sociedade, sendo uma assídua questionadora e fiscalizadora dos atos práticos pela administração pública.

Ademais, é interessante observar a atuação dos tribunais de contas, os quais têm sido cada vez mais atuante na fiscalização, no julgamento e apreciação de contas, acompanhamento de arrecadações e aplicação de sanções, promovendo maior controle externo das finanças por parte dos gestores públicos, conforme se verifica no art. 71 da Constituição da República. É importante destacar, conforme lembra Flávio Martins (2019), que se trata de órgão técnico, visto que suas decisões são administrativas e devem ser apreciadas pelo Poder Legislativo.

Conclui-se que esse conjunto de apontamentos acarretou mudanças significativas da Fazenda Pública, obrigando-a a

---

[9] "Art. 5º Na aplicação desta Lei, serão observados *os princípios da legalidade, da impessoalidade, da moralidade, da publicidade, da eficiência, do interesse público, da probidade administrativa, da igualdade, do planejamento, da transparência, da eficácia, da segregação de funções, da motivação, da vinculação ao edital, do julgamento objetivo, da segurança jurídica, da razoabilidade, da competitividade, da proporcionalidade, da celeridade, da economicidade e do desenvolvimento nacional sustentável*, assim como as disposições do Decreto-Lei nº 4.657, de 4 de setembro de 1942 (Lei de Introdução às Normas do Direito Brasileiro)" (grifos nossos).

buscar sua reestruturação, assim como a procurar instrumentos para garantir sua eficiência, transparência e consequente controle de finanças. Dessa forma, algumas unidades da federação vêm equilibrando suas dívidas públicas e conseguindo o regular pagamento de precatórios.

## 2.3 A atuação de instituições na defesa de unidades da Federação

Primordialmente, é necessário ressaltar a atividade da advocacia pública, função essencial à Justiça, por meio das procuradorias, no incentivo e proteção de interesses dos entes federativos. Desse modo, destacam-se o art. 132 da Constituição da República e o art. 182 do Código de Processo Civil de 2015.[10]

Nesse sentido, nota-se que os membros da advocacia pública se tornaram verdadeiros contrapesos entre os Poderes Executivo e Judiciário, de forma a atuar tanto na esfera administrativa quanto no contencioso, a fim de garantir o equilíbrio entre os interesses do Poder público e as necessidades dos cidadãos. Nesse sentido, afirma Rafael Carvalho Rezende Oliveira (2019, p. 392): "(...) é possível afirmar a essencialidade da advocacia pública para preservação do Estado Democrático de Direito, com destaque para a efetivação dos princípios da segurança jurídica, da isonomia e da eficiência."

Nessa perspectiva, a atuação de instituições na defesa dos entes federativos é essencial na observância do contraditório e ampla defesa, bem como na proteção dos princípios da administração pública e do Direito Financeiro. Além disso, elas exercem advocacia de toda coletividade do Estado, não de governo, consoante decisão do Supremo Tribunal Federal no RE nº 663.696/MG.[11]

---

[10] "Art. 132. *Os Procuradores dos Estados e do Distrito Federal*, organizados em carreira, na qual o ingresso dependerá de concurso público de provas e títulos, com a participação da Ordem dos Advogados do Brasil em todas as suas fases, *exercerão a representação judicial e a consultoria jurídica das respectivas unidades federadas*" (grifos nossos).
"Art. 182. *Incumbe à Advocacia Pública, na forma da lei, defender e promover os interesses públicos da União, dos Estados, do Distrito Federal e dos Municípios, por meio da representação judicial, em todos os âmbitos federativos*, das pessoas jurídicas de direito público que integram a administração direta e indireta" (grifos nossos).

[11] "*Os procuradores municipais integram a categoria da Advocacia Pública* inserida pela Constituição da República dentre as cognominadas funções essenciais à Justiça, na medida

Por conseguinte, os representantes da defesa jurídica de pessoas políticas (MENDES; BRANCO, 2020) são responsáveis pelo desenvolvimento e desfecho de processos envolvendo a Fazenda Pública. Ademais, os membros da advocacia pública são indispensáveis à manutenção da ordem jurídica justa (DONIZETTI, 2017).

Por fim, algumas dessas instituições optaram por dar crucial destaque em sua estrutura organizacional aos pagamentos em decorrência de requisições judiciais, conforme se observa o art. 9º, IV, da Lei Orgânica da Procuradoria-Geral do Estado de São Paulo.[12]

Essa atividade se torna fundamental para demonstrar ao Poder Judiciário os obstáculos financeiros para o adimplemento de determinadas obrigações. Em continuidade, também tem o papel de mediar conflitos e encontrar soluções legais quando observadas suas limitações factuais e financeiras.

Assim, o ministro Gilmar Mendes destacou a atuação da Procuradoria Geral do Estado de São Paulo (PGE-SP) no pedido de Intervenção Federal nº 2915, vez que o estado de São Paulo tomava as medidas cabíveis para o adimplemento dos precatórios alimentares dentro de suas restrições econômicas.

Subentende-se então que a atuação de instituições em defesa das unidades da Federação é primordial para a busca e defesa de seus direitos, bem como para o equilíbrio entre o Executivo e o Judiciário, ao analisar as necessidades da sociedade e a reserva do possível para a administração pública.

## 3 O regime especial de precatórios

É inquestionável que o poder público não cumpre com deveres legais (por exemplo, direitos de servidores) e contratuais (adimplemento de contratos), o que resulta em dificuldades para regularização de suas contas. Em regra, a via administrativa mostra-se incapaz para sanar a não observância de direitos de servidores e cumprimento de contratos. Como consequência, muitos recorrem

---

em *que também atuam para a preservação dos direitos fundamentais e do Estado de Direito*" (RE 663.696/MG – repercussão geral, grifos nossos).

[12] "Artigo 9º. Integram o Gabinete do Procurador Geral: (...) IV – Assessoria de Precatórios Judiciais (...)."

ao Judiciário como ferramenta para resolver conflitos entre o privado e a administração, gerando os precatórios e as requisições de pequeno valor.

Em seguimento, é inviável que o Estado consiga saldar seus débitos provenientes de precatórios ante a imutabilidade de seu comportamento. Isso posto, verifica-se, no acervo processual, que quantidade significativa de precatórios tem em seus processos de conhecimento os assuntos servidores públicos e contratos administrativo. Desse modo, esse regime de pagamentos, que está presente em nossa cultura desde o período colonial,[13] é alvo de constantes alterações, sendo considero privilégio da Fazenda e garantia do credor:

> Esse sistema especial de pagamento, ao mesmo em que é um privilégio ao Estado, consiste numa garantia ao credor. Privilégio porque, embora devedor, o Estado não poderá sofrer penhora, tampouco ir à falência ou à insolvência. Ao máximo, pode ir à inadimplência. E garantia porque, se o Estado for inadimplente, a Constituição prevê medidas que asseguram ao credor o recebimento do seu crédito. Daí falar-se que, pela sistemática constitucional, há regras de natureza processual conducentes à efetividade da sentença condenatória transitada em julgado por quantia certa contra entidades de direito público (LEITE, 2016, p. 290-291).

Nessa concepção, esse conturbado meio de pagamento de débitos públicos vem sofrendo inúmeras alterações, tentando se aperfeiçoar as necessidades da administração e dos credores.

## 3.1 Histórico

Inicialmente, observa-se que no art. 15 da Constituição do Império de 1824 (BRASIL, [1824]) havia a previsão da fixação anual de despesas públicas, assim como que ela tratava de busca por meios para pagamento da dívida pública, da regulamentação de bens nacionais e de decretar sua alienação.[14]

---

[13] De acordo com Eurípedes Gomes Faim Filho (2017), na Torre do Pombo, há registros de 1498 utilizando o termo "precatório". Embora não haja como ter certeza do real significado da palavra nesse contexto, há documento datado em 1508 em que foi enviado um precatório aos fiscais da Fazenda quanto a uma dívida do rei.

[14] "Art. 15. É da attribuição da Assembléa Geral (...) X. *Fixar annualmente as despezas publicas,*

Além disso, a inalienabilidade só ocorreria mediante autorização do Legislativo, de forma que seria a regra quanto aos bens públicos.[15] Para Eurípedes Gomes Faim Filho (2017, p. 21): "Essas duas regras são o coração do sistema de precatórios, por isso pode-se dizer que já na Constituição do Império esse sistema estava presente, mesmo que não de forma tão explícita como ocorreu na Constituição de 1934." Posteriormente, o Decreto nº 737/1850, em seu art. 529, §1º, previu de forma expressa e impenhorabilidade dos bens inalienáveis.[16]

Em outro ponto, verifica-se a Constituição da República de 1891 não tratou expressamente quanto aos bens públicos e tratou de forma genérica quanto ao pagamento de dívidas públicas. Dessa maneira, a Primeira Carta Republicana dispôs apenas quanto à competência sobre a fixação orçamento, à legislação de dívida pública e ao estabelecimento de meios para seu adimplemento pelo Congresso, em seu artigo 34 (BRASIL, [1891]).

À vista disso, o Código Civil de 1916 trouxe um conceito para bens públicos e proferiu explicitamente quanto à sua impenhorabilidade nos artigos 66 e 67.

Por conseguinte, a Constituição da República de 1934 estabelece sobre o pagamento de dívidas da Fazenda Federal oriundo de sentença judicial por meio de precatórios em seu artigo 182. Assim, evidencia-se que o dispositivo, indiretamente, já aponta ao Judiciário como responsável por averiguar as dívidas, bem como promover a liquidação do crédito, uma vez realizado o depósito pela administração pública devedora. Ademais, deveria ser obedecida uma ordem para o pagamento. Observa-se posicionamento de Egon Bockmann Moreira *et al.* (2019, p. 26-27) sobre essa inovação constitucional:

> Está-se a falar do princípio da igualdade (todos devem receber o pagamento de modo isonômico, segundo critérios objetivos previamente

---

e repartir a contribuição directa.(...); XIV. Estabelecer *meios* convenientes *para pagamento da dívida publica*; XV. Regular a *administração dos bens Nacionaes*, e *decretar* a sua *alienação*" (grifos meus).

[15] Moreira, Grupenmacher, Kanayama e Agottani (2019, p. 23) afirmam: "Uma vez que a alienação de tais bens far-se-ia apenas mediante autorização do Legislativo, seriam esses inalienáveis e, por conseguinte, não sujeitos a penhora."

[16] "Art. 529. *Não podem ser absolutamente penhorados* os bens seguintes: §1.º Os *bens inalienáveis*" (grifos nossos).

definidos) e do princípio da separação dos poderes (o Executivo a respeitar e cumprir as decisões do Judiciário). Assim, ao ser constitucionalizado, pretendeu-se conferir a solução institucional estável ao tema precatórios, subtraindo a discricionariedade (*rectius*: arbitrariedade) do administrador a escolha da ordem do pagamento. Por outro lado, o fato de ser positivado em sede constitucional demonstra a importância política do assunto.

Entretanto, nota-se que em nenhum momento o ordenamento determinou valor para ser incluído nos precatórios. Destaca-se que o texto foi omisso quanto à forma de que os estados e municípios deveriam utilizar para satisfação de seus respectivos débitos.

Em seguida, foi promulgada a Constituição da República de 1946 (BRASIL, [1946]), a qual, por meio do art. 204, incluiu em seu texto a previsão dos estados e municípios quanto ao pagamento dos precatórios, mantendo o método de sua realização previsto na Carta Republicana de 1934 (BRASIL, [1934]).

Em seguida, no período do regime militar foi mantido o regramento utilizado anteriormente, apenas ajustando a data do dia 1º de julho de cada ano para apresentação dos precatórios, marco temporal até hoje utilizado.

### 3.1.1 Evolução do regime de precatórios na Constituição da República de 1988

Originalmente, o regime de precatórios era regulamentado pelo art. 100 da Carta Maior de 1988 e pelo art. 33 do Ato das Disposições Constitucionais Transitórias (ADCT). Ao longo do tempo, o Congresso Nacional aprovou inúmeras emendas com a finalidade sanar a dívida pública proveniente desse instrumento de pagamento.

Como efeito, foi elaborada e aprovada pelas casas legislativas a Emenda Constitucional nº 20/1998, a qual alterou a redação do art. 100 ao inserir o parágrafo terceiro, criando a Requisição de Pequeno Valor. Quanto à última, observa-se que o legislador optou por deixar a escolha da fixação do que seria considerado "pequeno valor" pela unidade federativa. Nesse ponto, comenta José dos Santos Carvalho Filho (2019):

(...) urge considerar as diferenças quanto aos recursos financeiros dos diversos entes federativos. Em outras palavras, são abismais as distâncias que separa as *capacidades econômicas* dos entes. Exatamente por tal motivo, foi-lhes autorizada a edição de leis próprias com a indicação de valores distintos para fixação de obrigação de *pequeno valor*.

Em continuidade, a Emenda Constitucional nº 30/2000 veio mais uma vez modificar o art. 100 da Lei Básica, bem como adicionar o art. 78 ao Ato de Disposições Constitucionais Transitórias. Nessa esfera, Egon Bockmann Moreira *et al.* (2019, p. 33, grifos nossos) verificam que esta resultou no aumento da incerteza jurídica quanto à satisfação dos precatórios, também discutindo a dificuldade de adimplemento do montante dessa dívida:

> Como se pode constatar, não será demais dizer que foi a EC 30, inspirada na previsão original do ADCT, que consolidou constitucionalmente o regime de interesse jurídica a reger o pagamento de precatórios – e assim subverteu a lógica da razão de ser de tal instituto. (...) A cada problema prático experimentado, uma solução constitucional positivada – subvertendo a lógica de uma Lei Fundamental.
> Mas note-se que boa parte disso decorre da existência de *precatórios gigantes*, da ordem de bilhões de reais, *cujo pagamento à vista seria muito difícil, senão impossível, pelas Fazendas Públicas estaduais e municipais* (e os governantes menos escrupulosos se aproveitariam disso para não pagar seus débitos).

Somado a isso, nota-se que a EC nº 30 também teve como objetivo possibilitar aos estados-membros e municípios se programarem para liquidar os precatórios em mora dentro de suas respectivas limitações orçamentárias. Em discussão sobre o funcionamento dessa emenda, tratou o ministro aposentado do STF Eros Roberto Grau (2002, p. 91, grifos nossos):

> Não obstante, ainda que seja assim, é à Administração que cabe, mas sempre mediante a formulação de juízos de legalidade, *planejar, no tempo, o uso de recursos de que dispõe, de modo que possa atender aos pagamentos de seus débitos constantes de precatórios judiciários sem comprometimento da prestação de suas atividades essenciais.* Entre estas incluem-se, por imposição constitucional, as de educação e saúde da população e as de manutenção dos seus demais serviços públicos. Assim não fosse e Estados-membros e Municípios – e também a União – caso viessem a ser compelidos a lançar mão dos seus recursos financeiros disponíveis para

prioritariamente pagar aos particulares, poderiam ver-se na inusitada contingência de paralisar-se. Isso introduziria um vácuo na organização mesma da República. Daí porque somente da Administração pode depender – salvo a ocorrência de má fé em forma de fraude à lei – aquele planejamento.

A seguir, veio a Emenda Constitucional nº 37/2002, na qual se verifica mais uma mudança no art. 100, agora apenas em seu parágrafo 4º, bem como a inclusão dos artigos 86 (definiu parâmetros para o pagamento de débitos provenientes de sentenças judiciais) e 87 (estipulou valores para pagamento de RPV, quando os entes federativos não o tiverem previsto em leis próprias) no ADCT.

Como efeito, o legislador criou um modelo para pagamento de precatórios na Emenda Constitucional nº 62/2009, instituindo o regime especial de pagamento de precatórios ao alterar a redação do art. 100 da Constituição da República, tal qual tentou ao editar o disposto no art. 97 do ADCT. Posteriormente, foi editada a Emenda Constitucional nº 94/2016, a qual, mais uma vez, alterou a redação do art. 100 da Carta Política e acrescentou os art. 101 a 105 ao ADCT. Assim, esta se mostrou uma tentativa de ampliar o diálogo entre a Fazenda Pública e seus credores, tentando acelerar o pagamento dos precatórios e reduzir a dívida pública. Nesse sentido, Marco Antônio Praxedes de Moraes Filho e Kath Anne Meira da Silva Simonasi (2018, p. 141, grifos nossos) tratam sobre as inovações desta:

> Após intenso e inédito diálogo popular entre credores e devedores, foi promulgada pelas Mesas da Câmara dos Deputados e do Senado Federal a EC n. 94/2016, com a *missão precípua de resgatar a credibilidade do regime brasileiro de precatórios*, até então perdida em face das constantes irregularidades nos pagamentos destes títulos. Consiste, portanto, em um *notável mecanismo de promoção da confiabilidade e moralidade do setor público frente aos credores* de dívidas judiciais já transitadas em julgado em desfavor da Fazenda Pública Nacional.

Contudo, esse instituto se apresentou incapaz de solucionar as décadas de endividamento público, de modo que precisou passar por mais alterações. Como resultado, foi aprovada pelas casas legislativas a Emenda Constitucional nº 99/2017, que buscava o aperfeiçoamento do regime inaugurado pela EC nº 94/2016. Dessa maneira, alterou o texto dos artigos 101, 102,

103 e 105, os quais haviam sido inseridos no ADCT por meio da última emenda.

Por fim, a alteração mais recente o texto constitucional veio por meio da Emenda Constitucional nº 109/2021,[17] esta modificou o *caput* do art. 101 da ADCT, assim como revogou o seu parágrafo 4º. Todavia, tramitam projetos de outras emendas, visto que ainda não se encontrou uma solução ideal para credores e executados quanto ao endividamento público, reforçando a ideia de instabilidade normativa dessa ferramenta.

## 3.2 Sua natureza

Precatório é um ato administrativo oriundo de decisão judicial transitada em julgado contra a administração. Assim, a necessidade do uso desse instituto se dá em razão da impenhorabilidade e da inalienabilidade dos bens públicos. Nas palavras de Harrison Leite (2016, p. 291): "Não se trata de ato com força justificante. Embora emanado do Poder Judiciário, possui força de ato administrativo."

Nesse contexto, depreende-se que, apesar do precatório ser expedido pelo Poder Judiciário, trata-se de ato administrativo, visto que não possui carga decisória e ser posterior ao fim da fase judicial de execução contra a administração pública. Desse modo Claudio Carneiro (2020) o conceitua:

> (...) pode ser definido como o documento (fruto de decisão judicial condenatória expedido pelo Presidente do Tribunal que proferiu decisão judicial contra a Fazenda (da União, de Estado, Distrito Federal ou Município), para que o pagamento de dívida seja feito por meio de inclusão no orçamento seguinte pelo Poder Executivo, do valor do

---

[17] "Art. 101. Os Estados, o Distrito Federal e os Municípios que, em 25 de março de 2015, se encontravam em mora no pagamento de seus precatórios quitarão, até 31 de dezembro de 2029, seus débitos vencidos e os que vencerão dentro desse período, atualizados pelo Índice Nacional de Preços ao Consumidor Amplo Especial (IPCA-E), ou por outro índice que venha a substituí-lo, depositando mensalmente em conta especial do Tribunal de Justiça local, sob única e exclusiva administração deste, 1/12 (um doze avos) do valor calculado percentualmente sobre suas receitas correntes líquidas apuradas no segundo mês anterior ao mês de pagamento, em percentual suficiente para a quitação de seus débitos e, ainda que variável, nunca inferior, em cada exercício, ao percentual praticado na data da entrada em vigor do regime especial a que se refere este artigo, em conformidade com plano de pagamento a ser anualmente apresentado ao Tribunal de Justiça local" (BRASIL, 2021a).

débito que deverá ser atualizado até a data do seu pagamento, através de ordem cronológica.

Destarte, esse entendimento já foi assentado no Superior Tribunal de Justiça (STJ) por meio da Súmula nº 311: "Os atos do presidente do tribunal que disponham sobre processamento e pagamento de precatório não têm caráter jurisdicional." E assim também foi cristalizado no STF por meio da Ação Direta de Inconstitucionalidade (ADI) nº 1.098.[18]

## 3.3 Direito Comparativo: execução contra a Fazenda Pública em outros países

Primeiramente, devem-se destacar os sistemas de execução da Argentina, dos Estados Unidos da América (EUA) e de Portugal, a fim de verificar se há algum instrumento de execução contra administração pública semelhante ao utilizado no Brasil, isto é, o pagamento por meio de precatório e RPV.

Nesse ponto, dos países analisados, a Argentina é o que possui sistema jurídico mais próximo do utilizado no Brasil. Assim, os bens públicos são considerados inalienáveis, impenhoráveis e imprescritíveis. Entretanto, Eurípedes Gomes Faim Filho (2017) ressalta entendimento da Corte Suprema argentina quanto à penhora: "(...) a Corte Suprema da Nação, revendo sua posição, tem permitido a penhora quando o Estado não se dispõe a cumprir a sentença e não é caso de emergência de Estado."

Além disso, a Argentina possui contencioso administrativo, o qual não impede a utilização do Poder Judiciário. Desse modo, as ordens judiciais deferidas contra autoridades públicas seguem

---

[18] "PRECATÓRIO – OBJETO. Os preceitos constitucionais direcionam à liquidação dos débitos da Fazenda. O sistema de execução revelado pelos precatórios longe fica de implicar a perpetuação da relação jurídica devedor-credor. PRECATÓRIO – TRAMITAÇÃO – REGÊNCIA. Observadas as balizas constitucionais e legais, cabe ao Tribunal, mediante dispositivos do Regimento, disciplinar a tramitação dos precatórios, a fim de que possam ser cumpridos. PRECATÓRIO – TRAMITAÇÃO – CUMPRIMENTO – ATO DO PRESIDENTE DO TRIBUNAL – NATUREZA. *A ordem judicial de pagamento* (§2º do artigo 100 da Constituição Federal), *bem como os demais atos necessários a tal finalidade, concernem ao campo administrativo e não jurisdicional*. A respaldá-la tem-se sempre uma sentença exeqüenda (...)" (BRASIL, 1996, grifos nossos).

as normas do Direito Administrativo, conforme o art. 804 do Novo Código Civil Argentino,[19] Lei nº 26.994/2014.

Em contraposição, nos Estados Unidos da América, em razão da *sovereign immunity*,[20] não é possível que a Fazenda Pública figure como ré em um processo. Ademais, a 11ª Emenda[21] à Constituição norte-americana também impede que cidadãos possam promover ação contra um dos estados. Consequentemente, o cidadão apenas ingressa judicialmente contra o poder público nas exceções previstas em leis estaduais. Todavia, caso o governo federal venha a ser condenado à realização de pagamento em dinheiro, este ocorrerá, em regra, via mandado de execução (*writ of execution*), sendo essencial que exista previsão orçamentária deste,[22] tal qual no Brasil.

Por outro lado, em breve análise ao Código de Processo Civil Português de 2013,[23] depreende-se que ocorre impenhorabilidade relativa sobre os bens públicos. Tendo em vista que este país possui um tribunal com competência administrativa, sendo de competência o julgamento, bem como o procedimento de execução, caso a administração não pague espontaneamente no prazo de 30 dias, também é necessária a previsão orçamentária.

---

[19] "ARTICULO 804. Sanciones conminatorias. Los jueces pueden imponer en beneficio del titular del derecho, condenaciones conminatorias de carácter pecuniario a quienes no cumplen deberes jurídicos impuestos en una resolución judicial. Las condenas se deben graduar en proporción al caudal económico de quien debe satisfacerlas y pueden ser dejadas sin efecto o reajustadas si aquél desiste de su resistencia y justifica total o parcialmente su proceder.
*La observancia de los mandatos judiciales impartidos a las autoridades públicas se rige por las normas propias del derecho administrativo*" (ARGENTINA, 2014, grifos nossos).

[20] De acordo com Faim Filho (2017): "No sistema judicial norte americano existe a regra do 'Sovereign Immunity', a qual significa que há uma inviabilidade de apreciação dos atos da administração pelo Judiciário, ou, em outras palavras, que a Fazenda Pública não pode ser ré."

[21] Amendment XI (1795/1798): "The Judicial power of the United States shall not be construed to extend to any suit in law or equity, commenced or prosecuted against one of the United States by Citizens of another State, or by Citizens or Subjects of any Foreign State."

[22] Conforme Eurípedes Gomes Faim Filho (2017): "Portanto, a constituição americana, igual à brasileira, proíbe qualquer pagamento de verba por qualquer motivo sem prévia dotação orçamentária."

[23] "Artigo 736. Bens absoluta ou totalmente impenhoráveis; São *absolutamente impenhoráveis*, além dos bens isentos de penhora por disposição especial: (...); b) *Os bens do domínio público do Estado e das restantes pessoas coletivas públicas*; Artigo 737. Bens *relativamente impenhoráveis*; 1 – Estão isentos de penhora, salvo tratando-se de execução para pagamento de dívida com garantia real, *os bens do Estado e das restantes pessoas coletivas públicas*, de entidades concessionárias de obras ou serviços públicos ou de pessoas coletivas de utilidade pública, que se encontrem especialmente afetados à realização de fins de utilidade pública" (PORTUGAL, 2013, grifos nossos).

Portanto, nota-se que a dificuldade de encontrar um método para pagamento de dívidas da Fazenda Pública não é exclusividade do Brasil. Contudo, o modelo de liquidação por meio de precatórios se mostra único, visto que foi observado a preferência do adimplemento pela via administrativa, como ocorre em Portugal e Argentina. Entretanto, é interessante observar que, em todos os casos exemplificados, há em comum a existência de obstáculos para o credor receber o lhe é devido, desde dificuldade de acesso ao Poder Judiciário à lentidão para recebimento de valores.

## 3.4 Estudo do caso do município de São Luís

Em decorrência da Emenda Constitucional nº 62/2009, o município de São Luís, por meio do Processo Administrativo nº 21.279/2011, solicitou seu enquadramento no regime especial de precatórios com objetivo de regularizar o pagamento de precatórios expedidos contra essa Fazenda Municipal.

Nesse quadro, formulou consulta junto ao Comitê Gestor de Contas Especiais a respeito da vinculação de parcela relativa ao regime anual de pagamento de precatório com a receita corrente líquida do ente municipal. Como efeito, o comitê atestou a manutenção da vinculação da parcela, visto que, a princípio, a administração municipal teria o prazo de 15 anos para regularização do pagamento de seus precatórios. Em continuidade, verificou que no período de um ano seria recolhido apenas o equivalente a 1% de sua receita corrente líquida informada, visto que esta não estava comprometida com mais de 35% pelas dívidas oriundas desse débito.

Assim, desde 2011 o município de São Luís utiliza o regime especial de precatórios, nas conformidades verificadas pelo Comitê Gestor de Contas Especiais, para reduzir o montante de precatórios devidos por essa Fazenda Pública.

### 3.4.1 Do funcionamento do regime especial

A Fazenda Pública Municipal, por meio de sua Secretaria de Fazenda, transfere mensalmente valor referente a um doze avos de 1% de sua receita corrente líquida, sendo este depositado em conta judicial. Posteriormente, ela peticiona à Coordenadora de Precatórios (COORDPREC), setor responsável do Tribunal de Justiça do Estado do Maranhão, informando o pagamento e juntando o respectivo comprovante de depósito da parcela.

Dessa forma, a Coordenadoria de Precatórios repassa à instituição financeira as informações dos credores para transferência de valores para as contas judiciais individualizadas vinculadas a estes e seus respectivos precatórios.

Por conseguinte, a COORDPREC é a responsável pela gestão dos precatórios inscritos no ano orçamentário corrente, cabendo a ela a liquidação deles. Ademais, também deve emitir certidão de adimplência dos depósitos para fins de controle e obediência dos princípios financeiros.

Como consequência do Regime Especial de Precatórios no Município de São Luís, de acordo com o Plano de Pagamento de Precatórios (exercício 2021), publicado no endereço eletrônico da COORDPREC,[24] atualmente esse ente municipal possui dívida líquida de R$ 78.931.322,81 e tem como previsão sair do regime especial em 1 de maio de 2023, ou seja, em menos de dois anos.

Ainda é interessante ressaltar, que a Fazenda Municipal já se encontra adimplindo precatórios inscritos em 2019, afastando a ideia de que há morosidade para a liquidação. Logo, mostra como algumas unidades federativas podem se adaptar a esse modelo e balancear, ou mesmo saldar, suas dívidas públicas com precatórios.

## 3.4.2 Da atuação da Procuradoria-Geral do Município

Em seu papel de defesa dos interesses do município de São Luís, a Procuradoria-Geral do Município tem atuação do contencioso ao administrativo. Dessa maneira, em suas atividades quanto as execuções contra a Fazenda Municipal age por meio da Procuradoria Judicial, em seu núcleo de execuções, e das Procuradorias Fiscal e Trabalhista, as quais devem acompanhar as fases do processo até o

---

[24] Disponível em: http://www.tjma.jus.br/hotsite/menu/936.

cumprimento de sentença, garantindo os princípios constitucionais de devido processo legal, do contraditório e ampla defesa.

Por conseguinte, no âmbito administrativo, há o Grupo de Trabalho de Acompanhamento dos Precatórios, o qual é coordenado por procurador municipal. De acordo com as alterações do Decreto Municipal nº 47.298/2015 no Decreto Municipal nº 45.669/2014, este grupo tem como função "o monitoramento, à avaliação e à revisão das requisições de pagamento de precatórios". Nessa perspectiva, possui membros da Procuradoria-Geral do Município, da Secretaria Municipal da Fazenda (SEMFAZ) e da Secretaria Municipal de Planejamento e Desenvolvimento (SEPLAN). Isso posto, este é responsável pela fiscalização do procedimento na COORPREC e envio da solicitação de pagamento de RPV.

Assim, o pagamento de RPV ocorre após a homologação de parecer do Grupo de Trabalho de Acompanhamento dos Precatórios, confirmando o trânsito em julgado da sentença e as informações constantes no ofício requisitório emitido pelo juízo do feito, sendo este enviado para Secretaria Municipal de Fazenda (SEMFAZ). Além disso, caberá à Controladoria-Geral do Município auditar o procedimento de pagamento. Dessa forma, o Grupo de Trabalho de Acompanhamento dos Precatórios deve monitorar quanto ao prazo de 60 dias para pagamento de RPV, evitando descumprimento da ordem judicial e eventual sequestro de valores nas constas públicas. Em momento posterior, ao receber comprovante de depósito judicial realizado pela SEMFAZ, deve informar ao foro do processo quanto à liquidação da RPV.

Quanto aos precatórios, o Grupo de Trabalho de Acompanhamento dos Precatórios também faz a intermediação entre a Secretaria Municipal de Administração (SEMAD), SEMFAZ, SEPLAN e o Tribunal de Justiça. À vista disso, deve verificar a assiduidade e regularidade do depósito da parcela mensal referente ao regime especial, bem como o repasse de informações de credores e natureza de seus precatórios a fim de respeitar o disposto na Lei Orçamentária Anual.

Dessa maneira, tem em seu cerne o desempenho de funções junto ao Poder Executivo e ao Poder Judiciário, promovendo a comunicação entre as secretarias municipais e os órgãos judiciais, sempre observando dos ditames constitucionais, administrativos e financeiros.

## 4 Federalismo e o regime especial de precatórios

Enquanto a escolha pela forma de estado federativa possibilitou para as unidades federativas autonomia de seus territórios, também teve como resultado a responsabilização por suas finanças. Nesse sentido, interessante observar apontamento de Alexsandro Rahbani Aragão Feijó (2012) quanto às prerrogativas do federalismo:

> O federalismo, que veio a abolir o regime confederativo, detém *prerrogativas autônomas* e reúne unidades que coabitam dentro de *um mesmo território*, a *descentralizar o poder* e a buscar *garantir a maior representatividade política* de cada Estado, além de *propor a solução de conflitos entre diferentes níveis de governo, sem, contudo, corromper a autonomia financeira, administrativa ou política pertencentes a cada unidade federativa* (grifos nossos).

Dessa forma, os entes federados são responsáveis por sua arrecadação e despesas, bem como, por sua, posterior, dívida pública. Assim, observa-se uma dinâmica entre a autonomia proveniente do federalismo e a (im)possibilidade de pagamento de precatórios, ainda que o regime especial promova um meio menos impactante para satisfação dessas dívidas.

### 4.1 A necessidade de autonomia das unidades federativas

Primordialmente, é necessário conceituar o que é autonomia. Assim, Paulo Lucena de Menezes (2012) dispôs no *Dicionário Brasileiro de Direito Constitucional*:

> Etimologicamente, o termo deriva do grego, sendo empregado para identificar o direito da pólis de se governar pelas próprias leis (*autos*, por si mesmo, e *nomos*, lei). Ele possui diversas acepções jurídicas. Em sentido amplo, designa a liberdade de ação de que dispõem determinados agentes, observados certos limites, materiais ou territoriais, estabelecidos por norma superior.
> A ideia que resta subjacente ao conceito, como frequentemente lembrado pela doutrina, é a de *autodeterminação*, que não é irrestrita, mas balizada, posto não se confundir com *soberania*.

Consequentemente, é inquestionável que ante ao tamanho territorial do país, bem como diferença cultural e necessidades locais, sempre houve uma necessidade de liberdade de ação, ainda que limitada, por parte dos municípios e estados perante a União.

Desse modo, o federalismo é o instrumento que garante a autonomia aos entes federados, visto que certifica a estes a liberdade necessária por meio do autogoverno,[25] autoadministração[26] e normatização própria.[27] Nesses termos, aduz Bernardo Gonçalves Fernandes (2017, p. 878):

> Pois bem, autonomia é a capacidade de desenvolver atividades dentro dos limites previamente circunscritos pelo ente soberano. Assim sendo, a autonomia nos traduz a ideia de algo limitado e condicionado pelo ente soberano. (...) Sem dúvida, na prática, a autonomia se subdivide em uma tríplice capacidade, ou seja, para afirmarmos que um ente é realmente dotado de autonomia, o mesmo (em nosso federalismo) deve ser dotado de uma tríplice capacidade. Portanto, o mesmo deve ser acometido de um auto-organização (ou normatização própria), de um autogoverno e de uma autoadministração para o exercício de suas atividades.

Por fim, deve-se destacar que o instituto da autonomia possibilita a existência do federalismo fiscal no Brasil. Conforme análise de Camila Nayara Giroldo e Marlene Kempfer (2012, p. 04) quanto a essa dinâmica:

> O fenômeno do Federalismo Fiscal está intrinsecamente ligado aos conceitos de federalismo cooperativo, orçamento público, competências

---

[25] De acordo com Alexandre de Moraes, o autogoverno caracteriza-se "uma vez que é o próprio povo do Estado quem escolhe diretamente seus representantes nos Poderes Legislativo e Executivo locais, sem que haja qualquer vínculo de subordinação ou tutela por parte da União. A Constituição Federal prevê expressamente a existência dos Poderes Legislativo (CF, art. 27), Executivo (CF, art. 28) e Judiciário (CF, art. 125) estaduais".

[26] "A Constituição Federal conferiu ênfase à autonomia municipal ao mencionar os municípios como integrantes do sistema federativo (art. 1º da CF/1988) e ao fixá-la junto com os estados e o Distrito Federal (art. 18 da CF/1988).
A essência da autonomia municipal contém primordialmente (i) *autoadministração*, que implica capacidade decisória quanto aos interesses locais, sem delegação ou aprovação hierárquica; e (ii) *autogoverno*, que determina a eleição do chefe do Poder Executivo e dos representantes no Legislativo" (ADI nº 1.842, Rel. Gilmar Mendes).

[27] Conforme lembra Bernardo Gonçalves Fernandes (2017, p. 878), a União "(...) auto-organiza[-se] por meio da Constituição da RFB e por sua legislação federal", enquanto os estados "se auto-organizam pelas Constituições estaduais e pela legislação estadual conforme o art. 25 da CR/88". Já os municípios "se auto-organizam pelas Leis Orgânicas e pela legislação municipal em consonância com o art. 29 da CR/88".

materiais e recursos para cumpri-las, consistentes em sua própria capacidade tributária e transferências financeiras, culminando, finalmente na própria autonomia dos membros, que por vezes, são "amarrados" através da vinculação de sua receita.

Portanto, verifica-se que a autonomia dos entes federados é essencial para o funcionamento do federalismo fiscal, logo está intrinsicamente ligado ao pagamento dos precatórios.

## 4.2 O regime especial como um instrumento garantidor do federalismo

É evidente que a Fazenda Pública precisa adimplir suas dívidas. Todavia, resta inquestionável que há um desequilíbrio financeiro entre as receitas e despesas, de modo que os entes federados não possuem condições econômico-financeiras de sanar seus débitos.

Especialmente após analisar a discrepância entre receitas e despesas da administração, bem como a desigualdade entre a arrecadação e prestação de deveres entre os entes da federação, fica clara a dificuldade de controle das finanças públicas.

Assim, diante das limitações monetárias do poder público foi necessário que o legislador buscasse um meio para resolver ou, ao menos, diminuir a dívida pública. Para tanto, foi criado o regime especial de precatórios.

Nesse quadro, esse instituto procurou equilibrar os débitos de precatórios e a autonomia dos entes federativos, bem como tempo hábil seu pagamento.

Desse modo, esse instrumento, mesmo que longe da forma ideal, conseguiu balancear os limites financeiros dos membros da Federação e a continuidade, assim como a regularidade, no pagamento dos precatórios. Em breve síntese quanto ao novo sistema, discorrem Egon Bockmann Moreira *et al.* (2019, p. 151): "Nesse regime, o ente federativo passa a ser compelido ao pagamento, mantendo a regularidade no cumprimento de suas obrigações."

Essa situação foi possível ao delimitar um percentual de suas respectivas receitas correntes líquidas, o qual não é uma quantia voluptuosa. Assim, este não impede a prestação dos serviços previstos na Constituição da República, tal qual está dentro das restrições orçamentárias das unidades federativas, em especial dos municípios.

Sendo assim, o implemento do regime especial de precatórios sustenta a autonomia dos entes federados, vez que possibilita a perpetuação de seu autogoverno e sua autoadministração, evitando intervenção federal ou estadual, bem como bloqueio judicial e sequestro nas contas correntes.

Por conseguinte, esse instrumento se tornou uma garantia e um sustento do federalismo, ao permitir a manutenção da independência funcional das unidades federativas enquanto respeita a soberania do Estado brasileiro.

## 4.3 Da intervenção federal por suspensão do pagamento de precatórios

Inicialmente, ressalta-se que intervenção federal é uma medida excepcional, visto que é a retirada da autonomia das unidades federadas, devendo ocorrer nos ditames do art. 34 da Constituição da República.

Desse modo, no Estado brasileiro a regra é a manutenção da autonomia dos entes federados, tal qual dispõem o *caput* do art. 1º[28] e o art. 18[29] da Constituição da República. Assim discorre Alexandre de Moraes sobre esse estado de exceção:

> A intervenção consiste em medida excepcional de *supressão temporária da autonomia* de determinado ente federativo, fundada em hipóteses taxativamente previstas no texto constitucional, e que *visa à unidade e a preservação da soberania do Estado federal e das autonomias da União, dos Estados, do Distrito Federal e dos Municípios.*
> A União, em regra, somente poderá intervir nos Estados-membros e no Distrito Federal, enquanto os Estados somente poderão intervir nos Municípios integrantes de seu território (grifos nossos).

---

[28] "Art. 1º. A República Federativa do Brasil, formada *pela união indissolúvel dos Estados e Municípios e do Distrito Federal,* constitui-se em Estado Democrático de Direito (...)" (BRASIL, 1988, grifos nossos).

[29] "Art. 18. A organização político-administrativa da República Federativa do Brasil compreende a União, os Estados, o Distrito Federal e os Municípios, *todos autônomos,* nos termos desta Constituição" (BRASIL, 1988, grifos nossos).

Dessa forma, interessante verificar o posicionamento do Celso Bandeira de Mello, ministro aposentado do STF, na IF nº 607/GO:

> O *mecanismo de intervenção constitui instrumento essencial à viabilização do próprio sistema federativo*, e, não obstante o caráter excepcional de sua utilização – necessariamente limitada às hipóteses taxativamente definidas na Carta Política -, mostra-se impregnado de *múltiplas funções de ordem político-jurídica, destinadas (a) a tornar efetiva a intangibilidade do vínculo federativo, (b) a fazer respeitar a integridade territorial das unidades federadas, (c) a promover a unidade do Estado Federal e (d) a preservar a incolumidade dos princípios fundamentais proclamados pela Constituição da República*. A intervenção federal, na realidade, *configura expressivo elemento de estabilização da ordem normativa plasmada na Constituição da República* (grifos nossos).

Nesse quadro, tramitaram perante o Supremo Tribunal Federal alguns pedidos de intervenção federal em diversos estados em decorrência do não pagamento de precatórios. Quanto à previsão legal nesses casos, Egon Bockmann Moreira *et al.* (2019, p. 108) tratam sobre essa possibilidade:

> Para os Estados, haverá intervenção em suas esferas de autonomia em razão da aplicação do art. 34, V, *a* (por suspensão do pagamento da dívida fundada por mais de dois anos consecutivos, salvo motivo de força maior) e do art. 34, VI (para promover a execução de lei federal, ordem ou decisão judicial), ambos da CRFB. Quanto ao último, trata-se, obviamente, da obrigação do cumprimento da decisão judicial transitada em julgado – a decisão condenatória ao pagamento de quantia certa.

Também é curioso ressaltar que no endereço eletrônico do STF há outro pedido de intervenção federal em razão do não pagamento de precatório, o qual é datado anteriormente à Constituição da República de 1988: IF nº 81 AgR/SP.[30] Isso posto, é inquestionável

---

[30] "INTERVENÇÃO FEDERAL. – SE O PRESIDENTE DO TRIBUNAL DE JUSTIÇA LOCAL – QUE TEM LEGITIMAÇÃO PARA PROVOCAR O EXAME DA REQUISIÇÃO DE INTERVENÇÃO FEDERAL, QUE SÓ SE FARÁ PARA A PRESERVAÇÃO DA AUTORIDADE DA CORTE QUE ELE REPRESENTA – ENTENDE QUE A INTERVENÇÃO FEDERAL NÃO CABE NO CASO, NÃO PODE O S.T.F., DE OFÍCIO E A VISTA DO ENCAMINHAMENTO POR AQUELA PRESIDÊNCIA DO PEDIDO DE INTERVENÇÃO FEDERAL FEITO PELO INTERESSADO E POR ELA REPELIDO, EXAMINÁ-LO. AGRAVO REGIMENTAL A QUE SE NEGA PROVIMENTO" (BRASIL, 1985).

que o problema do inadimplemento de precatórios não é recente na ordem econômico-financeira do país.

Nesse sentido, em breve pesquisa no sítio eletrônico do Supremo Tribunal Federal, o pedido de intervenção federal mais antigo, à luz da Carta Política de 1988, é a IF nº 101/MA,[31] o qual foi julgado em 6 de dezembro de 1989 e teve como relator o ministro Neri Silveira.

Nesse contexto, a Corte Suprema passou a exigir como requisito para uma intervenção federal devido ao não pagamento de precatórios que o descumprimento da decisão judicial se faça de forma voluntária e intencional, conforme discorre a IF nº 470/SP-São Paulo.[32]

Somado a isso, o ministro Gilmar Mendes (2004) argumenta quanto à supressão da autonomia das unidades federativas quando do inadimplemento de precatórios em análise aos pedidos formulados nas Intervenções Federais nº 2.915 e 2.953:

> Estão claros, no caso, os princípios constitucionais em situação de confronto. De um lado, em favor da intervenção, *a proteção constitucional às decisões judiciais*, e de modo indireto, a posição subjetiva de particulares calcada no direito de precedência dos créditos de natureza alimentícia. De outro lado, a posição do Estado, no sentido de ver preservada sua prerrogativa constitucional mais elementar, qual seja a sua *autonomia*, e, de modo indireto, o interesse, não limitado ao ente federativo, de não se ver prejudicada a continuidade da prestação de serviços públicos essenciais, como educação e saúde.
> Assim, a par da evidente *ausência de proporcionalidade* da intervenção para o caso em exame, o que bastaria para afastar aquela medida extrema, o caráter excepcional da intervenção, somado às circunstâncias já expostas

---

[31] "INTERVENÇÃO FEDERAL. PRECATORIOS. PEDIDO DE SEQUESTRO DE VALORES AINDA NÃO DECIDIDO PELO TRIBUNAL DO ESTADO, PERANTE O QUAL PENDE DE JULGAMENTO, TAMBÉM, PEDIDO DE INTERVENÇÃO FEDERAL NO ESTADO. NÃO CABE SUBSTITUIR POR PEDIDO DE INTERVENÇÃO FEDERAL O QUE CABERIA DISCUTIR EM PEDIDO DE SEQUESTRO. DE EVENTUAL PRETERIÇÃO DE DIREITOS DAS REQUERENTES HÁ DE DIZER A CORTE LOCAL. CARÊNCIA DE AÇÃO. ARQUIVAMENTO DO PEDIDO" (BRASIL, 1990).

[32] "INTERVENÇÃO FEDERAL. 2. Precatórios judiciais. 3. *Não configuração de atuação dolosa e deliberada* do Estado de São Paulo *com finalidade de não pagamento*. 4. Estado sujeito a quadro de múltiplas obrigações de idêntica hierarquia. Necessidade de garantir eficácia a outras normas constitucionais, como, por exemplo, a continuidade de prestação de serviços públicos. 5. A intervenção, como medida extrema, deve atender à máxima da proporcionalidade. 6. Adoção da chamada relação de precedência condicionada entre princípios constitucionais concorrentes. 7. Pedido de intervenção indeferido" (BRASIL, 2003a, grifos nossos).

recomendam a precedência condicionada do *princípio da autonomia dos Estados* (grifos nossos).

Subentende-se então que a utilização da intervenção federal ante o não pagamento de precatórios se mostra extrema e ineficiente. Dessa forma, presentes os requisitos elencados pelo STF, isto é, o descumprimento da decisão judicial e a sua respectiva intenção, mostra-se que a revogação da autônoma do ente federativo seria apenas a transferência de responsabilidade, mantendo o problema: as limitações financeiras do poder público.

## 4.4 Análise da ADO nº 58/STF

Trata-se da Ação Direta de Inconstitucionalidade por Omissão (ADO) nº 58 proposta em razão da Emenda Constitucional nº 99/2017, a qual instituiu, no prazo de seis meses, a criação de linha de crédito especial para pagamento de precatórios do regime especial. Todavia, mais de dois anos após o esgotamento do prazo, a União permanecia inerte, não criando o implemento.

Nesse cenário, em abril de 2020, foi ajuizada a ADO nº 58 pelo Partido Democratas (DEM Nacional) e pela Frente Nacional de Prefeitos (FNP). Nesta, critica-se a ausência de legislação que garanta suporte financeiro aos entes federados. Ademais, destaca o agravamento das dificuldades econômicas em razão da pandemia da covid-19.

Em continuidade, afirmam que a preterição da União resulta na hemorragia dos cofres públicos, tornando-se necessária a implementação da linha de crédito especial para a quitação dos precatórios dentro do período estabelecido no regime especial. Os requerentes realçam quanto a sobrecarga de deveres pelos municípios:

> Os entes federativos historicamente tiveram e têm grandes dificuldades em honrar o pagamento dos seus precatórios em decorrência da sua realidade financeira, mormente os Municípios onde estão concentrados a maior parcela de prestação de serviços públicos realizado pelo Estado brasileiro.

A petição inicial finaliza com os seguintes pedidos:

> (i) com fulcro no art. 12-F., caput e §1º da Lei nº 9868/1999, o deferimento da medida cautelar, *reconhecida a omissão constitucional, para determinar a*

*suspensão imediata aos entes federativos da retenção dos percentuais da receita corrente líquida (RCL) para pagamentos dos precatórios no regime especial de pagamento de precatórios, bem como a suspensão de precatórios de regime especial, até que os requeridos instituam e disponibilizem diretamente ou por instituições financeiras públicas, sob seu controle de linha de crédito especial para quitação de precatórios,* nos termos do
§4º do art. 101 do Ato das Disposições Constitucionais Transitórias; ou, alternativamente, manter pagamento mínimo.
(ii) com fulcro no art. 12-F., caput e §1º da Lei nº 9868/1999, o deferimento da medida cautelar *para determinar que o Poder Executivo encaminhe ao Congresso Nacional no prazo de 30 (trinta) dias regulamentação acerca da instituição de linha de crédito especial para quitação de precatórios;*
(iii) com fulcro no art. 12-F., caput e §1º da Lei nº 9868/1999, na hipótese da inércia do Poder Executivo em não atender ao prazo estipulado no pedido anterior, que *se determine ao Congresso Nacional a iniciativa de regulamentar o §4º do art. 101 do ADCT, sem que isto configure vício de iniciativa por parte do Poder Legislativo;*
(iv) na remota hipótese de não se acolher os pedidos dos itens "i" a "iii" seja deferido o rito estabelecido no art. 12 da Lei nº 9.868/1999, considerando-se a relevância do tema e a urgência que a matéria em face dos motivos expostos na concessão da medida cautelar, e devendo ser instruído o feito para julgamento em plenário;
(v) a procedência do pedido de mérito para que *seja declarada a mora e inércia legislativa dos requeridos na regulamentação da previsão constitucional inserida no §4º do art. 101, incisos I a IV do Ato das Disposições Constitucionais Transitórias, que prevê expressamente no prazo de 6 (seis) meses a instituição de linha de crédito especial para o pagamento de precatórios em regime especial em favor dos entes federativos endividados* (grifos nossos).

Nesse cenário, o Conselho Federal da Ordem dos Advogados do Brasil (CFOAB) requereu sua admissão na condição de *amicus curiae*. Assim, em sua petição relembra o posicionamento da Corte Superior quanto a sua legitimação para atuar na defesa da Constituição da República.

Por conseguinte, argumenta quanto à inconstitucionalidade do pedido cautelar, visto que afetaria milhões de cidadãos, bem como resultaria em insegurança jurídica e consequente desmoralização do país com os investidores.

Destarte, aconselha o uso da conciliação entre as partes a fim de diminuir o endividamento e promover o pagamento dos precatórios em atraso o quanto antes. Desse modo, reforça quais seriam os benefícios desse diálogo:

Ao possibilitar a captação de fontes adicionais de recursos e de financiamento para o pagamento de precatórios, as alternativas colocadas em discussão podem ter saldos extremamente positivos, tais como:
– Movimentar R$ 1 trilhão na economia nacional em 3 anos;
– Alongar os prazos e reduzir os custos da dívida de Estados e Municípios;
– Incrementar a arrecadação de tributos e contribuições, inclusive federais;
– Diminuir o volume de processos, desafogando o Poder Judiciário;
– Injetar recursos no caixa das empresas para resolver endividamentos e promover novos investimentos;
– Equacionar os passivos dos entes públicos que se arrastam há décadas no Judiciário;
– Liberar valores para milhões de credores em todo país, em sua maioria idosos, aposentados e pensionistas, incentivando o consumo, a poupança e o investimento.

Ao fim, o CFOAB reforça a necessidade de respeito ao princípio da separação dos poderes, ainda dando sugestões de formas de ampliar o sistema vigente e propõe, paralelamente, o uso de fontes complementares de recursos e financiamentos.

Nessa lógica, cabe destaque sobre as sugestões elencadas para implementar o regime especial em sua petição: o aumento do uso de depósitos judiciais; ampliação das possibilidades de compensação fiscal de dívida ativa com precatórios; hipóteses de acordos diretos dispondo de até 40% de desconto e a efetiva disponibilização de linha de crédito. As recomendações do CFOAB visam à mais eficiência desse sistema, evitando o não pagamento dos precatórios.

A ADO foi extinta sem resolução de mérito em razão da promulgação da Emenda Constitucional nº 109/2021, a qual revogou expressamente o §4º do art. 101 do ADCT, de forma que ocorreu a perda superveniente de seu objeto. E diante dessa decisão continua sendo aplicada a regra do Regime Especial.

## 5 Considerações finais

Ao analisar o pagamento de decisões judiciais transitadas em julgado por meio de precatórios, torna-se inquestionável que é um sistema falho e longe do ideal. Isso se dá devido à lentidão para sua liquidação e aos problemas de gestão, visto que a Fazenda Pública, normalmente, não consegue adimplir com seus débitos pela via administrativa. Além disso, há um grande desequilíbrio financeiro por parte dos entes federativos, sendo desproporcional a arrecadação e as despesas das unidades da Federação.

Por conseguinte, o regime especial evita a suspensão dos pagamentos de precatórios, bem como o consequente bloqueio de contas. Dessa forma, oferece um meio para o constante e regular adimplemento de dívidas públicas originadas em sentenças judiciais transitadas em julgado.

Dessa análise, conclui-se que o regime de precatórios, sobretudo o regime especial, tem seu funcionamento assentado sobre o federalismo, tornando-se uma das garantias dessa forma de estado. Ambas as hipóteses se confirmam ao se depreender com a essencialidade da autonomia dos entes federativos para adimplir os precatórios continua e regularmente dentro de seus limites financeiros. Como consequência, o regime especial fortalece a autonomia ao promover a manutenção da capacidade de autogoverno e autoadministração dos entes federados.

Ademais, observa-se que as formas de pagamento de precatórios sempre são objeto de discussão visando ao aprimoramento do instituto, como as trazidas pelo Conselho Federal da Ordem dos Advogados na ADO nº 58/STF.

Portanto, o instituto do regime especial, além de reforçar a autonomia dos entes da Federação, tem como grande efeito o auxílio na redução da dívida pública.

# Referências

ANDRADE, C. A. S. de. *O controle do endividamento público e a autonomia dos entes da federação*. 2012. Dissertação (Mestrado em Direito Econômico e Financeiro) – Faculdade de Direito, Universidade de São Paulo, São Paulo, 2012. Disponível em: https://www.teses.usp.br/teses/disponiveis/2/2133/tde-06062013-141952/pt-br.php. Acesso em: 14 ago. 2021.

BOFF, S. O. A Federação como cláusula pétrea. *Direito em debate*, ano X, n. 16-17, p. 87-98, jan./jun. 2002.

ARGENTINA. *Ley nº 26.994, de Octubre 7 de 2014*. Apruébase el *Código Civil y Comercial* de la Nación. Disponível em: http://servicios.infoleg.gob.ar/infolegInternet/anexos/235000-239999/235975/norma.htm. Acesso em: 15 set. 2021.

BERCOVICI, G. O federalismo no Brasil e os limites da competência legislativa e administrativa: memórias da pesquisa. *Revista Jurídica da Presidência*, v. 10, n. 90, 18 jan. 2011. DOI http://dx.doi.org/10.20499/2236-3645.rjp2008v10e90-253.

BOVO, J. M. Gastos sociais dos municípios e desequilíbrio financeiro. *Revista de Administração Pública*, v. 35, n. 1, p. 93-117, jan. 2001.

BRANCO, P. G.; MENDES, G. F. *Curso de Direito Constitucional*. 15. ed. São Paulo: Saraiva Educação, 2020.

BRASIL. *Ato das Disposições Constitucionais Transitórias*. Brasília, DF: Câmara dos Deputados, 1988. Disponível em: https://www2.camara.leg.br/legin/fed/conadc/1988/constituicao.adct-1988-5-outubro-1988-322234-normaatualizada-pl.pdf. Acesso em: 04 mar. 2021.

BRASIL. [Constituição (1988)]. *Constituição da República Federativa do Brasil*, de 5 de outubro de 1988. Brasília, DF: Presidência da República, 1988. Disponível em: http://www.planalto.gov.br/ccivil_03/Constituicao/ConstituicaoCompilado.htm. Acesso em: 04 mar. 2021.

BRASIL. [Constituição (1824)]. *Constituição Politica do Imperio do Brazil*, de 25 de março de 1824. Brasília, DF: Presidência da República, [1824]. Disponível em: http://www.planalto.gov.br/ccivil_03/constituicao/constituicao24.htm. Acesso em: 2 jan. 2019 Acesso em: 30 ago. 2021.

BRASIL. [Constituição (1891)]. *Constituição da República dos Estados Unidos do Brasil, de 24 de fevereiro de 1891*. Brasília, DF: Presidência da República, [1891]. Disponível em: http://www.planalto.gov.br/ccivil_03/constituicao/constituicao91.htm Acesso em: 31 ago. 2021.

BRASIL. [Constituição (1934)]. *Constituição da República dos Estados Unidos do Brasil*, de 16 de julho de 1934. Brasília, DF: Presidência da República, [1934]. Disponível em: http://www.planalto.gov.br/ccivil_03/constituicao/constituicao34.htm Acesso em: 01 set. 2021.

BRASIL. [Constituição (1946)]. *Constituição dos Estados Unidos do Brasil*. Brasília, DF: Presidência da República, [1946]. Disponível em: http://www.planalto.gov.br/ccivil_03/constituicao/constituicao46.htm. Acesso em: 02 set. 2021.

BRASIL. Decreto nº 01, de 15 de novembro de 1889. Proclama provisoriamente e decreta como forma de governo da Nação Brasileira a República Federativa, e estabelece as normas pelas quais se devem reger os Estados Federais. *Diário Oficial da União*: Brasília, DF, [1889]. Disponível em: http://www.planalto.gov.br/ccivil_03/decreto/1851-1899/d0001.htm. Acesso em: 19 ago. 2021.

BRASIL. Decreto nº 737, de 25 de novembro de 1850. Determina a ordem do Juizo no Processo Commercial. *Diário Oficial da União*: Brasília, DF, 1850. Disponível em: http://www.planalto.gov.br/ccivil_03/decreto/historicos/dim/DIM0737.htm. Acesso em: 01 set. 2021.

BRASIL. [Constituição (1988)]. Emenda Constitucional nº 20, de 15 de dezembro de 1998. Modifica o sistema de previdência social, estabelece normas de transição e dá outras providências. *Diário Oficial da União*: Brasília, DF, 1998. Disponível em: http://www.planalto.gov.br/ccivil_03/constituicao/emendas/emc/emc20.htm. Acesso em: 03 set. 2021.

BRASIL. [Constituição (1988)]. Emenda Constitucional nº 30, de 13 de setembro de 2000. Altera a redação do art. 100 da Constituição Federal e acrescenta o art. 78 no Ato das Disposições Constitucionais Transitórias, referente ao pagamento de precatórios judiciários. *Diário Oficial da União*: Brasília, DF, 2000a. Disponível em: http://www.planalto.gov.br/ccivil_03/constituicao/emendas/emc/emc30.htm. Acesso em: 03 set. 2021.

BRASIL. [Constituição (1988)]. Emenda Constitucional nº 37, de 12 de junho de 2002. Altera os arts. 100 e 156 da Constituição Federal e acrescenta os arts. 84, 85, 86, 87 e 88 ao Ato das Disposições Constitucionais Transitórias. *Diário Oficial da União*: Brasília, DF, 2002. Disponível em: http://www.planalto.gov.br/ccivil_03/constituicao/emendas/emc/emc37.htm. Acesso em: 03 set. 2021.

BRASIL. [Constituição (1988)]. Emenda Constitucional nº 62, de 9 de dezembro de 2009. *Diário Oficial da União*: Brasília, DF, 2009. Disponível em: http://www.planalto.gov.br/ccivil_03/Constituicao/Emendas/Emc/emc62.htm. Acesso em: 04 mar. 2021.

BRASIL. [Constituição (1988)]. Emenda Constitucional nº 94, de 15 de dezembro de 2016. Altera o art. 100 da Constituição Federal, para dispor sobre o regime de pagamento de débitos públicos decorrentes de condenações judiciais; e acrescenta dispositivos ao Ato das Disposições Constitucionais Transitórias, para instituir regime especial de pagamento para os casos em mora. *Diário Oficial da União*: Brasília, DF, 2016. Disponível em: http://www.planalto.gov.br/ccivil_03/constituicao/emendas/emc/emc94.htm. Acesso em: 07 set. 2021.

BRASIL. [Constituição (1988)]. Emenda Constitucional nº 99, de 14 de dezembro de 2017. Altera o art. 101 do Ato das Disposições Constitucionais Transitórias, para instituir novo regime especial de pagamento de precatórios, e os arts. 102, 103 e 105 do Ato das Disposições Constitucionais Transitórias. *Diário Oficial da União*: Brasília, DF, 2017. Disponível em: http://www.planalto.gov.br/ccivil_03/constituicao/emendas/emc/emc99.htm. Acesso em: 08 set. 2021.

BRASIL. [Constituição (1988)]. Emenda Constitucional nº 109, de 15 de março de 2021. *Diário Oficial da União*: Brasília, DF, 2021a. Disponível em: http://www.planalto.gov.br/ccivil_03/Constituicao/Emendas/Emc/emc109.htm. Acesso em: 14 abr. 2021.

BRASIL. Lei complementar nº 101, de 4 de maio de 2000. *Diário Oficial da União*: Brasília, DF, 2000b. Disponível em: http://www.planalto.gov.br/ccivil_03/Leis/LCP/Lcp101.htm. Acesso em: 14 abr. 2021.

BRASIL. Lei nº 14.133, de 1 de abril de 2021. Lei de Licitações e Contratos Administrativos. *Diário Oficial da União*: Brasília, DF, 10 jun. 2021b. Disponível em: http://www.planalto.gov.br/ccivil_03/_ato2019-2022/2021/lei/L14133.htm. Acesso em: 18 ago. 2021.

BRASIL. Lei nº 3.071, de 1 de janeiro de 1916. Código Civil dos Estados Unidos do Brasil. *Diário Oficial da União*: Brasília, DF, 1916. Disponível em: http://www.planalto.gov.br/ccivil_03/leis/l3071.htm. Acesso em: 01 set. 2021.

BRASIL. Supremo Tribunal Federal (Tribunal Pleno). ADI 1.098. Relator: Min. Marco Aurélio Mello, 11 de agosto de 1996. *Dje*: Brasília, DF, 25 out. 1996.

BRASIL. Supremo Tribunal Federal (Tribunal Pleno). IF 81 AgR. Relator: Min. Moreira Alves, 15 de maior de 1985. *Dje*: Brasília, DF, 2 set. 1985.

BRASIL. Supremo Tribunal Federal (Tribunal Pleno). IF 101. Relator: Min. Néri da Silveira, 6 de dezembro de1989. *Dje*: Brasília, DF, 23 mar. 1990.

BRASIL. Supremo Tribunal Federal (Tribunal Pleno). IF 470. Relator: Min. Marco Aurélio Mello, 26 de fevereiro de 2003, *Dje*: Brasília, DF, 20 jun. 2003a.

BRASIL. Supremo Tribunal Federal (Tribunal Pleno). IF 2.915. Relator: Min. Marco Aurélio Mello, 3 de fevereiro de 2003. *Dje*: Brasília, DF, 28 nov. 2003b.

CARNEIRO, C. *Curso de direito tributário e financeiro*. 9. ed. São Paulo: Saraiva Educação, 2020.

DI PIETRO, M. S. Z. *Direito Administrativo*. 33. ed. Rio de Janeiro: Forense, 2020.

DIMOULIS, D. *Dicionário brasileiro de Direito Constitucional*. DIMOULIS, Dimitri (coord.). 2. ed. São Paulo: Saraiva, 2012.

FAIM FILHO, E. G. *Precatórios no Direito Comparado*: um estudo comparado – Argentina, Brasil, Estados Unidos e Portugal. 2. ed. São Paulo: KDP, 2017.

FAIM FILHO, E. G. *Precatórios na história*: de antes do Brasil Colônia até a Constituição de 1988. São Paulo: IPAM, 2017.

FAIM FILHO, E. G. *Requisitórios*. Precatórios e Requisições de Pequeno Valor: um tema de direito financeiro. 2014. 294 f. Tese (Doutorado) – Faculdade de Direito, Universidade de São Paulo, São Paulo, 2014.

FEIJÓ, A. R. A. A Constituição brasileira de 1891 e o federalismo norte-americano. *In*: CONPEDI (org.). *Sistema jurídico e direitos fundamentais individuais e coletivos*. Florianópolis: Fundação Boiteux, 2012, v. 1, p. 11256-11274. Disponível em: http://www.publicadireito.com.br/artigos/?cod=e00da03b685a0dd1. Acesso em: 16 set. 2021.

FERNANDES, A. L.; SBICCA, A. Os precatórios e as finanças públicas brasileiras. *Economia & Tecnologia*, ano 7, v. 27, p. 27-35, 2011.

FERNANDES, B. G. *Curso de Direito Constitucional*. 12. ed. Salvador: JusPodivm, 2020.

FERNANDES, B. L. B. Regime especial de precatórios: moratória prorrogada aumenta endividamento. *Consultor Jurídico*, 1 mar. 2021. Disponível em: https://www.conjur.com.br/2021-mar-01/bruno-lacerda-regime-especial-precatorios. Acesso em: 04 mar. 2021.

GALANTE, E. H. L.; PEDRA, A. S. Intervenção Federal com fundamento no desequilíbrio financeiro decorrente da crise econômica. *Revista Thesis Juris*, v. 5, n. 3, p. 789-807, 1 dez. 2016.

GIROLDO, C. N.; KEMPFER, M. Autonomia municipal e o federalismo fiscal brasileiro. *Revista de Direito Público*, Londrina, v. 7, n. 3, p. 3-20, set./dez. 2012.

GRAU, E. R. A Emenda Constitucional nº 30/00: pagamento de precatórios judiciais. *Revista de Direito Administrativo*, v. 229, p. 87–98, 2002. Disponível em: 10.12660/rda.v229.2002.46430. Acesso em: 17 set. 2021.

JANINI, T. C.; CELEGATTO, M. A. Q. A atuação do Tribunal de Contas na implementação de políticas públicas. *Revista Juris Poiesis*, Rio de Janeiro, v. 21, n. 27, p. 71-86, 31 dez. 2018.

LEITE, H. *Manual de Direito Financeiro*. 5. ed. Salvador: JusPodivm, 2016.

MAZZEI, M. R. *et al*. A administração pública na tutela coletiva da moralidade administrativa e do patrimônio público: o papel da advocacia pública. *Revista de Administração Pública*, v. 49, n. 3, p. 699-717, jun. 2015. DOI 10.1590/0034-7612130121.

MENDES, G. Intervenção federal e princípio da proporcionalidade: o caso dos precatórios. *Caderno Virtual*, v. 1, n. 3, p. 48-61, jan. 2004.

MORAES FILHO, M. A. P. de; SIMONASI, K. A. M. S. A Emenda Constitucional n. 94/2016 e a desvinculação de receitas: um caminho para o efetivo pagamento dos precatórios. *Themis: Revista da ESMEC*, Fortaleza, v. 16, n. 1, p. 137-162, jan./jun. 2018. Disponível em: http://revistathemis.tjce.jus.br/index.php/THEMIS/article/view/137/551. Acesso em: 30 ago. 2021.

MOREIRA, E. B. *et al. Precatórios* – o seu novo regime jurídico: a visão do Direito Financeiro, integrada ao Direito Tributário e ao Direito Econômico. 2. ed. São Paulo: Thomson Reuters Brasil, 2019.

NUNES JÚNIOR, F. M. A. *Curso de Direito Constitucional*. 3. ed. São Paulo: Saraiva Educação, 2019.

OLIVEIRA, R. C. R. O papel da advocacia pública no dever de coerência na administração pública. *Rei – Revista Estudos Institucionais*, v. 5, n. 2, p. 382-400, 6 out. 2019. DOI 10.21783/rei.v5i2.392.

PISCITELLI, T. *Direito Financeiro*. 6. ed. Rio de Janeiro: Forense; São Paulo: Método, 2018.

PORTUGAL. *Lei nº 41/2013, de 26 de junho de 2013*. Código de Processo Civil. Disponível em: https://dre.pt/web/guest/pesquisa/-/search/497406/details/normal?p_p_auth=8uc4CFi9. Acesso em: 15 set. 2021.

RAMOS, Edith Maria Barbosa *et al*. A autonomia financeira dos municípios no federalismo brasileiro. *E-Legis – Revista Eletrônica do Programa de Pós-Graduação da Câmara dos Deputados*, v. 13, n. 32, p. 76-102, 14 maio 2020. DOI 10.51206/e-legis.v13i32.550.

SANTANA, J. C. P. A Constituição reinventada. *In:* SANTANA, José Cláudio Pavão *et al.* (org.). *Escritos do Direito*. São Luís: Edufma, 2019. p. 177-187. Disponível em: http://www.edufma.ufma.br/wp-content/uploads/woocommerce_uploads/2020/01/Livro.pdf#page=177. Acesso em: 15 set. 2021.

SANTANNA, G. S.; ALVES, R. P. O regime de precatórios e o (des)interesse (público) no seu pagamento. *Revista Digital de Direito Administrativo*, v. 3, n. 1, p. 217-234, 2016.

SÃO LUÍS (Município). *Lei nº 6.635, de 30 de dezembro de 2019*. Dispõe sobre a estimativa de receita e fixa a despesa do Município de São Luís para o exercício financeiro de 2020, e dá outras providências. São Luís, 2019.

SÃO LUÍS (Município). *Decreto nº47.298, de 13 de agosto de 2015*. Dispõe sobre precatórios, institui grupo de trabalho de acompanhamento dos precatórios e dá outras providências. São Luís, 2015.

UNITED STATES OF AMERICA. *Constitution of the United States*, September 17th, 1787. U.S. Senate: Washington, D.C., 1787. Disponível em: https://www.senate.gov/civics/constitution_item/constitution.htm#amdt_11_(1798). Acesso em: 14 set. 2021.

---

Informação bibliográfica deste texto, conforme a NBR 6023:2018 da Associação Brasileira de Normas Técnicas (ABNT):

FEIJÓ, Alexsandro Rahbani Aragão; LIMA, Helena Marques. O regime especial de precatórios como uma garantia para sustentação do federalismo no Brasil. *In:* DOSSO, Taisa Cintra; TAVARES, Gustavo Machado; SILVA, Thiago Viola Pereira da. (Coords.). *Direito Municipal em Debate*. Belo Horizonte: Fórum, 2022. p. 71-106. ISBN 978-65-5518-406-8.

# A DECISÃO TRANSITADA EM JULGADO AMPARADA EM TESE INCONSTITUCIONAL NO ÂMBITO DOS JUIZADOS ESPECIAIS E O TRÂNSITO DE TÉCNICAS DE ARGUIÇÃO DE INEFICÁCIA DO TÍTULO JUDICIAL

**LUCAS ANDRADE PEREIRA DE OLIVEIRA**

## 1 O ordenamento jurídico como um sistema

A concepção de Direito e o significado deste é tema de acirrado debate na filosofia do Direito. Não por outra razão, os jusfilósofos buscam enquadrá-lo de diversas maneiras, seja como norma, como lei, como o justo ou mesmo como sistema.

Antes desse enquadramento, é fundamental rememorar as lições do professor Calmon de Passos, para quem o Direito é linguagem produzida do homem para homem, "(...) que objetiva definir ou determinar o que é lícito ou ilícito, proibido devido ou facultado. O Direito só se materializa, destarte, como linguagem. Daí ser exato dizer-se que ele existe apenas quando e enquanto produzido pelos homens.[1] É, portanto, uma linguagem prescritiva, que declara o que é o certo e o errado, uma linguagem revestida de poder.

Nesse sentido, o Direito no Estado Democrático, criação humana para regulamentar as diversas relações sociais, precisa ser coerente, harmônico e o mais justo possível. É por isso que se defende adequada a concepção de pensar o Direito e o ordenamento jurídico que dele advém como um sistema. Sistema este aberto aos valores sociais[2] e em constante modificação, seja pelo legislador ou

---

[1] PASSOS, 2005, p. 1.
[2] Carlos Alberto Alvaro de Oliveira (2009, p. 71-72), atento à concepção valorativa aplicado ao processo: "O processo não se encontra in res natura, é produto do homem e, assim,

mesmo pelo intérprete, no ato de aplicação dos textos que compõem esse sistema.

Outra concepção de suma importância advinda da hermenêutica contemporânea é a distinção entre texto e norma jurídica. A concepção tradicional na qual se estadeava grande parte dos juristas (procuradores, advogados, magistrados, membros do ministério público, dentre outros) tinha como padrão a lei como norma jurídica, a partir da qual se extraia o *dever ser* – a ordem cogente de obediência necessária. A concepção hermenêutica hodierna diferencia o texto legal e a norma jurídica que se extrai desse texto. Norma, portanto, é aquilo que o intérprete, por meio da linguagem jurídica, diz que é norma, e o texto é estéril, é prescrição que só se torna norma a partir daquilo que o intérprete diz o seu significado.[3]

Pois bem. Essas concepções gerais possuem importância notável no modo como os operadores do Direito leem as leis, as interpretam e as enquadram às situações fáticas. São, portanto, concepções gerais que servem para todo o ordenamento jurídico.

Na aplicação das leis processuais, essas concepções também se fazem presentes. Inicialmente, para compreender o Direito Processual como um sistema,[4] aberto, coerente e harmônico, que deve guardar consonância com os ditames constitucionais. E também na assimilação de que os textos legais processuais somente serão

---

inexoravelmente, da sua cultura. Ora, falar em cultura é falar em valores, pois estes não caem do céu, nem são a-históricos, visto que constituem frutos da experiência, da própria cultura humana, em suma. Não se pode esquecer que o pensamento prático, paralelo ao fenômeno jurídico, tem por sujeito e fato de referência o *eu* situado e enraizado no próprio movimento da vida histórica e da cultura, tomando por objeto e por campo operário essa mesma vida e cultura históricas. A observação é particularmente importante no que concerne ao processo, por hipótese estreitamente vinculado à realização prática do direito."

[3] Eros Roberto Grau (2003. p. 80): "A interpretação, destarte, é meio de expressão dos conteúdos normativos das disposições, meio através do qual pesquisamos as normas contidas nas disposições. Do que diremos ser – a interpretação – uma atividade que se presta a transformar disposições (textos, enunciados) em normas. (...). As normas, portanto, resultam da interpretação. E o ordenamento, no seu valor histórico-concreto, é um conjunto de interpretações, isto é, conjunto de normas. O conjunto das disposições (textos, enunciados) é apenas ordenamento em potência, um conjunto de possibilidades de interpretação, um conjunto de normas potenciais. O significado (isto é, a norma) é o resultado da tarefa interpretativa. Vale dizer: o significado da norma é produzido pelo intérprete. (...) As disposições, os enunciados, os textos, nada dizem; somente passam a dizer algo quando efetivamente convertidos em normas (isto é, quando – através e mediante a interpretação – são transformados em normas). Por isso as normas resultam da interpretação, e podemos dizer que elas, enquanto disposições, nada dizem – elas dizem o que os intérpretes dizem que elas dizem (...)."

[4] Conferir CANARIS, 1996.

normas jurídicas quando interpretados e quando extraído o seu significado pelo intérprete do Direito, com consequente aplicação.[5]

Essa metodologia de pensar o processo igualmente se aplica ao microssistema dos juizados especiais, o que implica dizer que tal microssistema precisa ser pensado como um sistema harmônico, aberto aos valores e em coerência com a Constituição Federal. E mais, as Leis nº 9.099/95, 10.259/2001 e 12.153/2009 são textos legais a partir dos quais o intérprete extrai as normas jurídicas (regras e princípios) que regulam o sistema das demandas de pequenas causas no ordenamento jurídico brasileiro. Portanto, aquilo que está escrito nas leis dos juizados não é a norma (regra ou princípio), a qual, em verdade, é construída, pelo intérprete, a partir dos textos legais, formando-se um microssistema de regras e princípios coerentes e harmônicos.

## 1.1 O microssistema dos juizados especiais e seu diálogo com o código de processo civil

O microssistema dos juizados especiais surge, sob o ponto de vista sociológico, no contexto das ondas renovatórios do acesso à justiça, na busca de aperfeiçoar a tutela jurisdicional, a partir da constatação da existência de diversas situações ou demandas reprimidas, a exemplo das causas de pequeno valor, das demandas consumeristas e de locação. Essas demandas não eram, satisfatoriamente, atendidas pelo sistema tradicional de Justiça Civil.

Mauro Cappelletti e Bryant Garth identificaram, no final da década de 80 do século passado, em diversos países ocidentais, notadamente europeus, reformas criando juizados e Justiças de pequenas causas como fruto das ondas renovatórias do acesso à justiça. Pontuam os doutrinadores:

> Essas reformas nas pequenas causas, embora ainda muito recentes, de certa forma resumem o movimento de Acesso à Justiça, porque elas correspondem a um esforço criativo, abrangente e multifacetado para reestruturar a máquina judiciária envolvida com essas causas.[6]

---

[5] O art. 926 do CPC aponta para essa ideia de ordem e harmonia quando estabelece deveres para os Tribunais em manter a jurisprudência integra, estável e coerente: "Os tribunais devem uniformizar sua jurisprudência e mantê-la estável, íntegra e coerente."
[6] CAPPELLETTI. GARTH, 1988, p. 113.

O Brasil foi, igualmente, impactado pela criação do sistema dos juizados especiais, aqui originado nos conselhos de conciliação e arbitragem criados no Rio Grande do Sul, em 1982, e disseminado por vários estados da Federação. Em seguida, foi editada a Lei nº 7.244, em 1984, instituidora dos juizados de pequenas causas. Posteriormente, a Constituição Federal de 1988, em seu art. 98, inciso I,[7] estabeleceu a criação dos juizados nos âmbitos da União, do Distrito Federal, dos territórios e dos estados. Por fim, imprimindo máxima efetividade ao texto Constitucional, foram criadas a Leis nº 9.099/95 (que dispõe sobre os juizados especiais cíveis e criminais), 10.259/2001 (Lei dos Juizados Especiais Federais) e 12.153/2009 (lei que cria os juizados especiais da Fazenda Pública no âmbito dos estados, do Distrito Federal, dos territórios e dos municípios).

As três últimas leis citadas compõem o atual microssistema dos juizados especiais no Brasil, devendo-se interpretá-las de forma integrada. Alexandre Freitas Câmara assim sintetiza: "Reconheço, pois, a existência de um 'diálogo de fontes' entre as três leis, de forma que as mesmas tenham de ser interpretadas como se formassem (e efetivamente o fazem) um só microssistema normativo."[8]

Pontue-se, ainda, que as referidas leis dos juizados especiais, criando o respectivo microssistema, surgem em um momento histórico cunhado como a era das *descodificações*,[9] superando um outro momento histórico denominado como a era das *codificações*.[10]

Entretanto, se houve a era da codificação, na sequência superada pela da descodificação, atualmente, com os novos códigos, a exemplo do Código Civil de 2002 e o Código de Processo Civil de

---

[7] "Art. 98. A União, no Distrito Federal e nos Territórios, e os Estados criarão: I – juizados especiais, providos por juízes togados, ou togados e leigos, competentes para a conciliação, o julgamento e a execução de causas cíveis de menor complexidade e infrações penais de menor potencial ofensivo, mediante os procedimentos oral e sumaríssimo, permitidos, nas hipóteses previstas em lei, a transação e o julgamento de recursos por turmas de juízes de primeiro grau (...)."

[8] CÂMARA, 2012, p. 5.

[9] Alexandre Freitas Câmara (2012, p. 3) a denomina como era da descodificação ou dos estatutos.

[10] Alexandre Freitas Câmara (2012, p. 3) explica que: "O direito viveu, durante um certo tempo (que vai, aproximadamente, do começo do século XIX, com a aprovação do Código Civil francês, até a virada da década de 1960, para a de 1970, com a aprovação do Código Civil português e do Código de Processo Civil brasileiro) a chamada era das codificações."

2015, vive-se um momento de *recodificação*,[11] em que a perspectiva do diálogo entre as fontes normativas se alteram. Os códigos passam a influenciar com mais intensidade e, por vezes, com intervenção, direta e textual, no microssistema.[12]

Nessa era de recodificação, a dogmática da prevalência da lei especial sobre a geral precisa ser revisitada, especialmente numa época de intensa troca de técnicas, em que os Códigos, diante da sua evolução, trazem tecnologia jurídica que pode ser aplicada direta e especificamente ao microssistema. De fato, seria um contrassenso admitir um microssistema menos eficiente, quando há a possibilidade de utilização de técnicas gerais compatíveis com os princípios informativos do microssistema.

Outro aspecto de suma importância a se considerar é a forma como o diálogo existente entre o microssistema dos juizados especiais e o Código de Processo Civil acontece.

As Leis nº 9.099/95 (que dispõe sobre os juizados especiais cíveis e criminais) e 10.259/2001 (Lei dos Juizados Especiais Federais) não trouxeram previsões expressas de aplicação subsidiária ou supletiva do CPC aos casos em trâmite no sistema dos juizados.

Analisando a Lei nº 9.099/95, observa-se que há quatro referências ao Código de Processo Civil, a saber: "Art. 3º, II– As enumeradas no art. 275, inciso II, do Código de Processo Civil";[13]

---

[11] Sobre o movimento de descodificação e recodificação, conferir IRTI, 1999. Também: HINESTROSA, 2014; DIDIER JR.; ZANETTI JR. 2020, p. 71-74.

[12] Fredie Didier Jr. (2020. p.75) elenca diversos pontos de influência do CPC-2015 sobre os juizados especiais: "Em relação ao processo dos juizados especiais, o CPC-2015 trouxe duas normas jurídicas novas: i) suspensão dos processos pendentes em razão da instauração do incidente de resolução de demandas repetitivas (art. 982, I, CPC); ii) permissão expressa do incidente de desconsideração de personalidade jurídica nos Juizados (art. 1.062, CPC), excepcionando a proibição de intervenção de terceiros nos Juizados. Além dessas novas normas, o CPC alterou, expressamente, a redação de alguns artigos da Lei n. 9099/1995 (arts. 48, 50 e 83), de modo a compatibilizá-la com a nova legislação (arts. 1.064, 1.065 e 1.066, CPC). Finalmente, o CPC criou regras de direito transitório, para manter a competência dos juizados especiais para as causas que tramitavam sob procedimento sumário, ao tempo do CPC-1973 (art. 1.063, CPC). Regra importantíssima, pois o procedimento sumário foi extinto pelo CPC-2015 e, caso não houvesse essa norma de direito transitório, uma série de causas deixariam de tramitar perante os Juizados, criando inúmeros problemas de direito intertemporal. Esse breve relato já demonstra o evidente equívoco de ideia de que o CPC-2015 não se aplica aos juizados especiais Cíveis."

[13] O CPC de 2015: "Art. 1.063. Até a edição de lei específica, os juizados especiais cíveis previstos na Lei nº 9.099, de 26 de setembro de 1995, continuam competentes para o processamento e julgamento das causas previstas no *art. 275, inciso II, da Lei nº 5.869, de 11 de janeiro de 1973*."

"art. 48. Caberão embargos de declaração contra sentença ou acórdão nos casos previstos no Código de Processo Civil";[14] "art. 52. A execução da sentença processar-se-á no próprio Juizado, aplicando-se, no que couber, o disposto no Código de Processo Civil, com as seguintes alterações"; "art. 53. A execução de título executivo extrajudicial, no valor de até quarenta salários-mínimos, obedecerá ao disposto no Código de Processo Civil, com as modificações introduzidas por esta lei)".

Por outro lado, quando a Lei nº 9.099/95 fez referência ao Código de Processo Penal e ao Código Penal, trouxe previsão expressa de aplicação subsidiária, veja-se: "Art. 92. Aplicam-se subsidiariamente as disposições dos Códigos Penal e de Processo Penal, no que não forem incompatíveis com esta Lei."

Essa omissão legislativa, nas referidas Leis nº 9.099/95 e 10.259/2001, quanto à aplicação subsidiária do Código de Processo Civil, apontando apenas pontualmente quando o Código de Processo Civil seria aplicável e, por outro lado, admitindo a aplicação subsidiária do Código Penal e de Processo Penal, revelam um silêncio eloquente, com um claro desiderato de afastar a aplicação, no âmbito dos juizados especiais, do procedimento comum do Código de Processo Civil.

Ocorre, todavia, que na prática dos juizados especiais, diante das diversas lacunas existentes nas referidas Leis, utiliza-se, rotineiramente, do Código de Processo Civil. Tome-se como exemplo a técnica de antecipação dos efeitos da tutela, adotada no procedimento comum do Código de Processo Civil, que sempre foi amplamente utilizada no sistema dos juizados especiais.

Nada obstante, em 2009, a Lei nº 12.153, que dispõe sobre os juizados especiais da Fazenda Pública no âmbito dos estados, do Distrito Federal, dos territórios e dos municípios, admitiu, expressamente, a aplicação subsidiária do Código de Processo Civil a estes juizados, fazendo menção expressa ao CPC-1973 no art. 27.[15]

---

[14] Redação dada pelo CPC-2015 (Lei nº 13.105/2015).
[15] "Art. 27. Aplica-se subsidiariamente o disposto nas Leis nº 5.869, de 11 de janeiro de 1973 – Código de Processo Civil, 9.099, de 26 de setembro de 1995, e 10.259, de 12 de julho de 2001."

Assim, adotando-se a premissa de que as três leis supra referidas compõem o microssistema dos juizados especiais, cada uma com suas peculiaridades, é possível compreender-se que, com a Lei nº 12.153/2009, passou a ser, textual e explicitamente, prevista a aplicação subsidiária do Código de Processo Civil[16] a todo o microssistema.

Nesse contexto, é importante mencionar a existência do Fórum Nacional de juizados especiais (FONAJE),[17] criado em 1997, com o desiderato de assegurar uniformidade de funcionamento do microssistema dos juizados especiais. O FONAJE vem editando enunciados (cíveis, criminais e da Fazenda Pública), que servem de diretrizes interpretativas sobre a aplicação das Leis dos juizados especiais, inclusive versando alguns deles sobre a aplicação do Código de Processo Civil no aludido microssistema.

Nesse sentido, cumpre pontuar que o Enunciado Cível nº 161 do FONAJE trouxe importantes orientações sobre a forma como as normas do CPC-2015 devem ser aplicadas ao Sistema dos juizados especiais, admitindo aplicação do CPC quando houver remissão expressa e específica, nas leis do microssistema, e nas hipóteses de compatibilidade com os princípios dos juizados constantes do art. 2ª da Lei nº 9.099/95. O enunciado:

> ENUNCIADO 161 – Considerado o princípio da especialidade, o CPC/2015 somente terá aplicação ao Sistema dos juizados especiais nos casos de expressa e específica remissão ou na hipótese de compatibilidade com os critérios previstos no art. 2º da Lei 9.099/95.[18]

---

[16] Alexandre Freitas Câmara (2012, p. 195-196) comenta a situação: "A Lei 12.153/2009 afirma, expressamente, em seu art. 27, que lhe são aplicáveis subsidiariamente a Lei 9.099/1995 e a Lei 10.259/2001. Ainda que isso não fosse dito expressamente, porém, assim, seria, já que – como se tem sustentado nessa obra desde a primeira edição – existe hoje no ordenamento processual brasileiro um Estatuto dos juizados especiais, atualmente composto pelas três Leis (Lei 9.099/1995, Lei nº 10.259/2001 e Lei nº 12.153/2009) que tratam da matéria. Assim, como se poderá ver melhor ao londo da exposição, as três leis interagem o tempo todo, dialogando entre si, de modo a permitir a construção de um verdadeiro microssistema dos juizados especiais. De outro turno, e nesta passagem a Lei 12.153/2009 é superior às outras leis que compõem o Estatuto dos juizados especiais, o mesmo art. 27 afirma, expressamente, a aplicação subsidiáriado Código de Processo Civil."

[17] "O Fórum foi criado em 1997 com o objetivo de reunir os coordenadores estaduais dos juizados especiais Cíveis e Criminais para o aprimoramento dos serviços judiciais a partir da troca de informações e da padronização de procedimentos em todo o território nacional" (CNJ, [2020a]).

[18] (CNJ, [2020b]).

Como o enfoque desse trabalho é a aplicação de dispositivos legais do CPC que tratam da impugnação[19] ao cumprimento de sentença, é fundamental tecer algumas considerações sobre a interpretação contida no Enunciado nº 121 do FONAJE.

O FONAJE editou enunciado cível apontando que, no caso dos embargos à execução, somente seriam impugnáveis as hipóteses constantes do art. 52, IX, da Lei nº 9.099/95. Leia-se: "ENUNCIADO 121 – Os fundamentos admitidos para embargar a execução da sentença estão disciplinados no art. 52, inciso IX,[20] da Lei 9.099/95 e não no artigo 475-L do CPC, introduzido pela Lei 11.232/05 (XXI Encontro – Vitória/ES)."

Esse enunciado cível, contudo, não leva em consideração a expressa previsão de aplicação subsidiária do CPC contida no art. 27 da Lei nº 12.153/2009. Desse modo, entendendo-se os juizados especiais como um microssistema, pode-se concluir que a aplicação subsidiária do CPC pode e deve ser ampliada para que as hipóteses de impugnação ao cumprimento de sentença do CPC sejam admitidas nos juizados.

Ademais, vale salientar que os enunciados do FONAJE não possuem força cogente, tão somente servem de norte interpretativo. No caso em especial desse Enunciado nº 121, malgrado seja um enunciado cível, ele foi editado no XXI Encontro ocorrido em Vitória-ES, em 2007, antes da promulgação da Lei nº 12.153/2009, legislação esta que trouxe a previsão expressa de aplicação subsidiária do CPC.

Entrementes, caso ainda assim não se admita a extensão das hipóteses de impugnação ou embargos, além daquelas previstas no art. 52, IX, da Lei nº 9.099/95, indubitavelmente essa ampliação deve ser aceita nos juizados especiais da Fazenda Pública dos estados, Distrito Federal, municípios e territórios (Lei nº 12.153/2009), diante da previsão expressa de aplicação do CPC, de forma subsidiária.

---

[19] A Lei nº 9.099/95 ainda o nomina de Embargos à execução, adotando dicção de período anterior as reformas promovidas pela Lei nº 11.232/05 que atingiram o CPC-1973.

[20] "Art. 52. A execução da sentença processar-se-á no próprio Juizado, aplicando-se, no que couber, o disposto no Código de Processo Civil, com as seguintes alterações: (...) IX – o devedor poderá oferecer embargos, nos autos da execução, versando sobre: a) falta ou nulidade da citação no processo, se ele correu à revelia; b) manifesto excesso de execução; c) erro de cálculo; d) causa impeditiva, modificativa ou extintiva da obrigação, superveniente à sentença."

Adite-se a isso a circunstância de o CPC-2015 haver mencionado, expressamente, além da aplicação subsidiária, a aplicação supletiva do código aos processos administrativos, trabalhistas e eleitorais (art. 15, do CPC), aplicação esta que pode ser estendida também ao microssistema dos juizados especiais, o que será pormenorizado com mais vagar no próximo item.

Pontue-se, ademais, que em relação ao CPC-2015, Fredie Didier Jr. esclarece importante distinção em relação ao diálogo que havia entre o CPC de 1973 e os microssistemas normativos. Para o doutrinador: "(...) o CPC-2015 nasceu pressupondo esses microssistemas, mantendo sua posição de núcleo e fonte de normas gerais, supletivas e subsidiárias, mas, e aqui está a novidade, sendo também fonte de normas jurídicas processuais específica para esses microssistemas."[21]

É exatamente sobre esse diálogo entre o CPC-2015 e o microssistema dos juizados especiais, especialmente no que tangencia a possibilidade de declaração de ineficácia da coisa julgada que contém tese inconstitucional, que esse trabalho pretende discorrer. Notadamente, na possibilidade do trânsito das técnicas existentes no CPC-2015 de declaração de ineficácia da sentença que possua tese declarada inconstitucional pelo STF.

## 1.2 O trânsito de técnicas entre o procedimento do processo civil comum e o procedimento dos juizados especiais. Uma via de mão dupla

O microssistema dos juizados especiais, na área cível, contempla diversos procedimentos para as causas da sua competência. É o que se pode dessumir, analisando as Leis nº 9.099/95, 10.259/2001 e 12.153/2009. Extrai-se da Lei nº 9.099/95 a existência de um procedimento geral, comum e aplicável aos procedimentos especiais dos juizados especiais federais e das Fazendas Públicas em juízo (Lei nº 10.259/2001 e Lei nº 12.153/2009).

---

[21] DIDIER JR., 2020. p.75.

Contudo, em comparação com o procedimento comum da parte geral do CPC, o microssistema dos juizados, em sua totalidade, Leis nº 9.099/95, 10.259/2001 e 12.153/2009, perfectibiliza a criação de diversos procedimentos especiais.

Portanto, a depender do ponto de vista, os procedimentos constantes no microssistema dos juizados especiais podem ser considerados como comuns (o procedimento cível da Lei nº 9.099/95 é comum e geral, em face das Leis nº 10.259/2001 e 12.153/2009) ou especiais (as Leis nº 9.099/95, 10.259/2001 e 12.153/2009 estabelecem procedimentos especiais em relação ao procedimento comum do CPC).

Na trilha desse raciocínio, convém trazer a lume as lições de Fredie Didier Jr., Antonio do Passo Cabral e Leonardo Carneiro da Cunha:

> Comum e especial são, nesse sentido, atributos relacionais: o procedimento pode ser comum ou especial, a depender o paradigma examinado. (...). Note-se que o procedimento dos juizados especiais é, no primeiro sentido, comum e, no segundo, especial. (...). Não há erro na escolha deste ou daquele sentido.[22]

A perspectiva do presente trabalho é analisar o microssistema dos juizados especiais, que contém procedimentos especiais em relação ao procedimento comum, geral, do CPC.

Ademais, com o paradigma inaugurado pelo CPC de 2015, ao analisarem-se os procedimentos especiais, não mais convém fazer uma interpretação pelo critério da especialidade,[23] puramente, mas também à luz da aplicação subsidiária e supletiva, conforme se pode extrair da interpretação do art. 15 do CPC, também aplicável, em nosso entender, à relação entre procedimento comum e procedimentos especiais do microssistema dos juizados especiais.

A aplicação subsidiária ocorre quando há lacuna na lei, já a aplicação supletiva representa a possibilidade de aplicação em concomitância de ambos os procedimentos, observando-se a tutela

---

[22] DIDIER JR.; CABRAL; CUNHA, 2018, p. 94.
[23] Norberto Bobbio (1995, p. 205) em concepção tradicional: "Existe um conflito entre critério de especialidade e critério cronológico quando uma norma precedente e especial é antinômica em relação a uma norma sucessiva e geral. Também neste caso, o critério de especialidade prevalece sobre o cronológico e, portanto, a norma precedente e especial prevalece sobre a posterior e geral."

mais adequada ao caso concreto.[24] Nesse sentido, adota-se a ideia de que existe uma relação de complementariedade pautada na compatibilidade de técnicas existentes no procedimento comum e nos procedimentos especiais.[25]

Fredie Didier Jr., Antônio do Passo Cabral e Leonardo Cunha esclarecem que o art. 327, 2º, do CPC é uma cláusula geral de flexibilização do procedimento, havendo uma "mão dupla" de influência: tanto o procedimento comum pode, com suas técnicas várias, amplas e flexíveis, ser utilizado no procedimento especial, como as técnicas dos procedimentos especiais podem ser utilizadas no procedimento comum.[26]

Diante das redações dos novéis arts. 327, §2º e 1.049, parágrafo único, do CPC, o procedimento comum, do CPC, passa a ser um *locus* ou *habitat* de técnicas diferenciadas dos procedimentos especiais.[27]

Portanto, deve-se observar uma teoria dos procedimentos especiais em que se enfoque não o procedimento especial, isoladamente, mas as técnicas processuais deles decorrentes. Assim, havendo compatibilidade, as técnicas procedimentais dos procedimentos especiais poderão ser utilizadas no procedimento comum, ou mesmo em outros procedimentos especiais (art. 327, §2º, do CPC).[28]

---

[24] Fredie Didier Jr., Antônio do Passo Cabral e Leonardo Cunha (2018. p. 92-94) fazem importante comentário: "Parte da literatura que comentou o CPC-2015 ignora a diferença entre aplicação subsidiária e supletiva e, mesmo diante da inédita redação do art. 15, continuando a mencionar apenas a aplicação subsidiária; outros tentaram distinguir as duas possibilidades, confundindo-as. Concordamos com Carolina Tupinambá e Daniel Amorim Assumpção Neves, que alertaram que os conceitos não são equivalentes. Na aplicação subsidiária, frise-se, a atividade é de integração, suprimento de lacuna. Na aplicação supletiva, como ambas as normas incidem, há complementaridade entre elas. Há, por assim dizer, uma incidência simultânea, não exclusivista, e, portanto, não cabe mais falar no critério da especialidade para impedir a incidência da regra geral do procedimento comum."

[25] Vaticinam Fredie Didier Jr., Antônio do Passo Cabral e Leonardo Cunha (2018, p. 94): "Assim, no sistema do atual CPC, parece-nos que a relação entre procedimento comum e os procedimentos especiais, menos que de exclusão, é uma relação de complementariedade, pautado pela compatibilidade da técnica especial ao procedimento comum. Trata-se de uma interação muito mais consentânea com os ideias de eficiência processual (art. 8º)."

[26] "O §2º do art. 327 do CPC é, na verdade, uma cláusula geral de flexibilidade procedimental. É possível importar para o procedimento comum técnicas especiais de tutela jurisdicional, mas também é possível a via inversa: importar para o procedimento especial regra do procedimento comum, a fim de se concretizarem normas fundamentais" (DIDIER JR.; CABRAL; CUNHA, 2018, p. 74).

[27] DIDIER JR.; CABRAL; CUNHA, 2018, p. 89.

[28] Na dicção de Fredie Didier Jr., Antônio do Passo Cabral e Leonardo Cunha (2018, p. 87): "A solução parece não ser mais focar em procedimentos especiais, mas nas técnicas

Nesse sentido, é possível que o procedimento comum se valha de técnicas especiais, bem como que o procedimento especial se valha de técnicas do procedimento comum, em relação de complementariedade e trânsito de mão dupla.

Assim, o procedimento dos juizados especiais, como uma espécie de procedimento especial, amparado no citado art. 327, §2º, do CPC, pode se valer de técnicas e normas do procedimento comum para a resolução das questões que lhe são submetidas. Assim também o procedimento dos juizados pode fornecer técnicas ao procedimento comum, aperfeiçoando a tutela desse procedimento geral.

## 1.3 Segurança jurídica em processos flexíveis, simples e informais

Outra premissa importante que é preciso desenvolver é a necessidade de garantir segurança jurídica, mesmo em um processo flexível, simples e informal.

Antes, porém, é importante distinguir o processo de procedimento flexível de um processo de procedimento rígido. O procedimento rígido é aquele que entrega pouca margem à possibilidade de adaptabilidade a ser promovida pelas partes, pelo juiz ou pelas circunstâncias da relação jurídica de Direito Material. São procedimentos preestabelecidos pelo legislador, calcado numa visão universalizante e que serviria para todo e qualquer caso.[29]

Por sua vez, o procedimento flexível é aquele que permite a adaptabilidade ao caso concreto, em que o legislador estabelece

---

especiais. Assim, passou-se do direito ao procedimento especial ao direito à técnica processual especial, não necessariamente embutida num procedimento especial; ou do procedimento especial obrigatório à técnica processual especial obrigatória, que pode ser observada no próprio procedimento comum. De fato, parece ser mais adequado ao Direito Processual contemporâneo ir pelo caminho de permitir a veiculação de uma pluralidade de técnicas processuais diferenciadas em um mesmo procedimento, seja este comum ou especial."

[29] Fredie Didier Jr., Antônio do Passo Cabral e Leonardo Cunha (2018, p. 37) apontam que: "Na verdade, na visão tradicional, os procedimentos são todos rígidos e inflexíveis. Quanto mais rígido, mais previsível o procedimento, atendendo as exigências da segurança jurídica, primado do paradigma racionalista, cuja metodologia buscava aproximar-se das ciências naturais e matemáticas."

paradigmas legais amplos, facultando a adaptabilidade pelas partes, pelo juiz ou diante das circunstâncias do caso em análise.[30]

Nesse sentido, é possível compreender-se que o processo comum brasileiro, a partir do CPC/2015, adotou um modelo flexível. Doutrina abalizada assim leciona:

> Tolera-se, doravante de modo expresso, a combinação do procedimento padrão (comum) com os procedimentos especiais, em verdadeira admissão, neste quadrante, do *modelo da flexibilização legal genérica* a que já nos referimos, em que caberá ao juiz, observadas as condicionantes do item precedente (finalidade, contraditório e motivação), eleger atos do procedimento especial que, em sendo compatíveis com o procedimento comum, podem ser aplicados para processamento e julgamento de um ou mais dos pedidos cumulados (que, se processados autonomamente, gozariam do procedimento especial e das suas técnicas diferenciadas).[31]

Em sentido semelhante, Fredie Didier Jr., Antônio do Passo Cabral e Leonardo Cunha ensinam que "(...) o Código tem a tônica da flexibilidade do procedimento das formalidades dos atos processuais, seja uma flexibilidade operada pelo juiz (case management), seja pelas partes (negócios processuais)".[32]

Portanto, o procedimento comum brasileiro é flexível. Entretanto, mesmo existindo flexibilidade, não significa que o procedimento abdique da segurança jurídica. Há segurança jurídica

---

[30] Um dos princípios de grande relevo, no que tangencia a flexibilização do procedimento é o da adequação. Galeno Lacerda (1976), em clássico texto sobre o referido princípio, esclarece que ele pode atingir três esferas, a adaptabilidade subjetiva, ligada aos sujeitos da relação envolvidos no processo; ao objeto, ligado à relação entre Direito Material debatido e finalidade, concernente ao fim em que se busca no processo. A doutrina elenca, ainda, a distinção entre princípio da adequação e princípio da adaptabilidade do procedimento: "Fala-se em *princípio da adequação* para designar a imposição sistemática dirigida ao legislador, para que construa modelos procedimentais aptos para a tutela especial de certas partes ou do direito material; e *princípio da adaptabilidade* (da flexibilização ou da *elasticidade processual*) para designar a atividade do juiz de flexibilizar o procedimento inadequado ou de reduzida utilidade para melhor atendimento das peculiaridades da causa" (GAJARDONI; ZUFELATO, 2020). Garjardoni e Zufelato elencam, também, três espécies de adaptabilidade procedimental: a adaptação legal (legislativa), a adaptação judicial (promovida pelo juiz) e a adaptação feita pelas partes (art. 190, do CPC). Destacam, ainda, que o CPC de 2015, ao contrário do CPC de 1973, que adotou um modelo rígido, passou a acolher um modelo legal genérico, mais flexível (vide artigos 355; 334, §4.º; 932, IV c/c 1.011, I, todos do CPC/2015).
[31] GAJARDONI; ZUFELATO, 2020.
[32] DIDIER JR.; CABRAL, 2018, p. 78.

com a previsibilidade[33] e as diversas possibilidades previamente estabelecidas pelas diferentes formas para a resolução de uma causa através do Código de Processo Civil.[34]

No caso dos juizados especiais, o procedimento também é flexível, pois vige, expressamente, os princípios da oralidade, da simplicidade, da informalidade (art. 2º da Lei 9.099/95). Contudo, à semelhança do que ocorre no procedimento comum, a flexibilidade não significa insegurança, ou a condução de um processo sem um grau de previsibilidade.

Acrescente-se que os princípios da informalidade e simplicidade, conquanto apontem para a ausência de forma rígida do ato processual ou do procedimento, não afastam do processo dos juizados a dogmática jurídica acompanhada, também, da previsibilidade.

É preciso, pontuar ainda que a prática, nos juizados especiais, fez nascer, pela sua reiteração, um Direito Processual consuetudinário,[35] não previsto, expressamente, em lei, mas aceito pelos julgadores (juízes leigos e togados, bem como, pelas Turmas Recursais). Não é o foco desse trabalho tratar do Direito Processual costumeiro muito presente

---

[33] Antonio do Passo Cabral (2014, p. 315-316), sustentando a ideia de segurança e continuidade jurídica, não dispensa a necessidade de previsibilidade: "São vários os aspectos ou características da segurança compreendida no conceito de continuidade jurídica. O primeiro deles é a previsibilidade, que tem um lado objetivo e outro subjetivo. Na dimensão subjetiva, a previsibilidade significa calculabilidade, uma característica há muito admitida como componente da segurança jurídica. (...) Além disso, na vertente da segurança-continuidade, a previsibilidade pretende ainda uma proteção da confiabilidade do ordenamento jurídico. Trata-se da confiança de que a ordem jurídica é composta não de um amontoado de regras e atos descoordenados, não de um emaranhado de pontos perdidos, mas sim de um sistema coeso e coerente, que autoriza projeções futuras e avaliações da repercussão dos atos praticados no passado. Incorpora-se à segurança jurídica não apenas um significado ex post, referente à constância e estabilidade dos atos pretéritos já praticados, mas também um elemento ex ante, assumindo importante viés prospectivo. E estes aspectos não têm relevância puramente individual, refletindo-se também na própria estabilidade do tráfego jurídico a partir do que se pode retratar como a dimensão objetiva da previsibilidade(...). Mas esta dimensão objetiva da previsibilidade só é assegurada se o sistema como um todo é dotado de coerência."

[34] Descrevendo longamente sobre o processo civil brasileiro, segurança jurídica e o CPC-2015, Paulo Mendes de Oliveira (2018, p. 167) assevera que "um processo seguro não é somente aquele que garante a bilateralidade de instância por meio de expedientes técnicos e neutros às circunstâncias do seu tempo. Ao contrário, a segurança processual depende das circunstâncias sociais e jurídicas presentes em dado tempo e espaço, de maneira a tornar o processo um instrumento que corresponda às expectativas da sociedade quanto à forma do exercício do poder estatal e que seja um instrumento que atinja os seus objetivos com eficiência. Segurança processual compreende, portanto, tutela efetiva, com respeito às garantias fundamentais dos cidadãos".

[35] Portanto, um Direito Processual consuetudinário que, pela sua repetição, é fonte de norma jurídica processual. Nesse sentido: SOUZA, 2019.

nos Juizados especiais, mas apontar que, mesmo sendo costumeiro, há segurança jurídica para a prática dos atos.

Em comparação entre processo civil comum e procedimento dos juizados especiais, é preciso dizer que ambos são flexíveis, mas o procedimento dos juizados comporta ainda maior grau de flexibilidade, com informalismo e simplicidade. E essas características, reitere-se, não afastam a segurança jurídica necessária, com previsibilidade sobre os procedimentos e as técnicas processuais adotadas.

É com fundamento em tais premissas de um processo flexível, informal e simples, que se defenderá, neste trabalho, a possibilidade de arguição, por qualquer instrumento jurídico, da ineficácia da sentença transitada em julgado que contenha tese declarada inconstitucional pelo STF.

## 2 A coisa julgada nos juizados especiais

A coisa julgada no procedimento dos juizados especiais em comparação à coisa julgada no processo civil comum possui as mesmas características.[36]

Também a partir de tal consideração, pode-se sustentar que a técnica de arguição de ineficácia do título transitado em julgado que possua tese declarada inconstitucional pelo STF, contida nos arts. 525, §12 e 535, §5º, ambos do CPC, deve, igualmente, ser transferida e utilizada nos juizados especiais, adotando-se o trânsito de técnicas.

## 2.1 A coisa julgada contendo tese inconstitucional

Tema muito debatido na doutrina diz respeito à coisa julgada que contém tese inconstitucional. Por um lado, já se defendeu que a coisa julgada inconstitucional poderia ser rescindida a qualquer

---

[36] Cândido Rangel Dinamarco (2009. p.840-841) sustenta: "A sumariedade da cognição no processo dos juizados especiais e a simplicidade de seu procedimento (elementos que o qualificam como processo diferenciado) não interferem na aptidão que a sentença de mérito ali proferida tem de ficar oportunamente coberta pela autoridade da coisa julgada. São circunstâncias que não diminuem a segurança com que o juiz sentencia nem geram insegurança para as partes litigantes. Por isso, nenhuma ressalva fez a lei especial e, consequentemente, têm plena aplicação os preceitos do direito processual comum disciplinadores da coisa julgada material, seus pressupostos, seus limites (...)."

tempo.[37] Por outro, já se alertou para as perigosíssimas consequências e a insegurança que é defender a possibilidade de rescisão de decisão transitada em julgado por vício de inconstitucionalidade.[38] Tem prevalecido que a coisa julgada inconstitucional somente deve ser rescindida nas hipóteses expressamente previstas em lei. É o que ocorre na situação de o STF declarar, em controle difuso ou concentrado de constitucionalidade, uma determinada tese como inconstitucional ou contrária à Constituição. Nesses casos, poder-se-ia invocar a decisão do Supremo Tribunal Federal para rescindir decisão transitada em julgado ou pugnar pela ineficácia do título executivo.

O presente ensaio tem como objetivo tratar exatamente dessa hipótese de coisa julgada com tese inconstitucional, declarada e reconhecida pelo STF, como contrária à Constituição.

Ainda sob égide do CPC de 1973, foram inseridas as disposições dos arts. 741, parágrafo único,[39] e 475-L, §1º,[40] em que se permitiu

---

[37] DELGADO, 2001; DINAMARCO, 2003, p. 24. THEODORO JR.; FARIA, 2008, p. 179-223. Fredie Didier Jr., Paulo Sarno Braga e Rafael Alexandria (2020, p. 686) resumem as posições: "O primeiro a suscitar a tese da relativização da coisa julgada no Brasil foi José Augusto Delgado, ex-ministro do Superior Tribunal de Justiça. Defendeu a partir da sua experiência na análise de casos concretos, a revisão da carga imperativa da coisa julgada toda vez que afrontasse a moralidade, a legalidade, a razoabilidade e a proporcionalidade, ou se desafinasse com a realidade dos fatos. A lição foi difundida por autores como Humberto Theodoro Jr., Juliana Cordeiro e Candido Rangel Dinamarco."

[38] Fredie Didier Jr., Paulo Sarno Braga e Rafael Alexandria (2020, p. 689) alertam: "Permitir a revisão da coisa julgada por um critério atípico é perigosíssimo. Esquecem os adeptos dessa corrente que, exatamente por essa especial característica do direito litigioso, àquele que pretende rediscutir a coisa julgada bastará alegar que ela é injusta/desproporcional/inconstitucional. E, uma vez instaurado o processo, o resultado é incerto: pode o demandante ganhar ou perder. Ignora-se esse fato. O resultado do processo não se sabe antes do processo; a solução é, como disse, construída. É por isso que a ação rescisória (instituto que é a síntese de vários meios de impugnação das sentenças desenvolvidos em anos de história da civilização contemporânea) é típica e tem prazo para ser ajuizada. A coisa julgada é instituto construído ao longo dos séculos e reflete a necessidade humana de segurança. Ruim com ela, muito pior sem ela. Relativizar a coisa julgada por critério atípico é exterminá-la." Excelente painel sobre o tema com diversas visões doutrinárias sobre o assunto, mas, em sua maioria, os autores são refratários à ideia de relativização da coisa julgada fora das hipóteses legais, na obra coletiva. No mesmo sentido Leonardo Greco, Gisele Góes, Nelson Nery Jr., Luiz Guilherme Marioni, dentre outros (DIDIER JR., 2008).

[39] "Art. 741. Na execução contra a Fazenda Pública, os embargos só poderão versar sobre: (...) II – inexigibilidade do título; (...) Parágrafo único. Para efeito do disposto no inciso II do caput deste artigo, considera-se também inexigível o título judicial fundado em lei ou ato normativo declarados inconstitucionais pelo Supremo Tribunal Federal, ou fundado em aplicação ou interpretação da lei ou ato normativo tidas pelo Supremo Tribunal Federal como incompatíveis com a Constituição Federal. (Redação pela Lei nº 11.232, de 2005) (Vide Lei nº 13.105, de 2015) (Vigência)."

[40] "Art. 475-L. A impugnação somente poderá versar sobre: (...)II – inexigibilidade do título; (...) §1º Para efeito do disposto no inciso II do caput deste artigo, considera-se também inexigível o título judicial fundado em lei ou ato normativo declarados inconstitucionais

alegar inexigibilidade do título executivo pela via da impugnação ou dos embargos à execução, caso o título contivesse tese inconstitucional.

A inovação foi alvo de intenso debate, passando alguns doutrinadores a defender que essa seria uma nova hipótese de rescisão da decisão transitada em julgado, e não simples declaração de inexigibilidade, pela via dos embargos à execução ou impugnação. Todavia, parece-nos que a hipótese pode ser de simples ineficácia ou inexigibilidade do título executivo, bem como de rescisão, a depender do tipo de tutela que se objetiva (simples declaração de inexigibilidade pela via de exceção, na execução, ou desconstituição, pela via da ação rescisória).

É possível encontrar, pelo menos, quatro posições doutrinárias em relação ao enquadramento da decisão transitada em julgado que se apresenta posteriormente contrária à decisão do STF sobre a (in)constitucionalidade de lei ou ato normativo.

Araken de Assis[41] defende, por exemplo, que com a previsão da tese inconstitucional a ser impugnada por embargos ou impugnação ao cumprimento de sentença, a decisão transitada em julgado estaria sob condição. Assim, a tese declarada inconstitucional pelo STF passaria a tornar o título ineficaz, por meio da impugnação ou dos embargos à execução.

Eduardo Talamini, por sua vez, em sentido contrário, explica que a tese declarada inconstitucional pelo STF não seria uma hipótese

---

pelo Supremo Tribunal Federal, ou fundado em aplicação ou interpretação da lei ou ato normativo tidas pelo Supremo Tribunal Federal como incompatíveis com a Constituição Federal. (Incluído pela Lei nº 11.232, de 2005)."

[41] Araken de Assis (2008. p. 39-64): "A remissão àqueles incisos esclarece que o juízo de inconstitucionalidade da norma, na qual se funda o provimento exequendo, atuará no plano da eficácia: em primeiro lugar, desfaz a eficácia de coisa julgada, retroativamente; ademais, apaga o efeito executivo da condenação, tornando inadmissível a execução. Embora não se reproduza, integralmente, o §79-2 da Lei do Bundesverfassungsgericht, o qual ressalva a subsistência do julgado contrário à Constituição, trata-se de consequência natural do fenômeno se passar no terreno da eficácia. Assim, a procedência dos embargos não desconstituirá o título e, muito menos, reabrirá o processo já encerrado. (...) Assim, o art. 741, parágrafo único, e o art. 475-L, §1º, tornam *sub conditione* a eficácia de coisa julgada do título judicial que, preponderante ou exclusivamente, serviu de fundamento da resolução do juiz. Pode-se dizer, então, que toda sentença assumirá uma transparência eventual, sempre passível de ataque via embargos ou impugnação. E a coisa julgada, em qualquer processo, adquiriu a incomum e a insólita característica de surgir e subsistir *sub conditione*. A qualquer momento, pronunciada a inconstitucionalidade da lei ou do ato normativo em que se baseou o pronunciamento judicial, desaparecerá a eficácia do art. 467. E isto se verificará ainda que a Corte Constitucional se manifeste após o prazo de dois anos da rescisória (art. 495)."

de inexigibilidade, mas que atingiria a justiça da decisão,[42] por isso uma nova causa de rescisão. No mesmo sentido, defendendo ser causa de rescisão do título transitado em julgado, Nelson Nery Jr.[43]

Ainda, há uma terceira corrente apontando que a hipótese seria de reconhecer que a sentença se baseou em uma norma jurídica inexistente, por ter sido declarada inconstitucional com eficácia *ex tunc* pelo STF, consoante defendem Tereza Arruda Alvim Wambier e José Miguel Garcia Medina,[44] os quais asseveram que seria hipótese de sentença juridicamente inexistente.

Por fim, entendendo-a ainda como espécie de nulidade, Humbertho Theodoro Jr. e Juliana Cordeiro[45] apontam que, com a declaração de inconstitucionalidade pelo STF, a sentença que carrega tese inconstitucional passou a ter um vício que gera invalidade.

Parece-nos que a hipótese, inicialmente introduzida do CPC de 1973 e ampliada no CPC de 2015, admitindo não apenas a im-

---

[42] Eduardo Talamini (2008): "A sentença que ao decidir o mérito aplica uma norma inconstitucional, não é só por isso "nula" ou "inexistente". Acima se viu que nem mesmo a própria lei inconstitucional pode ser considerada uma "não-lei" ou "lei inexistente": ela existirá, conquanto inválida. Mas, a título de argumentação, ainda que pudéssemos dizer que a lei inconstitucional é uma "não lei", um nada, nem assim poderíamos afirmar que a sentença que a aplica no julgamento do mérito é inexistente. Nem de nulidade, propriamente, padece essa sentença. Trata-se, isso sim, de sentença injusta ou errada. O defeito está no conteúdo da solução que ela dá à causa. Não reside nos seus pressupostos de existência nem de validade. Para confirmar o que ora se diz basta comparar essa hipótese com aquelas em que: (a) o juiz, por falha de interpretação, resolve a causa "aplicando" uma norma que não existe nem jamais existiu; (b) o juiz aplica uma norma que já estava revogada por ocasião dos fatos da causa. Em tais hipóteses, verdadeiramente não há norma a amparar a sentença, mas nem por isso dir-se-á que o provimento inexiste. A decisão conterá um error in iudicando, um defeito de conteúdo. Só poderá ser revista através dos mecanismos de revisão legalmente previstos."

[43] Nelson Nery Jr.: "Nesse caso os embargos têm verdadeira função rescisória, funcionando, portanto, como se fossem uma ação rescisória ajuizada no curso do processo de execução" (TALAMINI, 2008, p. 300).

[44] Teresa Arruda Alvim Wambier e José Miguel Garcia Medina (2008. p. 388) defendem: "Portanto, segundo o que nos parece, tendo sido atendido pedido formulado pela parte com base em lei inconstitucional, seria rigorosamente desnecessária a propositura da ação rescisória, já que a decisão que seria alvo de impugnação seria juridicamente inexistente, pois que baseada em 'lei' que não é lei ("lei" inexistente). Portanto, em nosso entender, a parte interessada deveria, sem necessidade de se submeter ao prazo do art. 495 do CPC, intentar ação de natureza declaratória, com o único objetivo de gerar maior grau de segurança jurídica à sua situação. O interesse de agir, em casos como esse, nasceria, não da *necessidade*, mas da *utilidade* da obtenção de uma decisão nesse sentido, que tornaria indiscutível o assunto, sobre o qual passaria a pesar autoridade de coisa julgada."

[45] "Dúvida não mais pode subsistir que a coisa julgada inconstitucional não se convalida, sendo nula e, portanto, o seu reconhecimento independe de ação rescisória e pode se verificar a qualquer tempo e em qualquer processo, inclusive na ação incidental de embargos à execução" (THEODORO JR.; FARIA, 2008).

pugnação ao cumprimento de sentença, mas a ação rescisória de sentença transitada em julgado que carrega tese inconstitucional declarada pelo STF, tanto pode ser declarada ineficaz quanto pode ser rescindida, a depender do meio de impugnação adotado, já que o ordenamento jurídico processual criou ambas as hipóteses.

Observe-se que a declaração de uma tese inconstitucional cria no sistema jurídico a possibilidade de apresentação, em face do título transitado em julgado, de uma nova situação jurídica, a saber, a declaração de ineficácia desse título. Nesse sentido, uma decisão transitada em julgado, com tese inconstitucional declarada pelo STF, não deixa de existir enquanto sentença, nem possui nulidade (a coisa julgada, inclusive como preclusão máxima, acoberta eventuais nulidades), mas pode não ter eficácia, sendo, pois, inexigível, diante da impugnação ou da demonstração de que possui tese contrária à Constituição. Portanto, foi criada essa hipótese que gera a situação jurídica de ineficácia do título. Atinge-se, no plano da eficácia, a sentença ou acórdão, transitados em julgados.[46]

O título executivo possui como característica a liquidez, a certeza e a exigibilidade. Nesse sentido, a situação jurídica criada com a tese declarada pelo STF como inconstitucional irá retirar a exigibilidade do título judicial, mediante, a princípio, impugnação.

Contudo, essa mesma decisão do STF pode ser fundamento para ação rescisória, pois o precedente proferido pelo STF possui uma norma jurídica, a saber, a *ratio decidendi*, que, ao ser violada, dá ensejo à possibilidade de ação rescisória com fundamento no art. 966, V, do CPC (a decisão de mérito, transitada em julgado, pode ser rescindida quando "(...) V – violar manifestamente norma

---

[46] Em sentido contrário, Eduardo Talamini (2008, p. 141-142), sustentando que no plano da eficácia ao qual estaria submetido às condições e ao termo somente incidiria antes da exigibilidade do título: "Afinal, o título é inexigível quando a obrigação nele representada ainda não precisa ser cumprida, eis que pendente termo ou condição. E isso nada tem a ver com a hipótese prevista na regra em exame, seja qual for a interpretação que se lhe dê. Ao que tudo indica, a alusão que o dispositivo faz à "inexigibilidade" foi uma tentativa (inútil e atécnica) do "legislador" de enquadrar a nova hipótese de embargos em alguma das categorias já existentes, para assim diminuir as censuras e a resistência à inovação." Olvida-se o doutrinador que as condições resolutivas atingem o plano da eficácia a partir de situações jurídicas posteriores à exigibilidade do negócio, não havendo óbice para que uma situação eficacial prevista pela lei ocorra posteriormente à formação do título executivo. Trata-se de opção legislativa operando no plano da eficácia, negando exigibilidade posterior à formação do ato jurídico.

jurídica"). Nesse caso, mediante ação rescisória, a tese acolhida pelo STF não atingirá, apenas, o plano da eficácia, mas irá desfazer a própria existência do título transitado em julgado, proferindo-se em seu lugar uma nova decisão.

O regime jurídico adotado pelo CPC para um mesmo fato jurídico, a saber, tese declarada inconstitucional pelo STF, é dúplice. Pode ensejar o pleito de declaração de ineficácia ou inexigibilidade, por meio da impugnação ao cumprimento de sentença, se a tese foi declarada inconstitucional antes do trânsito em julgado da sentença exequenda (arts. 525, §§12 e 14, 535 §§5º e 7º, do CPC), ou a rescisão, ataque à existência e constituição do título, visando ao desfazimento deste, por meio de ação rescisória, por violação à *ratio decidendi* do precedente do STF, nas situações em que a tese foi declarada inconstitucional após o trânsito em julgado da sentença exequenda.

## 2.2. A vedação ao ajuizamento da ação rescisória no âmbito dos juizados especiais

O microssistema dos juizados especiais foi concebido com o objetivo de dar celeridade às causas de menor complexidade e de baixo valor econômico. Assim, tem como seus princípios reitores a oralidade, a simplicidade, a informalidade, a economia processual e celeridade, buscando, sempre que possível, a conciliação ou a transação.

Nesse ensejo, o legislador vedou, expressamente, a utilização da ação rescisória, no art. 59 da Lei nº 9.099/95, com a seguinte dicção: "(...) não se admitirá ação rescisória nas causas sujeitas ao procedimento instituído por esta Lei."

A ação rescisória é ação utilizada para desconstituir decisão judicial transitada em julgado que ofender manifestamente a norma jurídica; se verificar que foi proferida por força de prevaricação, concussão ou corrupção do juiz; se for proferida por juiz impedido ou por juízo absolutamente incompetente; se resultar de dolo ou coação da parte vencedora em detrimento da parte vencida, ou ainda de simulação ou colusão entre as partes, a fim de fraudar a lei; se ofender a coisa julgada; se for fundada em prova cuja falsidade tenha sido apurada em processo criminal ou venha a ser demonstrada na própria ação rescisória; se obtiver o autor, posteriormente ao trânsito em julgado, prova nova cuja existência ignorava ou de que não pôde fazer uso, capaz, por si só, de lhe assegurar pronunciamento favorável; e se for fundada em erro de fato verificável do exame dos autos (art. 966 do CPC e seus incisos).

Isso implica dizer que o ordenamento jurídico brasileiro, por meio do Código de Processo Civil, criou instrumento ou remédio para combater diversas anomalias injurídicas, contrárias ao ordenamento jurídico, contidas em decisão judicial transitada em julgado.

Ao vedar a utilização da ação rescisória, no âmbito do microssistema dos juizados, amparado na celeridade[47] e na busca de efetividade do processo, o legislador ignorou que as decisões judiciais proferidas com esteio no procedimento dos juizados especiais seriam passíveis de serem produzidas com um dos defeitos ensejadores das ações rescisórias. Ou, quiçá, a *voluntas legislatoris* estivesse sopesada entre celeridade e a possibilidade de eventuais decisões defeituosas passíveis de ações rescisórias, e tivesse optado por fazer prevalecer a celeridade.

Contudo, o fato de o legislador haver vedado, textualmente, o uso da ação rescisória não implica dizer que outros meios de rescisão, ou mesmo impugnação em face da eficácia do título judicial, amparados pelo ordenamento jurídico, não possam ser utilizados. É o que ocorre, por exemplo, na utilização da denominada *querela nulitatis*, que, igualmente, é ação peculiar que ataca o título transitado em julgado com o fim de extirpar do sistema jurídico um vício de ausência de participação no processo.

Alexandre Freitas Câmara[48] tem defendido a utilização da *querela nulitatis*, normalmente utilizada no âmbito do procedimento comum, como meio adequado a desconstituir a sentença produzida no sistema dos juizados especiais. A proposta, conquanto

---

[47] Explica Ricardo Cunha Chimenti (2012, p. 335): "A vedação à ação rescisória encontra respaldo nos princípios norteadores do Sistema Especial, principalmente no princípio da celeridade."

[48] Alexandre Freitas Câmara (2012, p. 154): "A *querella nullitatis* passou a ser, pois, o meio processual adequado para pleitear-se a declaração de ineficácia da sentença transitada em julgado que tenha sido proferida com violação a norma constitucional. No sistema dos juizados especiais Cíveis, em todos os casos em que a sentença de mérito, transitada em julgado, tenha sido proferida com violação a norma constitucional ou em qualquer dos casos previstos no art. 485 do CPC."

bem interessante, não tem sido acolhida pelos tribunais, que veem na opção uma forma de substituição inadequada do uso da ação rescisória. De outro turno, é importante pontuar que a *querela nulitatis* é ação que tem como o desiderato afastar vício de inadequada participação no processo, encontrando também esse óbice em relação a sua utilização.

É importante rememorar, também, que já se tentou utilizar o mandado de segurança como sucedâneo de ação rescisória, no âmbito dos juizados especiais, o que não tem sido aceito, majoritariamente, pelas turmas recursais.[49]

É certo que o art. 59 da Lei nº 9.099/95 foi criado, como dito antes, amparado na celeridade e com o objetivo de que a ação rescisória não fosse utilizada como mais um "recurso", como abusivamente, por vezes, acontece. Ainda mais levando-se em consideração que, por se tratar de pequenas causas, o valor do depósito – requisito indispensável para o ajuizamento da rescisória, calculado sobre o valor da causa – poderia ser facilmente realizado, banalizando, por conseguinte, o instituto.

Assim, de maneira geral, a ação rescisória, até o momento, é de utilização vedada no sistema dos juizados especiais, em razão da dicção do art. 59. Diz-se até o momento, pois tramita no STF a ADPF nº 615, que suspendeu a execução de várias ordens de pagamento de pequeno valor, que possuíam fundamento em tese inconstitucional, e o STF poderá adotar o princípio da supremacia da Constituição e compreender que, em situações excepcionais, a ação rescisória será cabível no microssistema dos juizados especiais.

A referida ADPF, de relatoria do ministro Roberto Barroso, teve apreciação e deferimento da medida cautelar:

> Ementa: DIREITO CONSTITUCIONAL. MEDIDA CAUTELAR EM ARGUIÇÃO DE DESCUMPRIMENTO DE PRECEITO FUNDAMENTAL. CONJUNTO DE DECISÕES JUDICIAIS QUE REJEITAM ARGUIÇÕES DE INEXEQUIBILIDADE DE SENTENÇAS INCONSTITUCIONAIS TRANSITADAS EM JULGADO ANTES DE DECISÃO CONTRÁRIA DO TRIBUNAL DE JUSTIÇA LOCAL EM CONTROLE ABSTRATO DE CONSTITUCIONALIDADE. POSSÍVEL VIOLAÇÃO À SUPREMACIA

---

[49] Súmula nº 268 do STF: "Não cabe mandado de segurança contra decisão judicial com trânsito em julgado."

DA CONSTITUIÇÃO. CAUTELAR DEFERIDA. 1. A coisa julgada mereceu importante proteção constitucional em nome da segurança jurídica e outros preceitos constitucionais. Não constitui, porém, direito absoluto, como reconhecido pela legislação e pela jurisprudência do Supremo Tribunal Federal. 2. De fato, o Código de Processo Civil de 2015 (CPC/2015) prevê que, antes de consumada a execução, é possível arguir a "inexequibilidade do título ou inexigibilidade da obrigação" quando o fundado em lei ou ato considerado inconstitucional (art. 535, III e §5º). Embora o dispositivo se refira à declaração de inconstitucionalidade pelo Supremo Tribunal Federal, sua lógica se aplica à decisão do Tribunal de Justiça proferida em ação direta. 3. Ademais, prevê o CPC/2015 a possibilidade de ação rescisória, se o julgamento de inconstitucionalidade tiver sido proferido após o trânsito em julgado da decisão exequenda. Nessa hipótese, o prazo será contado da data da decisão declaratória de inconstitucionalidade (art. 535, §8º). 4. Como se vê, o Sistema Jurídico Brasileiro prevê, expressamente, a ponderação da coisa julgada com a supremacia da Constituição que, mais do que um princípio, é uma premissa lógica dos modelos de Constituição Rígida. 5. Diante disso, é plausível a tese de que o art. 59 da Lei 9.099/99 – que inadmite ação rescisória nas causas processadas perante os juizados especiais – não é impeditivo de se arguir, antes de consumada a execução, a ocorrência de coisa julgada inconstitucional. Assim sendo, a impugnação do título executivo deve ser apreciada. 6. Perigo da demora configurado dada a iminência de o Distrito Federal ter sequestrados cerca de R$ 70 milhões para quitar mais de 8.500 RPVs, expedidas pelos juizados especiais da Fazenda Pública locais. 7. Deferimento da cautelar, para suspender todos os processos em quaisquer fases, incluindo a execução de decisões transitadas em julgado, que envolvam a extensão da Gratificação de Atividade de Ensino Especial – GAEE a professores que não atendiam ou não atendam exclusivamente a alunos portadores de necessidades educativas ou em situações de risco e vulnerabilidade, consoante o disposto no art. 21, §3º, I, da Lei Distrital nº 4.075/2007, e no art. 20, I, da Lei Distrital nº 5.105/2013.

Contudo, independentemente do que venha a decidir o STF, o certo é que se entende ser plenamente aplicável aos juizados especiais a declaração de ineficácia de título executivo amparada em norma declarada inconstitucional pelo STF, mediante a impugnação ou embargos (arts. 525, §12 e 535, §5º, do CPC).

Esses dispositivos permitem, pelo menos no âmbito dos juizados especiais da Fazenda Pública, a utilização da impugnação ou embargos para apontar a ineficácia do título executivo amparado em norma inconstitucional, se a decisão do STF é anterior a sentença ou acórdão com tese inconstitucional. Se a decisão do STF que declarou a tese inconstitucional é superveniente à sentença ou a acórdão transitados em julgado, seria o caso de ação rescisória, mas como esta é vedada no âmbito dos juizados, defende-se que a arguição de inexigibilidade pode ser feita por qualquer meio, inclusive, simples petição, desde que o título ainda não tenha sido satisfeito (ou pago). É o que se passa a desenvolver no item a seguir.

## 2.3 A arguição de acórdão ou sentenças inconstitucionais no âmbito dos juizados especiais

Sobre a declaração de inconstitucionalidade o sistema geral do CPC, como esclarecido anteriormente, criou duas situações distintas para que se possa arguir a ineficácia do título transitado em julgado, a saber, se o julgado (sentença ou acórdão transitado em julgado) é posterior e contrário à decisão do STF que consagra alguma (in)constitucionalidade seria o caso de arguir a ineficácia do título mediante a impugnação de sentença (arts. 525, §12 e 535, §5º, do CPC) C. Todavia, se o acórdão do STF for posterior à sentença ou decisão judicial transitada em julgado, trata-se de situação que empolga o manejo de ação rescisória.

Entrementes, no âmbito dos juizados especiais, a ação rescisória é incabível, o que poderia levar à conclusão de que não há meio adequado para impugnar a eficácia da sentença ou acórdão transitados em julgados amparados em tese declarada inconstitucional, posteriormente ao trânsito em julgado da sentença ou acórdão.

Nada obstante, o que se extrai da legislação dos juizados especiais são os princípios da *informalidade e da simplicidade*, o que implica dizer que, mesmo existindo a previsão expressa de vedação à ação rescisória, a decisão transitada em julgado contendo tese inconstitucional pode ser combatida por qualquer meio, simples petição, impugnação, recurso etc.

A digressão tem importância relevante, pois a decisão transitada em julgada estadeada em tese inconstitucional, com declaração de inconstitucionalidade posterior ao trânsito em julgado, ficaria sem meio adequado para seu pedido de ineficácia, uma vez que o CPC estabelece que o meio adequado é a ação rescisória (art. 525, §15, art. 535, §8º, ambos do CPC/2015).

A prevalecer tal lógica, estaríamos diante de um sistema jurídico desordenado, na seara dos juizados especiais, pois as decisões com teses inconstitucionais, se proferidas depois da decisão do STF, poderiam ser remediadas através da impugnação de sentença. Entretanto, se a decisão do STF vier de maneira superveniente reconhecendo a inconstitucionalidade da tese contida em uma sentença ou acórdão transitados em julgado, a solução da via estabelecida para o procedimento comum, a saber, a ação rescisória, estaria vedada, no âmbito dos juizados, em razão do multicitado art. 59 da Lei nº 9.099/95. Por tal motivo, defende-se que, no âmbito dos juizados especiais, o acórdão ou sentença transitados em julgado que carregam tese inconstitucional podem ser neutralizados por *simples petição* ou alegação nos autos, com esteio na simplicidade e informalidade – art. 2º da Lei 9.099/95.

Aqui se tem uma distinção a ser considerada. À semelhança do que ocorre com a impugnação (arts. 525 §§12 e 14, e 535, §§5º e 7º, do CPC), quando a decisão do STF é anterior ao acórdão ou sentença que carreiam tese inconstitucional, o objetivo da impugnação é apontar a inexigibilidade do título executivo, portanto, destituí-lo de eficácia e exigibilidade (art. 525, III, do CPC). Mas essa impugnação não possui a aptidão de rescindir ou desconstituir o título judicial, o que somente seria possível pela via da ação rescisória. Nesse sentido, diz-se que o título transitado em julgado é exigível até o dia em que se declare a sua ineficácia. Portanto, se já foi realizada a satisfação ou o cumprimento desse título judicial, através do pagamento, a declaração de ineficácia não terá o condão de devolver valores eventualmente já satisfeitos.

Fredie Didier Júnior e Leonardo Carneiro da Cunha esclarecem, no mesmo sentido

> A distinção é importante. A impugnação apenas reconhece a inexigibilidade do título e impede o cumprimento da sentença, não tendo o condão de desfazê-la, nem de permitir que haja, por exemplo, a repetição do que já foi pago voluntariamente. Se o executado pretende receber o que pagou voluntariamente, terá de ajuizar ação rescisória para desfazer ou rescindir a decisão exequenda e, então, repetir o valor pago.[50]

---

[50] DIDIER JR.; CUNHA, 2020, p. 616.

Portanto, no âmbito dos juizados especiais, é possível invocar subsidiariamente os arts. 525 §§12 e 14, e 535, §§5º e 7º, do CPC e, mediante impugnação, arguir a inexigibilidade de decisão transitada em julgada que contraria declaração de tese de (in)constitucionalidade pelo STF, sendo essa tese anterior ao trânsito em julgado da sentença ou acórdão. Contudo, se a tese de (in)constitucionalidade, por meio de declaração do STF, vier de maneira posterior à decisão já transitada em julgado, e inexistindo nos juizados a ação rescisória, são inaplicáveis os art. 525, §15 e art. 535, §8º, do CPC. Porém, mediante a técnica da informalidade e simplicidade, a inexigibilidade pode ser arguida por qualquer meio, impugnação, simples petição, recurso, desde que o título ainda não tenha sido satisfeito.

A tese aqui defendida foi ventilada no Processo nº 8002576-45.2019.8.05.0001 e encontrou amparo no âmbito dos juizados especiais da Fazenda Pública, em Salvador, que declarou ineficaz o título executivo judicial transitado em julgado sobre o qual sobreveio acórdão do STF, em controle difuso de constitucionalidade, que declarou a tese que fundamentava a decisão transitada em julgado como inconstitucional. Veja-se:

> 8002576-45.2019.8.05.0001
> AUTOR: FERNANDA DE KACIA DOS SANTOS LEITE
> RÉU: MUNICIPIO DE SALVADOR
> Vistos, etc.
> Relatório dispensado.
> Razão assiste a executada. Em verdade o título judicial que embasa a presente execução tornou-se inexequível diante do quanto decidido pelo STF no AG.REG no Rec Extraordinário 1.264.117, quando o eminente Relator Min. Alexandre de Moraes restabeleceu, *in totum*, a sentença monocrática deste juízo que deu pela improcedência do pedido.
> Desta forma acolho a impugnação manejada pelo Município e extingo a execução pela inexequibilidade do título exequendo.
> Proceda ao arquivamento dos autos com baixa no sistema
> Intimados via sistema.
> Salvador, 27 de junho de 2020
> Josevando Souza Andrade
> Juiz de Direito.

Em nosso entendimento, repita-se, amparado na simplicidade e informalidade, a alegação de inexigibilidade da decisão transitada em julgado que se ampara em tese inconstitucional, pode ser feita por qualquer meio – *uma simples petição*, por exemplo – adotando-se a mesma técnica da objeção de pré-executividade.

Contudo, como ressaltado, se o acórdão ou decisão transitados em julgado já tiverem sido satisfeitos, a simples alegação de ineficácia não seria suficiente. Nesse caso, o título ficaria imune à rescisão, pois a hipótese de vedação é textualmente prevista pelo art. 59 da Lei nº 9.099/95. Poderá, contudo, o STF, abrir um caminho ainda não trilhado, a partir da decisão final da citada ADPF nº 615.

## 2.4 O trânsito de técnicas para arguir-se a ineficácia do título executivo transitado em julgado no procedimento comum

Amparados na exegese dos arts. 327, §2º e 1.049, par. único, ambos do CPC, os doutrinadores Fredie Didier Jr., Antonio do Passo Cabral e Leonardo Carneiro da Cunha têm defendido que o novo CPC consagrou um procedimento comum flexível em que é possível haver o trânsito de técnicas dos procedimentos especiais para o procedimento comum, bem como o revés, o trânsito de técnicas próprias do procedimento comum serem utilizadas nos procedimentos especiais.[51]

Sobre o trânsito de técnicas dos procedimentos especiais para o procedimento comum e vice-versa, detalham os citados doutrinadores:

> O §2º do art. 327 do CPC é, na verdade, uma cláusula geral de flexibilização procedimental. É possível importar para o procedimento comum técnicas especiais de tutela jurisdicional, mas também é possível a via inversa: importar o procedimento especial regra do procedimento comum, a fim de se concretizarem normas fundamentais.[52]

Com fulcro nas premissas da simplicidade e informalidade, defendeu-se no item anterior que é possível arguir por qualquer meio a ineficácia ou inexigibilidade do título executivo judicial

---

[51] DIDIER JR.; CABRAL, 2018.
[52] DIDIER JR.; CABRAL, 2018, p. 73.

transitado em julgado, diante da superveniência de declaração conflitante de tese de (in)constitucionalidade pelo STF.

Pois bem. Essa técnica de arguição, por qualquer meio, de ineficácia do título estadeado em tese declarada inconstitucional, no âmbito dos juizados especiais, vindo a ser consagrado pela jurisprudência, poderá ser exportada para o procedimento comum, para nele também viabilizar-se a arguição de ineficácia da decisão, por qualquer meio, invocando-se, para tanto, o trânsito de técnicas, estatuído nos arts. 327, §2º e 1.049, par. único, ambos do CPC.

A tese é polêmica e parece encontrar óbice no dogma da necessidade intransponível da ação rescisória para atacar o título judicial transitado em julgado.[53] Contudo, a flexibilidade do procedimento comum, sem olvidar-se da segurança jurídica, admite que essa arguição de ineficácia do título por simples petição, por exemplo, ocorra sem qualquer ofensa ao devido processo legal. Nesse sentido, a permissão de arguição por simples petição, com amparo no trânsito de técnicas do procedimento especial dos juizados para o procedimento comum, em nosso compreender, vai exatamente ao encontro de um processo que respeita a celeridade e a segurança jurídica.

Observa-se que, no procedimento comum, a teor dos arts. 525, §15 e art. 535, §8º, do CPC, a previsão é de ação rescisória, que pode ser ajuizada em até dois anos, após a decisão do STF que declarou a (in)constitucionalidade da tese, tornando o acórdão ou sentença transitada em julgada passível de ineficácia e rescisão. Ora, se a decisão ainda não foi satisfeita, ou seja, se o título executivo ainda não foi consumado, não há óbice para que se argua a ineficácia desse título, mediante simples petição, obedecendo-se o prazo de dois anos, que seria o mesmo para uma ação rescisória.

Explica-se mais detidamente. Se é possível o ajuizamento de ação rescisória no prazo decadencial de dois anos, a partir do

---

[53] Leonardo Greco (2008, p. 261, grifos meus), por exemplo, faz severas críticas as hipóteses elasticidas, no Direito brasileiro, para o ajuizamento da ação rescisória. Para ele, a inovação da utilização da impugnação com base em tese declarada inconstitucional pelo STF não encontrava respaldo da Constituição; seria a hipótese inconstitucional. Para ele: "(...) *a segurança jurídica, como direito fundamental, assegurada pela* coisa julgada, não permite, como regra, a propositura de ação de revisão da coisa julgada como consequência da declaração de constitucionalidade ou de inconstitucionalidade pelo Supremo Tribunal Federal."

trânsito em julgado da decisão do STF (arts. 525, §15 e art. 535, §8º, do CPC), para desconstituir acórdão ou sentença que carreia tese supervenientemente declarada inconstitucional, igualmente é possível, ao menos, a simples declaração de ineficácia, desde que o título judicial, como acima mencionado, ainda não tenha sido satisfeito. Caso o título já tenha sido cumprido e realizado, a única via cabível seria a ação rescisória, pois esta sim teria o condão de desconstituir o título e permitir um novo julgamento com a repetição do valor pago.

A possibilidade é de interesse, notadamente da Fazenda Pública em juízo, que, tendo inúmeros títulos judiciais na fila para pagamento de Requisição de Pequeno Valor ou de precatório, poderá, por meio de simples petição, pleitear a ineficácia do título que ampara as diversas ordens de pagamentos, sem a necessidade do ajuizamento de múltiplas ações rescisórias idênticas, respeitando-se, por evidência, os princípios do contraditório e ampla defesa, em face do credor do título, que poderá alegar que a causa que gerou a inconstitucionalidade não é idêntica a sua, pugnando pela higidez e constitucionalidade do seu título.

Na ADPF nº 615, relata-se a existência de inúmeros títulos transitados em julgado, no âmbito dos juizados especiais da Fazenda Pública, com débitos na ordem de 70 milhões de reais. Nesses casos, simples petições de inexigibilidade de títulos inconstitucionais poderiam ser manejados para obstar a eficácia da decisão transitada em julgado.

O trânsito da técnica extraída do procedimento dos juizados especiais para o procedimento comum poderá, em situações como a mencionada acima, poupar o ajuizamento de, talvez, centenas de ações rescisórias, livrando o judiciário de múltiplas ações idênticas, além de reduzir o gasto público com a dedicação de tempo e energia dos procuradores do ente público. De outro turno, até para a parte credora do título inconstitucional poder-se-ia extrair certa vantagem, pois se desincumbiria da contratação de novos honorários ou de eventual sucumbência em uma ação rescisória no procedimento comum.

Cumpre rememorar que a técnica de arguição de matéria de objeção ou reconhecível de ofício por simples petição não é estranha ao sistema jurídico, que tem admitido tais arguições mediante objeção de pré-executividade, vulgarmente conhecida como exceção de pré-executividade. Não que aqui se trate de matéria de objeção, havendo-se utilizado da comparação somente para justificar que a inexigibilidade do título amparado em tese posteriormente declarada inconstitucional também pode ser arguida por simples petição.

Em suma, não há óbice para o trânsito de técnica de simples arguição de ineficácia, a ser também utilizada no procedimento comum, com arrimo nos arts. 327, §2º e 1.049, par. único, ambos do CPC.

## 2.5 O prazo para pleitear a declaração de ineficácia da sentença ou acórdão amparados em tese contrária a entendimento do STF

A questão sobre o prazo para pleitear a ineficácia da decisão transitada em julgada amparada em tese inconstitucional pode ensejar diversos entendimentos.

Neste trabalho, tentando manter coerência com os textos do ordenamento jurídico vigente, defende-se que o pedido de ineficácia da sentença ou acórdão amparado em tese inconstitucional, além de poder ser feito por qualquer meio, tem, a princípio, o mesmo do prazo da ação rescisória, a saber, dois anos a partir da decisão do STF, para os casos em que a decisão do STF é posterior ao trânsito em julgado da sentença ou acórdão que contém tese inconstitucional. Ou dois anos da prolatação da sentença ou acórdão que contém tese inconstitucional para os casos em que a decisão ou precedente do STF é anterior a tais julgados.

Veja-se. Por uma interpretação literal do CPC, chega-se à seguinte conclusão sobre os prazos para buscar-se a inexigibilidade ou desconstituição da sentença ou acórdão amparados em tese declarada inconstitucional pelo STF.

a) Se o acórdão ou sentença com tese inconstitucional for posterior à decisão do STF, pode-se insurgir contra o título por impugnação, no prazo de 15 ou 30 dias (para a Fazenda Pública), arguindo-se a sua inexigibilidade. Ou mediante ação rescisória, em até dois)anos, contado do trânsito em julgado do título executivo judicial que contém tese inconstitucional que ultraja a norma jurídica (*ratio decindendi*) que caracteriza o precedente.

b) Se o acórdão ou sentença que contém tese inconstitucional for anterior à decisão do STF, será de dois anos o prazo para o ajuizamento da ação rescisória, contados do trânsito em julgado decisão proferida pelo STF (arts. 525, §15 e 535, §8º, do CPC).

Tem-se, portanto, sempre o prazo de dois anos, com seus respectivos marcos de contagem e termo *a quo*, para fazer realizar-se a situação mais gravosa, a saber, rescindir e desconstituir o título judicial contendo tese declarada inconstitucional, por meio da ação rescisória. Ou de 15 dias, para o particular, ou 30 dias para a Fazenda Pública para impugnação da sentença, quando a decisão do STF for anterior ao título que contém tese inconstitucional.[54]

No caso de utilização da ação rescisória, a desconstituição do título carrega sem si algo mais drástico do que a mera inexigibilidade conseguida por simples arguição. A desconstituição desfaz o título e pode gerar, no caso das ações desconstitutivas em face de título que contém tese inconstitucional, além da declaração de inexigibilidade, a ordem de devolução dos valores porventura percebidos com o título desfeito. Ora, se é possível o mais gravoso em um prazo de até dois anos, por que somente seria possível o menos gravoso em 15 dias, em geral, ou 30 dias, para a Fazenda pública, exclusivamente mediante impugnação?

É por isso que se defende que o prazo de dois anos também se aplica ao mero pedido de inexigibilidade, por qualquer meio, seja impugnação ou uma simples petição, dando coerência ao sistema.

Essa interpretação transcende a interpretação literal dos arts. 525 §§12 e 14, e 535, §§5º e 7º, do CPC, que admite a arguição de inexigibilidade do título que carreia tese inconstitucional somente pela via da impugnação, quando o acórdão do STF for anterior ao título com tese inconstitucional. Sustenta-se, contudo, que a mera petição serve para que se declare a inexigibilidade do título que contém tese inconstitucional, desde que ainda não tenha sido satisfeito, e respeitando o prazo geral para a propositura da ação rescisória.

Pontue-se, ainda, uma situação *sui generis* constante nos arts. 525, §15 e 535, §8º, do CPC, em que o prazo de dois anos para

---

[54] Essa hipótese é inclusive possível caso já ultrapassado o prazo de dois anos do trânsito em julgado do título com tese inconstitucional, desde que esteja no prazo para a impugnação, arguindo-se a simples ineficácia do título e não a sua desconstituição.

o ajuizamento da ação rescisória se conta a partir do trânsito em julgado da declaração de inconstitucionalidade pelo STF. A previsão literal conduz à conclusão de que a parte, inclusive quando for administração pública, poderá ajuizar ações rescisórias mesmo depois de muitos anos, desde que sobrevenha decisão do STF que reconheça como inconstitucional a tese constante de um título transitado em julgado.

Defende-se, entretanto, que o ordenamento jurídico hodierno não deveria comportar tamanha elasticidade e insegurança em derredor dessa situação jurídica. Faz-se imperioso observar o mínimo de segurança jurídica nas relações processuais, como corolário da boa-fé processual. Assim, um crédito de precatório, por exemplo, que inclusive pode ser objeto de transação, não pode ficar à mercê de insegurança temporal ilimitada. Sustenta-se, portanto, com esteio na cláusula da *supressio*[55] que a administração pública poderá perder o direito de rescindir o julgado em decorrência do longo período de tempo decorrido entre o trânsito em julgado do título judicial e a declaração de inconstitucionalidade do STF.

Registre-se que o ordenamento jurídico brasileiro já traz parâmetro temporal razoável para limitar o direito de exercício da rescisão do título que contém tese inconstitucional. Trata-se da previsão do art. 54 da Lei nº 9.784/99, lei que rege o processo administrativo em âmbito federal, que estabelece: "O direito da Administração de anular os atos administrativos de que decorram efeitos favoráveis para os destinatários decai em cinco anos, contados da data em que foram praticados, salvo comprovada má-fé."

Nesse sentido, se decai em cinco anos o direito da administração anular atos administrativos favoráveis aos destinatários, pode-se concluir que, igualmente, decairá em cinco anos, a partir da data da expedição da ordem de pagamento do RPV ou do precatório, o direito de a administração pública desconstituir o título, pela via da ação rescisória.

---

[55] Fredie Didier Jr. (2010, p. 85) esclarece: "*Verwirkung* (*supressio*, de acordo com a sugestão de MENEZES DE CORDEIRO): perda de poderes processuais em razão do seu não-exercício por tempo suficiente para incutir no outro sujeito a confiança legítima de que esse poder não mais seria exercido."

O que se propõe, no particular, não é a revogação dos arts. 525, §15 e 535, §8º, do CPC, mas uma interpretação conforme os ditames da boa-fé processual e da segurança jurídica, no sentido de que os dois anos, contados a partir do trânsito em julgado da decisão do STF, seja limitado, também, pelo prazo de cinco anos, a partir da data da expedição da ordem de pagamento da requisição de pequeno valor ou do precatório, sob pena de desconstituir situação jurídica benéfica ao destinatário (art. 54 da Lei nº 9.784/99).

Note-se que aqui não se está defendendo que os cinco anos são contados a partir do trânsito em julgado do próprio título com tese inconstitucional, pois a situação jurídica administrativa de credor titular de ordem de pagamento em face da administração pública somente se constituirá com a expedição da ordem de pagamento do RPV ou do precatório[56].

Ressalte-se que a limitação aqui proposta se ampara nos princípios processuais da boa-fé, da segurança jurídica, além da expressa previsão constante no art. 54 da Lei nº 9.784/99, e tem em consideração que para a expedição judicial da ordem de pagamento, que possui natureza administrativa, demanda-se, rotineiramente, um longo tempo de processamento judicial.

Em síntese, a leitura dos citados parágrafos (arts. 525, §15 e arts. 535, §8º, do CPC) deve ser feita da seguinte maneira: prazo decadencial de dois anos, a partir do trânsito em julgado da decisão do STF que declarou a tese inconstitucional, respeitado o marco inicial dos cinco anos da constituição administrativa do crédito mediante a expedição judicial de pagamento da Requisição de Pequeno Valor ou do precatório.

## Conclusões

Ante o exposto, pode-se concluir que uma interpretação sistemática e coerente do ordenamento jurídico-processual, no âmbito dos juizados especiais, impõe que as sentenças ou acórdãos transita-

---

[56] Assinala Leonardo Carneiro da Cunha (2017, p. 368): "Realmente, ao julgar a ADI 1.098/SP, o Supremo Tribunal definiu que a ordem judicial de pagamento, bem como os demais atos necessários a tal finalidade, concernem ao campo administrativo e mão ao jurisdicional."

dos em julgado com teses reputadas por inconstitucionais pelo STF, em controle difuso ou concentrado, possam ser impugnadas por qualquer meio, inclusive por simples petição, independentemente do momento em que foi proferida a decisão do pelo STF, quer antes ou depois da decisão transitada em julgado.

A interpretação literal das normas de regência somente permite tal arguição de tese inconstitucional pela via da impugnação, para os casos em que a decisão do STF é anterior à decisão transitada em julgado, ou mediante ação rescisória, quando a decisão do STF é superveniente. Entretanto, levando-se em consideração que no sistema dos juizados especiais é vedado o uso da ação rescisória, entende-se, com esteio na informalidade e simplicidade, que a alegação de inexigibilidade pode ser feita por simples petição, adotando-se técnica semelhante à das matérias de objeção de executividade.

De outro turno, defende-se que essa técnica de alegação, por qualquer meio, de inexigibilidade do título com tese inconstitucional, pode ser validamente transportada para o procedimento comum, desde que o título não tenha sido satisfeito, evitando-se, assim, o ajuizamento de ação rescisória.

Sustenta-se, por fim, que o prazo para a mera alegação de inexigibilidade do título tem como limite o tempo para o ajuizamento da ação rescisória, devendo-se observar que, no caso de tese declarada inconstitucional pelo STF de forma superveniente, o prazo de contagem dos dois anos, a partir do trânsito em julgado da decisão do STF, deve ser contemporizado com o prazo de cinco anos, contado a partir da expedição da ordem de pagamento do RPV ou do precatório, em atenção aos princípios da boa-fé processual e da segurança jurídica.

## Referências

ASSIS, Araken. Eficácia da coisa julgada inconstitucional. *In:* DIDIER, Fredie (org.). *Relativização da coisa julgada.* 2. ed. Salvador: JusPodivm, 2008.

BOBBIO, Norberto. *O positivismo jurídico*: lições de filosofia do Direito. São Paulo: Ícone, 1995. p. 205.

CABRAL, Antonio do Passo. *Coisa julgada e preclusões dinâmicas*: entre continuidade, mudança e transição de posições processuais estáveis. 2. ed. Salvador: JusPodivm, 2014.

CÂMARA, Alexandre Freitas. *juizados especiais cíveis estaduais, federais e da Fazenda Pública*: uma abordagem crítica. 7. ed. Rio de Janeiro: Lumen Iuris, 2012.

CANARIS, Claus-Wilhelm. *Pensamento sistemático e conceito de sistema na ciência do Direito*. 2. ed. Lisboa: Fundação Calouste Gulbenkian, 1996.

CAPPELLETTI, Mauro. GARTH, Bryant. *Acesso à Justiça*. Tradução: Ellen Gracie Northfleet. Porto Alegre: Sérgio Antonio Fabris Editor, 1988.

CHIMENTI, Ricardo Cunha. *Teoria e prática dos juizados especiais cíveis estaduais e federais*. 13. ed. São Paulo: Saraiva, 2012.

CNJ. *Enunciados Cíveis*, [2020a]. Disponível em: https://www.cnj.jus.br/corregedoria-nacional-de-justica/redescobrindo-os-juizados-especiais/enunciados-fonaje/enunciados-civeis/. Acesso em: 11 dez. 2020.

CNJ. *Enunciados do Fórum Nacional de Juizados Especiais*, [2020b]. Disponível em: https://www.cnj.jus.br/corregedoria-nacional-de-justica/redescobrindo-os-juizados-especiais/enunciados-fonaje/. Acesso em: 12 dez. 2020.

CUNHA, Leonardo Carneiro da. A Fazenda Pública em juízo. 14. ed. rev. atual. ampl. Rio de Janeiro: Forense, 2017.

DELGADO, José. Pontos polêmicos das ações de indenizações de áreas naturais protegidas – efeitos da coisa julgada e os princípios constitucionais. *Revista de Processo*, São Paulo, n. 103, 2001.

DIDIER JR, Fredie. *Fundamentos do Princípio da cooperação no Direito Processual Civil português*. Coimbra: Coimbra Editora, 2010.

DIDIER JR. Fredie; ZANETTI JÚNIOR, Hermis. *Curso de processo civil*: processo coletivo. Salvador: JusPodivm, 2020. v. 4.

DIDIER JR., Fredie (org.) *Relativização da coisa julgada*. 2. ed. 2. tir. Salvador: JusPodivm, 2008.

DIDIER JR., Fredie. BRAGA, Paula Sarno. OLIVEIRA, Rafael Alexandria de. Curso de Direito Processual Civil: teoria da prova, direito probatório, decisão, precedente, processo estrutural e tutela provisória. V. 2. 15. ed. rev. ampl. atual. Salvador: JusPodivm, 2020.

DIDIER JR., Fredie; CABRAL, Antonio do Passo. CUNHA, Leonardo Carneiro da. *Por uma nova teoria dos procedimentos especiais*: dos procedimentos às técnicas. Salvador: JusPodivm, 2018.

DIDIER JR., Fredie. CUNHA, Leonardo *Carneiro da. Curso de Direito Processual Civil*. 17. ed. rev. atual. Salvador: JusPodivm, 2020. v. III.

DINAMARCO, Cândido Rangel. *Instituições de Direito Processual Civil*. 6. ed. rev. e atual. São Paulo: Malheiros, 2009. v. III.

DINAMARCO, Cândido Rangel. Relativização da coisa julgada material. *Revista de Processo*, São Paulo, n. 109, 2003.

GAJARDONI, Fernando da Fonseca; ZUFELATO, Camilo. Flexibilização e combinação de procedimentos no sistema processual civil brasileiro. *Revista Eletrônica de Direito Processual –REDP*, v. 21, n. 3, 2020. Disponível em: www.abdpc.org.br. Acesso em: 12 dez. 2020.

GRAU, Eros Roberto. *Ensaio e discurso sobre a interpretação/aplicação do Direito*. 2. ed. São Paulo: Malheiros, 2003.

GRECO, Leonardo. Eficácia da declaração erga omnes de constitucionalidade ou inconstitucionalidade em relação à coisa julgada anterior. *In:* DIDIER, Fredie (org.). *Relativização da coisa julgada*. 2. ed. Salvador: JusPodivm, 2008.

HINESTROSA, Fernando. Codificación, Descodificación y Recodificación. *Revista de Derecho Privado*, Bogotá, n. 27, p. 3-13, jul./dic. 2014.

IRTI, Natalino. L'Etá della Decodificazione. 4. ed. Milano: Giuffrè, 1999.

NERY JR., Nelson. A polêmica sobre a relativização (desconsideração) da coisa julgada e o estado democrático de direito. *In:* DIDIER, Fredie (org.). *Relativização da coisa julgada*. 2. ed. Salvador: JusPodivm, 2008.

TALAMINI, Eduardo. Embargos à execução de título judicial eivado de inconstitucionalidade. *In:* DIDIER, Fredie (org.). *Relativização da coisa julgada*. 2. ed. 2. tir. Salvador: JusPodivm, 2008.

OLIVEIRA, Carlos Alberto Alvaro de. *Do formalismo no processo civil*: proposta de um formalismo-valorativo. 3. ed. rev. ampl. São Paulo: Saraiva, 2009. p. 71-72.

OLIVEIRA, Paulo Mendes de. *Segurança jurídica e processo: da rigidez à flexibilidade processua*l. São Paulo: Thomson Reuters Brasil, 2018.

PASSOS, José Joaquim Calmon de. *Comentários ao Código de Processo Civil*. 9. ed. Rio de Janeiro: Forense, 2005. v. III.

SOUZA, Marcus Seixas. *Normas processuais consuetudinárias*: história, teoria e dogmática. Salvador: JusPodivm, 2019.

TALAMINI, Eduardo. Embargos à execução de título judicial eivado de inconstitucionalidade. *In:* DIDIER, Fredie (org.). *Relativização da coisa julgada*. 2. ed. 2. tir. Salvador: JusPodivm, 2008.

WAMBIER, Teresa Arruda Alvim; MEDINA, José Miguel Garcia. Relativização da coisa julgada. *In:* DIDIER, Fredie (org.). *Relativização da coisa julgada*. 2. ed. Salvador: JusPodivm, 2008.

THEODORO JÚNIOR; Humberto; FARIA, Juliana Cordeiro de. O tormentoso problema da inconstitucionalidade da sentença passada em julgado. *In:* DIDIER, Fredie (org.). *Relativização da coisa julgada*. 2. ed. Salvador: JusPodivm, 2008.

Informação bibliográfica deste texto, conforme a NBR 6023:2018 da Associação Brasileira de Normas Técnicas (ABNT):

OLIVEIRA, Lucas Andrade Pereira de. A decisão transitada em julgado amparada em tese inconstitucional no âmbito dos juizados especiais e o trânsito de técnicas de arguição de ineficácia do título judicial. *In*: DOSSO, Taisa Cintra; TAVARES, Gustavo Machado; SILVA, Thiago Viola Pereira da. (Coords.). *Direito Municipal em Debate*. Belo Horizonte: Fórum, 2022. p. 107-143. ISBN 978-65-5518-406-8.

# O USO DA TECNOLOGIA NAS CONTRATAÇÕES PÚBLICAS: UMA NECESSÁRIA INOVAÇÃO NO ÂMBITO DA ADMINISTRAÇÃO PÚBLICA PÓS-PANDEMIA DE COVID-19

**EDCARLOS ALVES LIMA**

## Introdução

A inovação, notadamente no campo tecnológico, é de difícil implementação prática dentro da administração pública, quer pela lentidão na assimilação de seus conceitos, assim como na concretização de mudanças culturais, diante da burocracia que as reveste, quer pelos problemas de infraestrutura até hoje enfrentados.

Não é de hoje que a administração pública vem sendo desafiada a introduzir transformações tecnológicas em seus procedimentos, a fim de que seja alcançada a necessária eficiência em sua atuação, bem como qualidade nos serviços públicos que presta, sem se descuidar das implicações que emergem do regime de Direito Público a que está submetida.

E, nesse contexto, para além das inovações de cunho tecnológico, as quais, por si só, são desafiadoras, sobreveio a pandemia mundial de covid-19, doença causada pelo novo coronavírus (SARS-CoV-2). Segundo dados oficiais do Ministério da Saúde, o primeiro caso da doença, em solo nacional, foi registrado em 26 de fevereiro de 2020 e, desde então, ela já vitimou 592.964 brasileiros, estando presente em 99,9% dos municípios[1] (BRASIL, 2020d).

Houve, portanto, a partir da pandemia, uma drástica mudança de paradigmas na atuação do Estado, de forma que as políticas públi-

---

[1] Os dados se referem ao dia 23 de agosto de 2021 e foram extraídos do portal do Ministério da Saúde: https://qsprod.saude.gov.br/extensions/covid-19_html/covid-19_html.html. No estado de São Paulo, segundo informações obtidas no portal do governo (SÃO PAULO, [2021b]), dos 645 municípios, apenas em 52 não ocorreu nenhum óbito.

cas até então planejadas pelos diversos entes da Federação para que fossem concretizadas no exercício de 2020 e, de certa forma, no de 2021, passaram por uma abrupta adaptação, reorganização e, até mesmo, postergação de sua implementação, uma vez que todos os recursos e ações foram direcionados ao enfrentamento da pandemia de covid-19.

Como é cediço, as políticas públicas, na maioria das vezes, são concretizadas por meio de contratações públicas, sejam elas formalizadas diretamente, por dispensa ou inexigibilidade de licitação, por meio de regular procedimento licitatório, ou, ainda, de parcerias público-privadas celebradas com entidades do terceiro setor.

E, no caso do enfrentamento da covid-19, não foi diferente. Muitas das ações necessárias dependiam, em grande medida, da formalização de instrumentos contratuais, o que motivou a flexibilização das regras existentes na Lei nº 8.666/1993, criando-se, dentre outros meios, uma hipótese de dispensa de licitação para a contratação de serviços, inclusive de engenharia, e aquisição de bens e insumos necessários ao combate da covid-19.

Desse modo, por meio da Lei nº 13.979/2020, com suas posteriores alterações, a qual, vale frisar, vigorou até o dia 31/12/2020, foi inaugurado um regime emergencial de contratações públicas para o enfrentamento da emergência decorrente da pandemia do novo Coronavírus.

A existência da hipótese de dispensa de licitação em caráter emergencial, tal como estabelecido no novel diploma legal, não afastou totalmente a possibilidade de realização de regular procedimento licitatório, no âmbito do qual as sessões públicas, via de regra, são realizadas de forma presencial, com exceção feita ao pregão em seu formato eletrônico ou, ainda, a contratações diretas fundadas na dispensa por valor (incisos I e II do art. 24 da Lei nº 8.666/1993).

Todavia, diante do cenário pandêmico, que ensejou a adoção de medidas de isolamento social, os entes da Federação tiveram que se reinventar no que toca à realização de sessões públicas, a fim de manter a concretização de inadiáveis políticas públicas essenciais.

Nesse sentido, pretende-se, no presente ensaio, analisar o uso da tecnologia em prol das licitações públicas, não só no cenário atual de pandemia mas também em virtude das propostas legislativas tendentes a tornar, como regra, a realização de certames em meios eletrônicos, com o fito de ampliar a eficiência nas contratações públicas.

## 1 Inovação voltada às contratações públicas

É indissociável tratar do tema da inovação sem que se mencione Schumpeter, que foi responsável tanto pelo conceito quanto pela definição precursora de inovação. A partir de dele, a tecnologia passou a ser considerada como um fator propulsor das mudanças e do desenvolvimento econômico.

Para Schumpeter, a terminologia "inovação" é mais abrangente do que apenas entendê-la como algo novo ou algum tipo de novidade que pode ser vendida. Na realidade, o novo não surge a partir do velho, mas ao lado deste, eliminando-o do processo concorrencial.

Pela ótica de Schumpeter (1997), a "destruição criadora" está intrinsicamente ligada à da dinâmica do capitalismo, de forma que as novas tecnologias surgem como "ondas" que, geral e aleatoriamente, vêm acompanhadas do aumento da produtividade do capital e do trabalho, em que os empresários inovadores conseguem alocar produtos com vantagens competitivas ou de forma diferenciada em relação aos seus concorrentes tecnologicamente desfasados.

Torna-se necessário, contudo, pontuar que a definição schumpeteriana de inovação dirige o seu foco para as relações econômicas exclusivamente aplicadas ao setor privado.

O setor público, como se sabe, não objetiva o lucro, como ocorre no setor privado, o que, decerto, acarreta uma dificuldade de ser encontrada uma definição para a inovação no setor público.

Isso porque, como regra geral, a inovação envolve mudanças que, consequentemente, geram "ganhos econômicos", ganhos estes que, no particular caso do setor público, não equivalem a "retornos econômico-financeiros", mas a "retornos positivos para a sociedade", de forma que a sua materialização pode ocorrer das mais variadas formas, tais como as inovações de serviço, processo, administrativas e organizacionais, do sistema, de concepção ou radical de racionalidade (OLIVEIRA, 2014, p. 48).

Desse modo, podemos concluir que o maior escopo da inovação no serviço público é o de otimizar os recursos disponíveis, por meio de técnicas inovadoras de gestão e organização que gerem dinâmica, celeridade e eficiência ao setor público, de modo a propiciar, pela via reflexa, maiores benefícios à sociedade. De tal modo, a inovação serve como ferramenta para melhorar o desempenho organizacional do Estado e, ao fim e ao cabo, garantir a sua adaptação ante as mudanças externas.

Os serviços públicos, portanto, devem necessariamente acompanhar as inovações tecnológicas,[2] seja no momento do respectivo planejamento, a fim de realizar uma contratação mais sofisticada, eficiente e econômica, seja no que toca ao formato em si da deflagração do procedimento de contratação pública.

A inovação, segundo Nohara (2017), revela-se no "imperativo da dinamicidade do capitalismo contemporâneo", cujos reflexos, notadamente da "atual onda de exigência por inovação", atingem a administração pública brasileira, à qual são impostos diversos desafios, como a "adaptação às transformações tecnológicas, sociais e simultaneamente ao regime jurídico de direito público".

Com efeito, é certo pontuar que a transformação tecnológica ocorre cada vez mais rápida, sendo quase impossível o acompanhamento de todo o processo evolutivo do que antes se denominava "Informática" para o que passou a ser conceituado de "Tecnologia da Informação" (BITTENCOURT, 2015).

Para Chiavenato (2006), a "era da informação" tem provocado nas organizações diversas transformações ocasionadas, notadamente, por três grandes fatores. O primeiro deles reveste-se da ideia de minimização de espaço ("compactação"), o que fez com que se trocasse a grande massa de papéis, que necessitavam de espaços móveis para armazenamento, pelos arquivos exclusivamente eletrônicos.

O segundo fator é a "compreensão do tempo", já que as comunicações foram se tornando "móveis, flexíveis, rápidas, diretas e em tempo real", o que passou a permitir maior tempo de dedicação para outras atividades importantes na organização.

Já o terceiro fator é a "conectividade", uma vez que, por meio da evolução tecnológica, surgiu o "teletrabalho", em que as pessoas trabalham juntadas eletronicamente e distantes fisicamente.

---

[2] Segundo Breus (2020), dentro da equação geral dos contratos públicos deve incidir, também, a equação tecnológica, já que as inovações exercem o papel de "protagonistas nas diversas relações sociais", devendo, a seu turno, a administração ser beneficiada por tais inovações, evitando a "obsolescência da infraestrutura" e promovendo um melhor grau de satisfação das suas finalidades.

Desse modo, a tecnologia da informação trouxe modificações importantes e profundas dentro das organizações privadas e, talvez não com a mesma celeridade, no âmbito do setor público.

Aos poucos, portanto, vem sendo crescente o uso da tecnologia da informação no âmbito da administração pública, transformando aquilo que antes se apresentava como uma perspectiva inimaginável em uma realidade quase que indissociável no âmbito de sua atuação na atualidade.

No campo das contratações públicas, a Lei nº 8.666, de 21 de junho de 1993, concebida ainda na era da burocracia e influenciada pela busca de paradigmas éticos para a administração pública (MOREIRA; GUIMARÃES, 2012), com o fito de regulamentar o dever de licitar insculpido no inciso XXI do art. 37 da Constituição Federal, estabelecendo normas gerais sobre a matéria,[3] trouxe, em seu bojo, procedimentos e modalidades tradicionais passíveis de serem adotados por todos os entes da Federação para a contratação de serviços e aquisição de bens.

Talvez pela época de sua edição, não previu o legislador, na supramencionada norma editada em caráter geral, a possibilidade de realização das licitações com o uso da tecnologia da informação (em formato ou em ambiente eletrônico).[4]

Em regra, portanto, no âmbito das licitações deflagradas nas modalidades tradicionais, as sessões públicas de recebimento, abertura e julgamento dos documentos de habilitação e das propostas apresentadas pelos interessados são realizadas, exclusivamente, em formato presencial,[5] por intermédio de comissão permanente ou especialmente designada para tal fim. Tal procedimento ocorre no âmbito de todos os entes da Federação.

---

[3] Com fundamento no art. 22 da Constituição Federal, que dispõe ser de competência privativa da União legislar sobre normas gerais de licitação e contratação, em todas as modalidades, obedecido o disposto no art. 37, inciso XXI. Na visão de Di Pietro (2019), houve exorbitância da competência legislativa federal na concepção da Lei nº 8.666/1993, uma vez que não foi feita qualquer distinção acerca das normas gerais e aquelas que não sustentam tal natureza.

[4] Para se ter uma ideia, à época da edição da lei, era empregado o termo "informática" para designar a contratação de serviços computacionais e de tecnologia. A nomenclatura "tecnologia da informação" foi introduzida apenas em 2001, por meio da Lei nº 10.176, de 11 de janeiro, que dispôs sobre a capacitação e competitividade do setor de tecnologia da informação, alterando algumas leis.

[5] "Em ato público, a Administração recebe os envelopes contendo a documentação referente à habilitação dos licitantes e a proposta" (DI PIETRO, 2020, p. 832).

No ano de 1997, por meio da Lei nº 9.472, surgiu, ainda que de modo embrionário, o pregão, como uma das possíveis modalidades próprias para a contratação de serviços e fornecimento de bens comuns no âmbito da Agência Nacional de Telecomunicações (Anatel) (vide arts. 54 a 57), tendo tal permissão sido estendida, no ano de 2000, às demais agências reguladoras (vide art. 37 da Lei nº 9.986/2000).[6]

É mister observar que a supracitada lei surgiu pouco antes da Emenda Constitucional nº 19/1998, que foi um dos principais marcos da reforma administrativa, concebida com o intuito de transformar a gestão burocrático da administração pública para o modelo denominado "gerencial". A reforma implementada teve como valor-base o princípio da eficiência, incorporado ao *caput* do art. 37 da Constituição Federal e que passou a nortear a atuação do poder público (NOHARA, 2012).

Com o foco voltado ao modelo de administração gerencial é que foi concebida e proposta a lei instituidora na novel modalidade, aprovada no contexto da organização dos serviços de telecomunicações. Nesse sentido, vale destacar excertos da exposição de motivos da propositura:

> Na sequência, o Projeto dá a configuração da consulta e do pregão. Essas modalidades de licitação não se traduzem em simples alteração de nomenclatura. Comparadas com as modalidades tradicionais de certames licitatórios evidenciam inovações que, em razão mesmo da experiência haurida com a aplicação da Lei nº 8.666/93, *estão voltadas à implementação de um modelo gerencial de atuação do órgão regulador.*
> O pregão é a modalidade de certame a ser adotada para fornecimento de bens e serviços comuns, em que concorrentes previamente cadastrados deverão fazer lances em sessão pública (art. 53).
> Conquanto essa restrição do pregão, em princípio, apenas a concorrentes previamente cadastrados, prevê o art. 54 do Projeto sua abertura à participação de qualquer interessado, com verificação, a um só tempo, da qualificação subjetiva de cada qual e da aceitabilidade das respectivas propostas, após a etapa competitiva, nos casos de contratação de bens e serviços comuns de alto valor, ou quando o número de cadastrados

---

[6] "Art. 37. A aquisição de bens e a contratação de serviços pelas Agências Reguladoras poderá se dar nas modalidades de consulta e pregão, observado o disposto nos arts. 55 a 58 da Lei nº 9.472, de 1997, e nos termos de regulamento próprio.
Parágrafo único. O disposto no caput não se aplica às contratações referentes a obras e serviços de engenharia, cujos procedimentos deverão observar as normas gerais de licitação e contratação para a administração pública" (BRASIL, 2000).

na classe for inferior a cinco, ou para o registro de preços, por exemplo (BRASIL, 1996).

No regulamento editado pela Anatel, aprovado por meio da Resolução nº 05/1998, foram trazidos os detalhes em torno da novel modalidade, dentre os quais se destacam: *i)* aplicação a objetos (bens e serviços) comuns; *ii)* publicidade também em meios eletrônicos; *iii)* divulgação do aviso de pregão mínima de cinco dias (pregão fechado) e oito dias úteis (pregão aberto); *iv)* inversão do procedimento comum previsto na Lei nº 8.666/1993, sendo, numa primeira etapa, realizado o julgamento das propostas e, apenas do melhor classificado, o de sua habilitação; e *v)* constituição de uma etapa competitiva, por meio de lances verbais e sucessivos em valores distintos e decrescentes.

Abre-se um parêntese para destacar que, em face das inovações legislativas em comento, foi proposta, em 09 de setembro de 1997, por alguns partidos políticos, a Ação Direta de Inconstitucionalidade nº 1668, a fim de discutir, dentre outros pontos, a inconstitucionalidade das disposições que criam as modalidades denominadas de "pregão" e de "consulta".

Não obstante, em decisão prolatada em 20 de agosto de 1998 e publicada em 16 de abril de 2004, o Supremo Tribunal Federal, por meio de seu Plenário e por maioria de votos, indeferiu o pedido de medida cautelar em face do parágrafo único do art. 54, e dos arts. 55 ao 58 da Lei nº 9.472/1997.[7] Consigna-se que, até os dias atuais, não houve o julgamento definitivo da precitada ADI.[8]

Fato é que o uso da questionada modalidade licitatória rendeu grandes ganhos, do ponto de vista econômico e de eficiência, à Anatel. Em análise feita à época, foi possível constatar que:

> Como resultado da utilização dessa modalidade de licitação, a ANATEL tem conseguido, em média, reduções de 22% entre os preços iniciais

---

[7] Impende destacar o excerto do voto do, à época, ministro Nelson Jobim, que asseverou o seguinte: "(...) A Lei Geral de 1993 não possui, em relação a outras leis federais, hierarquia especial e distinta. Ela se encontra no mesmo patamar de qualquer outra lei federal. Não é ela lei complementar."

[8] Ainda não houve julgamento quanto ao mérito da ação, conforme se verifica do sistema de consulta processual do STF. Em 17 de dezembro de 2019, a ação foi pautada para ser julgada na sessão de 17 de junho de 2020 (vide DJe extra n. 283, 17 set. 2019), tendo sido excluída em 10 de junho de 2020 do calendário de julgamentos.

e os vencedores. A confrontação direta dos participantes possibilitou diminuições de preços expressivas, como a redução de 62% na contratação de serviços de saúde e de 68% na aquisição de softwares para uso na Internet. Além disso, a duração do processo licitatório tem sido encurtada para cerca de 20 dias (PINTO, 2000, p. 660).

Considerando, desse modo, o sucesso na aplicação da modalidade então criada, que, além de celeridade,[9] trouxe uma dose de simplicidade ao procedimento licitatório, houve a edição, em 4 dmaio de 2000, pelo chefe do Executivo Federal, da Medida Provisória nº 2.026, a qual, após várias reedições ocorridas até a Medida Provisória nº 2.182-18, foi finalmente convertida na Lei nº 10.520, de 17 de julho de 2002.

Vale destacar que, originalmente, as medidas provisórias somente previam a aplicação da modalidade ao campo federal, o que foi objeto de diversas críticas pela doutrina administrativista,[10] tendo-se, por conta disso, no âmbito do processo legislativo de conversão, sido incluídos os demais entes da Federação, já que se tratava de normas gerais.

Apenas a partir da Lei nº 10.520, que instituiu a nova modalidade denominada de Pregão, é que foi veiculada a possibilidade de utilização de recursos de tecnologia da informação no âmbito da administração pública, o que foi regulamentado, no plano federal, inicialmente pelo Decreto nº 3.697, de 21 de dezembro de 2001.

Em 31 de maio de 2005, com o advento do Decreto nº 5.450, a modalidade pregão passou a ser de utilização compulsória para a aquisição bens ou contratação de serviços comuns, sendo o formato eletrônico adotado preferencialmente (caráter orientativo).

A utilização do pregão eletrônico, diante da celeridade e economicidade que vinham trazendo às contratações públicas, passou

---

[9] Advinda, sobretudo, da inversão da fase de habilitação prevista na Lei nº 68.666/1993, a fim de que fossem analisadas, primeiramente, as propostas comerciais, e, posteriormente, sendo alcançado o menor preço, analisados os documentos de habilitação relativamente ao primeiro classificado na disputa.

[10] Enquanto para alguns autores, como Bandeira De Mello (2009, p. 556), era inconstitucional o pregão trazido pela Medida Provisória, para outros, a exemplo de Pereira Júnior (2000, p. 638), dever-se-ia realizar uma interpretação conforme a Constituição, de modo a concluir que estados, Distrito Federal e municípios também pudessem se utilizar da modalidade em suas licitações. Tal problemática foi resolvida com a conversão da MP na Lei nº 10.520/2002.

a ser objeto de recomendação pelos órgãos de controle externo, notadamente pelo Tribunal de Contas da União.[11]

Tais recomendações feitas pelo Tribunal de Contas da União passaram a atingir, inclusive, as entidades privadas, sem fins lucrativos, do terceiro setor, que atuam em colaboração com o Estado, que compõem o denominado sistema S.[12]

Com a superveniência, em 20 de setembro de 2019, do Decreto Federal nº 10.024, a realização do pregão em formato eletrônico passou a ser mandatória, sendo realizado presencialmente apenas quando comprovada inviabilidade, a ser justificada nos autos pela autoridade competente (vide §1º e *caput* do art. 4º).

Na citada regulamentação federal foram incorporadas, portanto, as orientações emanadas do Tribunal de Contas da União em torno da utilização obrigatória, por ser mais vantajosa e econômica, da modalidade pregão em seu formato eletrônico.

A brevíssima digressão feita nas linhas antecedentes demonstra a busca, ainda que de forma vagarosa, mas necessariamente relevante, da administração pública pela celeridade e eficiência no campo das contratações públicas, por meio da adoção de práticas que traduzem inovações tecnológicas para satisfação de suas necessidades.

Embora o marco inicial do uso da tecnologia da informação no campo das licitações públicas seja de longa data (meados dos anos 2000, especialmente com a edição do Decreto Federal nº 3.697),[13] a sua utilização prática, ainda nos dias atuais, encontra barreiras, notadamente em municípios menores, e que, quiçá pela falta de disponibilidade orçamentária e de infraestrutura de

---

[11] Vide, por todos, o Acórdão nº 2.034/2017, do Plenário do TCU, por meio do qual o colegiado determinou para que um município, caso viesse a realizar novo certame na modalidade pregão, que adotasse a forma eletrônica e não presencial, salvo se comprovada a sua inviabilidade (BRASIL, 2017).

[12] No Acórdão nº 2.165/2014 e, no mesmo sentido, no Acórdão nº 1.584/2016, entendeu o Plenário do TCU que, embora não obrigadas a observar o teor do Decreto Federal nº 5.450/2005 e, portanto, a utilizar o pregão eletrônico, as entidades do Sistema "S" "devem motivar a escolha do pregão presencial na contratação de bens e serviços comuns sob o risco de incorrerem em contratações antieconômicas" (BRASIL, 2014).

[13] No estado de São Paulo, há registros de utilização de procedimentos de dispensas de licitação eletrônicas já a partir dos anos 2000, bem como de convites eletrônicos a partir de 2001, conforme informações que podem ser consultadas na Bolsa Eletrônica de Compras (SÃO PAULO, [2020]).

tecnologia, não conseguem introduzir inovações tecnológicas em suas contratações.

É certo que, de acordo com as disposições do Decreto Federal nº 10.024/2019, estados, Distrito Federal e municípios foram estimulados a obrigatoriamente[14] se utilizarem do pregão eletrônico quando da contratação de bens e serviços comuns com recursos do orçamento da União, advindos de transferências voluntárias, tais como convênios e contratos de repasse (vide art. 1º, §3º).

É inegável percebermos que a aplicabilidade, no campo das contratações públicas, da inovação, por meio da tecnologia da informação, tem favorecido e ampliado as disputadas pelos contratos a serem celebrados com o poder público, uma vez que fornecedores de qualquer parte do território nacional, uma vez credenciados junto ao provedor do sistema, poderão participar de certames deflagrados, indistintamente, por todos os entes e órgãos da administração pública.

Por outro lado, o uso de tais ferramentas, em alguns casos, pode gerar um ambiente de incertezas, seja quanto ao efetivo adimplemento contratual, seja em relação à própria assinatura do instrumento vinculativo obrigacional, já que, pela facilidade de participação, proponentes podem se aventurar na disputa, de modo a gerar prejuízos às concorrentes e ao próprio ente licitante.

Um outro aspecto levantado por Niebuhr (2020) é que, se por um lado, o uso da tecnologia pode gerar a ampliação da disputa, por outro, poderá gerar um efeito inverso, isto é, restrição à competição, caso potenciais fornecedores do objeto licitado não disponham de infraestrutura necessária à participação da licitação.

Nesse sentido, torna-se relevante e prudente que a administração pública, na fase de planejamento da licitação, realize uma análise mercadológica em torno do objeto a ser licitado.

Mais adiante, no presente arrazoado, serão feitos breves comentários acerca das discussões, ainda no campo legislativo, em torno do projeto de nova lei de licitações, cuja aprovação poderá

---

[14] Na forma da Instrução Normativa nº 206, de 21 de outubro de 2019, foram estabelecidos quatro diferentes marcos iniciais para tal obrigatoriedade: *i)* estados e Distrito Federal: a partir de 28/10/2019; *ii)* municípios com mais de 50 mil habitantes: a partir de 03/02/2020; *iii)* municípios entre 15 até 50 mil habitantes: a partir de 06/04/2020; e *iv)* municípios com menos de 15 mil habitantes: a partir de 1 de junho de 2020.

introduzir mudanças significativas no modo convencional de realização dos certames.

## 2 Manutenção de certames no contexto da pandemia: reinvenção em prol da concretização de políticas públicas

Desde a declaração, feita no dia 11 de março de 2020, pela Organização Mundial da Saúde (OMS), da pandemia de covid-19, várias medidas e ações tiveram que ser adotadas por todos os entes da Federação.

Com efeito, a crise sanitária vem atingindo, frontal e severamente, a dinâmica da economia global, com reflexos intensos na interna brasileira, haja vista a drástica desaceleração de alguns setores em virtude dos reflexos ocasionados pelas políticas de isolamento e distanciamento social adotadas pelos entes da Federação.

Certamente em um cenário de crise sanitária, como o atual vivenciado, o papel e a atuação do Estado revelam-se indiscutivelmente necessários, notadamente no que respeita à organização do processo econômico, seja para desmobilizar setores não essenciais da economia seja, em relação aos essenciais, para mobilizá-los e, em alguns casos, ampliar suas atividades, assim como para garantir renda e abastecimento de produtos básicos aos cidadãos.[15]

Nesse contexto, ações diversas foram adotadas por todos os entes da Federação, das quais citamos, no plano federal, a declaração de emergência em saúde pública de importância nacional em decorrência da infecção humana de covid-19 (ESPIN), a edição de Lei nº 13.979, de 6 de fevereiro de 2020, que instituiu medidas a serem adotadas para o enfrentamento da pandemia, a decretação de estado de calamidade pública, reconhecida, pelo Congresso Nacional, por meio de Decreto Legislativo nº 6, de 20 de março de 2020, bem como diversas ações e medidas atreladas às searas tributária, trabalhista e cível, às políticas de distribuição de renda, dentre outras tantas.[16]

---

[15] Com maior profundidade, ver BERCOVICI, 2020.
[16] As normas federais editadas para o enfrentamento da pandemia de covid-19 foram disponibilizadas no portal do governo federal (BRASIL, [2020b]).

No campo específico das contratações públicas, meio pelo qual, como se sabe, são concretizadas a maioria, para não dizermos todas, as políticas públicas a cargo do Estado, foi criado um regime emergencial de contratações, instaurado, sobretudo, pela Lei nº 13.979/2020, editada pela União no uso de sua competência privativa (art. 22, XXVII, da Constituição Federal).

A novel legislação trouxe, em seu bojo, uma hipótese de dispensa de licitação específica para a contratação direta de bens, serviços, inclusive os de engenharia,[17] e insumos necessários ao enfrentamento da emergência em saúde pública decorrente da pandemia de covid-19.

Além disso, algumas *inovações temporais* foram trazidas para o uso da modalidade pregão, seja ela realizada em formato eletrônico ou presencial, quais sejam: *i)* redução, pela metade, dos prazos dentro do procedimento licitatório (publicação, impugnação e recursos); *ii)* arredondamento para o número inteiro antecedente, quando o prazo original for número ímpar; *iii)* atribuição de efeito meramente devolutivo ao recurso interposto em seu bojo; *iv)* dispensa de audiência pública de que trata o art. 39 da Lei nº 8.666/1993.

Também se previu a possibilidade de utilização, na contratação direta ou no pregão, do sistema de registro de preços de que trata o art. 15, II, da Lei nº 8.666/1993.

O regime emergencial de contratações públicas, cujos principais traços acima foram levantados, visou conciliar a urgência e a celeridade das ações de combate à covid-19 com os primados da legalidade, transparência e eficiência, que devem nortear a atuação do administrador público.

Não obstante, é certo considerar que, além das medidas necessárias ao enfrentamento da pandemia, a prestação dos serviços públicos e a realização de políticas públicas planejadas para o exercício, em que pese terem sido frontalmente afetadas pelos efeitos econômicos da covid-19, tiveram que ser mantidas e realizadas.

Nesse sentido, uma problemática impôs-se neste período de pandemia, sobretudo no contexto das contratações públicas deflagradas

---

[17] Destaca-se que o nosso entendimento é no sentido de que o legislador não possibilitou a contratação direta, fundamentada na novel legislação, da execução de obras de engenharia. Nesse sentido, ver LIMA, 2020.

sob as modalidades tradicionais de licitação, como nos casos de convite, tomada de preços e concorrência, qual seja: a conciliação entre a necessidade de realização de sessões públicas presenciais e as medidas de isolamento e distanciamento social impostas em todo o território nacional.

O dilema apresentado não se restringe às modalidades apresentadas, mas possui reflexo também no pregão, que, por uma esmagadora maioria dos municípios, principalmente os de pequeno porte, é realizado em seu formato presencial.

A realização de pregão eletrônico, sem sombra de dúvidas e não apenas pelos ganhos efetivos que dele decorrem, seria a grande saída para que não houvesse prejuízo à continuidade das variadas políticas públicas a serem concretizadas.

Porém, o uso da modalidade só é possível quando se estiver diante de bens e serviços comuns, cujo conceito, embora expresso no art. 1º, parágrafo único, da Lei nº 10.520/2002, carrega uma "larga fluidez semântica" (conceito jurídico indeterminado), conforme reconhece Niebuhr (2020).

Desse modo, entende-se por bem ou serviço comum o objeto cujo padrão de desempenho e de qualidade possa ser definido, de forma objetiva, no instrumento convocatório, por meio de especificações usuais adotadas em mercado próprio.

Nesses termos, para todos os demais casos não passíveis de enquadramento dentro do conceito acima traduzido, houve a obrigatoriedade de ser deflagrada licitação por meio de concorrência, tomada de preços ou convite, conforme o caso concreto.

O cenário apresentado levou os órgãos e entidades da administração pública a adaptar a realização de suas contratações públicas, a fim de ser evitada a deflagração de procedimentos licitatórios com sessões presenciais.

No caso das contratações que tinham por objeto o enfrentamento da covid-19, as seguintes soluções se apresentaram como possíveis: *i)* realização da contratação direta, por dispensa de licitação, na forma do art. 4º da Lei nº 13.979/2020, cujos atos sequenciados poderiam ser todos realizados de forma não presencial; *ii)* deflagração do pregão eletrônico, com prazos procedimentais reduzidos (art. 4º-G da lei já citada); *iii)* execução de despesas via suprimento de fundos (ou adiantamento), cujos valores foram ampliados pelo art. 6º-A, da mencionada lei; e *iv)* utilização do Sistema de Registro de Preços.

Também para as contratações não pertinentes ao combate da covid-19, poderiam ser deflagrados os pregões eletrônicos no modelo convencional, caso o objeto a ser contratado se enquadrasse na categoria de bens e serviços comuns, inclusive de engenharia.[18]

Já para o caso das contratações cujo objeto envolvessem a execução qualquer obra, serviço, compras, alienações ou locações, a solução poderia se dar pela adoção do Regime Diferenciado de Contratações Públicas (RDC), instituído pela Lei nº 12.462/2011, cuja utilização indistinta, durante no cenário da pandemia, foi autorizada pelo art. 1º, inciso III, Lei nº 14.065, de 30 de setembro de 2020, sendo que, no caso, há previsão de que licitação se realize preferencialmente sob a forma eletrônica.

Não sendo possível a adoção de quaisquer das soluções apresentadas, isto é, em se mostrando estritamente necessária a realização de licitações por meio da adoção das modalidades tradicionais ou de pregões cujas sessões são presenciais, um enorme desafio é imposto à administração pública no sentido de conciliar a sua necessidade com as regras de isolamento e distanciamento social impostas.

É cediço que, conforme sobredito neste arrazoado, há pouco espaço para pensamentos inovadores dentro da administração pública, seja pela necessidade de sua conciliação com o regime jurídico de direito público, seja pela falta de estímulo ou de infraestrutura para tanto.

Assim, o gestor público é um verdadeiro "equilibrista" numa "corda bamba", visto que a eficiência tão exigida em sua atuação deve ser compatibilizada com um arcabouço jurídico-normativo "vetusto e anoso" (STROPPA; SOUSA, 2020).

No contexto da pandemia, todavia, alguns gestores ousaram em criar formas inovadores de atuação. Exemplo disso ocorreu no município de Lagoa Dourada, no estado de Minas Gerais que deflagou licitação, na modalidade pregão presencial, com a indica-

---

[18] Na forma da Súmula nº 257/2010, do TCU, admite-se a contratação de serviços comuns de engenharia por intermédio do pregão. Tal possibilidade foi expressamente incorporada no Decreto Federal nº 10.024/2019 (art. 1º; art. 3º, incisos VIII e X; e art. 51, incisos I e III).

ção de que a sessão pública para a oferta de lances seria realizada por meio da conhecida e tão utilizada ferramenta de comunicação denominada WhatsApp.

A possibilidade mencionada foi consignada em Decreto Municipal do ente Municipal (Decreto Emergencial nº 03/2020)[19] e veiculada expressamente no edital de Pregão Presencial nº 51/2020,[20] tendo a sessão pública do referido certame sido realizada por meio do aplicativo WhatsApp, bem como exitosamente finalizada, com a declaração de vencedor da disputa.[21]

Em outros casos, não sendo possível a deflagração de certame em ambiente exclusivamente eletrônico, foram determinadas medidas de distanciamento social e realização de sessão pública em ambiente aberto, respeitando as recomendações sanitárias então vigentes.[22]

Na tentativa de manter a prestação dos serviços públicos, para os quais diversas contratações acessórias são necessárias, ou para a concretização de novas políticas públicas planejadas para implementação no ano de 2020, todos os entes da Federação, notadamente os municípios de pequeno porte, enfrentaram obstáculos ante o cenário de pandemia da covid-19.

Maiores obstáculos enfrentaram os entes que, por problemas de infraestrutura tecnológica, de cobertura de rede de internet ou, mais ainda, escassez de recursos para investimentos em tecnologia, ainda não se utilizavam do RDC ou do pregão em seus formatos eletrônicos.

---

[19] "Art. 1º As licitações imprescindíveis ao funcionamento da máquina administrativa no período de emergência ora declarado serão mantidas, e, as sessões que demandarem a presença de licitantes serão feitas através de recursos de tecnologia da informação, com a utilização de recursos de videoconferência ou utilização de aplicativos de mensagens instantâneas.
(...)
Art. 3º Em sendo adotado aplicativos de mensagens instantâneas, o licitante interessado deverá informar, no prazo e na forma previstos no artigo anterior, o número de seu telefone para cadastramento no grupo de Whatsapp, o qual somente terão como participantes os próprios licitantes, o pregoeiro e os membros da equipe de apoio e/ou CPL."

[20] Outros certames foram realizados, pelo mesmo ente, no formato ora indicado. Um deles, a saber, Pregão Presencial nº 54/2020, contou com a participação efetiva de 4 empresas licitantes, com uma intensa rodada de lances, tudo por meio do aplicativo WhatsApp (LAGOA DOURADA, [2020]).

[21] Conforme se verifica dos registros feitos na ata de sessão pública realizada no dia 22 de julho de 2020, disponibilizada na íntegra (LAGOA DOURADA, [2020]).

[22] Vide, de forma exemplificativa, o teor da Resolução nº 361 de 17 de março de 2020 do Consórcio Intermunicipal do Médio Vale do Itajaí, do estado de Santa Catarina (CIMVI, 2020).

Entendemos que é a essa perspectiva que deverão se voltar os olhos dos agentes de fiscalização externa dos atos da administração pública, de modo a não condenar práticas que, a despeito de serem inovadoras e não encontrarem respaldo na legislação ordinária, alcançaram os fins almejados pelo procedimento licitatório, que é a busca da seleção da proposta mais vantajosa, aliada à garantia de isonomia e com vistas ao desenvolvimento nacional sustentável.

## 3 Incorporação das inovações tecnológicas no campo das contratações públicas

A situação de emergência em saúde pública decorrente da pandemia de covid-19, com as suas consequências sociais e econômicas, reabriu a discussão em torno da efetividade das contratações públicas nos moldes tradicionais, notadamente em face da necessidade de serem observadas as regras de isolamento e distanciamento sociais, impeditivas ou limitadores da realização de certames presencialmente.

A discussão em torno de novas modelagens de contratações públicas, mais eficientes e econômicas, pela administração pública, não é de hoje, conforme se verificou em tópico anterior deste arrazoado.

Não por menos, tem-se buscado, cada vez mais, ampliar a utilização de ferramentas eletrônicas para a efetivação de contratações públicas, seja por meio do uso da modalidade pregão eletrônico, seja, até mesmo, por convite e dispensa de licitações, igualmente eletrônicas.

No caso do estado de São Paulo, as contratações por meio do uso de ferramenta eletrônica têm crescido significativamente desde a implementação da Bolsa Eletrônica de Compras (BEC), que foi instituída no ano de 2001 por meio do Decreto Estadual nº 45.695.

Dados extraídos do referido portal demonstram que as licitações deflagradas na modalidade do pregão eletrônico, que começaram a ser utilizadas efetivamente a partir do ano de 2005, deram um saldo de 11.313 no ano de 2008 para o total de 27.385 no ano de 2019 (SÃO PAULO, 2020a).

No mesmo período, é possível constatar uma economia média de aproximadamente 25,64% entre o valor estimado, pela administração pública, na fase interna da licitação e o efetivamente negociado ao final certame.

Ademais, vale destacar que, segundo dados do Ministério do Planejamento, Orçamento e Gestão, publicados no Portal de Compras Governamentais, no exercício de 2018, o valor das compras públicas brasileiras realizadas por intermédio de pregões eletrônicos totalizou 99,71% das licitações. Do referido total, 64,1% se referiram à aquisição de materiais e 35,9% à contratação de serviços (BRASIL, 2019).

Ainda segundo o órgão, o valor total das compras realizadas no precitado exercício foi de R$ 47,7 bilhões, dos quais as aquisições realizadas na modalidade pregão, sela presencial e eletrônico totalizaram R$ 19,1 bilhões, correspondendo, desse modo, a 40,16% das aquisições realizadas por essa modalidade de licitação (BRASIL, 2019).

A partir dos dados apresentados, é possível constatar o impacto da utilização do pregão eletrônico na concretização das contratações públicas em todo território brasileiro.

Assim, o pregão, em sua forma eletrônica, já se tornou, sem dúvida alguma, a melhor e mais eficiente ferramenta para que a administração pública efetive suas contratações, possuindo benefícios que ultrapassam a economicidade, alcançando, por exemplo, mas não se limitando, a transparência e amplo acesso e participação de competidores interessados.

Nessa perspectiva positiva, a nova Lei de Licitações e Contratos Administrativos, Lei nº 14.133, sancionada em 1º de abril de 2021, trouxe a tecnologia como um dos pilares de sua aplicação, uma vez que foi prevista disposição no sentido de que, no processo licitatório, os atos serão preferencialmente digitais, produzidos, comunicados, armazenados e validados por meio eletrônico.

Tal como ocorre, na atualidade, com o processo judicial eletrônico, poderá ser encampada, na rotina administrativa dos órgãos públicos, a tramitação de processos em meio exclusivamente eletrônico para a deflagração das licitações públicas, o que já é realidade no âmbito de alguns órgãos e entidades da administração pública.

Aliás, já há discussão, oficial, inclusive, no âmbito do governo federal,[23] no sentido de ser instituída uma espécie de comércio eletrônico (*marketplace*) para as contratações públicas, a fim de reunir,

---

[23] Foi realizada, no dia 2 de julho de 2020, uma audiência pública para discutir o Marketplace de Contratações Públicas.

numa mesma plataforma, os interessados em fornecer produtos ou serviços à administração pública.

O Marketplace não é uma novidade no setor de negócios privados e, a sua realidade para o setor público, parece estar mais próxima do que se imagina.

Uma das possibilidades reais para a implementação do comentado comércio eletrônico público é por meio do chamado "sistema de dispensa eletrônica",[24] criado, no plano federal, por meio do Decreto nº 10.024/2020 (art. 51).[25]

Em suma, tal sistema poderá ser utilizado para a aquisição de bens e contratação de serviços comuns, inclusive os de engenharia, cujo valor esteja compreendido entre os limites previstos nos incisos I e II do art. 24 da Lei nº 8.666/1993, assim como, quando aplicável, para os objetos, desde que comuns, constantes das demais hipóteses de dispensa de licitação (incisos III e seguintes).

Não só no campo das contratações públicas, mas se torna relevante apontar que os órgãos de controle, também atentos às inovações tecnológicas, vêm se utilizando de mecanismos de tecnologia para o acompanhamento e fiscalização de atos da administração pública, mais precisamente das contratações públicas.

Embora sejam estudados já há algum tempo, temas como inteligência artificial e *machine learning* estão ganhando espaço de debate no seio das instituições públicas, notadamente dos tribunais de contas, que buscam o auxílio de "robôs" para subsidiar as ações de controle, mormente diante do enorme volume de informações que lidam em suas rotinas diárias.

Tais tecnologias são denominadas "disruptivas", uma vez que causam uma ruptura nos padrões e modelos tradicionalmente estabelecidos.

Nesse contexto, segundo Silva (2016), o uso de tais ferramentas e de algoritmos amparados em modelos de *machine learning* com

---

[24] A dispensa eletrônica nada mais é do que a remodelação da antiga "cotação eletrônica", prevista no Decreto federal nº 5.450/2005 e regulamentada por meio da Portaria nº 306/2001, do MPOG.

[25] No âmbito do Estado de São Paulo, tal ferramenta eletrônica já é realidade desde o ano de 2013, tendo sido criada por meio do Decreto Estadual nº 59.104, que a regulamentou para fins de compra de bens, em parcela única e entrega imediata, com dispensa de licitação em razão do valor.

a finalidade de tornar automática a interpretação de dados não é apenas essencial como se revela estratégico para obtenção de informações de "fonte de dados não estruturados".

No âmbito do Tribunal de Contas da União, pioneiro em matéria de inovação, destacam-se a utilização, dentre outros, de três robôs, denominados "Mônica", que faz um monitoramento integrado para o controle de aquisições, "Sofia", que é focado em fatos e indícios de irregularidades para os auditores do TCU, e "Alice", que realiza a análise de editais e de licitações.

O robô "Alice" também é utilizado por outros tribunais de contas, a exemplo do Tribunal de Contas do Estado de São Paulo, no qual, desde julho de 2020, está em funcionamento, com o fito de detectar irregularidades em licitações, a partir da análise de editais e atas de registro de preços publicados pelos jurisdicionados paulistas, coletados pelo sistema de autoria eletrônica, *Diário Oficial* do estado ou sistema de compras eletrônicas do governo do estado (SÃO PAULO, 2020b).

Obviamente, tal como nos alerta França (2019), o uso da inteligência artificial, tal como nos casos apontados, pressupõe, dentre tantos outros requisitos, a "intervenção e supervisão humana", de modo a possibilitar o apoio à ação humana e aos direitos fundamentais e não reduzir ou desorientar a "autonomia humana".

Além da necessidade de não ser retirada a autonomia humana, é necessário que tal tecnologia possa ser robusta e segura, notadamente para que seja garantida a privacidade de dados e transparência na atuação da administração pública.

Dessa forma, é uma realidade inarredável que as inovações de cunho tecnológico, presentes em vários setores, sejam definitivamente incorporadas no campo das contratações públicas, devendo pois os gestores públicos estarem preparados para essa realidade e, mais do que isso, atentos às suas consequências e aos seus impactos na realização das políticas públicas.

## Considerações finais

A temática da inovação, dentro do espaço do setor público, que não busca efetivamente auferir lucro, mas sim o bem-estar comum e a satisfação do interesse da coletividade, é desafiadora, mas a sua discussão se faz necessária e presente, com maior intensidade, atualmente.

A pandemia de covid-19, decorrente da infecção humana causada pelo novo coronavírus, além de trazer um novo desafio no que toca ao planejamento e à execução orçamentária, tornou mais intensa a necessidade de os gestores públicos estarem abertos à criatividade para inovar visando à concretização de políticas públicas não só atreladas ao combate, como também àqueles inadiáveis que deveriam ser mantidas.

Nesse ponto, como visto, a contratação pública exerce um importante papel na concretização das políticas públicas, não tendo sido diferente no que tange às ações imprescindíveis no contexto de combate ao coronavírus no território brasileiro.

Na temática de contratações públicas, o regime emergencial estabelecido pela Lei nº 13.979/2020, que vigorou até 31 de dezembro de 2020, trouxe uma nova possibilidade de dispensa de licitação, assim como criou regras específicas e temporárias aplicadas ao pregão, em seu formato presencial ou eletrônico, ao sistema de registro de preços e aos contratos celebrados sob o seu fundamento.

Considerando que, a despeito das regras trazidas pela novel legislação, a concretização de políticas públicas, em determinados casos, exige a contratação de serviço ou aquisição de bens não possíveis de serem enquadrados no conceito de "comuns", inevitável se socorrer das modalidades de licitação tradicionais, no âmbito das quais as sessões públicas são realizadas de forma presencial.

A partir disso, a administração pública teve que se reinventar para que, de um lado, pudesse concretizar os valores fundamentais por meio de políticas públicas e, de outro, cumprisse com o seu dever de observar as restrições impostas em todo o território nacional, relacionadas ao isolamento e distanciamento social.

Esse cenário trouxe à tona à discussão em torno do uso da tecnologia da informação no campo das contratações públicas, inclusive para as modalidades tradicionais para as quais seria inconcebível a forma não presencial de realização de sessões públicas.

Decreto, considerando que, a princípio, a Lei nº 8.666/1993 não traz previsão para que a licitação se realize de forma não presencial, muitos órgãos de controle, interno e externo, da administração expediram recomendações para o uso do pregão eletrônico ou adoção do RDC eletrônico, cuja possibilidade de uso, no caso do último, foi estendida durante o estado de calamidade pública, por meio da Lei nº 14.065/2020.

Não obstante, alguns entes, notadamente municipais, por não deterem infraestrutura ou tecnologia suficiente para a realização de licitações nos moldes eletrônicos acima recomendados, mantiveram a realização de sessões presenciais, adotando medidas de distanciamento e observando regras sanitárias específicas. Em outros casos, alguns gestores ousaram, sob a justificativa da inovação, ao utilizar meios eletrônicos de comunicação para fins de efetivação de sessões públicas, aplicando-se ao caso os princípios de transparência e motivação.

De uma forma ou de outra o uso da tecnologia está cada vez mais presente na vida e atuação do Estado, tornando mais dinâmica a realização de contratações em ambiente eletrônico. Essa realidade, consoante se analisou neste arrazoado, veio para ficar, não podendo ser ignorada pelo gestor público que deverá se valer da tecnologia como apoio à sua atuação.

O atual marco legal das contratações públicas (Lei nº 14.133/2021), que, a partir de abril de 2023, revoga as três principais normas gerais sobre licitações (Lei nº 8.666/1993, Lei nº 10.520/2002 e arts. 1º ao 47-A da Lei nº 12.462/2011), já incorpora, como uma de suas diretrizes basilares, o uso da tecnologia da informação, tornando preferencial a realização de licitações em ambiente eletrônico, de forma que poderá se tornar cada vez mais excepcional a realização de sessões públicas presenciais.

Discussões como o uso do *e-marketplace*, tão presente e eficaz no setor privado, já é uma realidade planejada para ser implementada no setor público, o que exigirá não só uma necessária regulação da matéria, mas uma mudança de direção para uma visão tecnológica tanto dos gestores quanto dos órgãos de controle.

Por fim, vale destacar que o uso atento, transparente, consciente e responsável da tecnologia da informação no campo das contratações públicas poderá propiciar uma atuação mais célere da administração pública na concretização dos direitos e de políticas públicas, não se podendo descuidar, todavia, que tal tecnologia deve ser usada em apoio ao gestor público e não em sua substituição.

# Referências

BRASIL. Agência Brasil. *Decreto aprimora regras de pregões eletrônicos*. Brasília, DF, 2019a. Disponível em: https://agenciabrasil.ebc.com.br/geral/noticia/2019-09/decreto-aprimora-regras-de-pregoes-eletronicos#:~:text=Segundo%20o%20minist%C3%A9rio%2C%20o%20preg%C3%A3o,licita%C3%A7%C3%B5es%20realizadas%20no%20ano%20passado. Acesso em: 03 dez.2020.

BRASIL. Agência Nacional de Telecomunicações. *Documento de encaminhamento da Lei Geral das Telecomunicações Comentado-A (1996)*, 10 dez. 1996. Disponível em https://www.anatel.gov.br/Portal/verificaDocumentos/documento.asp?numeroPublicacao=331. Acesso em: 19 out. 2020.

BRASIL. Agência Nacional de Telecomunicações. *Resolução nº 5, de 15 de janeiro de 1998* (Revogada). Aprova o Regulamento de Contratações da Agência Nacional de Telecomunicações. Brasília, DF, 1998. Disponível em https://www.anatel.gov.br/legislacao/resolucoes/1998/423-resolucao-5. Acesso em: 28 out. 2020.

BRASIL. Agência Saúde. Ministério da Saúde. *Primeiro caso de covid-19 no Brasil permanece sendo o de 26 de fevereiro*. Brasília, 17 jul. 2020a. Disponível em: https://www.gov.br/saude/pt-br/assuntos/noticias/primeiro-caso-de-covid-19-no-brasil-permanece-sendo-o-de-26-de-fevereiro. Acesso em: 05 nov. 2020.

BRASIL. [Constituição (1988)]. *Constituição da República Federativa do Brasil de 1988*. Brasília, DF: Presidência da República, [1988]. Disponível em: http://www.planalto.gov.br/ccivil_03/constituicao/constituicao.htm. Acesso em: 4 nov.2020.

BRASIL. Decreto nº 5.450, de 31 de maio de 2005: regulamenta o pregão, na forma eletrônica, para aquisição de bens e serviços comuns, e dá outras providências. *Diário Oficial da União*: Brasília, DF, 2005. Disponível em: http://www.planalto.gov.br/ccivil_03/_ato2004-2006/2005/decreto/d5450.htm. Acesso em: 4 nov.2020.

BRASIL. Decreto nº 10.024, de 20 de setembro de 2019: regulamenta a licitação, na modalidade pregão, na forma eletrônica, para a aquisição de bens e a contratação de serviços comuns, incluídos os serviços comuns de engenharia, e dispõe sobre o uso da dispensa eletrônica, no âmbito da administração pública federal. *Diário Oficial da União*: Brasília, DF, 2019b. Disponível em: http://www.planalto.gov.br/ccivil_03/_Ato2019-2022/2019/Decreto/D10024.htm. Acesso em: 4 nov.2020.

BRASIL. *Legislação COVID-19*. Brasília, DF: Presidência da República, [2020b] Disponível em: http://www.planalto.gov.br/CCIVIL_03/Portaria/quadro_portaria.htm. Acesso em: 3 dez. 2020.

BRASIL. Lei nº 8.666, de 21 de junho de 1993. Regulamenta o art. 37, inciso XXI, da Constituição Federal, institui normas para licitações e contratos da administração pública e dá outras providências. *Diário Oficial da União*: Brasília, DF, 1993. Disponível em: http://www.planalto.gov.br/ccivil_03/leis/l8666cons.htm. Acesso em: 4 nov.2020.

BRASIL. Lei nº 9.472, de 16 de julho de 1997. Dispõe sobre a organização dos serviços de telecomunicações, a criação e funcionamento de um órgão regulador e outros aspectos institucionais, nos termos da Emenda Constitucional nº 8, de 1995. *Diário Oficial da União*: Brasília, 1997. Disponível em: http://www.planalto.gov.br/ccivil_03/leis/l9472.htm. Acesso em: 4 nov.2020.

BRASIL. Lei nº 10.520, de 17 de julho de 2002: institui, no âmbito da União, Estados, Distrito Federal e Municípios, nos termos do art. 37, inciso XXI, da Constituição Federal, modalidade de licitação denominada pregão, para aquisição de bens e serviços comuns, e dá outras providências. *Diário Oficial da União*: Brasília, DF, 2002. Disponível em: http://www.planalto.gov.br/ccivil_03/leis/2002/l10520.htm. Acesso em: 4 nov.2020.

BRASIL. Lei nº 13.979, de 6 de fevereiro de 2020: dispõe sobre as medidas para enfrentamento da emergência de saúde pública de importância internacional decorrente do coronavírus responsável pelo surto de 2019. *Diário Oficial da União*: Brasília, DF, 2019c. Disponível em: http://www.planalto.gov.br/ccivil_03/_ato2019-2022/2020/lei/L13979.htm. Acesso em: 4 nov. 2020.

BRASIL. Lei nº 14.065, de 30 de setembro de 2020: autoriza pagamentos antecipados nas licitações e nos contratos realizados no âmbito da administração pública; adequa os limites de dispensa de licitação; amplia o uso do Regime Diferenciado de Contratações Públicas (RDC) durante o estado de calamidade pública reconhecido pelo Decreto Legislativo nº 6, de 20 de março de 2020; e altera a Lei nº 13.979, de 6 de fevereiro de 2020. *Diário Oficial da União*: Brasília, DF, 2020c. Disponível em: http://www.planalto.gov.br/ccivil_03/_ato2019-2022/2020/lei/L14065.htm. Acesso em: 4 nov.2020.

BRASIL. Ministério da Saúde. *Portaria nº 188, de 3 de fevereiro de 2020:* declara Emergência em Saúde Pública de importância Nacional (ESPIN) em decorrência da Infecção Humana pelo novo Coronavírus (2019-nCoV). Brasília, DF, 2020d. Disponível em https://www.in.gov.br/web/dou/-/portaria-n-188-de-3-de-fevereiro-de-2020-241408388. Acesso em: 5 out. 2020.

BRASIL. Supremo Tribunal Federal. Ação Direta de Inconstitucionalidade 1.668. *Dje*: Brasília, DF, 2021. Disponível em http://portal.stf.jus.br/processos/detalhe.asp?incidente=1682731. Acesso em: 5 out. 2020.

BRASIL. Tribunal de Contas da União. *Acórdão nº 2.034/2017*. Brasília, DF, 2017. Disponível em: https://pesquisa.apps.tcu.gov.br/#/. Acesso em: 28 out. 2020.

BRASIL. Tribunal de Contas da União. *Acórdão nº 2.165/2014*. Brasília, DF: Tribunal de Contas da União, 2014. Disponível em: https://pesquisa.apps.tcu.gov.br/#/. Acesso em: 28 out. 2020.

BRASIL. Tribunal de Contas da União. *Súmula nº 257*. Brasília, DF: Tribunal de Contas da União, 24 fev. 2016. Disponível em: https://portal.tcu.gov.br/lumis/portal/file/fileDownload.jsp?fileId=8A8182A25753C20F0157679AA5617071&inline=1. Acesso em: 28 nov. 2020.

BANDEIRA DE MELLO, Celso Antônio. *Curso de Direito Administrativo*. 26. ed., rev. e atual até a Emenda Constitucional 57, de 18.12.2008. São Paulo: Malheiros, 2009.

BERCOVICI, Gilberto. covid-19, o Direito Econômico e o Complexo Industrial da Saúde. In: WARDE, Walfrido; VALIM, Rafael *et al* (coord.). *As consequências da COVID-19 no Direito brasileiro*. São Paulo: Contracorrente, 2020. p. 240-262.

BITTENCOURT, Sidney. *Licitação de tecnologia da informação*: contratação de bens e serviços de informática e automação. Leme: J.H. Mizuno, 2015.

BREUS, Tiago Lima. *Contratação pública estratégica*: o contrato público como instrumento de governo e de implementação de políticas públicas. São Paulo: Almedina, 2020.

CIMVI. *Resolução nº 361 de 17 de março de 2020*. Dispõe sobre as medidas para enfrentamento da emergência de saúde pública de importância internacional decorrente da infecção humana pelo novo coronavírus (covid-19) e dá outras providências. Timbó: CIMVI, 2020. Disponível em: https://cimvi.sc.gov.br/download/361-20-dispoe-sobre-as-medidas-para-enfrentamento-da-emergencia-de-saude-publica-de-importancia-internacional-decorrente-da-infeccao-humana-pelo-novo-coronavirus-covid-19-e-da-outras-providencias/. Acesso em: 3 dez. 2020.

CHIAVENATO, Idalberto. *Administração Geral e Pública*. 2. ed. Rio de Janeiro: Campus Elsevier, 2006.

DI PIETRO, Maria Sylvia Zanella. *Direito Administrativo*. 32. ed. Rio de Janeiro: Forense, 2019.

FRANÇA, Phillip Gil. *Ato administrativo, consequencialismo e compliance*: gestão de riscos, proteção de dados e soluções para o controle judicial na era da IA. 4. ed. rev., atual. e ampl. São Paulo: Thomson Reuters Brasil, 2019.

LAGOA DOURADA. Prefeitura. *Ata da sessão pública do pregão presencial*, [2020]. Disponível em: http://lagoadourada.mg.gov.br/Obter_Arquivo_Cadastro_Generico.php?INT_ARQ=58570&LG_ADM=undefined. Acesso em: 3 dez. 2020.

MINAS GERAIS. Município de Lagoa Dourada. *Decreto Emergencial nº 03/2020*: dispõe sobre os procedimentos para realização das licitações no período de estado de emergência internacional decorrente do Coronavírus (COVID-19) e dá outras providências. Disponível em: http://www.lagoadourada.mg.gov.br/Salvar_arquivo_Leis.php?INT_ARQ=48012. Acesso em: 30 nov. 2020.

MOREIRA, Egon Bockmann; GUIMARÃES, Fernando Vernalha. *Licitação pública*. São Paulo: Malheiros, 2012.

NIEBUHR, Joel de Menezes. *Pregão presencial e eletrônico*. 8. ed. rev., ampl. e atual. Belo Horizonte: Fórum, 2020.

NOHARA, Irene Patrícia. Desafios de inovação na administração pública contemporânea: "destruição criadora" ou "inovação destruidora" do direito administrativo? *Fórum Administrativo – FA*, Belo Horizonte, ano 17, n. 194, p. 65-71, abr. 2017.

NOHARA, Irene Patrícia. *Reforma administrativa e burocracia*: impacto da eficiência na configuração do direito administrativo brasileiro. São Paulo: Atlas, 2012.

OLIVEIRA, Luiz Guilherme de. Inovação no setor público: uma reflexão a partir das experiências premiadas no Concurso Inovação na gestão pública federal. *Cadernos ENAP*, Brasília, n. 38, 2014.

PEREIRA JÚNIOR, Jessé Torres. Pregão, a sexta modalidade de licitação. *Revista Zênite de Licitações e Contratos – ILC*, Curitiba, ago. 2000.

PINTO, Solon Lemos. Pregão para Menor Preço. *Revista Zênite de Licitações e Contratos – ILC*, Curitiba, ago. 2000.

SÃO PAULO (Estado). *Bolsa Eletrônica de Compras – BEC*. Quantitativo de Ofertas Negociadas, [2020a]. Disponível em: https://www.bec.sp.gov.br/becsp/Aspx/Resultado_Ano.aspx?chave=. Acesso em: 30 nov. 2020.

SÃO PAULO (Estado). *Decreto nº 45.695, de 5 de março de 2001*. Denomina Bolsa Eletrônica de Compras do Governo do Estado de São Paulo - BEC/SP o sistema competitivo eletrônico para compra de bens, instituído pelo Decreto nº 45085, de 31 de julho de 2000; aprova o regulamento para compra de bens, para entrega imediata, em parcela única, com dispensa de licitação, pelo valor, prevista no artigo 24, inciso II, da Lei Federal nº 8666, de 21 de junho de 1993, e dá providências correlatas. Disponível em: https://www.al.sp.gov.br/repositorio/legislacao/decreto/2001/decreto-45695-05.03.2001.html. Acesso em: 30 nov. 2020.

SÃO PAULO (Estado). *Decreto nº 59.104, de 18 de abril de 2013*. Aprova o regulamento do Sistema Bolsa Eletrônica de Compras do Governo do Estado de São Paulo – BEC/SP – Dispensa de Licitação para compra de bens, em parcela única e entrega imediata, com dispensa de licitação em razão do valor, e dá providências correlatas. Disponível em: https://www.al.sp.gov.br/repositorio/legislacao/decreto/2013/decreto-59104-18.04.2013.html. Acesso em: 30 nov. 2020.

SÃO PAULO (Estado). Tribunal de Contas do Estado de São Paulo. *Tribunal de Contas usará robô para encontrar irregularidades em editais de licitação*, [2020b]. Disponível em: https://www.tce.sp.gov.br/6524-tribunal-contas-usara-robo-para-encontrar-irregularidades-editais-licitacao. Acesso em: 30 nov. 2020.

SCHUMPETER, Joseph Alois. *Teoria do Desenvolvimento Econômico, uma investigação sobre lucro, capital, crédito, juros e o Ciclo Econômico*. São Paulo: Nova Cultural, 1997.

SÃO PAULO (Estado). Ministério da Fazenda e Planejamento. *Bolsa Eletrônica de Compras*, [2021a]. Disponível em: https://www.bec.sp.gov.br/becsp/Aspx/Resultado_Ano.aspx?chave=. Acesso em: 19 set. 2021.

SÃO PAULO (Estado). *SP contra o novo coronavírus*. Boletim Completo, [2021b]. Disponível em: https://www.seade.gov.br/coronavirus/#. Acesso em: 19 set. 2021.

SILVA, Luís André Dutra e. Uso de técnicas de inteligência artificial para subsidiar ações de controle. *Revista do Tribunal de Contas da União*, Brasília, ano 48, n. 137, set./dez. 2016.

STROPPA, Christianne de Carvalho; SOUSA, Guilherme de Carvalho. Da negação à ousadia: o WhatsApp como ferramenta válida nas licitações públicas. *Solução em Licitações e Contratos*, ano 3, n. 30, 2020.

---

Informação bibliográfica deste texto, conforme a NBR 6023:2018 da Associação Brasileira de Normas Técnicas (ABNT):

Lima, Edcarlos Alves. O uso da tecnologia nas contratações públicas: uma necessária inovação no âmbito da administração pública pós-pandemia de covid-19. *In*: DOSSO, Taisa Cintra; TAVARES, Gustavo Machado; SILVA, Thiago Viola Pereira da. (Coords.). *Direito Municipal em Debate*. Belo Horizonte: Fórum, 2022. p. 145-169. ISBN 978-65-5518-406-8.

# O PODER DE POLÍCIA EXERCIDO PELA EMPRESA ESTATAL DEFINIDO PELO SUPREMO TRIBUNAL FEDERAL NO JULGAMENTO DO RECURSO EXTRAORDINÁRIO Nº 633.782

## MIGUEL GUSTAVO CARVALHO BRASIL CUNHA

## 1 Introdução

As empresas estatais[1] existem para a prestação dos mais variados serviços e atividades, públicas ou econômicas, com ampla presença na sociedade e na economia nacional. A primeira empresa do Brasil já nasceu estatal. Em 1694 a Casa da Moeda foi fundada para atuar na cunhagem de moedas na província de Portugal, moedas provincianas, genuinamente brasileiras, já que poucas moedas vinham da colônia, e esse problema impactava no comércio local. Esta empresa pública ainda existe e opera no Brasil, como inúmeras que foram e continuam a sendo criadas.

Segundo o Relatório Agregado das Empresas Estatais Federais (RAEEF, 2020, p. 8), as estatais da União atuam no abastecimento alimentar, com a regulação de estoques e comercialização de alimentos; no setor financeiro, com instituições bancárias, de financiamento e de gestão de ativos; na indústria, com a fabricação de produtos manufaturados; na infraestrutura e transporte, na otimização da logística de transporte e desenvolvimento regional; na pesquisa, gestão de projetos e contratos; na exploração de recursos energéticos e minerais, petróleo, gás e energia elétrica; na saúde, com hospitais e empresas de administração hospitalar; e na tecnologia da informa-

---

[1] Para melhor compreensão do texto, será utilizado o termo *empresa estatal* ou simplesmente *estatal* tanto para as empresas púbicas como para as sociedades de economia mista. Não serão abordadas e nem terão qualquer influência ao aqui tratado as empresas privadas prestadoras de serviço público, bem com as empresas nas quais a administração pública tenha participação acionária não dominante.

ção e comunicação, no processamento e armazenamento de dados, logística de entrega de encomendas e meios de comunicação. Estão ainda presentes nos estados e nos municípios nas mais variadas áreas, das quais podemos destacar saneamento, turismo, transporte público, gestão urbana e o trânsito.

O art. 173 da Constituição Federal traz expressamente menção que exploração da atividade econômica pelo Estado só será permitida quando necessária aos imperativos da segurança nacional ou a relevante interesse público, com sujeição ao regime jurídico próprio das empresas privadas, inclusive quanto aos direitos e obrigações civis, comerciais, trabalhistas e tributários. Já em seu art. 175 é previsto que incumbe ao poder público a prestação direta ou sob regime de concessão ou permissão à prestação de serviços públicos na forma da lei.

O Decreto-Lei nº 200 e a Lei Federal nº 13.303, de 30 de junho de 2016, que dispõem sobre o estatuto jurídico da empresa pública, da sociedade de economia mista e de suas subsidiárias, definem empresas públicas e sociedade de economia mista. A primeira detentora de capital exclusivo público, e a segunda com capital majoritário do Estado. Ambas são dotadas de personalidade de Direito Privado, com a criação dependente de prévia autorização legal de cada ente federado, com a indicação, de forma clara, de relevante interesse coletivo ou imperativo para a segurança nacional.

Ocorre que a atuação desses entes da administração pública indireta, pela vastidão das áreas, nem sempre teve um enquadramento pacífico em relação a extensão ou não de tratamentos destinados à administração pública direta e suas autarquias, estas, pessoas de Direito Público. Diversos questionamentos são enfrentados acerca do tratamento de pessoal e sua contratação e desligamento, enquadramento tributário de suas receitas, gestão de orçamento, representação e regime de pagamento nas demandas judiciais, natureza do patrimônio e uso do poder de polícia, que será tema do artigo.

Costa (2018, p. 1), escreve que o termo *polícia* significa "a guarda da cidade", ou "aquele que guarda a cidade", e deu origem ao verbo policiar, que se traduz como vigiar, com o radical da palavra "pólis".

A Suprema Corte definiu no julgamento do Recurso Extraordinário nº 633.782, de relatoria do ministro Luiz Fux, que o poder de polícia pode ser exercido pelas empresas estatais por meio de delegação prevista em lei, o que trouxe segurança jurídica e institucional aos atos típicos de Estado por elas exercidos, mais detalhadamente o de fiscalização e aplicação de sanção.

No julgamento comentado, ficou assim fixada a tese:

> É constitucional a delegação do poder de polícia, por meio de lei, a pessoas jurídicas de direito privado integrantes da administração pública indireta de capital social majoritariamente público que prestem exclusivamente serviço público de atuação própria do Estado e em regime não concorrencial (Tema 532).

O caso tratou da análise da atribuição de fiscalização do trânsito atribuído a uma empresa estatal municipal, constituída na forma de sociedade de econômica mista, no qual foi delegada a capacidade de exercício de poder de polícia, com a fiscalização e aplicação de sanção decorrente do não cumprimento de norma legal, basicamente do Código de Trânsito Brasileiro, Lei Federal nº 9.503, de 23 de setembro de 1997. Definiu-se assim pela legalidade da delegação, mas os efeitos dessa decisão irão muito além das partes envolvidas e do serviço prestado, passando a nortear diversas áreas de atuação das estatais pelo Brasil, independentemente da esfera do poder público, fortalecendo o papel destas entidades, porém ainda sem esgotar o assunto.

Propõe-se assim demonstrar o posicionamento da Corte Suprema em relação ao tema e compreender o que foi decidido e sua repercussão.

## 2 Da demanda

O Supremo Tribunal Federal, no julgamento do Recurso Extraordinário nº 633782, definiu importante questão acerca do tratamento e a extensão de regras do regime do Direito Público para as pessoas instituídas na forma do Direito Privado, constituídas como empresas estatais. A demanda iniciou em 2004, teve sua repercussão geral reconhecida em 2012 e, no final de 2020, o Supremo Tribunal Federal a julgou, após o caso ter tido posicionamentos diferentes no Superior Tribunal de Justiça e nas duas instâncias estaduais da

Justiça Estadual mineira. Em 3 de fevereiro de 2021, foi certificado seu trânsito em julgado.

Assim, o Supremo Tribunal Federal firmou o majoritário entendimento, vencidos os ministros Edson Fachin e Marco Aurélio:

> EMENTA: RECURSO EXTRAORDINÁRIO. REPERCUSSÃO GERAL. TEMA 532. DIREITO CONSTITUCIONAL E ADMINISTRATIVO. PRELIMINARES DE VIOLAÇÃO DO DIREITO À PRESTAÇÃO JURISDICIONAL ADEQUADA E DE USURPAÇÃO DA COMPETÊNCIA DO SUPREMO TRIBUNAL FEDERAL AFASTADAS. PODER DE POLÍCIA. TEORIA DO CICLO DE POLÍCIA. DELEGAÇÃO A PESSOA JURÍDICA DE DIREITO PRIVADO INTEGRANTE DA ADMINISTRAÇÃO PÚBLICA INDIRETA. SOCIEDADE DE ECONOMIA MISTA. PRESTADORA DE SERVIÇO PÚBLICO DE ATUAÇÃO PRÓPRIA DO ESTADO. CAPITAL MAJORITARIAMENTE PÚBLICO. REGIME NÃO CONCORRENCIAL. CONSTITUCIONALIDADE. NECESSIDADE DE LEI FORMAL ESPECÍFICA PARA DELEGAÇÃO. CONTROLE DE ABUSOS E DESVIOS POR MEIO DO DEVIDO PROCESSO. CONTROLE JUDICIAL DO EXERCÍCIO IRREGULAR. INDELEGABILIDADE DE COMPETÊNCIA LEGISLATIVA. 1. O Plenário deste Supremo Tribunal reconheceu repercussão geral ao *thema decidendum*, veiculado nos autos destes recursos extraordinários, referente à definição da compatibilidade constitucional da delegação do poder de polícia administrativa a pessoas jurídicas de direito privado integrantes da administração pública indireta prestadoras de serviço público. 2. O poder de polícia significa toda e qualquer ação restritiva do Estado em relação aos direitos individuais. Em sentido estrito, poder de polícia caracteriza uma atividade administrativa, que consubstancia verdadeira prerrogativa conferida aos agentes da Administração, consistente no poder de delimitar a liberdade e a propriedade. 3. A teoria do ciclo de polícia demonstra que o poder de polícia se desenvolve em quatro fases, cada uma correspondendo a um modo de atuação estatal: (i) a ordem de polícia, (ii) o consentimento de polícia, (iii) a fiscalização de polícia e (iv) a sanção de polícia. 4. A extensão de regras do regime de direito público a pessoas jurídicas de direito privado integrantes da administração pública indireta, desde que prestem serviços públicos de atuação própria do Estado e em regime não concorrencial é admissível pela jurisprudência da Corte. (Precedentes: RE 225.011, Rel. Min. Marco Aurélio, Red. p/ o acórdão Min. Maurício Corrêa, Tribunal Pleno, julgado em 16/11/2000, DJ 19/12/2002; RE 393.032-AgR, Rel. Min. Cármen Lúcia, Primeira Turma, DJe 18/12/2009; RE 852.527-AgR, Rel. Min. Cármen Lúcia, Segunda Turma, DJe 13/2/2015). 5. A constituição de uma pessoa jurídica integrante da administração pública indireta sob o regime de direito privado não a impede de ocasionalmente ter o seu regime aproximado daquele da Fazenda Pública, desde que não

atue em regime concorrencial. 6. Consectariamente, a Constituição, ao autorizar a criação de empresas públicas e sociedades de economia mista que tenham por objeto exclusivo a prestação de serviços públicos de atuação típica do Estado e em regime não concorrencial, autoriza, consequentemente, a delegação dos meios necessários à realização do serviço público delegado. Deveras: a) A admissão de empregados públicos deve ser precedida de concurso público, característica que não se coaduna com a despedida imotivada; b) o RE 589.998, esta Corte reconheceu que a ECT, que presta um serviço público em regime de monopólio, deve motivar a dispensa de seus empregados, assegurando-se, assim, que os princípios observados no momento da admissão sejam, também, respeitados por ocasião do desligamento; c) Os empregados públicos se submetem, ainda, aos princípios constitucionais de atuação da administração pública constantes do artigo 37 da Carta Política. Assim, eventuais interferências indevidas em sua atuação podem ser objeto de impugnação administrativa ou judicial; d) Ausente, portanto, qualquer incompatibilidade entre o regime celetista existente nas estatais prestadoras de serviço público em regime de monopólio e o exercício de atividade de polícia administrativa pelos seus empregados. 7. As estatais prestadoras de serviço público de atuação própria do Estado e em regime não concorrencial podem atuar na companhia do atributo da coercibilidade inerente ao exercício do poder de polícia, mormente diante da atração do regime fazendário. 8. *In casu*, a Empresa de Transporte e Trânsito de Belo Horizonte – BHTrans pode ser delegatária do poder de polícia de trânsito, inclusive quanto à aplicação de multas, porquanto se trata de estatal municipal de capital majoritariamente público, que presta exclusivamente serviço público de atuação própria do Estado e em regime não concorrencial, consistente no policiamento do trânsito da cidade de Belo Horizonte. Preliminares: 9. A jurisprudência do Supremo Tribunal Federal é firme no sentido de que o princípio da fundamentação das decisões não obriga o órgão julgador a responder a todas as questões suscitadas pelas partes, mas somente aqueles que sejam suficientes para motivar o seu convencimento. Preliminar de violação do direito à prestação jurisdicional adequada afastada. 10. A alínea d, inciso III, artigo 102, da Constituição exige, para atração da competência do Supremo Tribunal Federal, declaração expressa da validade de lei local contestada em face de lei federal, o que, *in casu*, não se verifica. Preliminar de usurpação de competência afastada. 11. Os recursos extraordinários interpostos pela Empresa de Transporte e Trânsito de Belo Horizonte – BHTrans e pelo Ministério Público do Estado de Minas Gerais devem ser conhecidos em razão do preenchimento de todos os requisitos de admissibilidade, notadamente o da tempestividade, prequestionamento, legitimidade e o do interesse recursal, além da repercussão geral da matéria reconhecida pelo Plenário Virtual desta Corte. 12. *Ex positis*, voto no sentido de (i) CONHECER e DAR PROVIMENTO ao recurso extraordinário interposto pela

Empresa de Transporte e Trânsito de Belo Horizonte – BHTrans e (ii) de CONHECER e NEGAR PROVIMENTO ao recurso extraordinário interposto pelo Ministério Público do Estado de Minas Gerais, para reconhecer a compatibilidade constitucional da delegação da atividade de policiamento de trânsito à Empresa de Transporte e Trânsito de Belo Horizonte – BHTrans, nos limites da tese jurídica objetivamente fixada pelo Pleno do Supremo Tribunal Federal. 13. Repercussão geral constitucional que assenta a seguinte tese objetiva: "É constitucional a delegação do poder de polícia, por meio de lei, a pessoas jurídicas de direito privado integrantes da administração pública indireta de capital social majoritariamente público que prestem exclusivamente serviço público de atuação própria do Estado e em regime não concorrencial (BRASIL, 2020).

O caso chegou ao Supremo mediante recursos interpostos pelo Ministério Público do Estado de Minas Gerais e pela Empresa de Transporte e Trânsito de Belo Horizonte (BHTrans), com a autorização do art. 102, inciso III, alínea *a*, da Constituição, atacando acórdão da Segunda Turma do Superior Tribunal de Justiça, que, no julgamento do EDcl-Resp 817.534/MG, de relatoria do ministro Mauro Campbell Marques, decidiu que haveria impossibilidade de empresa estatal, no caso uma sociedade de economia mista, exercer por meio de delegação a atividade de controle de trânsito, especialmente o poder de polícia, sendo vedada à imposição de sanções por esta entidade.

PROCESSUAL CIVIL. EMBARGOS DE DECLARAÇÃO. OMISSÕES INEXISTENTES. CONTRADIÇÃO CARACTERIZADA. (ADMINISTRATIVO. PODER DE POLÍCIA. TRÂNSITO. SANÇÃO PECUNIÁRIA APLICADA POR SOCIEDADE DE ECONOMIA MISTA. IMPOSSIBILIDADE.)
1. Nos aclaratórios, sustenta a parte embargante que existem vícios a serem sanados no acórdão combatido, a saber: (i) omissão acerca da regra de competência, a qual imputa o processamento e o enfrentamento da presente causa ao Supremo Tribunal Federal (incompatibilidade entre lei local em face de lei federal); (ii) omissão acerca das regras constitucionais de balizamento da matéria de fundo (possibilidade de sociedade de economia mista exercer a atividade de controle de trânsito ante à inexistência de vedação constitucional no ponto); e (iii) contradição existente entre o provimento final do acórdão (provimento integral do especial) e sua fundamentação, na qual restou afirmada a possibilidade de a embargante exercer atos relativos a fiscalização.
2. Em relação ao item (i), tem-se que o acórdão da origem apreciou

apenas a tese jurídica - possibilidade de delegação de poder de polícia para particulares - com base em diversos dispositivos de lei local, lei federal e da própria CR/88, mas jamais entendeu que a lei específica de delegação (lei local) era válida em face de lei federal. Trechos do acórdão da origem.

3. É possível, e isso é de cotidiana percepção pelos magistrados que integram o STF e o STJ, que um provimento judicial de última instância adote, simultaneamente, argumentos de ordem constitucional e infraconstitucional.

4. Daí ser igualmente possível o manejo (autônomo e simultâneo) de recurso especial e de recurso extraordinário, sem que se possa dizer que o julgamento do especial importa em usurpação de competência do Supremo Tribunal Federal.

5. O que se tem, nesses casos, é uma competência cindida para apreciação de matérias distintas: o STJ aprecia a alegada ofensa à legislação infraconstitucional federal e o STF aprecia as questões de sua competência.

6. Na espécie, entendeu-se que o art. 24 do CTB permitia a delegação do poder de polícia para particulares.

7. Tal tese encontra-se, pois, no âmbito da legislação infraconstitucional, pois envolve a correta extensão do conteúdo de norma integrante de diploma normativo federal - norma cuja mal interpretação importaria ipso facto na ofensa a legislação infraconstitucional. Cabível, portanto, o recurso especial, com base no art. 105, inc. III, "a", da CR/88.

8. Não fosse isso bastante, a regra consubstanciada no art. 237 da Lei n. 6.404/76 autoriza concluir acerca da impossibilidade da transferência do poder de polícia para particulares. Esta foi a conclusão adotada no voto-vista proferido pelo Min. Herman Benjamin.

9. Fácil perceber, nesta esteira, que o âmbito de atuação do STJ deu-se nos estritos limites de sua competência, interpretando unicamente a legislação infraconstitucional (dispositivos do CTB e da Lei n. 6.404/76).

10. Uma tese de reforço: a rigor, os votos que fundamentaram o acórdão da Corte Superior sequer fizeram menção à lei local - limitaram-se a discutir a possibilidade de delegação de poder de polícia a particular. Então, não houve nenhum juízo de validade acerca da lei local.

11. Mesmo que não houvesse lei local específica, as teses vencedoras nesta instância especial seriam exatamente as mesmas, o que bem demonstra que não houve a dita incursão em competência do STF.

12. Bem, além da incidência dos arts. 7º e 24 do CTB, a origem, é bem verdade, discutiu a possibilidade de delegação de serviços públicos a particulares, com base no art. 175 da CR/88, bem como a competência municipal para gerir os serviços públicos locais (art. 30 da Lei Maior). Neste ponto, cabível a interposição do extraordinário (a propósito: o Ministério Público estadual protocolou mesmo o extraordinário).

13. Em suma: a origem conclui pela possibilidade de delegação do exercício do poder de polícia para sociedades de economia mista com

base no alcance e conteúdo (i) dos arts. 22, 30 e 175 da CR/88 e (ii) dos arts. 7º e 24 do CTB. Não se julgou válida lei local em confronto com lei federal, mas apenas e tão-só definiu parâmetros de interpretação de lei federal e de normas constitucionais. Assim, uma parte dos argumentos enfrentava especial; a outra parte, extraordinário. Neste contexto, o julgamento do especial não implica usurpação da competência do Supremo Tribunal Federal.

14. No que tange ao item (ii), é pacífica a jurisprudência desta Corte Superior no sentido de que não cabem embargos de declaração para que o STJ enfrente matéria constitucional, ainda que para fins de prequestionamento, sob pena de usurpação da competência do Supremo Tribunal Federal. Precedentes.

15. Finalmente, no que diz respeito ao item (iii), assiste razão à embargante.

16. Tanto no voto condutor, como no voto-vista do Min. Herman Benjamin, ficou claro que as atividades de consentimento e fiscalização podem ser delegadas, pois compatíveis com a personalidade privadas das sociedades de economia mista.

17. Nada obstante, no recurso especial, o pedido do Ministério Público tinha como objetivo impossibilitar que a parte embargante exercesse atividades de policiamento e autuação de infrações, motivo pelo qual o provimento integral do especial poderia dar a entender que os atos fiscalizatórios não podiam ser desempenhados pela parte recorrida-embargante.

18. Mas, ao contrário, permanece o teor da fundamentação e, para sanar a contradição, é necessária a reforma do provimento final do recurso, para lhe dar parcial provimento, permitindo os atos de fiscalização (policiamento), mas não a imposição de sanções.

19. Embargos de declaração parcialmente acolhidos, com efeitos modificativos, para dar parcial provimento ao recurso especial, no sentido de que permanece a vedação à imposição de sanções pela parte embargada, facultado, no entanto, o exercício do poder de polícia no seu aspecto fiscalizatório (BRASIL, 2010).

Anteriormente, ainda no Superior Tribunal de Justiça, a demanda teve decisão que asseverou que o poder de sanção não poderia ser exercido pela empresa estatal de personalidade de direito privado, como foi constituída a BHTrans.

ADMINISTRATIVO. PODER DE POLÍCIA. TRÂNSITO. SANÇÃO PECUNIÁRIA APLICADA POR SOCIEDADE DE ECONOMIA MISTA. IMPOSSIBILIDADE.
1. Antes de adentrar o mérito da controvérsia, convém afastar a preliminar de conhecimento levantada pela parte recorrida. Embora o fundamento da origem tenha sido a lei local, não há dúvidas que a tese

sustentada pelo recorrente em sede de especial (delegação de poder de polícia) é retirada, quando o assunto é trânsito, dos dispositivos do Código de Trânsito Brasileiro arrolados pelo recorrente (arts. 21 e 24), na medida em que estes artigos tratam da competência dos órgãos de trânsito. O enfrentamento da tese pela instância ordinária também tem por consequência o cumprimento do requisito do prequestionamento.
2. No que tange ao mérito, convém assinalar que, em sentido amplo, poder de polícia pode ser conceituado como o dever estatal de limitar-se o exercício da propriedade e da liberdade em favor do interesse público. A controvérsia em debate é a possibilidade de exercício do poder de polícia por particulares (no caso, aplicação de multas de trânsito por sociedade de economia mista).
3. As atividades que envolvem a consecução do poder de polícia podem ser sumariamente divididas em quatro grupo, a saber: (i) legislação, (ii) consentimento, (iii) fiscalização e (iv) sanção.
4. No âmbito da limitação do exercício da propriedade e da liberdade no trânsito, esses grupos ficam bem definidos: o CTB estabelece normas genéricas e abstratas para a obtenção da Carteira Nacional de Habilitação (legislação); a emissão da carteira corporifica a vontade o Poder Público (consentimento); a Administração instala equipamentos eletrônicos para verificar se há respeito à velocidade estabelecida em lei (fiscalização); e também a Administração sanciona aquele que não guarda observância ao CTB (sanção).
5. Somente os atos relativos ao consentimento e à fiscalização são delegáveis, pois aqueles referentes à legislação e à sanção derivam do poder de coerção do Poder Público.
6. No que tange aos atos de sanção, o bom desenvolvimento por particulares estaria, inclusive, comprometido pela busca do lucro - aplicação de multas para aumentar a arrecadação.
7. Recurso especial provido (BRASIL, 2009).

A ação teve início com a propositura de ação civil pública pelo Ministério Público do Estado de Minas Gerais contra a Empresa de Transportes e Trânsito de Belo Horizonte S/A (BHTrans), constituída na forma de Sociedade de Economia Mista, pessoa jurídica de direito privado integrante da administração indireta do município de Belo Horizonte, e tramitou na 3ª Vara de Feitos da Fazenda Pública Municipal do Poder Judiciário Mineiro (Processo nº 024.04.353.035-1).

Argumentou o autor que a BHTrans foi constituída sob a forma de sociedade de economia mista, tendo personalidade de Direito Privado, criada pela Lei Municipal nº 5.953/91, com a finalidade de planejar, organizar, dirigir, coordenar, executar, delegar e controlar a prestação de serviços públicos relativos a transporte coletivo individual de passageiros, tráfego, trânsito e sistema viário. Porém, embora sendo um ente de natureza privada, a partir de janeiro de 1998 passou a exercer o policiamento e fiscalização das infrações de trânsito na cidade de Belo Horizonte, com aplicação de autuações de veículo e motoristas, o que não poderia ocorrer, já que o poder de polícia somente poderia ser exercido pelo poder público, sendo incabível a delegação para entidades com a natureza privada da requerida.

O regime de emprego dos funcionários da BHTrans era regido pela Consolidação das Leis do Trabalho-CLT, pelo que não teriam os atos praticados a mesma eficácia inerentes aos atos de império praticados pelo poder público e seus servidores estatutários, havendo posicionamento neste sentido em outros tribunais estaduais. Requereu assim a procedência do pedido para que a BHTrans não pudesse exercer o policiamento, fiscalização e autuações de trânsito na cidade.

A requerida, por sua vez, em sua defesa, rebateu os argumentos, pois a personalidade da entidade não teria origem na previsão contida no art. 173 da Constituição, e sim no art. 175, já que, apesar de constituída na forma de uma Sociedade de Economia Mista, não era exploradora de atividade econômica, e sim de serviço público definido em lei, e o Código de Trânsito Brasileiro autoriza, em vários dispositivos, que as atividades de trânsito sejam exercidas por órgãos ou entidades dos municípios, não fazendo distinção ou limite, nesta última referência, que a entidade só pudesse ser autarquia. O art. 24 e seus incisos também deixam bem evidentes a autorização legal das atribuições das atividades do trânsito por entidades municipais, pouco importando a natureza jurídica ou o regime jurídico do agente de trânsito. Logo, seriam descabidos os pedidos da ação.

A sentença exarada entendeu pela improcedência da ação, tendo sido interposta apelação pelo autor, que teve posteriormente negado seu provimento no segundo grau do Tribunal de Justiça de Minas Gerais.

O processo assim seguiu ao Superior Tribunal de Justiça pela interposição de recurso especial e, em outro momento, ao Supremo Tribunal Federal, por intermédio do recurso extraordinário apresentado, em que foram apreciados e julgados mediante as decisões destacadas, em especial, a do Supremo, objeto do estudo de caso.

## 3 Análise do posicionamento do STF no RE nº 633.782/MG e o poder de polícia das empresas estatais. Voto do relator

Conforme bem destacado no voto vencedor do relator, ministro Luiz Fux, a questão apreciada "gravita em torno de um dos temas mais sensíveis do Direito Administrativo contemporâneo, objeto de ampla reflexão doutrinária, acadêmica e jurisprudencial", que seria a definição acerca da possibilidade do exercício do poder de polícia administrativa pelas pessoas integrantes da administração pública indireta. Destacou ainda que a questão constitucional abordada ultrapassa os interesses das partes e é relevante do ponto de vista econômico, político, social e jurídico, com ressonância em inúmeros feitos, o que impões a sua análise sob a sistemática da repercussão geral, necessitando estabilizar as interpretações sobre a tema (BRASIL, 2020, p. 23).

Descreveu que o Supremo Tribunal Federal já tinha se manifestado sobre a matéria e entendeu que seria indelegável o poder de polícia para uma entidade privada, conforme julgamento da ADI nº 1.717,[2] de relatoria do ministro Sydney Sanches.

O voto foi dividido em três partes: "1. O PODER DE POLÍCIA NO DIREITO ADMINISTRATIVO CONTEMPORÂNEO", em que estabeleceu "os principais pressupostos teóricos para o regular exercício do poder de polícia"; "2. JURISPRUDÊNCIA DO SUPREMO TRIBUNAL FEDERAL: REGIME JURÍDICO DAS EMPRESAS PÚBLICAS E SOCIEDADES DE ECONOMIA MISTA PRESTADORAS DE SERVIÇO PÚBLICO E EXTENSÃO DO REGIME INERENTE À FAZENDA PÚBLICA", trazendo a jurisprudência do tribunal sobre do regime das empresas estatais prestadoras de serviço público em regime não concorrencial; "3. DELEGAÇÃO E PARÂMETROS PARA O EXERCÍCIO DO PODER DE POLÍCIA POR ENTIDADES

---

[2] BRASIL, 2002b.

DA ADMINISTRAÇÃO PÚBLICA INDIRETA", em que examina a delegação da atividade de polícia administrativa.

O relator fez uma exposição histórica do termo polícia e poder de polícia, citando diversas passagens da doutrina, onde podemos citar Celso Antônio Bandeira de Mello, Otto Mayer, Caio Tácito, Westel Willoughy, José dos Santos Carvalho Filho e outros.[3]

Citou o art. 78 do Código Tributário Nacional, Lei Federal nº 5.172, de 25 de outubro de 1966, que assim descreve poder de polícia:

> Considera-se poder de polícia atividade da administração pública que, limitando ou disciplinando direito, interesse ou liberdade, regula a prática de ato ou abstenção de fato, em razão de interesse público concernente à segurança, à higiene, à ordem, aos costumes, à disciplina da produção e do mercado, ao exercício de atividades econômicas dependentes de concessão ou autorização do Poder Público, à tranquilidade pública ou ao respeito à propriedade e aos direitos individuais ou coletivos (BRASIL, 1966).

Ainda no campo doutrinário, trouxe a teoria do ciclo do poder de polícia na visão de Moreira Neto (2014, p. 440-444), no qual se desenvolve em quatro fases: a ordem de polícia, o consentimento de polícia, a fiscalização de polícia e a sanção de polícia, aduzindo que esta teoria desponta como um relevante marco teórico, sendo base da decisão recorrida oriunda do Superior Tribunal de Justiça, ao entender que pela indelegabilidade das fases de ordem de polícia e sanção de polícia à empresa estatal de trânsito municipal.

Chegou ao posicionamento de que as empresas estatais prestadoras de serviço público, mesmo com personalidade de direito privado, possuem "traços de *n*, que ora se aproximam do regime de direito público, ora se afastam" (BRASIL, 2020, p. 37), informando que a Suprema Corte tem uma vasta jurisprudência nesta linha de interpretação do regime de Direito Público das estatais que desempenham determinadas funções públicas (ADI nº 1.642).[4] Nessa linha é que já foi garantido à empresa estatal prestadora de serviço público o regime de precatório para pagamento de suas dívidas judiciais

---

[3] Relação da doutrina utilizada no julgamento relacionado no final do texto em Apêndice.
[4] BRASIL, 2008.

(RE nº 852.302),[5] ADPF nº 387),[6] impenhorabilidade de bens (RE nº 229.696)[7] e imunidade recíproca tributária (RE nº 407099).[8]

Analisou a questão da delegação como técnica organizacional de transferência de atribuições públicas, atendendo assim ao princípio da eficiência.

O julgamento rompeu com o entendimento de que os empregados das empresas estatais não poderiam exercer o poder de polícia em razão de estarem submetidos ao regime celetista e não estatutário, como foi argumentado na ADI nº 2.310,[9] em razão de que esta incompatibilidade não se sustenta perante a atual conformação normativa-jurisprudencial, ainda mais pelo fato de que os empregados estatais são submetidos aos princípios constitucionais da administração pública existentes no art. 37 da Constituição.

Diferentemente do posicionamento do Superior Tribunal, no qual somente os atos relativos ao consentimento e à fiscalização são delegáveis,[10] a decisão previu que não haveria razão para "o afastamento do atributo da coercibilidade inerente ao exercício do poder de polícia, sob pena de esvaziamento da finalidade para a qual aquelas entidades foram criadas" (BRASIL, 2020, p. 55). A coercibilidade é um dos atributos do poder de polícia, identificado na fase de sanção de polícia. Não haveria ainda vedação ao exercício da coercibilidade previsto no art. 144, §5º, da Constituição, posto que a ordenação do trânsito não detém exclusividade constitucional consagrada, conforme reconhecido no julgamento do RE nº 658.570,[11] que tratou da capacidade do exercício do poder de polícia de trânsito pelas guardas municipais.

No quesito questionado da finalidade lucrativa da empresa estatal, não haveria como se sustentar por razão óbvia, já que, na atuação típica de Estado, não teria a obtenção do lucro como seu fim principal, defendendo que há instrumentos de controle de abusos. Não haveria a chamada "indústria de multas". Também afastou a

---

[5] BRASIL, 2015.
[6] BRASIL, 2017.
[7] BRASIL, 2000.
[8] BRASIL, 2004.
[9] BRASIL, 2001.
[10] BRASIL, 2009.
[11] BRASIL, 2015.

tese da indelegabilidade do poder de polícia a pessoas jurídicas de Direito Privado com capital social majoritariamente público, ante a ausência de regime concorrencial.

No fim, entendeu o julgador majoritário que a única fase do ciclo de polícia que não pode sofrer delegação é a ordem de polícia, ou seja, a função legislativa seria restrita aos entes públicos previstos na Constituição. Aqui, nesse ponto do julgamento, fica, a nosso pensar, impedido o exercício do papel regulador das atividades fiscalizadas pelas estatais, diferentemente como ocorre com as agências reguladoras, estas constituídas como autarquia especial.

É necessário ainda fazer referência ao voto do ministro Gilmar Mendes, que acompanhou o relator pelo provimento do recurso:

> Assim, a possibilidade de imposição de sanção por descumprimento da legislação de trânsito consiste em mera decorrência do exercício do poder de polícia pelo órgão de trânsito, ainda que sob a roupagem de sociedade de economia mista, desde que atue em regime de prestação de serviço público não concorrencial.

O julgamento deu ao tema a visão na qual seria possível ocorrer o exercício do poder de polícia pela empresa estatal, sob pena de inviabilizar a atuação dessas entidades na prestação dos serviços públicos, tornando adequada a linha de raciocínio que defende que empresas públicas, mesmo organizadas na forma do direito privado devem ter prerrogativas da Fazenda Pública em vários pontos, principalmente na prestação de serviços públicos, não concorrenciais, sem fins econômicos e que não almejem lucro.

## 4 Os possíveis reflexos da decisão. alcance. fenômeno da autarquização das estatais

A decisão descrita tornou-se num marco para definição da atuação das empresas estatais que não prestam serviços de natureza econômica, ficando bem definido que podem exercer o poder de polícia administrativo, aplicando as sanções decorrentes da não observância das normas legais, federais, estaduais e municipais. Há, por consequência, grande amplitude da decisão, indo bem além das atividades de trânsito.

Não se pode deixar de destacar que, ainda em 2001, o Supremo Tribunal já tinha decidido no julgamento do Recurso Extraordinário nº 220907,[12] de relatoria do ministro Carlos Velloso, que havia distinção entre as empresas públicas que exploram atividade econômica, que se sujeitam ao regime jurídico próprio das empresas privadas, inclusive quanto às obrigações trabalhistas e tributárias (CF, art. 173, §1º), daquelas empresas públicas prestadoras de serviços públicos, cuja natureza jurídica é de autarquia, às quais não tem submissão ao disposto no §1º do art. 173 da Constituição, tendo seus bens impenhoráveis, sujeitando-se tais empresas prestadoras de serviço público, inclusive, à responsabilidade objetiva.

Destaca-se, contudo, que a decisão não autorizou a estatal a exercer a função de agente normativo e regulador, prevista no art. 174 da Constituição Federal, capacidade que as agências reguladoras detêm, estas criadas por lei como autarquias especiais, pelo que se compreende do seguinte trecho da decisão:

> Por fim, cumpre ressaltar a única fase do ciclo de polícia que, por sua natureza, é absolutamente indelegável: a ordem de polícia, ou seja, a função legislativa. Os atos de consentimento, de fiscalização e de aplicação de sanções podem ser delegados a estatais que, à luz do entendimento desta Corte, possam ter um regime jurídico próximo daquele aplicável à Fazenda Pública (BRASIL, 2020, p. 44).

Em relação a utilização das estatais como meio de regulação, Santos (2016, p. 245-263) expõe sua visão:

> Ora, o art. 173 da Constituição Federal não é senão uma exceção à regra constitucional de exploração de atividade econômica por agentes particulares, não devendo, portanto, merecer interpretação extensiva, no sentido de abrir campo para que o Estado execute políticas setoriais por meio da criação de estatais. O que o referido dispositivo autoriza é apenas e tão somente a exploração de atividade econômica por empresa estatal – empresa pública ou sociedade de economia mista –, mas nunca a utilização da empresa como meio de regulação do setor de sua atuação. Realmente, não há comando legal a autorizar, de maneira aberta e indistinta, a promoção de políticas públicas setoriais.

---

[12] BRASIL, 2001.

Mais ainda,

> Há que se diferenciar, todavia, a função reguladora do Estado, mediante o uso de um dos demais mecanismos acima referidos, da intervenção direta na economia para o fim de explorar atividade econômica quando lhe seja autorizado. A criação de empresas estatais para os fins do art. 173 da Constituição Federal não se confunde com as demais formas de regulação, na medida em que a autorização contida no aludido permissivo constitucional é restritiva e específica, dizendo respeito tão somente à exploração/prestação de uma atividade econômica específica. É esse o ensejo da criação da estatal – a realização da atividade sensível –, e não a promoção de políticas públicas setoriais.

A Lei Federal nº 13.303, de 30 de junho de 2016, que dispõe sobre o estatuto jurídico da empresa pública, da sociedade de economia mista e de suas subsidiárias, não adentra no campo do regime e tratamento específico da estatal prestadora de serviço público, mas diz que devem ter função social de realização do interesse coletivo, orientado para o alcance do bem-estar econômico e para a alocação socialmente eficiente dos recursos geridos pela estatal, segundo o art. 27 (BRASIL, 2016).

Em Belém, inicialmente, o poder de polícia de trânsito era exercido por uma empresa pública intitulada Companhia de Trânsito do Município de Belém, criada pela Lei Municipal nº 7.475, de 28 de dezembro de 1989, mas depois transformada para autarquia mediante Lei Municipal nº 8.227, de 30 de dezembro de 2002. Em situação similar, a transformação de uma empresa pública em autarquia foi citada na decisão, quando se mencionou o julgamento do RE nº 658.570, tendo dito que a guarda municipal do Rio de Janeiro foi transformada de empresa pública em autarquia pela Lei Complementar do Rio de Janeiro nº 100, de 15 de outubro de 2009 (BELÉM, 1989; 2002).

Em recente decisão, o Supremo Tribunal no Recurso Extraordinário nº 655.283 fixou a tese de repercussão geral, Tema nº 606, de que:

> A natureza do ato de demissão de empregado público é constitucional-administrativa e não trabalhista, o que atrai a competência da Justiça comum para julgar a questão. A concessão de aposentadoria aos empregados públicos inviabiliza a permanência no emprego, nos termos do artigo 37, parágrafo 14, da Constituição Federal, salvo para as aposentadorias concedidas pelo Regime Geral de Previdência Social até a data de entrada em vigor da Emenda Constitucional 103/2019, nos termos do que dispõe seu artigo 6º.

O art. 41 do Código Civil relaciona quais são as pessoas jurídicas de Direito Público, como as autarquias, mas, em seu inciso V, permite que exista em rol maior ao prever entidades de caráter público criadas por lei. O parágrafo único, pouco explorado pela doutrina e jurisprudência, prescreve a existência de pessoas jurídicas de direito público que se tenha dado estrutura de Direito Privado, o que leva a crer que a classificação das entidades e sua personalidade jurídica merece ter novas premissas, além da descrição contida no art. 37, XIX da Constituição (BRASIL, 2002a).

A decisão faz referência ao que Binenbojm (2016, p. 273) vem chamando de autarquização das empresas estatais ou "feições autárquicas" dessas entidades. Esse termo já chegou a ser usado pelo ministro Gilmar Mendes, no julgamento do Recurso Extraordinário nº 627.051,[13] ao dizer que "vai se desenhando um modelo que os administrativistas estão chamando de autarquização das empresas públicas, quer dizer, todas aquelas que são prestadoras de serviços, ainda que parcialmente" (BRASIL, 2014, p. 28).

Ao comentarem sobre o estatuto das empresas estatais,[14] Coutinho, Mesquita e Nasser (2019, p. 18) expuseram:

> Ainda que a lei não venha a ser declarada inconstitucional – o que seria o correto –, o novo tratamento legislativo pode não gerar grandes impactos sobre os entendimentos doutrinários e jurisprudenciais acerca do tema, para além da aplicação da Lei das Estatais também às prestadoras de serviços públicos. Vale dizer, a lei se limitaria a regrar as normas societárias e de licitação e contrato, mas, por não gerar um novo padrão de interpretação, não seria capaz de produzir efeitos significativos sobre o regime jurídico dicotômico aplicado às estatais pelo STF – e, portanto, não teria o condão de mitigar o fenômeno da "autarquização" das empresas estatais prestadoras de serviços públicos.

Por fim, não se pode deixar de trazer o posicionamento de Silva (2017, p. 1):

> Atualmente, portanto, a tendência é pela indiferenciação no tratamento jurídico entre empresas estatais que prestam serviços públicos e as au-

---

[13] BRASIL, 2014.
[14] Lei Federal nº 13.303, de 30 de junho de 2016.

tarquias, persistindo apenas diferenças meramente formais, tais como o modelo de constituição, e algumas diferenças pontuais, assim como, os limites de dispensa de licitação

Alerta:

> Diante disso, deve ficar claro que a tendência de autarquização das empresas estatais é fenômeno ainda restrito às empresas públicas e às sociedades de economia mista que prestam serviços públicos, superando-se a visão da doutrina clássica e atribuindo tratamento jurídico de direito público conforme a natureza da atividade econômica desenvolvida, ou seja, se desempenha serviços públicos, atribui-se regime jurídico de direito público; se desempenha atividade econômica em sentido estrito, aplica-se o regime jurídico de direito privado, ressalvada a aplicabilidade da fraca tese do subsídio cruzado, a qual sendo aplicada ao pé da letra, acarretará na autarquização de todas as estatais, por todas atendem finalidade pública.

E faz duras críticas ao modelo de autarquização das estatais tocado pelo Poder Judiciário:

> Diante da sensibilidade do tema, o Poder Judiciário não pode tomar decisões levianas, desprezando-se ao mesmo tempo: o texto constitucional; a autonomia administrativa do Poder Executivo; e a vontade política do Poder Legislativo, sem que isto possua, ao menos, a finalidade nobre de promover algum direito fundamental. O que se pode afirmar até aqui, é que o direito fundamental ao desenvolvimento não está sendo promovido pela via dessa autarquização das estatais, não existindo nenhum dado concreto a este respeito, a não ser ranços ideológicos de toda ordem.
> Agindo assim, o Poder Judiciário aparece como o mais forte ator de nossa ordem jurídica, capaz de intervir na ordem econômica, à revelia das demais instituições democráticas, podendo para tanto desprezar a vontade do Administrador e do Legislador, violar a constituição, e sem precisar observar o direito ao desenvolvimento como principal fundamento axiológico para a intervenção do Estado na ordem econômica.

Assim, pelo que tudo foi visto, mesmo sem esgotar o tema, seus questionamentos e debates, a decisão analisada segue no caminho de que se tenha na estrutura da administração pública uma entidade de natureza jurídica híbrida, com o tratamento misto, de empresa com prerrogativas de Fazenda Pública.

## 5 Conclusão

Nota-se, assim, que o tratamento das empresas estatais sempre foi um assunto que despertou debates e controversas, já que impacta no regime tributário, de pessoal, bens e orçamentário. O julgamento em análise tratou do tema talvez mais frágil, que é o exercício do poder de polícia pelas estatais, já que são instituídas e estruturadas sob o regime de Direito Privado. Ocorre que, indiscutivelmente, a decisão do Supremo Tribunal motivou a criação de um bom cenário na descentralização das funções da administração pública.

O caso tratado pode ser plenamente utilizado para as estatais que prestam serviços de trânsito, transporte, turismo, planejamento público, educação, saúde, controle ambiental, gerenciamento patrimonial e outros de natureza pública. O texto do julgamento aperfeiçoou o que era já decidido em outros casos que envolveram o debate da natureza e prerrogativas das empresas do estado, garantindo a elas o pleno exercício do poder de polícia e a capacidade de sanção das infrações cometidas em desrespeito às normas editadas pelo Estado, trazendo segurança institucional e jurídica, levando estabilidade à execução das políticas públicas prestadas pelas empresas estatais.

Conclui-se que a classificação das entidades da administração pública indireta conquista um novo formato, com possível nova representação orgânica e uma especificação distinta da atual, com empresas estatais dotadas de prerrogativas e tratamentos do poder central, mesmo que a lei tenha dado estrutura de Direito Privado.

## Referências

BELÉM. *Lei nº 7.475, de 28 de dezembro de 1989*. Disponível em: www.belem.pa.gov.br. Acesso em: 10 ago. 2021.

BELÉM. *Lei nº. 8.227, de 30 de dezembro de 2002*. Disponível em: www.belem.pa.gov.br. Acesso em: 10 ago. 2021.

BRASIL. *Constituição Federal de 1988*. Disponível em: http://www.planalto.gov.br/ccivil_03/Constituicao/Constituicao.htm. 10 ago. 2021.

BRASIL. Lei nº 5.172, de 25 de outubro de 1966. Dispõe sobre o Sistema Tributário Nacional e institui normas gerais de direito tributário aplicáveis à União, Estados e Municípios. *Diário Oficial da União*: Brasília, DF, 1996. Disponível em: http://www.planalto.gov.br/ccivil_03/leis/L5172Compilado.htm. Acesso em: 10 ago. 2021.

BRASIL. Lei nº 9.503, de 23 de setembro de 1997. Institui o Código de Trânsito Brasileiro. *Diário Oficial da União*: Brasília, DF, 1997. Disponível em: http://www.planalto.gov.br/ccivil_03/Leis/L9503Compilado.htm. Acesso em: 11 ago. 2021.

BRASIL. Lei nº 10.406, de 10 de janeiro de 2002. Institui o Código Civil. *Diário Oficial da União*: Brasília, DF, 2002a. Disponível em: https://www.planalto.gov.br/ccivil_03/LEIS/2002/L10406compilada.htm. Acesso em: 11 ago. 2021.

BRASIL. Supremo Tribunal Federal. ADI 1.717. Relator: Min. Sydney Sanches, 07 de novermbro de 2002. *Dje*: Brasília, DF, 2002b.

BRASIL. Supremo Tribunal Federal. ADI 1.642. Relator: Min. Eros Grau, 3 de abril de 2008. *Dje*: Brasília, DF, 18 ago. 2008.

BRASIL. Supremo Tribunal Federal. ADI 2.310 MC. Relator: Min. Marco Aurélio, 19 de dezembro de 2000, *Dje*: Brasília, DF, 1 fev. 2001.

BRASIL. Supremo Tribunal Federal. ADPF 387. Relator: Min. Gilmar Mendes, 23 de março de 2017. *Dje*: Brasília, DF, 2017.

BRASIL. Supremo Tribunal Federal (2. Turma). EDcl no REsp 817.534/MG. Relalor: Min. Mauro Campbell Marques, 25 de maio de 2010. *Dje*: Brasília, DF, 16 jun. 2010.

BRASIL. Supremo Tribunal Federal. RE 407.099. Relator: Min. Carlos Velloso, 22 de junho de 2004. *Dje*: Brasília, DF, 2004.

BRASIL. Supremo Tribunal Federal. RE 627.051, Relator Min. Dias Toffoli, 12 de novembro de 2014. *Dje*: Brasília, DF, 2014.

BRASIL. Supremo Tribunal Federal. RE 633.782. *Dje*: Brasília, DF, 26 out. 2020. Disponível em: http://portal.stf.jus.br/. Acesso em: 12 ago. 2021.

BRASIL. Supremo Tribunal Federal (Tribunal Pleno). RE 658.570. Relator: Min. Marco Aurélio, 6 de agosto de 2015. *Dje*: Brasília, DF, 2015.

BRASIL. Supremo Tribunal Federal. RE 2.209.07/RO, Relator Min. Carlos Velloso, julgado em 12/6/2001, *Dje*: Brasília, DF, 31 ago. 2001.

BRASIL. Supremo Tribunal Federal. RE 2.296.96, Rel. Min. Maurício Corrêa, julgado em 16 de novembro de 2000, *Dje*: Brasília, DF, 2000.

BRASIL. Supremo Tribunal Federal (2. Turma). REsp. 817.534/MG. Relator: Min. Mauro Campbell Marques, 10 de novembro de 2009. *Dje*: Brasília, DF, 10 dez. 2009.

COSTA, Leandro dos Santos. Ciclo completo de polícia: um novo conceito. *Jus Navigandi*, 2018. Diposnível em: Jus.com.br. Acesso em: 12 ago. 2021.

COUTINHO, Diogo R.; MESQUITA, Clarissa Ferreira de Melo; NASSER, Maria Virginia Nabuco do Amaral Mesquita. Empresas estatais entre serviços públicos e atividades econômicas. *Revista Direito GV*, v. 15, n. 1, jan./abr. 2019. DOI: http://dx.doi.org/10.1590/2317- 6172201902.

MOREIRA NETO, Diogo de Figueiredo. *Curso de Direito Administrativo*. Rio de Janeiro: Forense, 2014.

RAEEF. *Relatório agregado das empresas estatais federais*: fatos e dados das empresas estatais de controle direto da União. Ministério da Economia, Secretaria Especial de Desestatização, Desinvestimento e Mercados, Secretaria de Coordenação e Governança das Empresas Estatais. Brasília: Sest, Ministério da Economia, 2020. v. 1, n. 1. Disponível em: https://www.gov.br/economia/pt-br/centrais-de-conteudo/publicacoes/relatorios/relatorios-das-empresas-estatais-federais/raeef/raeef-2019.pdf/view. Acesso em: 11 de ago. 2021.

SANTOS, Renato Ferreira dos. *A utilização de empresas estatais como meio de regulação*: os limites e restrições para a criação e atribuições de competências às estatais sob a perspectiva regulatória. Curitiba: Juruá, 2016. v. II: Teoria do Estado Regulador.

SILVA, Rafael Ioriatti da. A autarquização das estatais frente ao direito ao desenvolvimento e ao pacto federativo. *Jus Navigandi*, Teresina, ano 22, n. 5067, 16 maio 2017. Disponível em: https://jus.com.br/artigos/40997. Acesso em: 11 ago. 2021.

# Apêndice

BRASIL. Supremo Tribunal Federal. RE 633.782. *Dje*: Brasília, DF, 26 out. 2020. Disponível: https://jurisprudencia.stf.jus.br/pages/search/sjur437046/false. Acesso em: 12 ago. 2021.

ALESSI, Renato. *Curso de Direito Administrativo*. 30. ed. São Paulo: Malheiros, 2013.

ARAÚJO, Valter Shuenquener de. Direito Administrativo Sancionador no Brasil. Uma contribuição para a efetividade dos direitos fundamentais. *In: Constituição da República*: 30 anos depois. Uma análise da eficiência dos direitos fundamentais. Estudos em homenagem ao ministro Luiz Fux. Belo Horizonte: Editora Fórum, 2019.

BINENBOJM, Gustavo. *Poder de polícia, ordenação, regulação*: transformações político-jurídicas, econômicas e institucionais do direito administrativo ordenador. Belo Horizonte: Editora Fórum, 2016.

CAETANO, Marcello. *Manual de Direito Administrativo*. Coimbra: Almedina, 1980. v. II.

CARVALHO FILHO, José dos Santos. *Manual de Direito Administrativo*. 25. ed.

CARVALHO FILHO, José dos Santos. 31. ed. São Paulo: Atlas, 2017.

FREUND, Ernst. *The Police Power, Public Policy and Constitutional Rights*. Chicago: Callaghan & Company, 1904.

GARCIA, Flávio Amaral; FREITAS, Rafael Veras de. Portos brasileiros e a nova assimetria regulatória: os títulos habilitantes para a exploração da infraestrutura portuária. *In*: MOREIRA, Egon Bockmann (org.). *Portos e seus regimes jurídicos*: a Lei nº 12.815/2013 e seus desafios. Belo Horizonte: Editora Fórum, 2014.

GOMES, Estevão. *Poder de polícia no Direito Administrativo contemporâneo*. Rio de Janeiro: Lumen Juris, 2019. p. 210.

JUSTEN FILHO, Marçal. *Curso de Direito Administrativo*. 13. ed. São Paulo: Thomson Reuters Brasil, 2018.

MELLO, Celso Antônio Bandeira de. *Curso de Direito Administrativo*. 30. ed. São Paulo: Malheiros, 2013.

MENDONÇA, José Vicente Santos de. Estatais com poder de polícia: por que não? *Revista de Direito Administrativo*, n. 252, p. 110-114, 2009.

MOREIRA NETO, Diogo de Figueiredo. *Curso de Direito Administrativo*. Rio de Janeiro: Forense, 2014.

PEREIRA, Flávio Henrique Unes. *Regulação, fiscalização e sanção*: fundamentos e requisitos da delegação do exercício do poder de polícia administrativa a particulares. Belo Horizonte: Editora Fórum, 2013.

PIETRO, Maria Sylvia Zanella di. *Direito Administrativo*. 27. ed. São Paulo: Atlas, 2014.

PIRES, Luis Manuel Fonseca. Sobre a delegação do "poder de polícia". *Revista Brasileira de Direito Municipal*, Belo Horizonte, ano 15, n. 53, jul./set. 2014.

REALE, Miguel. *Lições preliminares de Direito*. 27. ed. Coimbra, Almedina: 2002.

REALE, Miguel. *Lições preliminares de Direito*. 27. ed. Coimbra, Almedina: 2014.

SOUZA, Rodrigo Pagani de. Empresas estatais constituídas para o exercício de poder de polícia. *Fórum Administrativo*, Belo Horizonte, ano 15, n. 170, abr. 2015.

SUNDFELD, Carlos Ari. Empresa Estatal pode exercer o poder de polícia. *Boletim de Direito Administrativo*, São Paulo, v. 2, 1993.

TÁCITO, Caio. O poder de polícia e seus limites. *Revista de Direito Administrativo*, v. 27, 1952.

---

Informação bibliográfica deste texto, conforme a NBR 6023:2018 da Associação Brasileira de Normas Técnicas (ABNT):

CUNHA, Miguel Gustavo Carvalho Brasil. O poder de polícia exercido pela empresa estatal definido pelo Supremo Tribunal Federal no julgamento do Recurso Extraordinário nº 633.782. In: DOSSO, Taisa Cintra; TAVARES, Gustavo Machado; SILVA, Thiago Viola Pereira da. (Coords.). *Direito Municipal em Debate*. Belo Horizonte: Fórum, 2022. p. 171-192. ISBN 978-65-5518-406-8.

# PARÂMETROS PARA A APLICAÇÃO DA RECEITA ORIUNDA DA CONTRIBUIÇÃO PARA O CUSTEIO DO SERVIÇO DE ILUMINAÇÃO PÚBLICA (COSIP): ANÁLISE DA JURISPRUDÊNCIA DO STF E DOS TRIBUNAIS DE CONTAS ESTADUAIS

EDUARDO DE SOUZA FLORIANO
MARCUS MOTA MONTEIRO DE CARVALHO
CAROLINA GUIMARÃES AYUPE
HUGO VIDIGAL FERREIRA NETO

## Introdução

A partir da Emenda Constitucional nº 39 de 2002, o poder constituinte reformador facultou aos municípios e ao Distrito Federal instituir contribuição para o custeio do serviço de iluminação pública, uma vez observadas as limitações constitucionais ao poder de tributar.

Desde então, surgiram diversas controvérsias acerca da utilização do produto da arrecadação da referida contribuição, sobretudo no que diz respeito à vinculação de receitas e daquilo que poderia ser compreendido como serviço de iluminação pública.

O Supremo Tribunal Federal, por sua vez, questionado acerca da utilização da referida contribuição para expansão e aprimoramento da rede de energia elétrica, reconheceu a Repercussão Geral ao Recurso Extraordinário nº 666.404 de São Paulo, posteriormente julgando o Tema nº 696. Foi estabelecida a constitucionalidade da aplicação dos recursos arrecadados para tal finalidade.

Por outro lado, diversos tribunais de contas estaduais apreciaram a regularidade da utilização dos recursos da contribuição de iluminação pública em diversas hipóteses específicas, tendo-se consolidado rica jurisprudência a respeito do tema.

Objetiva-se, diante de tal cenário, com o presente artigo, analisar a jurisprudência dos tribunais de contas estaduais, bem como do Supremo Tribunal Federal, a fim de extrair parâmetros objetivos para a utilização dos recursos da contribuição de iluminação pública, de modo a concretizar o disposto no texto constitucional, e permitir uma gestão adequada dos recursos públicos vinculados a tal finalidade.

Valendo-se do método indutivo, e de revisão doutrinária e jurisprudencial, objetiva-se responder ao seguinte questionamento: à luz do disposto no artigo 149-A da Constituição Federal, e dos parâmetros jurisprudenciais analisados, quais seriam as balizas para utilização dos recursos arrecadados com a contribuição para custeio da iluminação pública?

Conclui-se que as receitas da contribuição para a iluminação pública devem ser aplicadas precipuamente a despesas relacionadas ao provimento de claridade a logradouros públicos, bem como aos serviços de ampliação, manutenção e modernização dos sistemas de iluminação, ou ao reparo/substituição dos componentes deste, ainda que verificada a aplicação em serviços correlatos, porém, desde que o foco do uso seja a iluminação pública de bens de uso comum a toda a coletividade.

## 1 Natureza jurídica, hipótese de incidência e sujeitos passivos da contribuição de iluminação pública: discussões doutrinárias

Define o Código Tributário Nacional, em seu artigo 3º, ser tributo toda prestação pecuniária compulsória, que não constitua sanção de ato ilícito, instituída mediante lei e cobrada por intermédio de atividade administrativa vinculada.

Diante da abertura de tal conceito, pode-se dizer que o tributo é um gênero que comporta variadas espécies, a depender da teoria adotada.

Sob uma vertente, há autores como Geraldo Ataliba (2005), que entendem haver duas espécies tributárias: os tributos vinculados e não vinculados à atuação estatal; sob outra vertente, há autores, como Roque Antonio Carrazza (2011), que defendem uma teoria tripartida, que compreende como tributos os impostos, taxas e contribuições de melhoria. Nesse sentido, o artigo 5º do Código Tributário Nacional define como espécies tributárias os impostos, taxas e contribuições de melhoria.

Há ainda autores como Hugo de Brito Machado (2010), que defendem existirem cinco espécies tributárias: os impostos, as taxas, as contribuições de melhoria, os empréstimos compulsórios e as contribuições especiais. Embora a Constituição Federal faça menção, em seu artigo 145, apenas a impostos, contribuições de melhoria e taxas, alude também aos empréstimos compulsórios (artigo 148), às contribuições sociais, contribuições de intervenção no domínio econômico e contribuições de interesse de categorias profissionais ou econômicas (artigo 149).

A Suprema Corte já teve a oportunidade de se manifestar sobre o tema, tendo compreendido, respectivamente nos Recurso Extraordinário nº 111.954/PR e AI-AgR nº 658.676/RS, que os empréstimos compulsórios e as contribuições especiais seriam espécies tributárias. Em razão disso, há quem diga, como Reis (2016), que a teoria pentapartida teria sido adotada pelo Supremo Tribunal Federal.

No Recurso Extraordinário nº 138.284, o então ministro do Supremo Tribunal Federal e relator do recurso, Carlos Velloso, proferiu voto no seguinte sentido:

> As diversas espécies tributárias, determinadas pela hipótese de incidência ou pelo fato gerador da respectiva obrigação (CTN, art. 4º), são as seguintes: a) os impostos (C.F., arts. 145, I, 153, 154, 155 e 156); b) as taxas (C.F., art. 145, II); c) as contribuições, que podem ser assim classificadas: c.l. de melhoria (C.F., art. 145, III); c.2. parafiscais (C.F., art. 149), que são: c.2.1. sociais, c.2.1.1. de seguridade social (C.F., art. 195, I, II, III), C.2.1.2. outras de seguridade social (C.F., art. 195, parág. 4º), c.2.1.3. sociais gerais (o FGTS, o salário-educação, C.F., art. 212, parág. 5º, contribuições para o SESI, SENAI, SENAC, C.F., art. 240); c.3. especiais: c.3.1. de intervenção no domínio econômico (C.F., art. 149) e c.3.2. corporativas (C.F., art. 149). Constituem, ainda, espécie tributária: d) os empréstimos compulsórios (C.F., art. 148) (BRASIL, 2021, a, p. 5).

Com base no acima exposto, é possível seguir orientação de que, apesar de a Constituição Federal não ter sido de todo explícita, reconheceu natureza tributária a cinco espécies de tributo, a saber: impostos, taxas, contribuições de melhoria, empréstimos compulsórios e contribuições especiais; nesse sentido, o entendimento de Schoueri (2021).

## 1.1 Natureza jurídica da contribuição de iluminação pública

Ainda que superada (em parte) a discussão acerca de qual teoria sobre as espécies tributárias teria sido adotada, surgiu controvérsia na jurisprudência pátria a respeito de qual a espécie tributária adequada para a classificação da contribuição para custeio da iluminação pública.

Antes da Emenda Constitucional nº 39, de 2002, houve casos ao redor do país de instituição de uma taxa de iluminação pública. Em decorrência disso, o Supremo Tribunal Federal editou enunciado vinculante (Súmula Vinculante nº 41) dispondo que a taxa de iluminação pública seria inconstitucional, uma vez que seu fato gerador possui caráter inespecífico e indivisível. Isso porque as taxas, conforme o artigo 77 do Código Tributário Nacional, possuem como fato gerador o exercício do poder de polícia ou a utilização, efetiva ou potencial, de serviço público específico e divisível.

Diante disso, a partir da Emenda Constitucional nº 39, de 2002, em claro ativismo constitucional, o poder constituinte derivado reformador facultou aos municípios e ao Distrito Federal instituir contribuição para o custeio do serviço de iluminação pública, uma vez observadas as limitações constitucionais ao poder de tributar. Instaurou-se, então, o debate sob o manto de qual espécie tributária a dita contribuição seria acolhida.

Velloso e Paulsen (2019) explicam que há duas principais correntes interpretativas a respeito do artigo 149-A da Constituição Federal: a de constitucionalização da antiga taxa de iluminação pública e a de autorização para a criação de efetiva contribuição.

A primeira corrente interpretativa, fundada em uma interpretação histórica, defende que a Emenda Constitucional nº 39/2002 teria constitucionalizado a antiga taxa de iluminação pública, dando-lhe denominação diversa. Tal posição sustenta a ideia de tratar-se de tributo destinado a cobrir prestação de serviço, mas cobrado a título *uti universi* e não *uti singuli*.

Já a segunda posição defende que a emenda teria garantido aos municípios a competência para instituir verdadeira contribuição. A corrente funda-se em interpretação literal do artigo 149-A da Constituição Federal, de modo a evitar a repudiada tese da constitucionalidade superveniente. Nesse sentido, o Supremo Tribunal Federal, no Recurso Extraordinário nº 346.084/PR, entendeu que o sistema jurídico brasileiro não contempla a figura da constitucionalidade superveniente, sobretudo pelo fato de a inconstitucionalidade gerar uma lei nula e com vício de origem insanável.

O Supremo Tribunal Federal, a seu turno, no Recurso Extraordinário nº 573.675 de Santa Catarina, ao analisar a natureza jurídica da contribuição de iluminação pública, definiu-a como tributo *sui generis*, que não se confunde com imposto, pois sua arrecadação possui finalidade específica, e tampouco com taxa, pois não exige contraprestação individualizada de um serviço ao contribuinte.

Assim, pode-se concluir que o Pretório Excelso se inclinou para a segunda corrente acima descrita, tendo lançado mão da expressão *sui generis* para definir o instituto e compatibilizá-lo com seus próprios entendimentos acerca da inconstitucionalidade da taxa de iluminação pública e da impossibilidade (em regra) da tese da constitucionalização superveniente.

## 1.2 Hipótese de incidência e sujeito passivo da contribuição de iluminação pública

Conforme Paulsen e Velloso (2019), não pode a hipótese de incidência da contribuição para o custeio da iluminação pública ser vinculada à prestação de serviço público específico e divisível, pois assim tratar-se-ia de taxa, e tampouco pode ser desvinculada de qualquer forma de atuação estatal, pois aproximar-se-ia de imposto ou contribuição especial.

Com efeito, a jurisprudência do Supremo Tribunal Federal relativa a tal contribuição *sui generis* faz com que a hipótese de incidência do tributo seja específica, devendo ser composta "pelo benefício *especial* advindo da iluminação pública que favoreça o imóvel de propriedade (ou posse) do contribuinte". Logo, a propriedade do contribuinte, conforme os autores citados, tem de ser favorecida pelo serviço de iluminação pública, sendo indevida a cobrança se ausente tal benefício especial.

Uma vez delimitada a hipótese de incidência da referida contribuição, relevante se faz a compreensão dos sujeitos passivos e modo de cobrança da exação.

Quanto a tais aspectos, ao disciplinar a contribuição de iluminação pública, o próprio texto constitucional permite a sua cobrança na fatura de energia elétrica:

> Art. 149-A Os Municípios e o Distrito Federal poderão instituir contribuição, na forma das respectivas leis, para o custeio do serviço de iluminação pública, observado o disposto no art. 150, I e III.
> *Parágrafo único. É facultada a cobrança da contribuição a que se refere o* caput, *na fatura de consumo de energia elétrica* (BRASIL, 2002, grifos nossos).

Nesse sentido, no Recurso Extraordinário nº 573.675 de Santa Catarina, foi estabelecido o entendimento de que a lei que restringe os contribuintes da contribuição de iluminação pública aos consumidores de energia elétrica do município não ofende o princípio da isonomia, diante da impossibilidade de se identificar e tributar todos os beneficiários do serviço de iluminação pública.

No mesmo julgado, estabeleceu-se, ainda, que a progressividade da alíquota, que resulta do rateio do custo da iluminação pública entre os consumidores de energia elétrica, não afronta o princípio da capacidade contributiva. Conforme voto do ministro relator, tal prática visa à justiça fiscal, que consiste na materialização, no plano fático, dos princípios da isonomia tributária e capacidade contributiva, na medida em que seria lícito supor que quem possui um consumo maior de energia, tem condições de pagar mais.

Diante de tais considerações, uma vez analisada a natureza jurídica da contribuição de iluminação pública, bem como seus sujeitos passivos, torna-se relevante compreender sua vinculatividade com a prestação dos serviços de iluminação pública, bem como o que se deve compreender em tal conceito.

## 2 Vinculatividade das receitas

Conforme mencionado anteriormente, com a edição da Emenda Constitucional nº 39, de 2002, diversos municípios editaram leis instituindo a cobrança da contribuição, e diversos foram os fins utilizados para o emprego dos recursos arrecadados, dando-se origem a variados posicionamentos jurisprudenciais a respeito do tema.

A princípio, a Constituição Federal não fornece muitos esclarecimentos a respeito do tributo, mas enuncia, expressamente, que a contribuição prevista no artigo 149-A do texto constitucional é destinada para o custeio do serviço de iluminação pública. Diante de tal redação, poder-se-ia ter por restrita a aplicação de dita contribuição ao custeio direto e imediato do serviço de iluminação pública, porém, como é lição corrente no âmbito jurídico, a norma, uma vez posta no ordenamento, desprende-se daquele que a fez e ganha contornos com base na interpretação dada pelos juristas e pela jurisprudência. Dito posicionamento muito se aproxima da hipótese não interpretativista da interpretação constitucional, corrente esta que defende que o intérprete, para se chegar ao conteúdo da norma, não deve se ater somente ao anseio da assembleia constituinte, mas deve interpretar a Constituição como um instrumento vivo.[1]

Diante disso, torna-se essencial analisar a elasticidade da expressão "custeio de serviço de iluminação pública" à luz da jurisprudência, seja dos tribunais jurídicos, seja das cortes de contas", a fim de que possa ser extraída a melhor interpretação de tal conceito.

Inicialmente, quanto a esse aspecto, é importante destacar que a Agência Nacional de Energia Elétrica (Aneel) editou nova regulamentação para os serviços de iluminação pública, por intermédio da Resolução nº 888 de 2020, que introduziu novo capítulo na Resolução Normativa nº 414 de 2010. Esta, por sua vez, estabelece condições gerais de fornecimento de energia elétrica, destinando capítulo específico para a iluminação pública.

A Resolução Normativa nº 414, após conceituar o serviço de iluminação pública como aquele que tem por objetivo exclusivo prover de claridade os logradouros públicos, de forma periódica, contínua ou eventual (artigo 2º XXXIX), assim dispõe:

> Art. 21. A elaboração de projeto, a implantação, expansão, operação e manutenção das instalações de iluminação pública são de responsabilidade do ente municipal ou de quem tenha recebido deste a delegação para prestar tais serviços.

---

[1] Nesse sentido, conferir OLIVEIRA, 1996.

§1º A distribuidora pode prestar os serviços descritos no caput mediante celebração de contrato específico para tal fim, ficando a pessoa jurídica de direito público responsável pelas despesas decorrentes.

§2º A responsabilidade de que trata o *caput* inclui os custos referentes à ampliação de capacidade ou reforma de subestações, alimentadores e linhas já existentes, quando necessárias ao atendimento das instalações de iluminação pública, observado o cálculo do encargo de responsabilidade da distribuidora disposto no Capítulo III.

A referida resolução dispõe, ainda, sobre a própria cobrança da contribuição para custeio, a ser realizada pelas distribuidoras, nas próprias faturas de energia elétrica:

Art. 26-C. A contribuição para o custeio do serviço de iluminação pública, instituída pela legislação do poder municipal ou distrital, deve ser cobrada pelas distribuidoras nas faturas de energia elétrica nas condições previstas nessa legislação e demais atos normativos desses poderes.

Relevante para o presente estudo o disposto no artigo 53-O da referida Resolução, que enquadra na classe iluminação pública as unidades consumidoras destinadas à iluminação de: (I) vias públicas destinadas ao trânsito de pessoas ou veículos, tais como ruas, avenidas, logradouros, caminhos, passagens, passarelas, túneis, estradas e rodovias; e (II) bens públicos destinados ao uso comum do povo, tais como abrigos de usuários de transportes coletivos, praças, parques e jardins, ainda que o uso esteja sujeito a condições estabelecidas pela administração, inclusive o cercamento, a restrição de horários e a cobrança.

Por outro lado, a mesma resolução, no §1º do artigo 53-O, exclui da classe iluminação pública o fornecimento que tenha como objetivo (I) qualquer forma de publicidade e propaganda; (II) a realização de atividades que visem a interesses econômicos; (III) a iluminação de vias internas de condomínios e (IV) atendimento a semáforos, radares e câmeras de monitoramento de trânsito.

Importante destacar, ainda, que a Associação Brasileira de Normas Técnicas (ABNT) editou a NBR 5101:2018, estabelecendo os requisitos para iluminação de vias públicas, propiciando segurança ao tráfego de pedestres e de veículos.

A iluminação pública tem como principal objetivo proporcionar visibilidade para a segurança do tráfego de veículos e pedestres, de forma rápida, precisa e confortável. Os projetos de iluminação pública devem atender aos requisitos específicos do usuário, provendo benefícios econômicos e sociais para os cidadãos, incluindo: redução de acidentes noturnos; melhoria das condições de vida, principalmente nas comunidades carentes; auxílio à proteção policial, com ênfase na segurança dos indivíduos e propriedades; facilidade do fluxo do tráfego; destaque a edifícios e obras públicas durante à noite; f) eficiência energética. A aplicação desta Norma irá produzir iluminação adequada e utilização racional da energia, se o projetista e o usuário utilizarem: lâmpadas, reatores e luminárias eficientes, com distribuições apropriadas para cada tipo de instalação; luminárias com posicionamento e alturas de montagem adequadas; um bom programa de manutenção, para assegurar a integridade do sistema e a preservação do nível de iluminação considerado no projeto (ABNT, 2018).

Trata-se de norma técnica que também pode ser utilizada como substrato para a compreensão do conceito de iluminação pública como aquele serviço que possui como escopo proporcionar visibilidade para a segurança do tráfego de veículos e pedestres.

Uma vez analisadas as balizas normativas e técnicas para a compreensão da elasticidade do conceito de serviço de iluminação pública, e a vinculatividade da contribuição de iluminação pública,[2] passa-se à análise da jurisprudência tanto do Supremo Tribunal Federal (como intérprete do texto constitucional, mais especificamente do artigo 149-A da Constituição, bem como dos princípios constitucionais tributários), quanto dos tribunais de contas estaduais (auxiliares do controle externo dos entes municipais, a ser realizado pelas câmaras municipais, nos termos do artigo 31, *caput* e §1º, da Constituição Federal).

## 2.1 Posicionamento do Supremo Tribunal Federal no Recurso Extraordinário nº 666.404/SP

O Supremo Tribunal Federal, questionado acerca da utilização da contribuição de iluminação pública para expansão e apri-

---

[2] É relevante destacar que, ao se falar em vinculação das receitas à prestação do serviço de iluminação pública, não se desconhece o disposto no artigo 76-B do Ato das Disposições Constitucionais Transitórias, com redação dada pela Emenda Constitucional nº 93/2016, que desvinculou, até 31 de dezembro de 2023, 30% das receitas municipais de órgão, fundo ou despesa, as quais, conforme alguns tribunais de contas (TCE-MG e TCE-ES), aplica-se às receitas oriundas da Contribuição para Custeio do Serviço de Iluminação Pública (CIP).

moramento da rede, reconheceu a Repercussão Geral ao Recurso Extraordinário nº 666.404 de São Paulo, posteriormente julgando o Tema nº 696. Foi estabelecida a constitucionalidade da aplicação dos recursos arrecadados para tal finalidade.

O voto vencedor, de relatoria do ministro Alexandre de Moraes, remeteu à Resolução Normativa nº 414, mencionada em tópico anterior, para fins de delimitar a compreensão acerca do que seria o serviço de iluminação pública, conforme a própria agência reguladora do setor de energia. O ministro destacou ainda que:

> O constituinte não pretendeu limitar o custeio do serviço de iluminação pública apenas às despesas de sua execução e manutenção. Pelo contrário, deixou margem a que o legislador municipal pudesse instituir a referida contribuição de acordo com a necessidade e interesse local, conforme disposto no art. 30, I e III, da Constituição Federal (BRASIL, 2021, b, p. 1).

Conforme o ministro, o serviço de iluminação pública é complexo e dinâmico, de modo que é legítimo que a contribuição se destine ao custeio de despesas relativas à expansão da rede e seu melhoramento para atender a demandas de crescimento urbano e às necessidades da população local.

O ministro Marco Aurélio fez a ressalva de que quanto mais abrangente for a noção de custeio do serviço, maior a carga tributária imposta. No entanto, em seu voto, o ministro Gilmar Mendes ponderou que a alegada oneração da contribuição para os destinatários da exação justifica-se em prol da prestação de serviço para a coletividade em geral, oneração esta que termina por equilibrar-se pela expansão da rede: isso, pois, ao se expandir a rede para levar iluminação pública a uma região anteriormente não atendida pelo serviço, amplia-se também a abrangência dos contribuintes atingidos pela norma.

Relevante para o presente estudo ainda o rol de atividades elencados pelo ministro Gilmar Mendes como melhoria da rede objetiva e prestação mais qualificada e eficiente do serviço de energia elétrica:

> Do mesmo modo, a melhoria da rede objetiva a prestação mais qualificada e eficiente do serviço, o que, em termos de iluminação pública, se traduz

(i) na redução das hipóteses de descontinuidade ou de interrupção do serviço;
(ii) na substituição de lâmpadas menos eficientes por lâmpadas mais econômicas;
(iii) na modernização de reatores e acessórios;
(iv) na aquisição de tecnologia destinada ao monitoramento efetivo do serviço;
(v) no emprego de sensores de pontos de luz, o que reduz de desperdícios de consumo; ou ainda, de forma mais avançada,
(vi) na aquisição de sistemas sustentáveis de energia, como a adoção do uso de placas de captação de luz solar, com redução impactante na conta pública de energia elétrica (BRASIL, 2021, b, p. 33-34).

Diante de tal posicionamento jurisprudencial, pode-se extrair a conclusão parcial de que (1) é constitucional a utilização de contribuição de iluminação pública para expansão e aprimoramento da rede elétrica, compreendendo-se a melhoria da rede objetiva e prestação mais eficiente do serviço, em atividades como: (a) redução das hipóteses de descontinuidade ou interrupção do serviço; (b) substituição por lâmpadas mais econômicas; (c) modernização de reatores e acessórios; (d) aquisição de tecnologia para monitoramento do serviço; (e) emprego de sensores de pontos de luz; (f) aquisição de sistemas sustentáveis de energia.

## 2.2 Posicionamento dos Tribunais de Contas Estaduais

Relevantes, ainda, para o presente estudo, análise dos posicionamentos dos tribunais de contas estaduais, na condição de auxiliares do controle externo dos entes municipais, a ser realizado pelas câmaras municipais, nos termos do artigo 31 *caput* e §1º da Constituição Federal).

## 2.2.1 Utilização da contribuição de iluminação pública para iluminação de Natal

O Tribunal de Contas de Minas Gerais, na Representação nº 838465, de relatoria do conselheiro Gilberto Diniz, julgou, no ano de

2017, caso concreto relativo à utilização de receitas da Contribuição para Iluminação Pública para custeio de idealização artística, implementação, operacionalização e manutenção do projeto de iluminação decorativa do evento "Natal Encantado 2010".

O tribunal entendeu que o tributo tem finalidade específica e adstrita à despesa com o serviço de iluminação pública. Sustentou que a utilização dos recursos da COSIP para pagamento de serviços de decorações natalinas não tem amparo legal e não se inclui em iluminação pública.

Nesse mesmo sentido, o Parecer nº 76/2017 do Tribunal de Contas do Estado do Mato Grosso. O município de Juara-MT questionou ao Tribunal de Contas Estadual a respeito da possibilidade de utilização dos recursos da COSIP no custeio de despesas natalinas a fim de iluminar vias, praças, passarelas, jardins e outros bens públicos de uso comum de livre acesso.

Atentou o tribunal que o excedente dos recursos deve ser aplicado de maneira consciente, pois, ao se alargar em demasia o conceito de "custeio do serviço de iluminação pública", permite-se que ao contribuinte seja repassado o custo de serviços não autorizados pela Constituição Federal em seu artigo 149-A.

Com fulcro no inciso XXXIX do artigo 2º da Resolução Normativa nº 414/2010 da Aneel, entendeu-se que iluminação pública é o "serviço público que tem por objetivo exclusivo prover de claridade os logradouros públicos, de forma periódica, contínua ou eventual". Tal conceito, para o Tribunal de Contas, seria taxativo, configurando iluminação pública somente o serviço público que fornece claridade aos logradouros, entendido como "fornecimento coletivo da irradiação de luz artificial (elétrica) de utilidade coletiva, ou seja, iluminação que se presta para iluminar bens públicos de uso comum" (p. 9 do TCE).

Diante de tal posicionamento, o TCE entendeu que a iluminação natalina, ainda que aplicada a bens de uso comum do povo, tem por finalidade o embelezamento, sendo ornamental, lúdica e decorativa, não sendo, porém, de utilidade para toda a coletividade. Logo, concluiu a corte que não poderia ser aplicada a receita de contribuição para custear a iluminação natalina.

## 2.2.2 Utilização da contribuição de iluminação pública para pagamento do salário de eletricistas responsáveis pela manutenção da rede e pagamento de faturas de energia elétrica de espaços esportivos

O Tribunal de Contas paranaense (TCE-PR), no Processo nº 1066695/14, foi consultado pelo município de Campo Mourão a respeito da aplicabilidade da receita de contribuição de iluminação pública em três situações distintas: pagamento dos vencimentos da equipe de eletricistas que fazem a manutenção da rede de iluminação pública; pagamento de faturas de energia elétrica dos espaços esportivos das comunidades e bairros do município e aquisição de materiais e serviços (postes e luminárias) nos espaços esportivos e parques de exposições.

O TCE-PR entendeu que a discussão deve perpassar, primeiramente, pela própria ideia de que a contribuição, diferentemente de impostos, destina-se à finalidade específica, não guardando correspondência com a retribuição de um serviço prestado.

Quanto à possibilidade de custeio dos vencimentos da equipe de eletricistas, o TCE-PR, tomando como base a Resolução nº 414/2010 da Aneel, ponderou que incumbe aos municípios os serviços de reparo e substituição de materiais de iluminação, bem como realizar o projeto de ampliação, manutenção e modernização do sistema de iluminação pública. Nesse sentido, entendeu ser indiscutível a necessidade de aporte de recursos suficientes para a manutenção dessas despesas e, com base em uma interpretação sistemática do artigo 149-A da CF, concluiu que o pagamento de vencimentos de eletricistas estaria incluso na ideia de "custeio da iluminação pública".

Já em relação aos outros dois questionamentos, entendeu-se que a ideia de custeio de iluminação pública deve basear-se em duas premissas: ser o serviço bem de uso comum e restringir-se à iluminação, ou seja, não englobar outras formas de consumo de energia elétrica. Portanto, considerando-se que espaços esportivos e parques de exposições, por normalmente não serem acessíveis a todos de forma indiscriminada, terem sido considerados bem de uso especial, entendeu o tribunal pela impossibilidade de utilização de recursos da contribuição.

### 2.2.3 Utilização da contribuição de iluminação pública para pagamento de Parceria Público-Privada para fins de modernização do serviço de iluminação pública

O Tribunal de Contas Estadual do Estado de Minas Gerais, na denúncia 977256, de lavra do conselheiro Wanderley Ávila, analisou caso concreto em que um município mineiro realizou pagamento de uma parceria público-privada com a receita da contribuição. O denunciante aduzia que o tributo diria respeito apenas ao custeio de iluminação pública, ao passo que o objeto da licitação seria mais amplo.

Sobre a discussão, a Corte de Contas mineira negou violação à Constituição Federal na hipótese de a contribuição ser utilizada para custeio de Parceria Público-Privada que possa modernizar o sistema de iluminação pública por intermédio de tecnologia que possa aprimorar outros serviços correlatos, contanto que o foco do uso seja a iluminação pública.

Destarte, extrai-se interpretação de que a corte entendeu por dar certa elasticidade ao termo "custeio do serviço de iluminação pública" constante na Constituição Federal e permitir uma maior abrangência da aplicação das receitas públicas auferidas por meio da Contribuição para Iluminação Pública.

### 2.2.4 Utilização da contribuição de iluminação pública para custeio de sistema de videomonitoramento

O Tribunal de Contas do Espírito Santo, no julgamento do processo TC nº 9.413/2015, que resultou o acórdão TC nº 732/2016, julgou hipótese concreta de edital licitatório, cujo objeto era a contratação de empresa para fornecimento de soluções de manutenção e suporte técnico, com cobertura total de peças para atendimento das necessidades de Centro Integrado de Monitoramento. Como dotação orçamentária, haviam sido indicados os recursos provenientes da Contribuição para o Custeio do Serviço de Iluminação Pública.

Como fundamento normativo para tal processo licitatório e dotação orçamentária, constava o artigo 1º da Lei nº 5.435/2015 do município de Cariacica, que previa a possibilidade de pagamento das despesas de aquisição, instalação, implementação e manutenção de sistema de videomonitoramento e de seus links com a receita da contribuição.

O Tribunal de Contas Estadual entendeu pela inconstitucionalidade do artigo 1º da lei municipal,[3] por compreender que o excesso de arrecadação com a Contribuição para Custeio de Iluminação Pública não poderia ser aplicado para aquisição, instalação, implementação e manutenção de sistemas de videomonitoramento e de seus links, pois tal entendimento desvirtuaria a previsão do artigo 149-A da CF.

Entende a Corte de Contas que a receita tributária se encontra vinculada ao fato gerador que lhe deu existência, a saber, custeio da iluminação pública, tendo a Lei Municipal extrapolado os limites legais, ao custear serviço sem qualquer pertinência com o fato gerador do tributo, "passando na verdade, a custear com tal receita serviço atinente à segurança pública" (p. 14 do acórdão).

## 3 A razão de decidir e os fundamentos dos casos acima como balizas para extração da aplicabilidade das receitas de Contribuição para Custeio de Iluminação Pública

A partir dos casos concretos elencados, podem ser extraídas balizas para a compreensão do conceito de serviço de iluminação

---

[3] Cumpre observar que a possibilidade de realização de controle de constitucionalidade pelos tribunais de contas é tema não somente controverso na doutrina como também na jurisprudência. A despeito do disposto na Súmula nº 347 da jurisprudência do Supremo Tribunal Federal, passou-se a entender que os tribunais de contas não poderiam realizar controle de constitucionalidade, mas sim orientar pela não aplicação da lei. O Supremo Tribunal Federal, nos Mandados de Segurança nº 35.490/DF, 35.494/DF, 35.498/DF e 35.500/DF, todos da lavra do ministro Alexandre de Moraes, julgados em 12 de abril de 2021, passou a entender que não cabe ao tribunal de contas, que não tem função jurisdicional, exercer o controle de constitucionalidade, estando a subsistência do verbete comprometida desde a promulgação da Constituição Cidadã.

pública, e, consequentemente, verificar as hipóteses a permitir a utilização da receita da referida contribuição. As principais hipóteses concretas analisadas encontram-se dispostas na tabela a seguir.

(continua)

| Hipótese de utilização dos recursos da COSIP | Possibilidade | Fundamento jurisprudencial ou normativo |
|---|---|---|
| **Hipóteses gerais** | | |
| Prover de claridade os logradouros públicos, de forma periódica, contínua ou eventual | É permitido o custeio | Artigo 2º, XXXIX, da Resolução Normativa nº 414 de 2010 da ANEEL |
| Prover iluminação de: (I) vias públicas destinadas ao trânsito de pessoas ou veículos, tais como ruas, avenidas, logradouros, caminhos, passagens, passarelas, túneis, estradas e rodovias; e (II) bens públicos destinados ao uso comum do povo, tais como abrigos de usuários de transportes coletivos, praças, parques e jardins, ainda que o uso esteja sujeito a condições estabelecidas pela administração, inclusive o cercamento, a restrição de horários e a cobrança | É permitido o custeio | *Caput* do artigo 53-O, da Resolução Normativa nº 414 de 2010 da ANEEL |
| Produção de iluminação adequada mediante utilização de: a) lâmpadas, reatores e luminárias eficientes, com distribuições apropriadas para cada tipo de instalação; b) luminárias com posicionamento e alturas de montagem adequadas; c) um bom programa de manutenção, para assegurar a integridade do sistema e a preservação do nível de iluminação considerado no projeto | É permitido o custeio | ABNT NBR 5101:2018 |

(conclusão)

| Hipótese de utilização dos recursos da COSIP | Possibilidade | Fundamento jurisprudencial ou normativo |
|---|---|---|
| Fornecimento que tenha como objetivo (I) qualquer forma de publicidade e propaganda; (II) a realização de atividades que visem a interesses econômicos; (III) a iluminação de vias internas de condomínios; e (IV) atendimento a semáforos, radares e câmeras de monitoramento de trânsito. | Não é permitido o custeio | §1º do artigo 53-O da Resolução Normativa nº 414 de 2010 da ANEEL |
| **Hipóteses específicas** | | |
| Expansão e aprimoramento da rede: (a) redução das hipóteses de descontinuidade ou interrupção do serviço; (b) substituição por lâmpadas mais econômicas; (c) modernização de reatores e acessórios; (d) aquisição de tecnologia para monitoramento do serviço; (e) emprego de sensores de pontos de luz; (f) aquisição de sistemas sustentáveis de energia. | É permitido o custeio | Recurso Extraordinário nº 666.404 SP, do Supremo Tribunal Federal |
| Custeio de iluminação de Natal | Não é permitido o custeio | Representação nº 838465 (TCE MG); parecer nº 76/2017 (TCE MT) |
| Pagamento do salário de eletricistas responsáveis pela manutenção da rede | É permitido o custeio | Processo nº 1066695/14 (TCE PR) |
| Pagamento de faturas de energia elétrica de espaços esportivos | Não é permitido o custeio | Processo nº 1066695/14 (TCE PR) |
| Pagamento de Parceria Público-Privada para fins de modernização do serviço de iluminação pública | É permitido o custeio | Denúncia nº 977256 (TCE MG) |
| Custeio de sistema de videomonitoramento | Não é permitido o custeio | Processo TC-9413/2015 (TCE ES) |

## Considerações finais

A partir da análise das disposições constitucionais, normativas e dos julgados, tanto do Supremo Tribunal Federal quanto dos tribunais de contas estaduais, extraem-se as seguintes balizas, no tocante à possibilidade ou não de utilização das receitas da Contribuição de Iluminação Pública:

a) Podem ser utilizadas as receitas para expansão e aprimoramento da rede elétrica, compreendendo-se em tal conceito a melhoria da rede objetiva e prestação mais eficiente, com redução das hipóteses de descontinuidade ou interrupção, substituição por lâmpadas mais econômicas, modernização de reatores e acessórios, aquisição de tecnologia para monitoramento do serviço; emprego de sensores de ponto de luz e aquisição de sistemas sustentáveis de energia – entendimentos que embasam tal conclusão: RE nº 666.404 e Tema nº 696 do STF.

b) Deve a despesa estar relacionada aos serviços de ampliação, manutenção e modernização do sistema de iluminação ou o reparo ou substituição dos componentes deste, ainda que aplicada a serviços correlatos, porém, desde que o foco do uso seja a iluminação pública de bens de uso comum – entendimentos que embasam tal conclusão: Denúncia nº 977.256 do TCE/MG, Processo nº 1066695/14 do TCE/PR.

c) Serviço de iluminação pública é aquele que garante o provimento de claridade a logradouros públicos, de forma periódica, contínua ou eventual – entendimentos que embasam tal conclusão: Representação nº 838465 do TCE MG e parecer nº 76/2017 do TCE MT.

d) Não pode a despesa visar somente ao embelezamento dos logradouros – entendimentos que embasam tal conclusão: Representação nº 838465 do TCE MG e Parecer nº 76/2017 do TCE MT.

e) A despesa a ser custeada não pode desvirtuar-se da previsão do artigo 149-A da Constituição Federal, ou seja, não pode impor ao contribuinte o custeio de despesas que não se encontram vinculadas com a iluminação pública, fato gerador do próprio tributo – entendimento que embasa tal conclusão: Processo nº 9.413/2015 do TCE/ES.

Sustenta-se que tais premissas permitem uma melhor compreensão acerca do conceito de serviço de iluminação pública, de modo a orientar os gestores públicos e demais aplicadores do Direito, quando da aplicação dos recursos decorrentes da contribuição de iluminação pública, de modo que seja otimizada a prestação do referido serviço sem que seja imposta carga tributária desproporcional aos contribuintes.

## Referências

ASSOCIAÇÃO BRASILEIRA DE NORMAS TÉCNICAS. *NBR 5101: Iluminação Pública: Procedimentos.* Rio de Janeiro: ABNT, 2018.

ATALIBA, Geraldo. *Hipótese de incidência tributária.* 6. ed. São Paulo: Malheiros, 2005.

CARRAZZA, Roque Antonio. *Curso de Direito Constitucional Tributário.* 27. ed. São Paulo: Malheiros, 2011.

MACHADO, Hugo de Brito. *Curso de Direito Tributário.* 31. ed. São Paulo: Malheiros, 2010.

OLIVEIRA, Márcio Nunes Iorio Aranha. Jurisdição constitucional e política: interpretativismo, não-interpretativismo e suas alternativas políticas e jurídicas: teoria estética? estudo da obra *Contemporary Constitutional Lawmaking*, de Lief H. Carter. *Revista de Informação Legislativa*, Brasília, v. 33, n. 132, p. 297-311, out./dez. 1996. Disponível em: http://www2.senado.gov.br/bdsf/item/id/176505. Acesso em: 27 set. 2021.

PAULSEN, Leandro; VELLOSO, Andrei Pitten. *Contribuições no sistema tributário brasileiro.* São Paulo: Editora Saraiva, 2019.

REIS, Sidnei dos. A relevância da Teoria Pentapartida para a classificação jurídica das contribuições especiais no âmbito do Direito Tributário. *Revista Saberes*, v. 4, n. 1, jan./jul., p. 54-71, 2016.

SCHOUERI, Luís Eduardo. *Direito Tributário.* São Paulo: Editora Saraiva, 2021.

BRASIL. Emenda Constitucional nº 39, de 19 de dezembro de 2002. Acrescenta o art. 149-A à Constituição Federal (Instituindo contribuição para custeio do serviço de iluminação pública nos Municípios e no Distrito Federal). *Diário Oficial da União*: Brasília, DF, 2002. Shttps://www.planalto.gov.br/ccivil_03/constituicao/emendas/emc/emc39. htm#:~:text=149%2DA%20Os%20Munic%C3%ADpios%20e,de%20consumo%20de%20 energia%20el%C3%A9trica.%22. Acesso em: 25 set. 2021.

BRASIL. Supremo Tribunal Federal. *Recurso Extraordinário 346.084/PR.* Recorrente: Divesa Distribuidora Curitibana de Veículos S/A. Recorrida: União. Relator: Min. Ilmar Galvão, 9 de novembro de 2005. *Dje*: Brasília, DF, 2005. Disponível em: https://redir.stf. jus.br/paginadorpub/paginador.jsp?docTP=AC&docID=261096. Acesso em: 25 set. 2021.

BRASIL. Supremo Tribunal Federal. Recurso Extraordinário número 666.404/SP. Recorrente: Município de São José do Rio Preto. Recorrido: Aparecida Gonçalves Marques. Relator: Min. Alexandre de Moraes, 18 agosto de 2020. *Dje*: Brasília, DF, 2020. Disponível em: https://redir.stf.jus.br/paginadorpub/paginador.jsp?docTP=TP&docID=753727950. Acesso em: 24 ago. 2021.

ESPÍRITO SANTO. Tribunal de Contas do Estado do Espírito Santo. *Processo 9.413/2015* e *Acórdão 732/2016*. Representante: Celso Andreon. Jurisdicionado: Câmara Municipal de Cariacica. Relator: Luis Carlos Cicilliotti da Cunha, 8 de março de 2016. Disponível em: https://www.tcees.tc.br/inconstitucional-lei-que-utiliza-taxa-de-iluminacao-publica-para-servico-de-videomonitoramento/ . Acesso em: 27 ago. 2021.

MATO GROSSO. Tribunal de Contas do Estado de Mato Grosso. *Processo 28.688-0/2017*. Interessado: Prefeitura Municipal de Juara/MT. Relator: Consel. Interino Isaías Lopes Cunha, 2 de outubro de 2017. Disponível em: https://www.tce.mt.gov.br/protocolo/documento/num/286680/ano/2017/numero_documento/276757/ano_documento/2017/hash/43fce8c01dbc54ad63e65620cfe4a5de+&cd=1&hl=pt-BR&ct=clnk&gl=br. Acesso em: 27 ago. 2021.

MINAS GERAIS. Tribunal de Contas do Estado de Minas Gerais. *Representação 838.465*. Representante: Maria Cecília Figueiredo Opipari. Representadas: Gláucia Aparecida Costa Boaretto e Salma Maria Neder Camacho. Relator: Conselheiro Gilberto Diniz. Belo Horizonte, 21 de setembro de 2017. Disponível em: https://tcjuris.tce.mg.gov.br/Home/Detalhes/838465#!. Acesso em: 24 ago. 2021.

MINAS GERAIS. Tribunal de Contas do Estado de Minas Gerais. *Denúncia 977526*. Denunciante: José Firmino do Carmo Júnior. Órgão: Prefeitura Municipal de Contagem. Relator: Conselheiro Wanderley Ávila. Belo Horizonte, 07 de fevereiro de 2018. Disponível em: https://tce-mg.jusbrasil.com.br/jurisprudencia/649169078/denuncia-den-977526/inteiro-teor-649169225. Acesso em: 26 ago. 2021.

PARANÁ. Tribunal de Contas do Estado do Paraná. *Processo 1.066.695/14*. Interessado: Regina Massaretto Bronzel Dubay. Relator: Conselheiro Ivens Zschoerper Linhares. Curitiba, 23 de abril de 2015. Disponível em: https://www1.tce.pr.gov.br/multimidia/2015/8/pdf/00280304.pdf. Acesso em: 26 ago 2021.

---

Informação bibliográfica deste texto, conforme a NBR 6023:2018 da Associação Brasileira de Normas Técnicas (ABNT):

FLORIANO, Eduardo de Souza; CARVALHO, Marcus Mota Monteiro de; AYUPE, Carolina Guimarães; NETO, Hugo Vidigal Ferreira. Parâmetros para a aplicação da receita oriunda da Contribuição para o Custeio do Serviço de Iluminação Pública (COSIP): análise da jurisprudência do STF e dos tribunais de contas estaduais. *In*: DOSSO, Taisa Cintra; TAVARES, Gustavo Machado; SILVA, Thiago Viola Pereira da. (Coords.). *Direito Municipal em Debate*. Belo Horizonte: Fórum, 2022. p. 193-212. ISBN 978-65-5518-406-8.

# A EXTRAFISCALIDADE DO IPTU COMO INSTRUMENTO DE POLÍTICA URBANA: UMA ANÁLISE PARA ALÉM DA PROGRESSIVIDADE NO TEMPO

**SUELANE FERREIRA SUZUKI**

## 1 Introdução

A Constituição da República Federativa do Brasil de 1988 (CRFB/88) atribuiu aos municípios a incumbência de executar a política de desenvolvimento urbano a partir das diretrizes fixadas no processo de planejamento geral de âmbito local, com o fim de ordenar o pleno desenvolvimento das funções sociais da cidade e garantir o bem-estar de seus habitantes.

Nesse contexto, a utilização do Imposto sobre a Propriedade Predial e Territorial Urbana (IPTU) com fins extrafiscais desempenha importante papel, porquanto se mostra apta a fomentar o cumprimento da função social da propriedade urbana, que, por exigência constitucional, materializa-se no atendimento das exigências fundamentais de ordenação da cidade expressas no plano diretor.

O legislador constituinte, atento a essa possibilidade, expressamente disciplinou a possibilidade de utilização do IPTU com fins urbanísticos, mediante a previsão da progressividade das suas alíquotas no tempo, em situações específicas em que o imóvel urbano não atenda a sua função social, hipótese que apresente nítido viés sancionador.

Dentro desse cenário, o presente artigo se propõe a analisar, à luz do ordenamento jurídico brasileiro, a possibilidade de utilização da extrafiscalidade do IPTU como instrumento de concretização da função social da propriedade, para além da progressividade no tempo, em especial pelo estabelecimento de alíquotas seletivas.

Uma análise mais aprofundada dessa questão se justifica diante da judicialização de conflitos entre contribuintes e municípios tendo como pano de fundo a (in)constitucionalidade da utilização do caráter seletivo das alíquotas de IPTU com fins extrafiscais, visando à concretização de objetivos próprios da política urbana.[1]

Para a consecução do presente trabalho, far-se-á uso do método de abordagem dedutivo, em conjugação com a técnica de levantamento bibliográfico, a partir de material publicado em livros, artigos e outras publicações científicas, bem como da pesquisa documental, nos repositórios oficiais de legislação e jurisprudência.

Com vistas a responder o problema proposto, inicia-se com uma análise do papel constitucionalmente atribuído aos municípios na execução da política urbana, para então expor a relação existente entre a política urbana e a função social da propriedade, traçar o perfil do IPTU como instrumento dessa política e, ao final, refletir acerca da utilização da seletividade das alíquotas do referido tributo como forma de concretização da função social da propriedade urbana.

## 2 O papel dos municípios na execução da política urbana

A CRFB/88 inovou ao trazer um capítulo inteiramente dedicado à política urbana (SILVA, 2006, p. 816) inserido no título que trata da ordem econômica e financeira.

Embora não se olvide das competências atribuídas à União para a elaboração de planos nacionais e regionais de ordenação do território (art. 21, §IX, CRFB/88) e a instituição de diretrizes para o desenvolvimento urbano (art. 21, §XX, CRFB/88), nem aos estados, seja em caráter residual (art. 25, §1º, CRFB/88), seja para a instituição de unidades regionais (art. 21, §3º, CRFB/88), é certo que, no âmbito intraurbano, a elaboração e a execução da política urbana são atribuições exclusivas do poder público municipal (art. 182, *caput*, CRFB/88).

---

[1] Como exemplo recente, pode-se citar a instauração do Incidente de Arguição de Constitucionalidade Cível nº 0005077-58.2021.8.26.0000 perante o Órgão Especial do Tribunal de Justiça do Estado de São Paulo.

A incumbência de promover o planejamento e gestão do ambiente urbano não poderia mesmo ser conferida a ente diverso, sob pena de incompatibilidade com as demais competências legislativas e administrativas constitucionalmente estabelecidas para os municípios, notadamente a de legislar sobre assuntos de interesse local (art. 30, §I, CRFB/88) e promover, no que couber, o adequado ordenamento territorial, mediante planejamento e controle do uso, do parcelamento e da ocupação do solo urbano (art. 30, §VIII, CRFB/88).

A política de desenvolvimento urbano, como espécie de política pública, concretiza-se por intermédio de ações governamentais, idealizadas e geridas em busca do alcance de determinados fins (SOUZA, 2006), e presumivelmente postas como produto de um processo de planejamento. Nas palavras de Libório e Saule Júnior (2017), a política urbana, "como política pública, materializa-se na forma de um programa de ação governamental voltado à ordenação dos espaços habitáveis, abrangendo, dessa forma, tanto o planejamento quanto a gestão das cidades".

Para Silva (2018, p. 135), "considera-se processo de planejamento a definição de objetivos determinados em função da realidade local e da manifestação da população, a preparação dos meios para atingi-los, o controle de sua aplicação e a avaliação dos resultados obtidos". Dentro desse cenário, o plano diretor surge como o instrumento básico da política de desenvolvimento e de expansão urbana (art. 182, §1º, CRFB/88), a qual é constitucionalmente vocacionada a ordenar o pleno desenvolvimento das funções sociais da cidade e garantir o bem-estar dos seus habitantes (art. 182, *caput*, CRFB/88).

O planejamento urbanístico local, todavia, não se esgota no plano diretor, que enquanto "(...) *plano urbanístico geral*, constitui parte integrante do processo de planejamento municipal, devendo o plano plurianual, as diretrizes orçamentárias, e o orçamento anual incorporar as diretrizes e as prioridades nele contidas" (SILVA, 2018, p. 138). Nesse sentido, somam-se ao plano diretor, de caráter geral, outros de caráter parcial ou especial, de que são exemplos os planos de zoneamento e renovação urbana.

Ao lado dos instrumentos de planejamento urbanístico, há ainda os instrumentos que se inserem no contexto da gestão urbana, e podem ser utilizados pelos municípios com vistas a dar concretude aos objetivos da política urbana, muitos dos quais se encontram elencados e disciplinados em termos gerais pela Lei nº 10.257/2001 – Estatuto da Cidade. Tais instrumentos, no entender de Silva (2018, p. 412-413), "(...) são de variada natureza e distribuem-se em quatro grupos: *instrumentos de atuação urbanística*, de *aproveitamento adequado compulsório*, de *controle urbanístico* e de *composição dos custos urbanísticos*".

Como se verá mais detalhadamente adiante, o IPTU como instrumento urbanístico pode servir às municipalidades tanto como um instrumento para o aproveitamento adequado compulsório do solo urbano, quanto como um instrumento de composição dos custos urbanísticos, a depender da técnica ou instituto tributário utilizado no caso concreto.

## 3 A política urbana e a função social da propriedade

O direito de propriedade desponta na CRFB/88 com a qualidade de direito constitucional de jaez fundamental (art. 5º, §XXII, CRFB/88). Logo em seguida, entretanto, com o mesmo patamar de fundamentalidade, surge a imposição de que a propriedade atenda a sua função social (art. 5º, §XXIII, CRFB/88).

Mais adiante, o legislador constituinte, relaciona a propriedade privada como princípio da ordem econômica, que tem por objetivo assegurar a todos a existência digna, conforme os ditames da justiça social (art. 170, *caput*, CRFB/88). Na disciplina específica da política urbana, que como dito, encontra-se inserida no título que trata da ordem econômica e social, o conteúdo da função social da propriedade urbana é explicitado, passando a corresponder ao atendimento das exigências fundamentais de ordenação da cidade expressas no plano diretor (art. 182, §3º, CRFB/88).

No dizer de Collado (1979, p. 118 citado por SILVA, 2006, p. 283), a função social "(...) introduziu, na esfera interna do direito de propriedade, um interesse que pode não coincidir com o do proprietário e que, em todo caso, é estranho ao mesmo". Em outras palavras, trata-se não somente de mera condicionante do seu exercício, mas de atributo do próprio direito de propriedade. De sorte que, doravante, a substância mesma do direito de propriedade se esvazia quando o seu uso se afasta daquele idealizado no plano diretor.

O atendimento da função social da propriedade urbana passa a se configurar, assim, como pressuposto para a consecução dos objetivos da política urbana, ou, para dizer de outro modo, como meio para o atingimento do fim maior que é resultado do pleno exercício das funções sociais da cidade.

Considerando a centralidade do conceito de função social no contexto da execução da política de desenvolvimento urbano, o legislador constituinte se preocupou em aparelhar os municípios com ferramental idôneo a garantir que a propriedade urbana atenda àquele preceito. Na mesma linha, o legislador infraconstitucional elencou e disciplinou no âmbito do Estatuto da Cidade instrumentos com vistas a fomentar a compatibilização dos usos da propriedade urbana às diretrizes do plano diretor.

Nesse cenário, como será exposto de forma mais minudente a seguir, o IPTU representa importante instrumento de que podem se valer os gestores municipais a fim de induzir os proprietários a adequar os usos dos imóveis urbanos, em ordem ao pleno atendimento de sua função social.

## 4 O IPTU como instrumento de política urbana

A CRFB/88, em seu art. 156, § I, conferiu aos municípios a competência para instituir o IPTU, dando continuidade, neste ponto, a um modelo de repartição de competências tributárias que remonta à Constituição de 1934 (MACHADO, 2008; MINARDI, 2015).

Tal atribuição se coaduna com as já mencionadas competências legislativas e administrativas constitucionalmente estabelecidas para os municípios de legislar sobre assuntos de interesse local; promover o adequado ordenamento territorial, mediante planejamento e controle do uso, do parcelamento e da ocupação do solo urbano; e executar a política de desenvolvimento urbano, com o fim de ordenar o pleno desenvolvimento das funções sociais da cidade e garantir o bem-estar de seus habitantes.

A manutenção da competência para legislar e arrecadar o IPTU no âmbito municipal se alinha também com a necessidade já citada de concretização da função social da propriedade, que, especificamente no que diz respeito ao solo urbano, materializa-se no atendimento das exigências fundamentais de ordenação da cidade expressas no plano diretor, instrumento básico da política de desenvolvimento e expansão urbana, elaborado pelo Poder Executivo e aprovado pela Câmara Municipal, com previsão de ampla participação da população local (art. 40, §4º, Lei nº 10.257/2001 – Estatuto da Cidade).

Isso ocorre porque todo e qualquer tributo exerce, ao lado da já tradicional função fiscal, consistente em carrear recursos aos cofres públicos, outra de caráter extrafiscal – mais ou menos expressiva a depender do caso concreto – como instrumento de intervenção do Estado na economia (AMARO, 2019; COÊLHO, 2020; MACHADO, 2008; MEIRELLES, 2021; MINARDI, 2015; PAULSEN, 2020), chegando-se a afirmar até que "(...) a simples tributação já tem conteúdo extrafiscal, por levar o contribuinte a se preocupar com os resultados de sua atividade, realizando ou não a situação prevista como fato gerador" (MEIRELLES, 2021, p. 170).

De modo que a mera decisão política direcionada à instituição e efetiva arrecadação do IPTU – ainda que fora do campo dos instrumentos tributários tipicamente regulatórios – já se mostra idônea a impactar, seja fomentando, seja desestimulando, o comportamento dos indivíduos no exercício do direito de propriedade, refletindo, consequentemente, na concretização das funções sociourbanísticas da cidade.

Especificamente sobre a função extrafiscal do IPTU, entendem De Cesare, Fernandes e Cavalcanti (2015, p. 18) que

> (...) apresenta potencial para integrar uma estratégia mais ampla de desenvolvimento urbano, estruturada para melhorar o ordenamento territorial, evitar a ociosidade da terra urbanizada, recuperar as mais valias produzidas por investimentos públicos, mitigar a informalidade, legitimar a posse quando viável e universalizar a provisão de serviços públicos.
> Isso acontece porque um imposto sobre a terra aumenta o custo de retenção da terra ociosa, pois reduz o retorno econômico de especuladores, promovendo a disponibilização de terra para uso e ocupação.

A relação existente entre a tributação da terra urbana e a política urbanística não é nova, já tendo sido objeto de discussão, por exemplo, na Conferência das Nações Unidas sobre Assentamentos Humanos (Habitat I), ocorrida no ano de 1976 em Vancouver (Canadá), cujo relatório final recomendou que no âmbito nacional os Estados partes utilizassem a tributação imobiliária urbana como forma de controlar as mudanças nos usos do solo e de recuperar a mais valia gerada em decorrência de investimentos públicos e do desenvolvimento da comunidade (ONU, 1976, p. 65).

Nesse ponto, restou consignando ainda no referido relatório que o tributo incidente sobre a propriedade imobiliária urbana não deve ser encarado apenas como mais uma fonte de receitas para os cofres públicos, mas também, e principalmente, como uma poderosa ferramenta de fomento ao desenvolvimento de determinadas localidades, controle do mercado imobiliário e de justa redistribuição dos benefícios decorrentes do processo de urbanização.

O legislador constituinte, reconhecendo a interferência recíproca existente entre a tributação da propriedade urbana e a política de ordenação das funções sociais da cidade, expressamente consignou a possibilidade de utilização da extrafiscalidade do IPTU com um viés urbanístico, autorizando que se exija do proprietário de solo urbano não edificado, subutilizado ou não utilizado, localizado em áreas previamente incluídas no plano diretor, a promoção do adequado aproveitamento do seu imóvel, sob pena, entre outras sanções, de imposição de alíquotas progressivas no tempo (art. 182, §4º, § I, CRFB/88).

Esse regramento específico conferido pela CRFB/88 à disciplina do IPTU progressivo no tempo se justificou para evitar questionamentos sobre a sua legalidade, uma vez que

> (...) se não autorizada por dispositivo constitucional expresso, a progressividade em razão do tempo poderia ser impugnada, ao argumento de que constitui verdadeira sanção de ato ilícito, sendo contrária, portanto, ao conceito de tributo. Assim, tem-se que a norma do art. 182, §4º, teve a finalidade específica de afastar argumentos contrários àquela forma especial de progressividade (MACHADO, 2008, p. 391).

Na mesma linha, o Estatuto da Cidade, visando disciplinar o uso da propriedade urbana à luz da sua função social, embora tenha elencado o IPTU de maneira ampla como um dos instrumentos tributários da política urbana (art. 4º, § IV, "a" e "c"), limitou-se a dispor de forma mais minudente apenas acerca da previsão constitucional de utilização de alíquotas progressivas no tempo (art. 7º), a qual se insere no contexto do parcelamento, edificação ou utilização compulsórios (arts. 5º e 6º).

O destaque dado à técnica da progressividade ofuscou a compreensão da extrafiscalidade urbanística do IPTU em toda a sua amplitude, levando a um negligenciamento e muitas vezes, como se verá, até a uma negação de outras possibilidades de utilização do referido tributo como instrumento de política urbana. Entretanto, a existência de um regramento mais detalhado da progressividade no tempo não significa que a utilização da extrafiscalidade urbanística do referido tributo se limite a tal instituto.

O próprio texto constitucional prevê outra possibilidade de utilização do IPTU com fins extrafiscais – embora sem expressamente vinculá-la ao cumprimento da função social da propriedade –, ao autorizar que as suas alíquotas sejam diferenciadas de acordo com a localização e o uso do imóvel (art. 156, §1º, §II, CRFB/88), hipótese que na doutrina se convencionou denominar de seletividade das alíquotas do IPTU (COÊLHO, 2020; MACHADO, 2008; MEIRELLES, 2021; PAULSEN, 2020) e será analisada com mais vagar adiante.

O Estatuto da Cidade, por seu turno, consigna ainda que os tributos que incidem sobre imóveis urbanos serão diferenciados em função do interesse social (art. 47), mais que uma mera autorização tal preceito representa, em verdade, diretriz a ser observada de forma cogente pelo legislador municipal por ocasião da disciplina do IPTU em âmbito local.

Nesse sentido, mostra-se frequente, por exemplo, leis isentivas premiarem e, por consequência, fomentarem condutas desejáveis do ponto de vista do uso e ocupação do solo urbano, com vistas a concretizar os objetivos do plano diretor, que como já dito se conformam para alcançar o pleno desenvolvimento das funções sociais da cidade e da propriedade urbana.

A seletividade como instrumento de extrafiscalidade urbanística, objeto central do presente trabalho, será mais bem analisada a seguir, partindo-se do pressuposto da sua compatibilidade com o ordenamento jurídico brasileiro, premissa que se fundamenta nas conclusões até aqui colacionadas.

## 5  A utilização da seletividade do IPTU como forma de concretização da função social da propriedade urbana

Haja vista a ainda tímida utilização da técnica da progressividade no tempo (AFONSO; ARAUJO; NÓBREGA, 2013), os demais usos extrafiscais do IPTU com finalidade urbanística, de que é exemplo a utilização de alíquotas seletivas – apesar de relegados a segundo plano no debate jurídico – exercem na prática significativa influência na ordenação das cidades brasileiras, merecendo, portanto, uma maior atenção da comunidade acadêmica, no sentido de propiciar uma compatibilização mais adequada e eficiente aos objetivos da política urbana e fixar os limites dessa tributação frente aos direitos dos contribuintes e ao interesse público, norteador de toda e qualquer ação pública.

Ressalte-se que o Plano de Implementação de Quito para a Nova Agenda Urbana, resultado da Conferência das Nações Unidas sobre Habitação e Desenvolvimento (Habitat III), ocorrida em 2016 em Quito (Equador), consigna expressamente a necessidade de os Estados partes implementarem ações com vistas a "aproveitar e compartilhar o incremento no valor da terra e da propriedade gerado como resultado de processos de desenvolvimento urbano, projetos de infraestrutura e investimentos públicos" (ONU, 2019, p. 34), por meio de políticas fiscais que impeçam que a valorização imobiliária seja apropriada exclusivamente por particulares e desestimulem a especulação imobiliária e fundiária.

A necessidade de uma interação mais efetiva entre a política fiscal e o planejamento urbano, bem como de "geração de receitas fundiárias [que] não resultem no uso e consumo insustentáveis da terra" (ONU, 2019, p. 34) urbana está, assim, na ordem do dia das agendas dos gestores no caminho para a construção de cidades sustentáveis.

Nesse contexto, a partir da técnica da seletividade, a incidência da tributação é adequada ao contexto no qual se insere o objeto tributado, visando, como regra, à concretização do princípio da capacidade contributiva. Ocorre que "(...) também para fins extrafiscais se pode fazer uso da seletividade, estimulando o consumo pela redução da carga tributária para determinados produtos e inibindo para outros mediante elevação da alíquota a eles aplicável" (PAULSEN, 2020).

Com relação especificamente ao IPTU, em razão da natureza do seu fato gerador, os efeitos extrafiscais de cunho urbanístico "(...) possuem um impacto maior quando a incidência do imposto é mais elevada sobre o valor da terra do que sobre o valor das construções ou, ao menos, quando alíquotas mais elevadas incidem sobre os terrenos sem utilização" (DE CESARE; FERNANDES; CAVALCANTI, 2015, p. 18).

Para Meirelles (2021, p. 176-177), nada há que obste a utilização da extrafiscalidade do IPTU

> (...) mediante gradação de sua alíquota, a fim de propiciar a implantação de planos urbanísticos locais ou para atender a outras conveniências coletivas, tendo em vista o princípio que prescreve a função social da propriedade (CF, art. 156, I, e §1º). Assim, pode e deve ser agravado o imposto relativamente aos terrenos baldios centrais, para compelir os proprietários a edificar, evitando-se o desnecessário espraiamento da cidade, sempre prejudicial aos serviços públicos; do mesmo modo como pode e deve ser agravado o incidente sobre edificações além de uma determinada área construída, quando o que se deseja é coibir o aumento populacional de zona já saturada.

No campo da extrafiscalidade, o Estatuto da Cidade assentou como diretriz geral da política urbana a necessidade de adequação dos instrumentos de política tributária aos objetivos do desenvolvimento das cidades, visando privilegiar os investimentos geradores de bem-estar geral e a fruição dos bens pelos diferentes segmentos sociais (art. 2º, §X), estabelecendo em acréscimo que os tributos que incidem sobre imóveis urbanos serão diferenciados em função do interesse social.

Em que pesem tais constatações, observa-se que ainda há resistência e questionamentos ao uso da seletividade das alíquotas do IPTU com fins urbanísticos, ao argumento de que apenas por intermédio da técnica da progressividade das alíquotas no tempo seria possível se utilizar do IPTU com vistas a estimular o atendimento da função social da propriedade urbana.

Com base nesse e em outros fundamentos, nos autos do Mandado de Segurança nº 1000334-90.2019.8.26.0506, determinado contribuinte do IPTU buscou a declaração da inexigibilidade do tributo incidente sobre o seu imóvel, tendo obtido em primeira instância sentença favorável que entendeu ser a lei municipal inconstitucional por prever alíquotas diferenciadas em razão de o imóvel estar ou não cumprindo a sua função social, nos termos previstos no plano diretor, sem observância da ordem de medidas estabelecidas no §4 do art. 182 da CRFB/88.

Em outras palavras, a decisão em questão entendeu ser incompatível com o texto constitucional a utilização da seletividade das alíquotas de IPTU com vistas à concretização da função social da propriedade, afirmando que só mediante a prévia notificação para fins de parcelamento ou edificação compulsório seria possível a cobrança de alíquotas diferenciadas de IPTU com vistas ao atendimento de fins extrafiscais de caráter urbanístico.

O referido entendimento, contudo, não foi confirmado quando do julgamento pelo Órgão Especial do Tribunal de Justiça do Estado de São Paulo da Arguição de Inconstitucionalidade nº 0005077-58.2021.8.26.0000, oriundo dos mesmos autos, em que restou consignado não haver inconstitucionalidade no caso, uma vez que não se trataria de alíquota progressiva no tempo, mas sim da utilização do critério da seletividade.

A questão de fundo, qual seja, a da possibilidade de utilização da seletividade das alíquotas do IPTU para o fim de atendimento de fins extrafiscais de ordem urbanística, todavia, remanesceu sem apreciação e, consequentemente, sem aprofundamento, posto que a questão da (in)constitucionalidade foi solucionada exclusivamente a partir da diferenciação entre tal técnica e a da progressividade das alíquotas no tempo.

O acórdão proferido no Recurso Extraordinário nº 666.156/RJ pelo Supremo Tribunal Federal, no qual restou fixada tese para o Tema nº 523 da Repercussão Geral, no sentido de que "são constitucionais as leis municipais anteriores à Emenda Constitucional nº 29/2000, que instituíram alíquotas diferenciadas de IPTU para imóveis edificados e não edificados, residenciais e não residenciais", igualmente, apenas tangencia a questão objeto do presente estudo.

De rigor, portanto, seja o tema em questão objeto de maior atenção por parte dos estudiosos da matéria, a fim de que seus contornos possam ser mais bem delineados, a partir de uma compreensão integral da sua interação com o plano diretor, assim como com os princípios e limitações ao poder de tributar, a fim de realizar os objetivos das políticas públicas de desenvolvimento urbano sem vulnerar os direitos dos contribuintes.

## 6 Conclusão

As questões urbanísticas vêm ganhando progressivo destaque no nosso ordenamento jurídico, notadamente a partir da promulgação da Constituição de 1988, que alçou a política urbana a patamares até então inéditos e, posteriormente, da edição do Estatuto da Cidade, marco regulatório do planejamento e gestão das cidades brasileiras.

Tal cenário reflete movimentos internacionais que emergiram a partir da crescente urbanização que se verificou ao redor do mundo nas últimas décadas, trazendo consigo a necessidade de aparelhamento dos governos locais para o adequado enfrentamento dos problemas de naturezas diversas que resultam do exercício disfuncional das funções sociais da cidade.

Dentro desse contexto, excede em importância o estudo e análise mais aprofundados dos instrumentos colocados à disposição dos gestores públicos com vistas a concretizar os objetivos da política urbana, dentre os quais os instrumentos de natureza tributária, como é exemplo o IPTU.

Partindo dessa premissa o presente trabalho buscou explicitar, à luz do ordenamento jurídico brasileiro, a possibilidade de utilização da extrafiscalidade do IPTU como instrumento de concretização da função social da propriedade, para além da famigerada – e, infelizmente, pouco utilizada – técnica da progressividade no tempo, em especial por meio do estabelecimento de alíquotas seletivas.

Apesar de demonstrada a existência de autorização legal para tal uso extrafiscal da seletividade do IPTU, ainda é possível encontrar questionamentos a sua constitucionalidade, ao lado de certa hesitação e dubiedade por parte da jurisprudência ao enfrentar a questão.

Impõe-se, assim, um olhar mais atento às possibilidades de utilização da seletividade das alíquotas de IPTU com vistas a concretização da função social da propriedade, de modo a se traçar de forma clara os limites e contornos desse importante instrumento, visando, a um só tempo realizar os objetivos da política urbana e garantir os direitos dos cidadãos.

## Referências

AFONSO, José Roberto R.; ARAUJO, Erika Amorim; NÓBREGA, Marcos Antonio Rios da. *IPTU no Brasil*: um diagnóstico abrangente. [*S. l.*]: IDP; FGV Projetos, 2013. v. 4. Disponível em: https://fgvprojetos.fgv.br/sites/fgvprojetos.fgv.br/files/iptu_no_brasil_um_diagnostico_abrangente_0.pdf. Acesso em: 30 maio 2021.

AMARO, Luciano. *Direito Tributário brasileiro*. 23. ed. São Paulo: Saraiva, 2019.

BRASIL. [Constituição (1988)]. *Constituição da República Federativa do Brasil*. Brasília, DF: Presidência da República, Disponível em: http://www.planalto.gov.br/ccivil_03/constituicao/constituicao.htm. Acesso em: 31 maio 2021.

BRASIL. Lei nº 10.257, de 10 de julho de 2001. Regulamenta os arts. 182 e 183 da Constituição Federal, estabelece diretrizes gerais da política urbana e dá outras providências. *Diário Oficial da União*: Brasília, DF, 2001. Disponível em: http://www.planalto.gov.br/ccivil_03/constituicao/constituicao.htmhttp://www.planalto.gov.br/ccivil_03/leis/leis_2001/l10257.htm. Acesso em: 31 maio 2021.

BRASIL. Supremo Tribunal Federal. Recurso Extraordinário 666.156/RJ. Direito tributário. Recurso Extraordinário com Repercussão Geral. IPTU. Alíquotas diferenciadas. Lei Municipal Anterior à EC 29/2000. Constitucionalidade. Precedentes de ambas as Turmas. Recorrente: GD Empreendimentos Imobiliários S/A. Recorrido: Município do Rio de Janeiro. Relator: Min. Luís Roberto Barroso, 11 de maio de 2020. *Diário Oficial da União*: Brasília, DF, 2020. Disponível em: https://redir.stf.jus.br/paginadorpub/paginador.jsp?docTP=TP&docID=752973153. Acesso em: 30 set. 2021.

COÊLHO, Sacha Calmon Navarro. *Curso de Direito Tributário brasileiro*. 17. ed. Rio de Janeiro: Forense, 2020.

COLLADO, Pedro Escribano. *La propriedad privada urbana*: encuadramento y régimen. Madrid: Montecorvo, 1979.

DE CESARE, Cláudia M.; FERNANDES, Cintia Estefânia; CAVALCANTI, Carolina Baima, (Org.). *Imposto sobre a Propriedade Predial e Territorial Urbana*: Caderno Técnico de Regulamentação e Implementação de Instrumentos do Estatuto das Cidades. Brasília: Ministério das Cidades, 2015.

INSTITUTO BRASILEIRO DE GEOGRAFIA E ESTATÍSTICA (IBGE). *Perfil dos municípios brasileiros*: 2018. Rio de Janeiro: IBGE, 2019.

LIBÓRIO, Daniela Campos, SAULE JÚNIOR, Nelson. *Princípios e instrumentos de política urbana*. Enciclopédia jurídica da PUC-SP. CAMPILONGO, Celso Fernandes; GONZAGA, Alvaro de Azevedo; FREIRE, André Luiz (coord.). 1. ed. São Paulo: Pontifícia Universidade Católica de São Paulo, 2017. t.: Direito Administrativo e Constitucional. Disponível em: https://enciclopediajuridica.pucsp.br/verbete/76/edicao-1/principios-e-instrumentos-de-politica-urbana. Acesso em 29 set. 2021.

MACHADO, Hugo de Brito. *Curso de Direito Tributário*. 29. ed. São Paulo: Malheiros, 2008.

MEIRELLES, Hely Lopes. *Direito Municipal brasileiro*. 19. ed. São Paulo: Malheiros, 2021.

MINARDI, Josiane. *Manual de Direito Tributário*. 2. ed. Salvador: JusPodivm, 2015.

PAULSEN, Leandro. *Curso de Direito Tributário completo*. 11. ed. São Paulo: Saraiva Educação, 2020.

ORGANIZAÇÃO DAS NAÇÕES UNIDAS (ONU). *Report of Habitat*: United Nations Conference on Human Settlements, [1976]. Disponível em: https://habitat.scarp.ubc.ca/wp-content/uploads/2018/06/Report-of-Habitat-UN-1976.pdf. Acesso em: 31 maio 2021.

ORGANIZAÇÃO DAS NAÇÕES UNIDAS (ONU). *Nova Agenda Urbana*, [2019]. Disponível em: https://uploads.habitat3.org/hb3/NUA-Portuguese-Brazil.pdf. Acesso em 31 maio 2021.

SÃO PAULO (Estado). Tribunal de Justiça. *Mandado de Segurança Cível 1000334-90.2019.8.26.0506*. Impetrante: Ypê Roxo Comércio e Participações Ltda. e MSB Administração e Comércio Ltda. Impetrado: Município de Ribeirão Preto. Magistrado: Juíza de Direito Bruna Acosta Alvarez. Ribeirão Preto, 22 de maio de 2020. 2 Vara da Fazenda Pública da Comarca de Ribeirão Preto. Poder Judiciário: Tribunal de Justiça de São Paulo, 2020. Disponível em: https://tj-sp.jusbrasil.com.br/jurisprudencia/1282955208/apelacao-civel-ac-10003349020198260506-sp-1000334-9020198260506/inteiro-teor-1282955236. Acesso em: 30 set. 2021.

SÃO PAULO. Tribunal de Justiça (Órgão Especial). *Arguição de Inconstitucionalidade 0005077-58.2021.8.26.0000*. ARGUIÇÃO DE INCONSTITUCIONALIDADE Art. 168, II, 'c', da Lei Complementar Municipal nº 2.415/70, acrescido pela Lei Complementar Municipal nº 2.920/18. Reconhecimento, na r. sentença, de inconstitucionalidade *incidenter tantum*, por ofensa ao art. 156, §1º, incisos I e II, art. 182, §4º, da Constituição Federal. Não observada afronta aos preceitos. Norma enquadra o imóvel conforme o uso, ora como imposto predial ora como imposto territorial. Não se trata de progressividade do imposto sem atendimento ao Plano Diretor, mas de seletividade. Conformidade com o Tema nº 523, do Eg. Supremo Tribunal Federal. Precedentes. Violação à anterioridade nonagesimal. Art. 150, inciso III, 'c', da CF. Reclassificação da hipótese de incidência implicou alíquota mais gravosa. Impossibilidade de cobrança em janeiro de 2019. Vício configurado. Arguição acolhida, em parte. Interessados: Ypê Roxo Comércio e Participações Ltda., MSB Administração e Comércio Ltda. e Município de Ribeirão Preto. Relator: Desem. Evaristo dos Santos, 17 de março de 2021. Poder Judiciário: Tribunal de Justiça de São Paulo, 2021. Disponível em: https://esaj.tjsp.jus.br/cjsg/getArquivo.do?cdAcordao=14467595&cdForo=0. Acesso em: 30 set. 2021.

SILVA, José Afonso da. *Curso de Direito Constitucional Positivo*. 28. ed. São Paulo: Malheiros, 2006.

SILVA, José Afonso da. *Direito Urbanístico brasileiro*. 8. ed. São Paulo: Malheiros, 2018.

SOUZA, Celina. Políticas Públicas: uma revisão da literatura. *Caderno Sociologias*, Porto Alegre, n. 16, p. 20-45, jul./dez. 2006.

---

Informação bibliográfica deste texto, conforme a NBR 6023:2018 da Associação Brasileira de Normas Técnicas (ABNT):

SUZUKI, Suelane Ferreira. A extrafiscalidade do IPTU como instrumento de política urbana: uma análise para além da progressividade no tempo. *In*: DOSSO, Taisa Cintra; TAVARES, Gustavo Machado; SILVA, Thiago Viola Pereira da. (Coords.). *Direito Municipal em Debate*. Belo Horizonte: Fórum, 2022. p. 213-226. ISBN 978-65-5518-406-8.

# O PROCESSO DE CRIAÇÃO DA PROCURADORIA-GERAL DO MUNICÍPIO DE CORDEIRÓPOLIS-SP

**MARCO ANTONIO MAGALHÃES DOS SANTOS**

> *"Quando nada parece ajudar, vou e olho o cortador de pedras, martelando a rocha talvez cem vezes sem que nenhuma só rachadura apareça. No entanto, na centésima primeira martelada, a pedra se abre em duas, e eu sei que não foi aquela a que conseguiu, mas todas as que vieram antes."*
> Jacob Riis

## Introdução

Com origem etimológica no latim, a palavra prerrogativa é definida como "direito especial, inerente a uma função ou profissão", sendo que, no caso específico da advocacia pública municipal, o exercício das prerrogativas está diretamente vinculado ao nível de organização da carreira em âmbito local.

Assim, quanto mais organizada a carreira em âmbito local, inserida num órgão jurídico permanente, mais condições haverá para o exercício das prerrogativas profissionais, o que conduzirá a uma maior proteção do erário municipal, e à viabilização de políticas públicas alinhadas à ordem jurídica vigente, representando melhorias para a sociedade.

Nesse sentido, Moreira Neto (2005) afirma que o estado e a advocacia de estado seriam projeções institucionais permanentes de toda a sociedade, o que nos remete à compreensão de que o exercício pleno das prerrogativas da advocacia pública se apresenta como um imperativo, com vistas à satisfação do interesse público, por meio da organização da carreira pública.

No estado de São Paulo, tem havido embates em busca da independência técnica do advogado público municipal, buscando o fortalecimento da carreira, especialmente por meio do combate judicial das leis que vinculam o procurador municipal a uma secretaria municipal, geralmente com a terminologia de Secretaria Municipal de Negócios ou de Assuntos Jurídicos, entendendo tal condição como uma subordinação intelectual do exercício da advocacia de estado.

O resultado dessas ações judiciais tem representado administrativamente a desvinculação de procuradores municipais das secretarias municipais, ou mesmo a desvinculação hierárquica com o agente político ocupante do cargo de secretário municipal, uma vez que as ações diretas de inconstitucionalidade têm sido julgadas procedentes ou parcialmente procedentes, mas não têm conduzido necessariamente à criação de órgãos jurídicos organizados e autônomos, gerando uma situação inusitada, uma espécie de "vácuo institucional".

Por assim ser, seria possível escapar desse estado de coisas, aliando a experiência jurisdicional à luta institucional em outras frentes, com vistas à criação de um órgão jurídico permanente, integrante do primeiro escalão da estrutura administrativa, com independência técnica e com chefia da carreira pública?

Portanto, o presente trabalho busca discutir tal questão, apresentando situação específica vivenciada num município do estado de São Paulo, que poderá servir de referencial para a organização da carreira pública em âmbito local, condição *sine qua non* para o exercício pleno das prerrogativas da advocacia pública.

## O município de Cordeirópolis-SP

O município de Cordeirópolis está localizado no estado de São Paulo, a uma distância de 160 km da capital, com população estimada em 23.517 habitantes, distribuídos numa área de aproximadamente 137 km$^2$.

A cidade encontra-se em um dos principais entroncamentos rodoviários do Brasil, sendo o ponto de confluência entre a Rodovia Anhanguera (SP-330), a Rodovia Washington Luís (SP-310) e a Rodovia dos Bandeirantes (SP-348).

Possuindo IDH-M de 0,758 (alto), e PIB *per capita* de R$ 82.176,10, Cordeirópolis ostenta economia diversificada, entre agricultura, pecuária, indústria e setor de prestação de serviços.

No ano de 2019, Cordeirópolis entrou para o seleto grupo das 200 cidades que mais exportaram no Brasil, ocupando a posição de 196º, com um montante de US$ 116,75 milhões.

Comparado com municípios paulistas de pequeno porte, Cordeirópolis se apresenta de forma diferenciada, com potencial significativo, o que demanda organização administrativa, planejamento de ações, gestão especializada, e controle interno sistematizado.

## A luta dos procuradores municipais de Cordeirópolis-SP

Pertencentes à primeira geração de advogados públicos de Cordeirópolis, os procuradores municipais ingressaram na prefeitura no ano de 2008,[1] por meio de concurso público, encontrando um cenário de valorização da advocacia comissionada, ou mesmo da contratação de escritório de advocacia.

Desde o início, a Advocacia Municipal de Cordeirópolis caracterizou-se pela união entre os procuradores e pela consciência destes de que deveriam lutar, com o intuito de fazer valer a ordem jurídica vigente, especialmente quanto ao controle interno dos atos públicos, encontrando, por óbvio, desafios que deveriam ser superados.

Dentre tais desafios, destaca-se a questão do recebimento dos honorários advocatícios, até então inexistentes em Cordeirópolis, cuja luta dos procuradores municipais culminou na aprovação da Lei Municipal nº 2580/2009, que regulamentou o recebimento de honorários administrativos e judiciais.

Porém, o processo de avanço institucional, nas condições até então existentes, acabou chegando no limite, razão pela qual os procuradores municipais entenderam que deveriam buscar outros caminhos, o que os conduziu à filiação na Associação Nacional dos procuradores municipais (ANPM), no ano de 2011, como forma de dar início a uma nova fase de organização da carreira pública.

---

[1] Gestão do prefeito Carlos Cezar Tamiazo (2005-2008 e 2009-2012).

Em que pese o contato com a ANPM permanecer ainda distante, os procuradores municipais de Cordeirópolis buscavam informações sobre a organização da carreira, até que, em 2016, a partir do material coletado pelo 1º Diagnóstico da Advocacia Pública Municipal,[2] houve a criação de um grupo no WhatsApp envolvendo os procuradores municipais de todo o Brasil, e outro grupo com os procuradores municipais do estado de São Paulo, sendo uma iniciativa do então delegado Estadual da ANPM, Dr. Rafael Prandini Rodrigues,[3] que também integrava a Comissão da Advocacia Pública (CAP) da Ordem dos Advogados do Brasil – Seccional de São Paulo.

Tal episódio acabou se apresentando como o divisor de águas em âmbito local, na medida em que aproximou a ANPM e a CAP OAB-SP dos procuradores municipais de Cordeirópolis, coincidindo com o entendimento de que seria necessário aprofundar o processo de avanço, saindo da zona de conforto então conquistada, para a mudança do status quo.

Dalrymple (2016) mostra-nos que há pessoas que não estão dispostas a arriscar muita coisa em nome de princípios, até porque a hipocrisia e a dissimulação mantêm fortes os sistemas sociais, e, por vezes, a honestidade intelectual conduz a situações de tensão, mas os procuradores municipais de Cordeirópolis estavam convictos naquele momento de que deveriam arriscar em nome dos princípios que norteiam a atuação jurídica, o que conduziu ao início real da luta em prol da organização da carreira pública no município de Cordeirópolis.

Dessa forma, por provocação dos procuradores municipais, em junho de 2016, a ANPM encaminhou ofício[4] ao prefeito municipal da época,[5] assinado pela presidente, Dr.ª Geórgia Campello,[6] pugnando pela organização da Procuradoria-Geral do Município, bem como pela realização de concurso público para preenchimento de vaga de advogado público, com vistas ao fortalecimento da atuação jurídica local.

---

[2] 1º Diagnóstico da Advocacia Pública Municipal no Brasil (MENDONÇA; VIEIRA; FIGUEIREDO, 2018).

[3] Procurador municipal em Guarulhos-SP.

[4] Ofício nº 111/2016/ANPM, datado de 22 de junho de 2016. Assunto: Valorização da Advocacia Pública do Município de Cordeirópolis.

[5] Amarildo Antonio Zorzo, prefeito municipal de Cordeirópolis, gestão 2013-2016.

[6] Procuradora municipal de Salvador-BA.

Porém, o chefe do poder executivo da época não ficou sensibilizado com a proposta de fortalecimento da advocacia pública, preferindo manter a estrutura de "advocacia comissionada", em desconformidade com a ordem jurídica.

Por essa razão, os procuradores municipais encaminharam a questão para a Seção Paulista da Ordem dos Advogados do Brasil (OAB-SP), que, por meio da Comissão da Advocacia Pública (CAP), então presidida pelo Dr. Carlos Figueiredo Mourão,[7] viabilizou parecer jurídico sobre o caso em comento,[8] com relatoria do Dr. Rafael Prandini Rodrigues, conduzindo ao entendimento de que a questão deveria ser remetida para a Procuradoria-Geral de Justiça (PGJ), como representação da OAB-SP, o que ocorreu em setembro de 2016.

No entanto, em janeiro de 2017, quando da mudança do governo municipal, houve a revogação da Lei Complementar Municipal nº 139/2009 (organização administrativa municipal), que havia sido o objeto da representação da OAB-SP, dando azo à extinção da investigação na Procuradoria-Geral de Justiça.

Não obstante, antes da extinção do procedimento administrativo, o procurador municipal de Cordeirópolis, Dr. Marco Antonio Magalhães dos Santos, tratou de encaminhar aos autos do procedimento a lei municipal aprovada no início do ano de 2017, com a nova estrutura administrativa municipal, sustentando a mantença da situação de inconstitucionalidade apresentada na representação da OAB-SP, muito embora tivesse passado a constar na lei a terminologia de procuradoria municipal para designar os procuradores municipais.

Nessas condições, a Procuradoria-Geral de Justiça acolheu o caso de Cordeirópolis, tratando de dar sequência à investigação, ingressando com ação direta de inconstitucionalidade (ADI), em julho de 2017, em face de determinados artigos constantes na Lei Complementar Municipal nº 237/2017, que previa a Secretaria Municipal de Assuntos Jurídicos, buscando retirar funções jurídicas da pasta municipal e do agente político responsável, bem como

---

[7] Procurador do município de São Paulo-SP.
[8] Processo nº 7130.2.160714.3775/2016. Assunto: solicitação de manifestação pela OAB-SP, acerca da edição de lei municipal que prevê cargos em comissão com atribuições típicas da advocacia pública.

obstar a subordinação hierárquica da Procuradoria Municipal, com vistas ao fortalecimento dos advogados públicos.[9]

Paralelo à tramitação da ADI nº 2135099-15.2017.8.26.0000, houve representação do procurador municipal de Cordeirópolis, Dr. Marco Antonio Magalhães dos Santos, na Promotoria de Justiça de Cordeirópolis (PJ de Cordeirópolis), em janeiro de 2018, com o intuito de obstar o exercício ilegal da advocacia pública em âmbito local, culminando na abertura de Inquérito Civil nº 14.0243.0000205/2018-8.

Com base no pressuposto de que a advocacia pública deve ser exercida por profissionais recrutados pela via do concurso público, com a nobre missão de zelar pela incolumidade dos interesses públicos primários, exige-se do Estado de Direito um mínimo de proteção institucional à carreira pública (CASTRO, 2009), sendo justamente esta proteção que se pleiteou da Promotoria de Justiça de Cordeirópolis no ato de representação, sustentando que a luta dos procuradores municipais de Cordeirópolis deveria envolver todos os operadores do direito comprometidos com a atuação republicana e com o Estado de Direito.

Num outro plano, como forma de fortalecer ainda mais a luta, o procurador municipal de Cordeirópolis, Dr. Marco Antonio Magalhães dos Santos, promoveu a articulação regional, culminando na criação da Associação Regional dos Procuradores Municipais (ARPM Anhanguera), em maio de 2018, juntamente com procuradores municipais de Araras, Cordeirópolis, Pirassununga, Santa Cruz da Conceição, Santa Cruz das Palmeiras, e Santa Rita do Passa Quatro, cidades localizadas ao longo da Rodovia Anhanguera, sendo eleito presidente da entidade.

## A decisão de inconstitucionalidade na ADI nº 2135099-15.2017.8.26.0000

Por entender que seria inconstitucional qualquer ato de subordinação intelectual no exercício da advocacia de estado, o Órgão Especial do Egrégio Tribunal de Justiça do Estado de São Paulo re-

---

[9] Ação Direta de Inconstitucionalidade nº 2135099-15.2017.8.26.0000, em trâmite pelo Órgão Especial do Tribunal de Justiça do Estado de São Paulo.

conheceu a inconstitucionalidade da organização do órgão jurídico local, constante na Lei Complementar Municipal nº 237/2017 (Lei da Estrutura Administrativa da Administração Direta),[10] estabelecendo que a Advocacia Pública de Cordeirópolis deveria se vincular somente ao órgão jurídico ao qual ela se integra, qual seja, a Procuradoria Municipal, formada por advogados públicos concursados.

Além disso, entenderam os nobres julgadores que a tarefa de assessoria, consultoria e representação jurídica nos municípios estaria reservada aos profissionais de carreira na advocacia pública, investidos mediante aprovação em concurso público.

A decisão ocorreu em sessão de julgamento do Órgão Especial, no dia 24 de outubro de 2018, ocasião em que foram apreciados os embargos de declaração interpostos pelo procurador-geral de Justiça do estado de São Paulo, que se originou da ação direta de inconstitucionalidade também proposta pelo procurador-geral de Justiça.

Vejamos um trecho representativo da decisão, ocorrente nos Embargos de Declaração nº 2135099-15.2017.8.26.0000/50000, *in verbis*:

> (...)
> Com efeito, as atividades dos advogados que atuam na administração pública, direta ou indireta (autarquias e fundações públicas) evidenciam peculiaridades e prerrogativas indispensáveis para o seu regular exercício com autonomia funcional e independência, revelando a importância das atividades destes profissionais como instrumento de controle de legalidade dos atos administrativos e garantia da eficiência e governança pública das entidades que representam judicial e extrajudicialmente.
> Assim, na espécie, a independência técnica é inata, de forma que a advocacia pública somente se vincula ao órgão jurídico que ela integra, sendo inconstitucional qualquer outro tipo de subordinação. Vale dizer, a liberdade moral e intelectual de que é dotada necessariamente a Advocacia de Estado.
> Desta feita, os advogados públicos não podem ficar sujeitos a interesses subjetivos e passageiros dos governantes, de tal arte que a independência constitui a maior virtude e o valor mais caro do advogado. Evidente que as suas atribuições podem até tangenciar a viabilidade de determinada política pública, mas sem sucumbir aos interesses particulares do gestor. Logo, a vontade manifestada pelo administrador municipal

---

[10] Declaração de inconstitucionalidade dos incisos I, III, IV, V, VI, VII, X, XV e XVIII do artigo 27, devendo, ainda, ser conferida interpretação conforme a Constituição do artigo 26, inciso II, e da expressão "é órgão diretamente vinculado à Secretaria Municipal de Assuntos Jurídicos", contida no artigo 28 da Lei Complementar nº 237/2017 do município de Cordeirópolis.

somente interfere na atividade dos representantes judiciais, enquanto nos estritos limites da autorização legal ou constitucional.

De mais a mais, a tarefa de assessoria, consultoria e representação jurídica nos municípios, tal como previsto nos incisos I, III, IV, V, VI, VII, X, XV e XVIII, do artigo 27, da Lei Complementar nº 237/2017, é reservada aos profissionais de carreira na advocacia pública, investidos mediante aprovação em concurso público (Cf. artigos 98 a 100, da Constituição Estadual). A propósito, os seguintes julgados desta Corte: ADI nº 2126846-72.2016.8.26.0000, Rel. Des. Álvaro Passos, j. 26/10/2016; ADI nº 2139959-93.2016.8.26.0000, Rel. Des. Márcio Bartoli, j. 29/3/2017; e ADI nº 2190064-74.2016.8.26.0000, Rel. Des. Evaristo dos Santos, j. 28/6/2017.
(...)
Por epítome, conclui-se da inconstitucionalidade, sem redução de texto, dos incisos I, III, IV, V, VI, VII, X, XV e XVIII, do artigo 27 da Lei Complementar nº 237, de 20 de janeiro de 2017, do município de Cordeirópolis, no sentido de que as atividades específicas de advocacia pública somente podem ser exercidas diretamente pelos procuradores municipais previamente aprovados mediante concurso público, sob pena de afronta aos artigos 98 a 100 da Carta Bandeirante (...) devendo, ainda, ser conferida interpretação conforme a Constituição no que tange ao artigo 26, inciso II, e da expressão "é órgão diretamente vinculado à Secretaria Municipal de Assuntos Jurídicos" contida no artigo 28, da Lei Complementar nº 237/2017, do município de Cordeirópolis, para garantia de autonomia intelectual dos procuradores municipais.
(...).

O fato concreto é que essa decisão do Egrégio Tribunal Bandeirante fortaleceu o conteúdo do Inquérito Civil nº 14.0243.0000205/2018-8, em que havia notícia da existência de uma espécie de "procuradoria jurídica paralela e/ou clandestina" em âmbito local.

Em outras palavras, a aludida decisão reconheceu que não deveria existir "órgão jurídico paralelo e/ou clandestino" no município de Cordeirópolis, tampouco atuação jurídica de "confiança do prefeito", porque a advocacia pública deveria se vincular ao estado e não ao governo.

A verdade é que a existência de "advocacia paralela e/ou clandestina" em âmbito local seria empecilho para a organização e o fortalecimento da advocacia de estado, porque os interesses de grupos (representados pela "advocacia paralela e/ou clandestina") acabariam sobressaindo sobre os interesses de estado (representados pela advocacia pública), e o sucateamento do órgão jurídico oficial seria condição *sine qua non* para esse processo.

Tal decisão foi protocolizada no inquérito civil, dando origem a uma recomendação administrativa encaminhada ao prefeito municipal em janeiro de 2019, por parte do representante do Ministério Público local, pugnando pelo integral cumprimento ao Acórdão da ADI nº 2135099-15.2017.8.26.0000, e que se abstivesse de delegar a servidores titulares de cargos em comissão as atribuições típicas da advocacia pública municipal, com a ressalva de que em caso de não acatamento, seriam adotadas medidas legais e judiciais necessárias a fim de assegurar a implementação e cumprimento da decisão do C. Órgão Especial do Tribunal de Justiça do Estado de São Paulo, inclusive com o ajuizamento da ação civil pública cabível, sem prejuízo da ação de improbidade administrativa.[11]

Como forma de fortalecer a luta institucional, chamando a atenção dos colegas de classe para a matéria em questão, durante esse processo de luta local, mais especificamente em novembro de 2018, o procurador municipal de Cordeirópolis, Dr. Marco Antonio Magalhães dos Santos, conseguiu aprovar enunciado no XV Congresso Brasileiro de procuradores municipais, realizado em Belo Horizonte-MG, com a seguinte redação:

> Enunciado 327 (AI VI): PROCURADOR MUNICIPAL. ESTRUTURA ADMINISTRATIVA. PROCURADORIA-GERAL DO MUNICÍPIO. ADEQUAÇÃO. A representação judicial e a consultoria jurídica municipal são tarefas reservadas aos procuradores municipais, organizados administrativamente na forma de Procuradoria-Geral do município, órgão com status de Secretaria Municipal dotado de autonomia orçamentária, sendo incompatível a existência na estrutura administrativa municipal de Secretaria Municipal com atribuições jurídicas (CBPM – 2018).[12]

Nesse contexto, restou fortalecida a tese de criação da Procuradoria-Geral do Município de Cordeirópolis, que a essa altura já vinha sendo discutida pelos procuradores municipais em âmbito local, seja com o prefeito municipal,[13] seja com a Promotoria de Justiça de Cordeirópolis. Discussão essa realizada sob a lógica de atuação jurídica especialmente voltada à defesa do erário municipal,

---

[11] Recomendação Administração datada de 29 de janeiro de 2019.
[12] ANPM, [2019].
[13] José Adinan Ortolan, prefeito municipal de Cordeirópolis, gestão 2017-2020.

com a defesa dos direitos fundamentais do cidadão cordeiropolense, mas também como respaldo jurídico para a viabilização das políticas públicas locais, da forma que preconiza a ordem jurídica pátria.

## A fixação da tese por parte do Órgão Especial do Tribunal de Justiça do Estado de São Paulo

Há que se pontuar que o julgamento de procedência da ADI nº 2135099-15.2017.8.26.0000 não se apresentou como uma decisão isolada, mas como uma tendência ocorrente no estado de São Paulo, provocada pela posição institucional da Procuradoria-Geral de Justiça (PGJ), consagrada no Enunciado nº 35, conforme se observa:

> ENUNCIADO nº 35:
> CONTROLE DE CONSTITUCIONALIDADE. CARGOS EM COMISSÃO. ADVOCACIA PÚBLICA As atividades da advocacia pública (assessoria e consultoria a entidades e órgãos da Administração Pública), inclusive sua Chefia, são reservadas a profissionais recrutados por concurso público.[14]

Tal enunciado acabou por gerar uma quantidade significativa de ações diretas de inconstitucionalidade em face de leis municipais que autorizam a presença de "advogados comissionados" nos órgãos públicos municipais, mesmo que em cargos de chefia.

Não por acaso, em fevereiro de 2019, o Órgão Especial do Egrégio Tribunal Bandeirante acabou por fixar o entendimento de que os municípios estão sujeitos ao regramento dos arts. 98 a 100 da Constituição Estadual, por simetria,[15] razão pela qual os cargos de direção da advocacia pública municipal devem ser preenchidos por servidores da carreira de procurador jurídico, decisão constante do Incidente de Resolução de Demandas Repetitivas (IRDR) nº 2229223-53.2018.8.26.0000, conforme se especifica:

> Incidente de Resolução de Demandas Repetitivas IRDR tirado de ação direta de inconstitucionalidade de lei nº 2095475-22.2018.8.26.0000,

---

[14] SÃO PAULO, [2019].
[15] Artigos 131 e 132 da Constituição Federal, cominado com o art. 37, II, e com o art. 29, também da Constituição Federal, segundo os quais os municípios se regem por lei orgânica, atendidos os princípios estabelecidos na Lei Maior, e na Constituição do respectivo estado.

alegando os autores que a controvérsia cinge-se unicamente ao exercício do cargo de chefia dos órgãos da advocacia pública. Órgão Especial desta Corte que fixou entendimento no sentido de que os municípios estão sujeitos ao regramento dos arts. 98 a 100 da Constituição Estadual, vale dizer, que os cargos de direção da advocacia pública devem ser preenchidos por servidores da carreira de Procurador Jurídico. Ausência de controvérsia sobre o tema. Julgado do STF no RE 883446/SP que não vincula esta Corte. Incidente inadmitido, com determinação.

Dessa forma, têm-se os dispositivos legais constantes na Constituição do Estado de São Paulo, notadamente os artigos 98 a 100, *in verbis*:

SEÇÃO II
Da Procuradoria-Geral do Estado
Artigo 98 – A Procuradoria Geral do Estado é instituição de natureza permanente, essencial à administração da justiça e à Administração Pública Estadual, vinculada diretamente ao Governador, responsável pela advocacia do Estado, sendo orientada pelos princípios da legalidade e da indisponibilidade do interesse público. (NR);
§1º - Lei orgânica da Procuradoria-Geral do Estado disciplinará sua competência e a dos órgãos que a compõem e disporá sobre o regime jurídico dos integrantes da carreira de Procurador do Estado, respeitado o disposto nos artigos 132 e 135 da Constituição Federal.
§2º - Os Procuradores do Estado, organizados em carreira, na qual o ingresso dependerá de concurso público de provas e títulos, com a participação da Ordem dos Advogados do Brasil em todas as suas fases, exercerão a representação judicial e a consultoria jurídica na forma do caput deste artigo.
§3º - Aos procuradores referidos neste artigo é assegurada estabilidade após três anos de efetivo exercício, mediante avaliação de desempenho perante os órgãos próprios, após relatório circunstanciado das corregedorias.
Artigo 99 - São funções institucionais da Procuradoria-Geral do Estado:
I - representar judicial e extrajudicialmente o Estado e suas autarquias, inclusive as de regime especial, exceto as universidades públicas estaduais; (NR);
II - exercer as atividades de consultoria e assessoramento jurídico do Poder Executivo e das entidades autárquicas a que se refere o inciso anterior; (NR);
III - representar a Fazenda do Estado perante o Tribunal de Contas;
IV - exercer as funções de consultoria jurídica e de fiscalização da Junta Comercial do Estado;
V - prestar assessoramento jurídico e técnico-legislativo ao Governador do Estado; (NR);

VI - promover a inscrição, o controle e a cobrança da dívida ativa estadual;
VII - propor ação civil pública representando o Estado;
VIII - prestar assistência jurídica aos municípios, na forma da lei;
IX - realizar procedimentos administrativos, inclusive disciplinares, não regulados por lei especial; (NR);
X - exercer outras funções que lhe forem conferidas por lei.
Artigo 100 - A direção superior da Procuradoria-Geral do Estado compete ao Procurador Geral do Estado, responsável pela orientação jurídica e administrativa da instituição, ao Conselho da Procuradoria-Geral do Estado e à Corregedoria Geral do Estado, na forma da respectiva lei orgânica.
Parágrafo único - O Procurador Geral do Estado será nomeado pelo Governador, em comissão, entre os Procuradores que integram a carreira e terá tratamento, prerrogativas e representação de Secretário de Estado, devendo apresentar declaração pública de bens, no ato da posse e de sua exoneração. (NR) (...).

Em âmbito local tal decisão foi encaminhada também ao Inquérito Civil nº 14.0243.0000205/2018-8, com o intuito de fortalecer ainda mais a tese de criação da Procuradoria-Geral do Município de Cordeirópolis, chamando a atenção das autoridades constituídas para a sequência de reconhecimento da carreira de procurador municipal no estado de São Paulo, e da necessidade de fortalecimento das prerrogativas típicas, com vistas à eficiência da atuação jurídica.

## A decisão do Supremo Tribunal Federal e a "constitucionalização" da carreira de procurador municipal

Paralelo ao que ocorria no estado de São Paulo, em fevereiro de 2019, por meio de votação histórica, o Supremo Tribunal Federal (STF) acabou por "constitucionalizar" a carreira pública de procurador municipal, na medida em que reconheceu que a "(...) expressão 'Procuradores', contida na parte final do inciso XI do art. 37 da Constituição da República, compreende os procuradores municipais, uma vez que estes se inserem nas funções essenciais à Justiça (...)".

O julgamento ocorreu no Recurso Extraordinário nº 663.696, que, muito embora discutisse o teto remuneratório da categoria, colocou a carreira ao lado do Ministério Público, da Defensoria

Pública, e dos procuradores da Fazenda Nacional e Estadual, na condição de função essencial à Justiça.
Vejamos a tese fixada:

> A expressão 'Procuradores', contida na parte final do inciso XI do art. 37 da Constituição da República, compreende os procuradores municipais, uma vez que estes se inserem nas funções essenciais à Justiça, estando, portanto, submetidos ao teto de noventa inteiros e vinte e cinco centésimos por cento do subsídio mensal, em espécie, dos Ministros do Supremo Tribunal Federal.

Em outras palavras, não seria demais compreender que a procuradoria municipal extrapolaria a atuação administrativa local para se vincular à "Justiça Municipal", com autonomia técnica e independência funcional, com vistas ao interesse público e às garantias do Estado de Direito na esfera municipal.

Houve o encaminhamento de tal decisão para o Inquérito Civil nº 14.0243.0000205/2018-8, para ciência do representante do Ministério Público, e como forma de contextualizar a luta, indicando que se tratava de um movimento não apenas local ou estadual.

A partir disso, as discussões se intensificaram em âmbito local, uma vez que já se discutia também sobre a criação de uma nova estrutura administrativa no município de Cordeirópolis, posto que a partir da ADI nº 2135099-15.2017.8.26.0000, a Procuradoria-Geral de Justiça aproveitou para ajuizar outra ação direta de inconstitucionalidade (ADI), dessa feita para questionar os cargos em comissão ocorrentes na Lei Complementar Municipal nº 237/2017 (Lei da Estrutura Administrativa da Administração Direta), culminando na declaração judicial de inconstitucionalidade.[16]

Nesse cenário, em junho de 2019, a Promotoria de Justiça de Cordeirópolis encaminhou ao prefeito municipal uma minuta de Termo de Ajustamento de Conduta (TAC), para o imediato cumprimento da decisão da ADI nº 2135099-15.2017.8.26.0000, pugnando pela remessa aos procuradores municipais de todas as atividades específicas da advocacia pública, o encaminhamento de projeto

---

[16] ADI nº 2125623-16.2018.8.26.0000, procedente com declaração de inconstitucionalidade de diversos cargos em comissão da estrutura administrativa de Cordeirópolis, com modulação de 120 dias.

de lei para a Câmara Municipal de Vereadores para a criação da Procuradoria-Geral do Município, bem como a realização de concurso público para ocupação da vaga disponível, sem prejuízo da criação de novas vagas.[17]

O documento não chegou a ser assinado nos termos então propostos, pois antes disso houve a criação da Procuradoria-Geral do Município de Cordeirópolis, o que conduziu ao entendimento de que os termos deveriam ser modificados.

## A criação Da Procuradoria-Geral do Município de Cordeirópolis-SP

Como se viu, as decisões judiciais advindas do Órgão Especial do Egrégio Tribunal de Justiça do Estado de São Paulo, *de per si*, estavam se apresentando como insuficientes para a criação de procuradorias-gerais nos municípios paulistas, muito embora se apresentassem suficientes para a desvinculação administrativa dos advogados públicos das secretarias municipais, bem como a cessação da subordinação hierárquica da Procuradoria Municipal.

Prova disso é que, a partir das decisões das ADIs, muitos procuradores municipais passaram a se vincular diretamente ao prefeito municipal, enquanto outros continuaram vinculados a uma secretaria municipal, mas sem subordinação hierárquica, ao invés de estarem vinculados a um órgão jurídico constituído, na forma de procuradoria-geral do município, com chefia advinda da carreira pública.

Inobstante, há que se salientar que o posicionamento dos representantes do Ministério Públicos nas ADIs sempre foi no sentido de que a simetria deveria alcançar também a criação de procuradorias-gerais, nos moldes da organização jurídica estadual.

Nesse sentido, mesmo na ADI nº 2135099-15.2017.8.26.0000 ocorreu a defesa de tal condição, por parte do Ministério Público do

---

[17] Inquérito Civil nº 14.0243.0000205/2018-8 – notícia de eventuais irregularidades na constituição da Procuradoria do Município de Cordeirópolis e de desvio de finalidade na nomeação de cargo para suposta chefia da instituição.

Estado de São Paulo, conforme se observa no posicionamento do Dr. Nilo Spinola Salgado Filho, subprocurador-geral de Justiça, *in verbis*:

> (...)
> Embora o município seja dotado de autonomia política e administrativa no sistema federativo (arts. 1º e 18, Constituição Federal), esta autonomia não tem caráter absoluto, pois se limita ao âmbito prefixado pela Constituição Federal (José Afonso da Silva. Direito constitucional positivo, 13.ª ed., São Paulo, Malheiros, 1997, p. 459) e deve ser exercida com a observância dos princípios contidos na Constituição Federal e na Constituição Estadual.
> (...)
> No traçado previsto nos arts. 98, 99 e 100, da Constituição do Estado de São Paulo ao inserir a Procuradoria do Estado entre os órgãos que executam funções essenciais à Justiça, se amolda ao que consta na Constituição Federal em relação à advocacia pública, também qualificada função essencial à Justiça nos arts. 131 e 132, não sendo ocioso registrar que a Constituição do Estado de São Paulo dedica-lhe expressivos preceitos como as reservas de lei complementar para sua instituição (art. 23, parágrafo único, 3) e de correlata iniciativa legislativa do Chefe do Poder Executivo (art. 24, §2º, 3).
> (...)
> Ora, se a Constituição Federal e a Constituição Estadual elegem a advocacia pública como função essencial à Justiça, essa prescrição é vinculante para os municípios na medida em que também eles carecem de organismo de representação, consultoria e assessoramento das pessoas jurídicas integrantes da Administração Pública na defesa de seus direitos e interesses.
> (...)
> Por fim, nem se alegue que o município não estaria vinculado ao referido modelo constitucional e, com base no interesse local (artigo 30 da CF), poderia tolher a autonomia e independência da Procuradoria do município e de seus agentes, pois se admitir tal postura seria aceitar que a advocacia pública municipal pudesse ter menos autonomia ou independência se comparada aos demais entes federativos, o que, em última análise, arrefeceria a tutela da moralidade administrativa na esfera municipal, além de obstar a plena aplicação do princípio da eficiência.
> (...).

O fato concreto é que apesar dos avanços significativos, nas ADIs, no IRDR, e, inclusive, com relação à decisão do SFT no Recurso Extraordinário nº 663.696, até então o aparato legislativo e judicial não estava gerando diretamente a criação de procuradorias-gerais, que ainda necessitavam da negociação local, sobretudo mediante atuação estratégica dos procuradores municipais, evidentemente com base em tais avanços.

Por assim ser, as movimentações em torno da tese de criação da Procuradoria-Geral do Município de Cordeirópolis, ocorridas em várias frentes, acabaram por dar ensejo às tratativas entre os procuradores e os agentes políticos locais, que passaram a compreender a necessidade do fortalecimento do órgão jurídico, dando origem às condições ideais para a criação da Procuradoria-Geral do Município de Cordeirópolis-SP, dentro da lei municipal de reestruturação administrativa geral.

Como decorrência, os procuradores municipais de Cordeirópolis apresentaram ao prefeito municipal uma proposta de minuta de lei para a criação da Procuradoria-Geral do Município. Tal minuta acabou sofrendo poucas alterações, sendo o texto inserido na seção II, Capítulo V, do projeto de reorganização administrativa do município de Cordeirópolis, que foi aprovado em sessão extraordinária da Câmara Municipal de Vereadores, em 18 de julho de 2019.

Dessa forma, por meio da Lei Complementar Municipal nº 281/2019, a Procuradoria Municipal de Cordeirópolis foi criada como instituição de caráter permanente, pertencente ao primeiro escalão da estrutura administrativa municipal, constituindo-se como essencial à atuação jurídica do município, com chefia advinda da carreira pública, em sistema de rodízio dentre os procuradores municipais, para um mandato de 12 meses.

Dentre outras coisas, consta na lei municipal que o ingresso na carreira ocorrerá por concurso público, com a participação da Ordem dos Advogados do Brasil (OAB); que haverá o aumento da referência inicial do cargo; a criação de mais três cargos de procurador municipal; a garantia de que o procurador municipal gozará de independência na atividade profissional, não sendo submetido ao controle convencional da jornada de trabalho; a possibilidade do exercício de suas atividades pelo sistema *home-office*, bem como o estabelecimento de plano de carreira; a dispensa para participação em reuniões de associações de classe, assim como o observância das garantias e prerrogativas constantes no Estatuto da Advocacia.

Há que se mencionar que, após a aprovação, a Procuradoria--Geral do Município (PGM) ganhou viatura e uma sede própria, que passou por reforma para as adequações necessárias ao trabalho jurídico, com inauguração em 2020.

O procurador municipal de Cordeirópolis, Dr. Marco Antonio Magalhães dos Santos, acabou assumindo o cargo de procurador-geral do município de Cordeirópolis, para o mandato inicial (os primeiros 12 meses), tendo sido posteriormente reconduzido duas vezes ao cargo.

Há que se salientar ainda que, por meio de tratativas com a Promotoria de Justiça local, houve num segundo momento a assinatura de Termo de Ajustamento de Conduta (TAC), para que, mesmo na ocorrência futura de modificações na lei de reestruturação administrativa, fosse mantida a estrutura da Procuradoria-Geral do Município (PGM) como forma de garantir condições para a atuação dos procuradores do município de Cordeirópolis.

## Conclusão

Em que pesem os procuradores municipais não contarem, em âmbito nacional, com vinculação legal definida, é bem verdade que o estado de São Paulo tem proporcionado condições para discutir a criação da Procuradoria-Geral do Município pela via da simetria, uma vez que a Constituição do Estado de São Paulo apresenta a Procuradoria-Geral do Estado organizada, inclusive com chefia da carreira.

A posição institucional da procuradoria-geral de Justiça, consagrada no Enunciado nº 35, tem gerado a propositura de ações diretas de inconstitucionalidade em face de leis municipais que estabelecem a vinculação de advogados públicos às secretarias municipais, sob a chefia de agente político.

Como decorrência, após inúmeras decisões favoráveis, o Órgão Especial do Egrégio Tribunal Bandeirante acabou fixando a sujeição dos municípios ao regramento dos artigos 98 a 100 da Constituição Estadual, estabelecendo que os cargos de direção da advocacia pública devem ser preenchidos por servidores da carreira de procurador municipal (IRDR nº 2229223-53.2018.8.26.0000).

Somado a isso, o Supremo Tribunal Federal fixou a tese de que a expressão "Procuradores", contida na parte final do inciso XI, do art. 37, da Constituição Federal, compreende os procuradores municipais, uma vez que estes se inserem nas funções essenciais à Justiça (Recurso Extraordinário nº 663696).

Não obstante, mesmo nesse contexto de decisões e entendimentos pró-advocacia pública, ainda se apresenta como polêmica a criação de procuradoria-geral do município, sobretudo quanto ao estabelecimento de remuneração digna, prerrogativas técnicas, independência funcional, e demais necessidades, como a chefia advinda da carreira pública.

Por essa razão, os procuradores municipais contam com a aprovação da PEC nº 17/2012,[18] como forma de buscar a constitucionalização da carreira, o que daria azo à organização dos órgãos jurídicos em âmbito local. O projeto encontra-se em tramitação no Senado Federal, com o acompanhamento da ANPM.

Porém, faz-se necessário salientar que, mesmo com a aprovação da PEC nº 17/2012, o processo de negociação local para a criação de procuradoria-geral do município deverá permanecer como de suma importância. Isso porque, *verbi gratia*, a PEC nº 17/2012 não obriga a criação de Procuradoria, não vincula a remuneração dos procuradores municipais e nem trata sobre a escolha do procurador-geral; portanto, esses tópicos deverão ser objeto de lei municipal, conforme Nota Técnica da ANPM.[19]

Dentro dessa perspectiva, a organização da luta se faz necessária, com vistas ao processo de articulação e convencimento do chefe do Poder Executivo, sendo uma movimentação eminentemente local, porque se relaciona ao dia a dia da administração, envolvendo a vontade política do gestor, a estrutura administrativa, e o orçamento municipal.

No contexto da luta institucional, não se deve ter ilusões e nem confundir apoio com substituição da luta, ou seja, a ANPM e a OAB podem e devem apoiar a movimentação dos procuradores municipais, mas há que se ter a consciência de que a luta real, e sempre será local, sendo imperativa a necessidade dos procuradores municipais se organizarem para enfrentar os desafios no município,

---

[18] Proposta de Emenda à Constituição nº 17, de 2012, que altera o art. 132 da Constituição Federal, estendendo aos municípios a obrigatoriedade de organizar carreira de procurador, com ingresso por concurso público com participação da OAB em todas as fases.

[19] PRESIDENTE..., [2019].

especialmente por meio da criação e/ou fortalecimento da Associação local ou regional, da Comissão da Advocacia Pública na subseção da OAB, sem deixar de lado a necessária articulação com a Promotoria de Justiça, o Tribunal de Contas, o relacionamento saudável com os agentes políticos, e o envolvimento da sociedade nesse processo.

No caso ocorrente em Cordeirópolis, não há como deixar de reconhecer a atuação significativa de todos os envolvidos na luta, que atenderam ao chamamento coeso e estratégico dos procuradores municipais, o que conduziu a atuação em bloco em prol da organização da carreira pública em âmbito local, tanto ANPM, OAB-SP, PGJ como a PJ de Cordeirópolis, além, é claro, da Associação Regional dos Procuradores Municipais (ARPM Anhanguera), criada em meio ao processo de articulação da luta.

Enfim, o que se extrai dessa história é que as decisões judiciais, *de per si*, apresentam-se como insuficientes para o exercício pleno das prerrogativas da advocacia pública, até porque não têm conduzido necessariamente à criação de procuradorias-gerais do município, muito embora contribua para a extinção da advocacia comissionada. A partir disso, não seria demais compreender que a construção e/ou efetivação de um órgão jurídico municipal se apresenta como tarefa coletiva, que deve envolver todos os operadores do direito comprometidos com a atuação republicana e com o Estado de Direito, mas a articulação desse processo deve estar a cargo dos advogados públicos locais, conhecedores da realidade municipal, que deverão conduzir e organizar a luta com coesão, coragem, seriedade, eficiência e comprometimento com o interesse público.

## Referências

ASSOCIAÇÃO NACIONAL DOS PROCURADORES MUNICIPAIS (ANPM). *Enunciados*, [2019]. Disponível em https://anpm.com.br/painel/biblioteca/621. Acesso em: 11 ago. 2019.

BRASIL. [Constituição (1988)]. *Constituição da República Federativa do Brasil*. Brasília, DF: Presidência da República, Disponível em: http://www.planalto.gov.br/ccivil_03/constituicao/constituicao.htm. Acesso em: 11 ago. 2019.

CASTRO, Aldemario Araujo. A advocacia pública como instrumento do Estado brasileiro no controle da juridicidade dos atos da Administração Pública. *Conteúdo Jurídico*, 13 mar. 2009. Disponível em: https://conteudojuridico.com.br/consulta/Artigos/16565/a-advocacia-publica-como-instrumento-do-estado-brasileiro-no-controle-da-juridicidade-dos-atos-da-administracao-publica. Acesso em: 17 ago. 2019.

CORDEIRÓPOLIS está entre as cidades do brasil que mais exportaram em 2019. *Jornal Expresso*, 2019a. Disponível em: https://www.je10.com.br/cordeiropolis-esta-entre-as-cidades-do-brasil-que-mais-exportaram-em-2019/?fbclid=IwAR1IOBTMI0xOPL4T32iVoo2wsTBfbgBla4GLdncaGizNDOtq_3amXyGTdxI. Acesso em 17 ago 2019.

CORDEIRÓPOLIS. *In:* WIKIPÉDIA: a enciclopédia livre. [San Francisco, CA: Wikimedia Foundation, 2010]. Disponível em https://pt.wikipedia.org/wiki/Cordeir%C3%B3polis. Acesso em: 28 jul. 2019.

CORDEIRÓPOLIS. *Lei Complementar nº 238, de 20 de janeiro de 2017a*. Dispõe sobre a reorganização administrativa e quadro de cargos do Serviço Autônomo de Água e Esgoto - SAAE, conforme especifica e dá providências correlatas. Disponível em https://consulta.siscam.com.br/camaracordeiropolis/Documentos/Documento/34045. Acesso em: 11 ago. 2019.

CORDEIRÓPOLIS. *Lei Complementar nº 245, de 25 de maio de 2017b*. Dispõe sobre as atribuições dos cargos comissionados e de função gratificada constantes do quadro de cargos da Prefeitura Municipal de Cordeirópolis, conforme especifica e dá outras providências correlatas. Disponível em https://consulta.siscam.com.br/camaracordeiropolis/Documentos/Documento/35422. Acesso em: 11 ago. 2019.

CORDEIRÓPOLIS. *Lei Complementar nº 281, de 22 de julho de 2019b*. Dispõe sobre a reorganização administrativa e quadro de cargos da Prefeitura Municipal de Cordeirópolis, conforme especifica e dá outras providências correlatas. Disponível em https://consulta.siscam.com.br/camaracordeiropolis/Documentos/Documento/40502. Acesso em: 11 ago. 2019.

CORDEIRÓPOLIS. *Lei Ordinária nº 2580, de 30 de março de 2009*. Destina aos advogados integrantes do Quadro Permanente os honorários advocatícios recebidos pela Prefeitura Municipal, decorrente de sucumbência. Disponível em https://consulta.siscam.com.br/camaracordeiropolis/Documentos/Documento/26416. Acesso em: 11 ago. 2019.

DALRYMPLE, Theodore. *A nova síndrome de Vichy: por que intelectuais europeus se rendem ao barbarismo*. Tradução: Maurício G. Righi. 1. ed. São Paulo: É Realizações, 2016.

LDO 2020 é apresentada e projeção é de r$ 148 milhões para Cordeirópolis. *Jornal Expresso*, 28 maio 2019. Disponível em: https://www.je10.com.br/ldo-2020-e-apresentada-e-projecao-e-de-r-148-milhoes-para-cordeiropolis/. Acesso em 28 jul. 2019.

MENDONÇA, Clarice Corrêa de, VIEIRA. Raphael Diógenes Serafim; FIGUEIREDO, Nathália França. Porto: Herkenhoff & Prates; Belo Horizonte: Editora Fórum, 2018.

MOREIRA NETO, Diogo de Figueiredo. A advocacia de estado revisitada – essencialidade ao Estado Democrático de Direito. *Revista da Procuradoria-Geral do Estado do Espírito Santo*, v. 4, n. 4, 2005. Disponível em: https://pge.es.gov.br/Media/pge/Publica%C3%A7%C3%B5es/Revista%20PGE/PGE_04_editado.pdf. Acesso em: 17 ago. 2019.

PRERROGATIVA. *Dicionário Michaellis* (online), [2019]. Disponível em http://michaelis.uol.com.br/busca?r=0&f=0&t=0&palavra=prerrogativa. Acesso em: 28 jul. 2019.

PRESIDENTE da Anpm elabora nota técnica sobre PEC 17. *Jusbrasil*, [2019]. Disponível em https://anpn.jusbrasil.com.br/noticias/3159210/presidente-da-anpm-elabora-nota-tecnica-sobre-pec-17. Acesso em: 17 ago. 2019.

SÃO PAULO. [Constituição 1989]. *Constituição do Estado São Paulo*. São Paulo: Assembleia Legislativa do Estado de São Paulo, 1989. Disponível em: http://www.legislacao.sp.gov.br/legislacao/dg280202.nsf/a2dc3f553380ee0f83256cfb00501463/46e2576658b1c52903256d63004f305a?OpenDocument. Acesso em: 11 ago. 2019.

SÃO PAULO (Estado). Ministério Público. *Enunciados*, [2019]. Disponível em: http://www.mpsp.mp.br/portal/page/portal/Assessoria_Juridica/sumulas_de_entendimento. Acesso em: 11 ago. 2019.

---

Informação bibliográfica deste texto, conforme a NBR 6023:2018 da Associação Brasileira de Normas Técnicas (ABNT):

SANTOS, Marco Anonio Magalhães dos. O processo de criação da Procuradoria-Geral do Município de Cordeirópolis-SP. *In*: DOSSO, Taisa Cintra; TAVARES, Gustavo Machado; SILVA, Thiago Viola Pereira da. (Coords.). *Direito Municipal em Debate*. Belo Horizonte: Fórum, 2022. p. 227-247. ISBN 978-65-5518-406-8.

# DA PROFISSIONALIZAÇÃO DA ADVOCACIA PÚBLICA MUNICIPAL: ANÁLISE DO PODER DE CONFORMAÇÃO ADMINISTRATIVA DIANTE DA REGRA CONSTITUCIONAL DO CONCURSO PÚBLICO, DAS LIMITAÇÕES IMPOSTAS A CRIAÇÃO DE CARGOS EM COMISSÃO E DAS BALIZAS LEGAIS PARA A CONTRATAÇÃO DE ESCRITÓRIOS ADVOCATÍCIOS

**ELIANE PIRES ARAÚJO**
**GUILHERME SANINI SCHUSTER**
**RAFAEL DE MORAES BRANDÃO**

## Introdução

A profissionalização da advocacia pública, prevista na Constituição Federal de 1988, é de suma relevância e de interesse público. Na atual conjuntura, em que se aproximam reformas administrativas, notadamente a inserida na PEC nº 32, em tramitação, a sua consagração como carreira de Estado (já presente no projeto do texto reformador, precisamente no art. 37, inciso IX), é indispensável a discussão daquela profissionalização, especialmente pela essencialidade da carreira para a concretização do interesse público pelos municípios.

Por sua vez, ao se falar de advocacia pública municipal, há que se verificar, imprescindivelmente, o poder de conformação administrativa, no qual deverão ser analisadas as regras constitucionais de concurso público bem como as limitações que existem na criação dos cargos em comissão e das possíveis balizas legais que permitirão a contratação de escritórios advocatícios.

É importante a discussão do tema, especialmente porque a precarização da consultoria jurídica dos municípios, seja pela falta de profissionalização da carreira típica da advocacia pública municipal, seja pela contratação de escritórios à margem das balizas constitucionais, implica descompromisso com os ideais republicanos. Isso porque é preciso que se distingam advocacias de governo, voltadas ao interesse de gestores, das advocacias de estado, que prezam pela realização dos direitos fundamentais e pela concretude da juridicidade dos atos administrativos, a fim de fazer valer o interesse público em cada caso submetido à análise.

O presente artigo subdivide-se em dois tópicos. O primeiro detalhará as dinâmicas relacionadas ao concurso público e à necessária profissionalização das funções públicas, notadamente com as aplicações à advocacia pública municipal. O segundo, que àquele se relaciona, abordará as discussões prático-jurídicas relacionadas à exclusividade do exercício da consultoria jurídica pelos órgãos integrantes da advocacia pública municipal, cuja defesa como função essencial à justiça é aqui realizada.

## 1 Da necessária profissionalização das funções públicas e da regra constitucional do concurso público para ingresso nos cargos públicos

Nos termos do art. 37, II, da Constituição Federal de 1988, como regra, a contratação de agentes pela administração pública deve ser feita mediante concurso público de provas ou de provas e títulos:

> Art. 37 (...)
> II – a investidura em cargo ou emprego público depende de aprovação prévia em concurso público de provas ou de provas e títulos, de acordo com a natureza e a complexidade do cargo ou emprego, na forma prevista em lei, ressalvadas as nomeações para cargo em comissão declarado em lei de livre nomeação e exoneração.

A esse respeito, é necessário fazer breves apontamentos a respeito do instituto do concurso público que, nos termos de Hely Lopes Meirelles, é o meio técnico:

(...) posto à disposição da administração pública para obter-se moralidade, eficiência e aperfeiçoamento do serviço público e, ao mesmo tempo propiciar igual oportunidade a todos interessados que atendam aos requisitos da lei, fixados de acordo com a natureza e a complexidade do cargo ou do emprego, consoante determina o art. 37, II, CF.[1]

No mesmo sentido, salienta José dos Santos Carvalho Filho que o instituto:

(...) é o procedimento administrativo que tem por fim aferir as aptidões pessoais e selecionar os melhores candidatos ao provimento de cargos e funções públicas. Na aferição pessoal, o Estado verifica a capacidade intelectual, física e psíquica de interessados em ocupar funções públicas e no aspecto seletivo são escolhidos aqueles que ultrapassam as barreiras opostas no procedimento, obedecidas sempre à ordem de classificação. Cuida-se, na verdade, do mais idôneo meio de recrutamento de servidores públicos.[2]

Na análise do seu histórico, verifica-se que o seu surgimento no mundo jurídico não objetivou somente ser um mecanismo de seleção de candidatos, mas instrumento diretamente atrelado à eficiência e ao desenvolvimento dos serviços públicos, notadamente diante do seu aspecto meritocrático.

Na análise de Raquel Dias da Silveira e Paulo Roberto Motta, o concurso público originou-se como:

(...) processo amplo de seleção onde os candidatos litigam entre si com a finalidade de demonstrarem que uns são melhores que os outros para o desempenho das atribuições do cargo ou do emprego, pretendido na Administração.[3]

Paulo Roberto Ferreira Motta e Raquel Dias da Silveira, nessa perspectiva, destacam que:

(...) numa perspectiva histórica, o recrutamento objetivo e meritório de servidores públicos, substituindo a seleção pela linhagem familiar, entre outros métodos, surgiu no Oriente, anos 818-907 d.C., mais precisamente

---

[1] MEIRELLES, 2006, p. 542.
[2] CARVALHO FILHO, 2008, p. 561.
[3] MOTTA; SILVEIRA, 2014, p. 275.

durante a dinastia Tang, na China. O concurso propiciou a eficiência vivenciada pelo Estado chinês nos séculos X a XIII, período conhecido como a "idade de ouro". O historiador Paul Kennedy mostra que a profissionalização da burocracia chinesa, por meio do concurso, fez com que Marco Polo, ao chegar à China, se surpreendesse com certas invenções, como livros impressos, embarcações bem mais sofisticadas que as mediterrâneas, explosivos, indústria bélica, metalurgia e complexas redes de canais fluviais, além da porcelana e da seda. A construção de um Estado forte chinês com base na meritocracia foi tão clarividente que quando o país foi invadido pelos mongóis, em 1234, foram os invasores que acabaram sendo absorvidos e incorporados pela tradição e cultura chinesas.[4]

Assim, dessume-se que o concurso público não se afigura somente como porta de entrada nos quadros da administração pública, mas possui também a finalidade de estimular a profissionalização da função pública. No ponto, os mesmos autores destacam que:

> (...) concurso público não é apenas o processo pelo qual a Administração Pública recruta, mediante a avaliação objetiva do mérito, o candidato mais qualificado para o exercício da função pública, proporcionando aos cidadãos a mesma oportunidade de integrar os quadros da Administração. O concurso público ainda possui finalidade de maior relevância social, a de ser a porta de ingresso no serviço público, inaugurando, assim, a liturgia da profissionalização. Por conseguinte, toda a vida funcional do servidor — incluindo a capacitação, o aprimoramento do mérito e a evolução na carreira —, bem como a qualidade dos serviços por ele prestados dependerão do êxito da realização do concurso público pela Administração.[5]

Na lição precisa de Romeu Felipe Bacellar Filho

> (...) a implementação de um sistema de mérito no funcionalismo público é emergencial. A profissionalização da função pública exige não somente o fortalecimento do concurso público (e a necessidade de se privilegiar interpretações restritivas quanto aos cargos em comissão que constituem exceção à regra do concurso), como também um adequado plano legislativo de carreira, em todos os níveis da Federação (União, Estados, Distrito Federal e Municípios).[6]

---

[4] MOTTA; SILVEIRA, 2014, p. 276.
[5] MOTTA; SILVEIRA, 2014, p. 306.
[6] BACELLAR FILHO, 2014.

Ressalte-se, que o Estado se obriga ao tratamento impessoal e profissional dos seus agentes, e a ambos é atribuída a responsabilidade pela sua qualificação e pelo aprimoramento de talentos e habilidades humanas, isso em favor da sociedade e da própria gestão das coisas públicas.[7]

É necessário ponderar, ainda, que a consecução do direito fundamental à boa administração pública depende de servidores profissionalizados, que, ao fim e ao cabo, orienta-se à realização do interesse público. Raquel Dias da Silveira assevera que:

> A profissionalização da 'função pública' corresponde ao tratamento neutro e isonômico do servidor, valorizando-o como ser humano, que faz do serviço público sua profissão. Assim, profissionalização do servidor público implica direito à remuneração justa pelo trabalho ofertado ao Estado; à organização sindical; à greve; ao ingresso meritório na função pública; à capacitação; à carreira; à promoção; ao acesso; às licenças; aos afastamentos para fins de capacitação; à percepção de vantagens pecuniárias decorrentes do aprimoramento profissional, entre outros. (...) A boa administração do Estado depende de bons servidores; servidores profissionalizados e estimulados ao progresso constante, adaptando-se às necessidades da dinâmica da sociedade.[8]

O concurso público, portanto, além de subsidiar a concretude do interesse público, atende ao princípio constitucional da eficiência, uma vez que ele faz com que se contrate os profissionais mais aptos e mais qualificados e, nessa medida, pressupõe-se que as suas atribuições necessariamente serão executadas com maior eficiência.[9]

O concurso público é pressuposto da impessoalidade da atuação da função pública, isso pela menor ingerência política do gestor nas ações do servidor público investido no cargo público por intermédio dele.

A atividade administrativa republicana ao querer essa neutralidade da atividade administrativa, uma vez que, devido às constantes alterações de gestão e de mudanças governamentais, o servidor deve ter condições de atuar sem sofrer ameaças e pressões

---

[7] SILVEIRA, 2009, p. 68.
[8] SILVEIRA, 2009, p. 58-67.
[9] SUNDFELD; SOUZA, 2006.

direcionadas ao atendimento de comandos que podem não ser direcionados ao interesse público, mas ao interesse do gestor.

No ponto, Raquel Dias da Silveira acentua que:

> (...) uma vez que o servidor público ingressou na função pública mediante concurso público de provas ou de provas e títulos, independentemente de ser regido pelo regime estatutário ou pelo regime trabalhista, é ele titular de uma função pública profissionalizada, fazendo jus à impessoalidade e à neutralidade que a atividade administrativa requer. É evidente, contudo, que a neutralidade e a impessoalidade serão maiores, quanto mais próximo for o regime jurídico da lei e mais distante da autonomia da vontade das partes. (...) A experiência demonstrou que a máquina estatal deve funcionar com regularidade e continuidade, malgrado as vicissitudes das vitórias partidárias e das mudanças governamentais. Incumbe, portanto, ao Estado o necessário respeito ao servidor público, profissionalizado da melhor forma possível, do qual também se deve exigir neutralidade política. (...) No que se refere ao princípio da impessoalidade, é importante assinalar que uma 'função pública' profissionalizada independe de mudanças na política ou nas diretrizes de governo. A independência política dos servidores aos quais cumpre a gestão de serviços públicos ou de atividades de interesse público deve-se, primeiramente, à investidura mediante concurso público de provas ou de provas e títulos.[10]

Cumpre asseverar ainda entendimento exarado pelo Tribunal de Contas do Estado de Santa Catarina, que, em resumo, observa que:

> (...) a prevalência da regra do concurso público, destacando-se que as regras que restringem o cumprimento do instituto do concurso público estão previstas na Constituição Federal e devem ser interpretadas restritivamente tendo em vista que a imposição constitucional da obrigatoriedade do concurso público é categórica e definitiva e tem como objetivo resguardar o cumprimento de princípios constitucionais, dentre eles, os da impessoalidade, da igualdade e da eficiência. E nesse sentido há que se instituir a cultura de gestão estratégica, ou seja, a administração pública deve planejar suas atividades, suprindo suas necessidades mediante remanejamento de pessoal do quadro efetivo, sendo vedado o desvio de função.[11]

Verifica-se, portanto, que a obrigatoriedade do concurso público visa resguardar a isonomia, a moralidade e a probidade administrativa,

---

[10] SILVEIRA, 2009, p. 58-67.
[11] SANTA CATARINA, s.d.

bem como o interesse público decorrente da contratação de candidatos aptos a melhor prestação do serviço público, coibindo o uso do empreguismo e do apadrinhamento político.

## 2 Da exclusividade do exercício da consultoria jurídica pelos órgãos integrantes da advocacia pública municipal e da sua concepção como função essencial à Justiça

Como é cediço, um dos pilares do moderno Direito Constitucional é, exatamente, a sujeição de todas as pessoas jurídicas de direito público ao princípio da legalidade (art. 1º, da CRFB).

A Constituição da República, inclusive, dispensará especial atenção ao tratamento da matéria, tendo consagrado, a um só tempo, regras e princípios que deverão nortear a conduta do poder público, como também critérios que deverão ser observados para que os entes administrativos e os administradores sejam responsabilizados administrativa, civil e penalmente por suas ações e omissões.

Não é por outra razão, aliás, que o Constituinte elevará a advocacia pública à condição de Função Essencial à Justiça, tendo a considerado indispensável para o funcionamento do sistema de justiça e para a tutela do interesse público primário (art. 131 e art. 132, da CRFB).

Nada de mais natural, por sinal, já que o advogado público agrega o compromisso com os direitos constitucionais, com as garantias individuais, com os direitos fundamentais, bem como com todos os valores, princípios e regras que constituem o Estado Democrático de Direito (art. 1º, da CRFB).

Ana Luisa Soares Carvalho e Cristiane da Costa Nery salientam que:

> O interesse público como fim da administração pública e objetivo maior da atividade do advogado público está, indelevelmente, vinculado ao Estado Democrático de Direito como expressão da sua juridicização, conforme definido pelo artigo 1º da Constituição Federal que estabelece, também, os fundamentos da República Federativa do Brasil: (I) soberania, (II) cidadania, (III) dignidade da pessoa humana, (IV) os

valores do trabalho e da livre iniciativa e (V) pluralismo político. Neste contexto, a atividade do advogado público é um meio de efetivação do interesse público, assim definido pelos princípios, fundamentos, direitos e garantias do estado constituído, porque deve ser esse o objetivo e o resultado da sua atuação.[12]

Sabe-se, contudo, que as procuradorias municipais, ao contrário do que ocorre na esfera federal e estadual, não possuem, até o momento, status constitucional.

Por ora, somente a Advocacia-Geral da União (art. 131, da CRFB) e as procuradorias estaduais (art. 132, da CF/88) possuem assento expresso na Constituição da República.

Nada obstante, vale destacar que tramita no Congresso Nacional proposta de emenda constitucional para que a carreira seja incluída no art. 132 da CRFB e, por fim, constitucionalizada (PEC nº 17/2012).

Ademais, cumpre anotar que o Supremo Tribunal Federal, ao consolidar orientação no sentido de que a instituição de órgãos próprios de procuradoria não fora imposta pela Constituição Federal, somente ressaltara que não se aplica, por simetria, o art. 132 da CRFB à esfera local.[13]

Em momento algum, a Suprema Corte afirmará que os entes municipais, valendo-se do poder de auto-organização assegurada pela Constituição Federal (art. 18 e 29, da CF/88), poderão criar cargos comissionados para desempenhar as funções de advogado público municipal ou que a representação em juízo do poder público e a consultoria jurídica na esfera administrativa local poderão ser desempenhadas por servidores aprovados para cargos diversos ao de procurador municipal, quando o ente municipal já tiver realizado concurso para o preenchimento dos cargos de procurador (art. 37, II, da CRFB) e existir procuradoria organizada e estruturada via carreira própria.

Vale anotar, inclusive, que, até mesmo para a contratação direta de escritórios de advocacia, deve a municipalidade observar as balizas e condicionantes estabelecidas pelo legislador nacional, já que a medida não se afigura arbitrária e irrestrita.

---

[12] CARVALHO, 2009, p. 401.
[13] BRASIL, 2018.

De igual forma, a terceirização dos serviços advocatícios, quando já instituído órgão próprio de procuradoria na esfera municipal, deve ser visualizada como medida mais do que excepcional, ou seja, com redobrada cautela.

Afinal, nas hipóteses em que os entes municipais já tiverem constituído órgão próprio de procuradoria, a representação judicial e a consultoria jurídica do ente público municipal deverão ser realizadas, ordinariamente, pelos advogados com vínculo permanente e profissional com a administração, salvo naqueles casos em que a terceirização se fizer comprovadamente necessária, ou seja, naquelas hipóteses em que a especificidade e a complexidade do objeto contratual, agregada a notória especialização do prestador, justificar a contratação de terceiros.

Nos termos da jurisprudência consolidada pelo Supremo Tribunal Federal:

> A contratação direta de escritório de advocacia, sem licitação, deve observar os seguintes parâmetros:
> a) existência de procedimento administrativo formal;
> b) notória especialização profissional;
> c) natureza singular do serviço;
> d) demonstração da inadequação da prestação do serviço pelos integrantes do Poder Público;
> e) cobrança de preço compatível com o praticado pelo mercado.[14]

No mesmo sentido já se posicionara o Tribunal de Contas da União (TCU):

> O TCU também é incisivo em apontar que, em regra, a contratação de serviços advocatícios precisa ser feita mediante licitação e que a inexigibilidade só é possível se o serviço exigido, no caso concreto, for singular e o advogado ou escritório contratado gozar de notória especialização. Nesse sentido, confira excerto do voto do Ministro-Substituto Augusto Sherman Cavalcanti: "6.2.29. A contratação de serviços advocatícios é tema pacífico nesta Corte de Contas, cujo entendimento é a necessidade de processo licitatório para a contratação de serviços dessa natureza, exceto quando ficar comprovada a notória especialização e a singularidade do objeto. 6.2.30. Das análises dos diversos processos sobre esse tema existentes nesta Corte de Contas,

---

[14] BRASIL, 2014.

percebe-se que o termo notória especialização tem tido diversas interpretações capciosas por alguns administradores públicos. Vejamos os termos do §1º, art. 25 da Lei 8.666/1993 ao definir Notória Especialização: §1º – Considera-se de notória especialização o profissional ou empresa cujo conceito no campo de sua especialidade, decorrente de desempenho anterior, estudos, experiências, publicações, organização, aparelhamento, equipe técnica, ou de outros requisitos relacionados com suas atividades, permita inferir que o seu trabalho é essencial e indiscutivelmente o mais adequado à plena satisfação do objeto do contrato. 6.2.31. Da leitura do normativo extrai-se que é necessário, mas não suficiente, o profissional gozar de renomado conceito profissional. Seu trabalho há de ser, ainda, essencial e o mais adequado à administração pública. 6.2.32. No mais, não se pode contratar por inexigibilidade um serviço comum, rotineiro e que possa ser prestado por qualquer profissional da área, uma vez que a lei exige, para tanto, a natureza singular do serviço (art. 25, II, Lei 8.666/1993). 6.2.33. Esta Corte tem firme entendimento que serviços gerais de advocacia podem ser desenvolvidos por inúmeros profissionais da área jurídica. A contratação em discussão se efetivou para defesa de réus acusados de cometerem ilegalidades na admissão de pessoal em desacordo com a Constituição Federal, concessão de diárias em valores superiores ao previsto em norma, pagamentos de salários superiores ao teto constitucional e aquisição e reembolso de passagens de forma irregular. Não se está, portanto, diante de objeto singular, incomum, anômalo, nem de notória especialização, sendo, nesse caso, imprescindível o processo licitatório, caso fosse regular a contratação".[15]

**Tanto assim o é que a Corte de Contas Federal replicara a orientação em sessão ocorrida em outubro de 2020 (isso significa após a publicação da Lei Federal nº 14.039/2020), vide Acórdão nº 2761/2020:**

A) A inexigibilidade de licitação nesse caso não é, por si só, vedada, podendo ser realizada conforme os ditames do art. 25, inciso II, da Lei 8.666/1993, desde que reconhecidos no caso concreto a presença dos requisitos concernentes à singularidade do objeto e à notória especialização do contratado; B) A inviabilidade de competição para a contratação de serviços técnicos, a que alude o art. 25, inciso II, da Lei 8.666/1993, decorre da presença simultânea de três requisitos: serviço técnico especializado, entre os mencionados no art. 13 da referida lei, natureza singular do serviço e notória especialização do contratado – Súmula 252 do TCU; C) No caso, por ser a Petrobras entidade regida

---
[15] BRASIL, 2019.

pela Lei 13.303/2016, a regra aplicável à contratação estaria contida no art. 30, inciso II, alínea "e" da referida norma, que tem redação quase idêntica à do art. 25, II, da Lei n. 8666/93; D) Para o TCU, a notória especialização decorre da análise do currículo do contratado, documento que, no caso, foi chancelado pela área jurídica da Petrobras. Já a singularidade do objeto "pressupõe complexidade e especificidade, devendo ser compreendida como uma situação diferenciada e sofisticada que exige grande nível de segurança, restrição e cuidado." No caso concreto, a Petrobras defendeu que a causa era complexa, extensa, tinha grande repercussão e relevância institucional e econômica; E) No caso, entendeu-se que o contrato firmado possuía natureza singular, tinha característica de serviço técnico especializado e o contratado detinha notória especialização, atendendo, assim, os três requisitos exigidos para a regularidade da forma de contratação adotada, além do que não havia indícios de prejuízos à estatal; F) Concluiu-se, por fim, que "presentes os requisitos caracterizadores da especialidade e singularidade do serviço e da notória especialização do contratado (inciso II do art. 30 da Lei 13.303/2016), admite-se, a juízo discricionário da estatal, a contratação direta de escritório de advocacia.

Ressalta-se, esse posicionamento já era defendido no âmbito doutrinário. Por todos, Ronny Charles Lopes de Torres destaca que:

> Preocupa-nos a utilização indiscriminada deste dispositivo, muitas vezes permitida pelos órgãos de controle. Cite-se como exemplo a contratação de serviços advocatícios de assessoramento jurídico cotidiano; no caso daqueles serviços, a utilização deveria se restringir àquela contratação que se alinhasse aos limites traçados pelo legislador, não apenas no pertinente à notória especialização, tão flexibilizada pelos gestores, mas, sobretudo, no que concerne à singularidade dos serviços prestados. Nesse diapasão, pensamos que o patrocínio ou a defesa de causas judiciais e administrativas, previstas no inciso V do artigo 13, do estatuto (aquele artigo dá exemplos de serviços técnicos especializados), não devem ser enquadrados como hipóteses de inexigibilidade, quando se referirem a assessoramento jurídico cotidiano.
> A singularidade imposta pelo artigo 24 parece restringir a hipótese a serviços específicos, delimitados e extraordinários, que requeiram a 'expertise' não verificada nos quadros da administração. Nesse ponto, imperioso relembrar que os assessoramentos jurídicos, naturais à advocacia pública, e o patrocínio ou defesa habitual, das diversas causas judiciais propostas em favor ou em face dos entes ou órgãos da Administração, caracterizam-se como atividades próprias de carreira funcional. A concepção constitucional prevista no inciso II do artigo 37, da Constituição Federal, exige o provimento de tais cargos mediante aprovação prévia em concurso, seja pela União, Estados, Distrito Federal

ou Municípios, motivo pelo qual reputamos como impreterível a existência de quadro de servidores de carreira, para cumprir tais atribuições.[16]

Logo, pode-se dizer que a função de representação judicial e extrajudicial da municipalidade, bem como de consultoria jurídica do ente local, quando insertas no organograma funcional da administração pública do município (estrutura de cargos e salários), devem ser desempenhadas por procuradores concursados (art. 37, II, da CRFB), estejam eles organizados ou não em carreira própria, já que que o princípio do concurso público impede a ocupação do cargo de advogado público por servidores aprovados para postos diversos, isto é, o fenômeno da ascensão funcional (art. 37, II, da CRFB), bem como porque o exercício da advocacia pública pressupõe a execução de funções técnicas e específicas.

Não podem, portanto, ser desempenhadas por servidores aprovados para cargos diversos, bem como ser executadas por servidores comissionados, até mesmo porque as funções de chefia, direção e assessoramento administrativo (art. 37, V, da CF/88) possuem destacadamente política e não se confundem com as atribuições técnicas da advocacia de estado.

É este o entendimento do Supremo Tribunal Federal:

> (...) a) A criação de cargos em comissão somente se justifica para o exercício de funções de direção, chefia e assessoramento, não se prestando ao desempenho de atividades burocráticas, técnicas ou operacionais; b) tal criação deve pressupor a necessária relação de confiança entre a autoridade nomeante e o servidor nomeado; c) o número de cargos comissionados criados deve guardar proporcionalidade com a necessidade que eles visam suprir e com o número de servidores ocupantes de cargos efetivos no ente federativo que os criar; e d) as atribuições dos cargos em comissão devem estar descritas, de forma clara e objetiva, na própria lei que os instituir.[17]

Na realidade, a emissão dos pareceres, sejam eles facultativos, obrigatórios ou vinculantes, é tarefa que deve ser desempenhada, em caráter definitivo, pela Procuradoria Geral do Município (PGM), já que, até mesmo para aquelas hipóteses em que a consulta não

---

[16] TORRES, 2019, p. 367-368.
[17] Repercussão Geral – Tema nº 1.010 (BRASIL, 2018a).

se revela obrigatória para o administrador (hipóteses de pareceres jurídicos facultativos), a manifestação, quando solicitada pelo gestor, deve ser exarada, de maneira conclusiva, pelo órgão legalmente competente, qual seja, a PGM.

Cumpre asseverar que, no caso de servidores públicos não investidos no cargo de procurador do município, caso eles não submetam eventuais pronunciamentos à supervisão e ao controle da procuradoria-geral, há possível prática de infração disciplinar. De igual forma, as autoridades que contribuírem para o desvio de função.

Afinal, se não houver a submissão do pronunciamento jurídico ao crivo da procuradoria-geral, haverá usurpação de competências e desvio de função do especialista jurídico, que acabará atuando, por consequência, como procurador do município, razão pela qual a conduta poderá ser apurada via Processo Administrativo Disciplinar (PAD) e culminar na aplicação de penalidades ao servidor, com risco, inclusive, de demissão do agente público.

## Considerações finais

Diante do exposto, há que se reconhecer a necessária profissionalização das funções públicas, notadamente pela utilização do instituto do concurso público.

A par das exceções mencionadas neste texto, acentua-se a essencialidade da garantia das prerrogativas da carreira da advocacia pública municipal, em especial da sua exclusividade na atuação da consultoria jurídica dos órgãos e das entidades municipais, isso diante do direito fundamental à boa administração e do poder-dever de juridicidade da atuação administrativa, e tudo à luz dos ideais republicanos que implicam a defesa da advocacia de estado, e não de governos.

## Referências

BACELLAR FILHO, Romeu Felipe. Profissionalização da função pública: a experiência brasileira – a ética na Administração Pública. *In:* FORTINI, Cristiana (coord.). *Servidor público*: estudos em homenagem ao professor Pedro Paulo de Almeida Dutra. Belo Horizonte: Fórum, 2014.

BRASIL. Supremo Tribunal Federal (Plenário). Acórdão 1.193/2019. Relator: Min. Augusto Sherman, 22 de maio de 2019. *Dje*: Brasília, DF, 2019.

BRASIL. Supremo Tribunal Federal (1. Turma). Inq. 3074. Relator: Min. Roberto Barroso, 26 de agosto de 2014. *Dje*: Brasília, DF, 2014.

BRASIL. Supremo Tribunal Federal (Plenário). RE 1041210 RG. Relator: Min. Dias Toffoli, 27 de agosto de 2018. *Dje*: Brasília, DF, 2018a.

BRASIL. Supremo Tribunal Federal. RE 1.1560.16/SP. Relator: Min. Luiz Fux, 25 de agosto de 2018. *Dje*: Brasília, DF, 28 ago. 2018b.

CARVALHO FILHO, José dos Santos. *Manual de Direito Administrativo*. 19. ed. Rio de Janeiro: Lumen Júris, 2008.

CARVALHO, Ana Luisa Soares; NERY, Cristiane da Costa. O advogado público municipal – prerrogativas e atribuições na perspectiva da responsabilidade civil. *In*: CARVALHO, Ana Luisa Soares *et al*. *O mundo da cidade e a cidade no mundo* – reflexões sobre o Direito local. Porto Alegre: Editora IPR, 2009.

MEIRELLES, Hely Lopes. *Direito Administrativo brasileiro*. 42. ed. Malheiros, 2006.

MOTTA, Paulo Roberto Ferreira; SILVEIRA, Raquel Dias da. Concurso público. *In*: FORTINI, Cristiana (coord.). *Servidor público*: estudos em homenagem ao professor Pedro Paulo de Almeida Dutra. Belo Horizonte: Editora Fórum, 2014.

SANTA CATARINA. *Alerta sobre a contratação por tempo determinado também denominada de Admissão em Caráter Temporário (ACT) no serviço público*, s.d. Disponível em: https://www.tcesc.tc.br/sites/default/files/Artigo%20-%20Contrata%C3%A7%C3%A3o%20por%20 prazo%20determinado%20-%20alerta.pdf.

SILVEIRA, Raquel Dias da. *Profissionalização da função pública*. Belo Horizonte: Editora Fórum, 2009. p. 68.

SUNDFELD, Carlos Ari; SOUZA, Rodrigo Pagani. As empresas estatais, o concurso público e os cargos em comissão. *Revista de Direito Administrativo*, v. 243, 2006.

TORRES, Ronny Charles Lopes de. *Leis de licitações públicas comentadas*. Salvador: JusPodivm, 2019.

---

Informação bibliográfica deste texto, conforme a NBR 6023:2018 da Associação Brasileira de Normas Técnicas (ABNT):

ARAÚJO, Eliane Pires; SCHUSTER, Guilherme Sanini; BRANDÃO, Rafael de Moraes. Da profissionalização da advocacia pública municipal: análise do poder de conformação administrativa diante da regra constitucional do concurso público, das limitações impostas a criação de cargos em comissão e das balizas legais para a contratação de escritórios advocatícios. *In*: DOSSO, Taisa Cintra; TAVARES, Gustavo Machado; SILVA, Thiago Viola Pereira da. (Coords.). *Direito Municipal em Debate*. Belo Horizonte: Fórum, 2022. p. 249-262. ISBN 978-65-5518-406-8.

# PARECER

## CÉLIO NATAL DOS SANTOS JÚNIOR

**Assunto:** Consulta formulada pela Secretaria Municipal de Mobilidade (SMM). Contratação de empresa de vigilância para o pátio da Secretaria. Impossibilidade técnica da Guarda Civil prestar o serviço, à vista da insuficiência de servidores. Contratação de empresa privada, de forma excepcional, para prestar o serviço por meio de procedimento licitatório. Possibilidade condicionada.

**Interessada:** Secretaria Municipal de Mobilidade (SMM)

## I Relatório

Cuida o caso de consulta formulada pela Secretaria Municipal de Mobilidade (SMM) a respeito da viabilidade jurídica de proceder-se à contratação de empresa para a prestação de serviço de vigilância, a ser realizada no pátio da aludida Secretaria.

Nessa via, nos termos do Despacho nº 342/2021-GAB/SMM, de autoria do Sr. ----------------------, ilustre Secretário Municipal de Mobilidade (cf. fl. 15 dos autos), se extraem os termos da consulta formulada a esta Especializada:

> (...) em observância ao §1º do artigo 1º do Decreto nº 2.119/2014, encaminho os autos à Procuradoria Geral do Município – PGM, para análise dos presentes autos e manifeste sobre a possibilidade de contratação de serviço de empresa privada para prestação de vigilância no pátio da Secretaria Municipal de Mobilidade, diante da impossibilidade técnica da Agência da Guarda Civil Metropolitana de ---------- – AGCMG para prestar referido serviço, em virtude da insuficiência de servidores.

No Ofício nº 0961/2019-GAB/AGCMG, da lavra do Presidente Comandante da Agência da Guarda Civil Metropolitana de ------------ (AGCMG), resta consignado a impossibilidade técnica da Guarda Civil alocar servidores na sede administrativa da Secretaria Municipal de Mobilidade em razão da escassez de efetivo. Tais justificativas constam, de igual modo, no Ofício nº 0888/2019-GAB/

AGCMG, Memorando nº 121/2019-3ª UCR e Ofício nº 0247/2021-GAB/AGCMG (cf. fls. 05/08 dos autos), também exarados pela Guarda Civil Metropolitana de ---------------.

Instruem os autos os seguintes documentos: Memorando nº 071/2021 (fl. 03); Ofício nº 0961/2019-GAB/AGCMG (fl. 04); Ofício nº 0888/2019-GAB/AGCMG (fl. 05); Memorando nº 121/2019-3ª UCPR (fls. 06/07); Ofício nº 0247/2021-GAB/AGCMG (fl. 08); Parecer nº 59/2021-CHEADV (fls. 09/13); Despacho nº 113/2021-CHEADV (fl. 14); e Despacho nº 342/2021-GAB/SMM (fl. 15).

É o breve relatório. Segue o parecer.

## II Fundamentação jurídica

## II.1 Da natureza do parecer e responsabilidade do parecerista

De início, convém pontuar que o parecer jurídico, no presente caso, é opinativo, de modo que não tem o condão de compelir a Administração a emitir decisão sobre o assunto, nos moldes do que fora ilustrado pelo ex-Ministro do STF Joaquim Barbosa, no julgamento do MS 24.631. Assim sendo, quem decide é o gestor/administrador, que exara ato administrativo com conteúdo decisório, podendo fundar-se, ou não, em parecer emanado desta Procuradoria.

Corroborando este quadro, cumpre trazer à lume a previsão do artigo 45, III, da Lei Complementar Municipal nº 313/2018, o qual menciona que os procuradores desta casa detêm imunidade quanto às opiniões emitidas em pareceres jurídicos, a saber:

> Art. 45. O ocupante do cargo de Procurador do Município exerce função essencial à justiça e ao controle da legalidade dos Atos da Administração Pública Municipal, gozando de independência funcional técnica/científica, bem como das prerrogativas inerentes à atividade advocatícia, além daquelas afetas às carreiras de Estado da Advocacia Pública, e das seguintes:
> (...)
> III- imunidade e autonomia funcional quanto às opiniões de natureza técnico-científica emitidas em parecer, petição ou qualquer arrazoado produzido em processo administrativo ou judicial, não podendo ser

constrangido, de qualquer modo ou forma, a agir em desconformidade com a sua consciência ético profissional, sempre na defesa do interesse público;

Sendo assim, todos os apontamentos realizados, individualmente considerados ou em seu conjunto, *representam a análise jurídica desta especializada sobre o prisma estritamente técnico, sendo necessário, em qualquer caso, decisão do órgão responsável acerca da matéria.*

## II.2 Da matéria trazida a debate

Como se viu, trata o caso de análise da possibilidade jurídica de contratação de empresa privada para prestação de serviço de vigilância na sede da Secretaria Municipal de Mobilidade de ------------.

De início, há que se dizer que, em se tratando de segurança dos bens, instalações e serviços públicos, a teor do disposto no art. 144, §8º da Constituição Federal,[1] tal atribuição é devida às Guardas Civis Municipais. Na mesma direção é a disposição do art. 4º, *caput* e parágrafo único, da Lei Federal nº 13.022/2014, a qual dispõe sobre o Estatuto Geral das Guardas Municipais, *in verbis*:

> Art. 4º É competência geral das guardas municipais *a proteção de bens, serviços, logradouros públicos municipais e instalações do Município.*
> Parágrafo único. Os bens mencionados no *caput* abrangem os de uso comum, os de uso especial e os dominiais.

Especificamente em relação ao Município de ------------, a Lei Complementar Municipal nº 180, de 16 de setembro de 2008, foi responsável pela criação da Agência da Guarda Civil Metropolitana (AGCMG), entidade de natureza autárquica, dotada de personalidade jurídica de direito público interno, com autonomia administrativa, financeira e patrimonial, integrante da Administração Indireta do Poder Executivo do Município.

E, nos termos do Regimento Interno da AGCMG, aprovado pelo Decreto Municipal nº 360, de 20 de janeiro de 2021, consta, de modo expresso, a atribuição da Guarda Municipal de ----------- para

---

[1] "Art. 144. (...) §8º Os Municípios poderão constituir guardas municipais destinadas à proteção de seus bens, serviços e instalações, conforme dispuser a lei."

exercer a vigilância do patrimônio e bens públicos municipais – nesse jaez o art. 2º do aludido Regimento Interno:

> Art. 2º A Agência da Guarda Civil Metropolitana de ---------- *tem por finalidade a proteção do patrimônio, bens, serviços e instalações públicas municipais*, o apoio à administração municipal no exercício de seu poder de polícia administrativa e a execução das políticas e diretrizes relacionadas à segurança urbana preventiva e à defesa civil, nos limites das competências legais do Município, nos termos do §8º do artigo 144 da Constituição Federal, do artigo 4º, da Lei 13.022, Estatuto das Guardas Civis, do artigo 60 da LC nº 335/2021 e do artigo 1º da LC nº 180/2008.

Nesse diapasão, resta-nos claro que a vigilância do pátio da Secretaria Municipal de Mobilidade (SMM), bem público e/ou destinado à finalidade pública, é de atribuição precípua da Guarda Civil Metropolitana de -----------, nos termos constitucionais e legais. Portanto, retirar tal atribuição da AGCMG, à primeira vista, poderia representar usurpação das competências/atribuições da Guarda Civil de --------- e burla ao concurso público, uma vez que estariam sendo contratados empresas/pessoas da iniciativa privada para o exercício de atribuições específicas de servidores públicos organizados em carreira.

Entretanto, no caso dos autos, a própria Agência da Guarda Civil Metropolitana de ------------, principal interessada em garantir o respeito e observância às suas prerrogativas institucionais, manifestou expressamente nos autos, e em mais de uma oportunidade, a impossibilidade fática, ao menos no momento, de garantir, por seus próprios meios, a segurança do prédio da Secretaria Municipal de Mobilidade. Nesse sentido as manifestações da AGCMG de fls. 04, 05 e 06/07, todas do ano de 2019, elucidando a escassez de efetivo, que obstaculizaria o atendimento do requerimento formulado pela SMM. Diga-se que, de igual modo, e em manifestação mais recente, de 05 de março de 2021, o ilustre Presidente da AGCMC, o Sr. ------------------, reafirmou a impossibilidade de lotação de Guardas Civis Metropolitanos na sede da SMM (cf. Ofício nº 0247/2021-GAB/AGCMG, de fl. 08 dos autos).

Ante o quadro apresentado, denota-se suficientemente justificado a impossibilidade, ao menos no momento, de a AGCMG, por meio de servidores de seu quadro efetivo (Guardas Civis), realizar a vigilância do prédio da SMM e dos bens públicos que a guarnecem.

É certo que o pátio da SMM necessita de vigilância, haja vista o interesse público na conservação e zelo dos bens públicos municipais e/ou daqueles bens destinados à finalidade pública. Ademais, vale ressaltar que a omissão no que diz respeito à conservação do patrimônio público pode configurar ato de improbidade administrativa que cause lesão ao erário, nos termos do art. 10, inciso X, da Lei Federal nº 8.429/92 (Lei de Improbidade Administrativa). E, em razão da comprovada impossibilidade de a AGCMG exercer esse mister, conforme demonstrado nos autos, pensamos não haver óbice à contratação de empresa privada para executar esse serviço, nos termos solicitados pelo Diretor Administrativo da Secretaria Municipal de Mobilidade, no Memorando nº 71/2021, de fl. 03 dos autos.

Contudo, há que se dizer que no caso tem que ser observado o pertinente procedimento licitatório, uma vez que, via de regra, o serviço de vigilância não está entre aqueles que a legislação autoriza a contratação direta, por dispensa ou inexigibilidade de licitação (cf. os arts. 13, 24 e 25, todos da Lei Federal nº 8.666/93, bem como os arts. 74 e 75 da nova Lei de Licitações – Lei Federal nª 14.133/2021).

Com efeito, a obrigatoriedade de licitar encontra mandamento expresso no art. 37, XXI, da Constituição Federal, nos termos:

> Art. 37. (...)
> XXI - ressalvados os casos especificados na legislação, *as obras, serviços, compras e alienações serão contratados mediante processo de licitação pública que assegure igualdade de condições a todos os concorrentes,* com cláusulas que estabeleçam obrigações de pagamento, mantidas as condições efetivas da proposta, nos termos da lei, o qual somente permitirá as exigências de qualificação técnica e econômica indispensáveis à garantia do cumprimento das obrigações.

Nessa via, a regra da licitação abrange todos os entes da administração pública, seja direta ou indireta; nesse sentido as palavras de Victor Amorim:

> *(...) a obrigação de licitar abrange todos os órgãos administrativos dos Poderes Executivo, Legislativo, Judiciário, dos Tribunais de Contas e do Ministério Público,* o que foi objeto de expressa menção pelo art. 117 da Lei nº 8.666/1993.

Ademais, estão obrigadas a realizar licitação pública as entidades integrantes das Administrações indiretas dos entes federativos, ou seja, autarquias, fundações públicas, empresas públicas, sociedades de economia mista e demais entidades controladas direta ou indiretamente pela União, Estados, Distrito Federal e Municípios.[2]

Sendo dessa forma, a contratação do serviço de vigilância pretendido pela SMM deve ser precedida do regular procedimento licitatório.

Ademais, outra questão deve ser observada. Como se sabe, o serviço de vigilância, nos termos do art. 57, inciso II, da Lei Federal nº 8.666/93 (art. 107 da Lei Federal nº 14.133/2021), se caracteriza como serviço de natureza contínua, uma vez que a vigilância dos bens e equipamentos públicos se cuida de necessidade permanente da Administração, conforme inclusive já delineado pelo Tribunal de Contas da União, *in verbis*:

> *Serviços de natureza contínua são serviços auxiliares e necessários à Administração, no desempenho de suas atribuições, que se interrompidos podem comprometer a continuidade de suas atividades e cuja contratação deva estender-se por mais de um exercício financeiro.*
> A Administração deve definir em processo próprio quais são seus serviços contínuos, pois o que é contínuo para determinado órgão ou entidade pode não ser para outros. *São exemplos de serviços de natureza contínua: vigilância, limpeza e conservação, manutenção elétrica e manutenção de elevadores.*[3]

Nesse contexto, por se tratar o serviço de vigilância, como visto, de natureza contínua, em tese será possível a prorrogação do contrato a ser firmado com a empresa vencedora do procedimento licitatório. E, tendo em conta que, conforme já elucidado em linhas pretéritas, a vigilância dos bens públicos municipais é atribuição precípua da Agência da Guarda Civil Metropolitana (AGCMG), conforme expressamente consignado na Constituição Federal e legislação federal e municipal mencionadas, eventual prorrogação contratual, por mais 12 (doze) meses, apenas será possível caso a AGCMG, declare expressamente, nos autos administrativos

---

[2] AMORIM, 2018, p. 30.
[3] BRASIL, 2010, p. 772.

específicos, que ainda persiste a impossibilidade técnica de realizar a vigilância no prédio da SMM.

## III Conclusão

À vista do exposto, esta Procuradoria manifesta-se pela *possibilidade jurídica* da contratação de empresa privada para realizar a vigilância do pátio da Secretaria Municipal de Mobilidade (SMM), *de forma excepcional*, uma vez que, como asseverado ao longo deste parecer, a vigilância dos bens públicos e/ou destinados à finalidade pública é de atribuição precípua da Guarda Civil Metropolitana de ---------, nos termos constitucionais e legais, e *desde que*:
   a) a contratação seja formalizada após o regular procedimento licitatório e pelo prazo máximo inicial de 12 (doze) meses;
   b) eventual prorrogação do contrato a ser firmado com a empresa vencedora do certame apenas seja realizada caso a Agência da Guarda Civil Metropolitana (AGCMG), por meio de seu Presidente, e nos autos de processo administrativo específico para a prorrogação contratual, expressamente declare que ainda persiste a impossibilidade técnica, devido à escassez de efetivo, de prestar, por seus próprios servidores, o referido serviço.

Insta salientar que o presente exame se limitou aos aspectos jurídicos da matéria proposta, bem como tomou por base, exclusivamente, os elementos constantes dos autos até a presente data, sem adentrar em apreciações no tocante à conveniência e oportunidade a cargo dos órgãos competentes deste Município, não sujeitos ao crivo desta Especializada.

*Isto posto, submeto o presente à apreciação superior,* com a sugestão de que, se de acordo, sejam os autos remetidos à *Secretaria Municipal de Mobilidade (SMM),* para fins de conhecimento e adoção das providências hábeis ao prosseguimento do feito.

É o parecer, em 07 (sete) laudas.

Procuradoria Especializada de Assuntos Administrativos, aos ------- dias do mês de ---------- de 2021.
Procurador(a) do Município

# Referências

AMORIM, Victor Aguiar Jardim de. *Licitações e contratos administrativos*: teoria e jurisprudência. 2. ed. Brasília: Senado Federal, Coordenação de Edições Técnicas, 2018.

BRASIL. Tribunal de Contas da União (TCU). *Licitações e contratos: orientações e jurisprudência do TCU*. 4. ed. rev., atual. e ampl. Brasília: TCU; Secretaria-Geral da Presidência: Secretaria Especial de Editoração e Publicações, 2010.

---

Informação bibliográfica deste texto, conforme a NBR 6023:2018 da Associação Brasileira de Normas Técnicas (ABNT):

JÚNIOR, Célio Natal dos Santos. Parecer. *In*: DOSSO, Taisa Cintra; TAVARES, Gustavo Machado; SILVA, Thiago Viola Pereira da. (Coords.). *Direito Municipal em Debate*. Belo Horizonte: Fórum, 2022. p. 263-270. ISBN 978-65-5518-406-8. Parecer.

# PARECER

## CRISTIANE DA COSTA NERY
## JHONNY PRADO SILVA

**Ementa:** Limites da aplicação da EC 108/2020

**Assunto:** Emenda Constitucional nº 108/2020. Lei nº 14.113/20. Limites da aplicação. Incremento dos gastos dos entes federativos com Manutenção e Desenvolvimento de Ensino que deve ser observado. Inexistência em Porto Alegre de pagamentos de aposentadorias e pensões com recursos do Tesouro ou cômputo no MDE. Contribuição patronal do Município e extraordinária configuram despesas de natureza jurídica tributária, sem distinção entre as contribuições sociais pagas em relação aos servidores ativos daquelas realizadas pelo vínculo dos inativos, não se enquadrando, portanto, na vedação constitucional com o pagamento de aposentadoria e pensão. Inconstitucionalidade parcial da aplicação imediata da nova norma constitucional. Necessidade de transição ou modulação dos efeitos da alteração constitucional.

**Interessado:** Secretário de Fazenda do Município de XXX

## 1 Introdução

Cuida-se de consulta formulada pelo Exmo. Sr. Secretário Municipal de Fazenda do Município de XXX quanto aos impactos da Emenda Constitucional 108/2020 e das alterações legislativas da Lei nº 14.113/2020 nas finanças municipais. *Referidas alterações normativas produziram alterações significativas no cálculo dos percentuais mínimos com a rubrica "Manutenção e Desenvolvimento do Ensino – MDE".*

*A alteração constitucional mais significativa possui base no acrescido parágrafo 7º, do artigo 212:*

> Artigo 212, CF.
> §5º A educação básica pública terá como fonte adicional de financiamento a contribuição social do salário-educação, recolhida pelas empresas na forma da lei. (Redação dada pela Emenda Constitucional nº 53, de 2006) (Vide Decreto nº 6.003, de 2006)
> §6º As cotas estaduais e municipais da arrecadação da contribuição social do salário-educação serão distribuídas proporcionalmente ao número de

alunos matriculados na educação básica nas respectivas redes públicas de ensino. (Incluído pela Emenda Constitucional nº 53, de 2006)
§7º *É vedado o uso dos recursos referidos no caput e nos §§5º e 6º deste artigo para pagamento de aposentadorias e de pensões.*

Tal dispositivo fora regulamentado pela Lei nº 14.113/2020 que "regulamenta o Fundo de Manutenção e Desenvolvimento da Educação Básica e de Valorização dos Profissionais da Educação (Fundeb), de que trata o art. 212-A da Constituição Federal; revoga dispositivos da Lei nº 11.494, de 20 de junho de 2007; e dá outras providências".

Ato contínuo, o Tribunal de Contas do Estado do Rio Grande do Sul, incorporando as alterações constitucionais e legais, editou a IN nº 18/2020, estabelecendo as orientações para emissão de certidão de aplicação dos percentuais mínimos de Educação, Saúde e do FUNDEB:

> Art. 2º As Certidões da esfera municipal de que trata o art. 2º da Resolução nº 1.089, de 2018, serão emitidas eletronicamente, de acordo com a documentação e com os procedimentos descritos nos parágrafos subsequentes.
> §1º Os percentuais de aplicação em Manutenção e Desenvolvimento do Ensino - MDE, em Ações e Serviços Públicos de Saúde - ASPS e de aplicação dos recursos do Fundo de Manutenção e Desenvolvimento da Educação Básica e de Valorização dos Profissionais da Educação - FUNDEB em remuneração dos profissionais do Magistério serão apurados conforme dados que constam nos Anexos I, II e III desta Instrução Normativa.

Os anexos referidos na Instrução Normativa orientam a necessidade de "deduzir as *eventuais despesas com inativos e pensionistas liquidadas* nas naturezas de despesas" e "deduzir as eventuais despesas com amortização de passivo atuarial, mediante alíquota suplementar ou aporte, liquidadas nas naturezas de despesas".

> Nos vários códigos das naturezas de despesa listados no Anexo I, da IN 18/2020 – TCE-RS, são vedados o computo das seguintes despesas nos cálculos do MDE:
> Despesas com *pagamento de inativos e pensionistas* do RPPS;
> *Plano de seguridade social do servidor – Pessoal Inativo*:
> Despesas com *contribuições patronais* para custeio do plano de seguridade social do *servidor* inativo. *Idem para pensionistas*;

Alíquota suplementar de contribuição previdenciária – *pessoal inativo e pensionista – Plano Previdenciário*;
Alíquota suplementar de contribuição previdenciária – *pessoal ativo – Plano Previdenciário*;
Alíquota suplementar de contribuição previdenciária – *pessoal inativo e pensionista - Plano Financeiro*;
Amortização do passivo atuarial com o RPPS – *aporte periódico*: Despesas orçamentárias com aportes periódicos destinados à cobertura do déficit atuarial do RPPS, conforme plano de amortização estabelecido em lei do respectivo ente federativo, exceto as decorrentes de alíquota de contribuição suplementar.
Precatórios e Indenizações Trabalhistas consignadas no Orçamento de Pessoal para inativos e pensionistas;
Despesas de exercícios anteriores: de inativos, gratificação de tempo de serviço, obrigações patronais;
COMPREV referente inativos e pensionistas;
Outros benefícios assistenciais e Pensões Especiais.
Segundo informado pela Secretaria de Finanças:
Desta forma, as exclusões para 2021 totalizam uma estimativa de R$ 421,9 milhões.
Anteriormente, havia uma projeção de aproximadamente 300 milhões de reais de gastos com educação, porque não se imaginava que o TCE daria esta interpretação tão abrangente, a ponto de excluir absolutamente tudo relacionado a inativos da SMED, até as contribuições patronais ordinárias. Além disso, aquela projeção era de 2020, tendo como base 2019, em que não foi utilizado todo o valor dos inativos para o MDE, mas agora a situação se alterou, as despesas de custeio caíram muito.
Recapitulando, em função da EC 108/2020 o Tribunal está vedando, além do pagamento direto para inativos e pensionistas da SMED, também as contribuições patronais ordinárias. Para exclusão das suplementares já havia entendimento e orientação antes da EC.

A mudança normativa, portanto, impedirá o Município de XXX de atingir os percentuais mínimos de gastos com educação, razão pela qual necessária a presente análise.

## 2 Do contexto fático

A matéria objeto do presente parecer já teve sua discussão iniciada no âmbito do Tribunal de Contas do Estado do Rio Grande do Sul, conforme SEI nº 20.0.000090712-0, tendo o Município de XXX enviado dois ofícios à Presidência da Corte de Contas e discutido internamente a matéria com a sua presidência.

De plano, é importante destacar que é obrigação de todo gestor público qualificar, ao máximo, os serviços públicos voltados ao ensino e aprendizagem de crianças, jovens e adultos, respeitando as possibilidades orçamentárias e financeiras e as orientações das Cortes de Contas.

Nesta linha, em 26 de agosto de 2020, foi publicada a Emenda Constitucional nº 108, que, dentre outras questões, tratou da reforma do Fundo de Manutenção e Desenvolvimento da Educação Básica e de Valorização dos Profissionais da Educação (FUNDEB), tornando-o instrumento permanente de financiamento da educação pública no país.

Em que pese louvável a alteração constitucional proposta, as modificações geraram uma consequência catastrófica: a impossibilidade fática de cumprimento pelos Municípios quanto aos percentuais mínimos de investimento em educação, a se considerar a situação de pandemia que assola o Brasil e o mundo.

Na esteira das modificações para o financiamento da educação, sem maiores debates federativos, a mesma emenda introduziu o §7º ao art. 212 da CF, conforme abaixo transcrito:

> Art. 212. A União aplicará, anualmente, nunca menos de dezoito, e os Estados, o Distrito Federal e os Municípios vinte e cinco por cento, no mínimo, da receita resultante de impostos, compreendida a proveniente de transferências, na manutenção e desenvolvimento do ensino. (...)
> §5º A educação básica pública terá como fonte adicional de financiamento a contribuição social do salário-educação, recolhida pelas empresas na forma da lei.
> §6º As cotas estaduais e municipais da arrecadação da contribuição social do salário-educação serão distribuídas proporcionalmente ao número de alunos matriculados na educação básica nas respectivas redes públicas de ensino.
> §7º *É vedado o uso dos recursos referidos no caput e nos §§5º e 6º deste artigo para pagamento de aposentadorias e de pensões. (Incluído pela Emenda Constitucional nº 108, de 2020).*

Vê-se que a Emenda Constitucional n. 108, de 2020, introduziu disposição até então inexistente no ordenamento e que, *a priori*, afastaria de imediato, do gasto mínimo constitucional para Manutenção e Desenvolvimento do Ensino ("MDE") as despesas com aposentadorias e pensões dos servidores em educação.

A regra, instituída sem um mecanismo esperado de transição, diverge das orientações até então emanadas pelo Tribunal de Contas do Estado do Rio Grande do Sul.

Ou seja, não houve por parte do legislador constitucional o estabelecimento de um período mínimo para ajustes na estrutura orçamentária dos entes federados, o que originou uma série de entraves ao seu imediato cumprimento. Referida atuação desarrazoada do constituinte derivado reformador fez com que diversas outras Propostas de Emendas à Constituição fossem propostas, dentre elas, a PEC nº 13/2021.

Este o contexto fático da presente consulta.

## 3 Análise normativa dos gastos com educação: a posição do Tribunal de Contas do Estado do Rio Grande do Sul

O FUNDEB (Fundo de Manutenção e Desenvolvimento da Educação Básica e de Valorização dos Profissionais da Educação) é um fundo especial formado por 27 fundos compostos, basicamente, por contribuições dos Estados e Municípios. Esses fundos recebem complementação da União quando os recursos dos fundos não conseguem alcançar um valor capaz de garantir uma educação básica de qualidade mínima.

O art. 212-A da Constituição Federal, regulamentado pela Lei nº 14.113 de 2020, instituiu o "novo FUNDEB", que pretende ser o principal instrumento de financiamento da Educação Básica Pública no Brasil e de redução das desigualdades regionais existentes. É, em suma, um mecanismo de redistribuição dos valores arrecadados pela atividade tributária do Estado em investimentos vinculados à educação básica.

Nessa esteira, a Constituição Federal previu, no art. 212, que os Municípios aplicarão nunca menos de vinte e cinco por cento da receita resultante de impostos, compreendida a proveniente de transferências, na manutenção e desenvolvimento do ensino (MDE).

A EC 108/20 que instituiu o "novo FUNDEB" trouxe profundas alterações nos artigos 211 e 212, bem como introduziu o artigo 212-A. Dentre essas alterações, a mais importante para objeto do presente estudo foi aquela prevista no §7º do artigo 212, cuja redação consta no item 14 do presente.

Dessa redação surgiram várias interpretações por diversos atores da sociedade, sendo elas, em sua maioria, de enorme impacto orçamentário e financeiro ao erário, sobretudo aos municipais. Portanto, dedica-se algumas linhas à novidade normativa.

O texto normativo é claro ao vedar a utilização dos recursos provenientes da Receita resultantes de impostos e transferências (RLIT) e do salário-educação para o pagamento de aposentadorias e pensões.

Pois bem.

A aplicação da receita resultante dos impostos na manutenção e desenvolvimento do ensino pelo Município de XXX sempre foi acompanhada de perto pelo Tribunal de Contas do Estado do Rio Grande do Sul que, tradicionalmente, *sempre possuiu o entendimento de que seria possível a inclusão das despesas com inativos no cálculo do MDE.*

Exemplo disso é que a Instrução Normativa nº 07/2019 (TCE-RS), de 05-12-2019, vigente para o ano de 2020 expressamente firmou o seguinte entendimento:

De acordo com a Informação nº 249/1998, aprovada pelo Tribunal Pleno em 28/04/1999, Processo nº 9127-00/98-7, assentou-se o entendimento de que *a despesa com os proventos relativos aos servidores inativos pode ser custeada com os recursos atinentes à manutenção e ao desenvolvimento do ensino, excluídos aqueles concernentes ao FUNDEF.*

Referido entendimento surgira em razão de consulta formulada pelo Município de XXX, ainda no ano de 1998, especialmente acerca da aplicação dos recursos do então FUNDEF para custeio de gastos com pessoal. Na oportunidade, o Tribunal de Contas do Estado do Rio Grande do Sul concluiu que:

> o FUNDEF objetivava assegurar a universalização do atendimento do ensino fundamental e a remuneração condigna do magistério. Isto, ao nosso ver, não seria possível se, com os recursos destinados ao Fundo, fossem pagas as despesas em discussão, nem com os 60 % referidos anteriormente e nem com os restantes 40%. Se houvesse o referido custeio, provavelmente, poucos recursos ou quase nenhum sobrariam para atender às demais despesas com a citada modalidade de ensino.

É dizer: não é possível a utilização dos recursos transferidos pelo FUNDEF para pagamento de despesas com inativos, sob pena de restarem poucos ou quase nenhum recurso para desenvolvimento e melhoria do ensino. Contudo, em que pese refutada a utilização dos recursos do FUNDEF ao pagamento de inativos, o Tribunal de Contas do Estado do Rio Grande do Sul entendeu possível o cômputo dos gastos com inativos nos percentuais do MDE:

> Entretanto, entendemos ser possível que a despesa correspondente possa ser suportada com os outros recursos atinentes à manutenção e ao desenvolvimento do ensino, previstos no *caput* do art. 212 da Constituição Federal.

Assim, quando as despesas com inativos e pensionistas são custeadas por recursos orçamentários correntes, o entendimento do TCE/RS naturalmente permitia o cômputo de tais gastos no MDE:

> Se tal não fosse o entendimento, os Municípios teriam de dispor de recursos acima dos previstos constitucionalmente (art. 212 da Carta Federal), dificultando ou, quem sabe, inviabilizando a execução de investimentos e a manutenção da máquina pública, nas demais áreas. E mesmo que entendêssemos ser a matéria de cunho previdenciário, é consabido que, em nosso país, há pouco tempo, vem ocorrendo uma preocupação com o trato da questão.
> Assim, até que haja fontes de recurso específicas, cálculos atuariais, contribuições de parte dos servidores, planejamento, reserva mensal de valores etc., outro entendimento não vislumbramos que possa ser dado ao tema, sob pena de inviabilizar as atividades das administrações públicas.

Assim, para o TCE/RS:

> Frente a todo o exposto, ao nosso ver, a despesa com os proventos relativos aos servidores inativos pode ser custeada com os recursos atinentes à manutenção e ao desenvolvimento do ensino, excluídos aqueles concernentes ao FUNDEF.

Essa conclusão da IN nº 249/98 está vigente desde o ano de 1998, após sucessivas atualizações, concluindo sempre o TCE/RS que seria *possível a inclusão das despesas com os proventos de inativos no cálculo do MDE*.

Contudo, este entendimento foi revogado pela IN nº 18/2020-TCE-RS, de 16-12-2020, que, incorporando as alterações provenientes da EC nº 108/2020, regulamentada pela Lei nº 14.113, de 25-12-2020, quanto à introdução do §7º no art. 212 da CF/88, chegou à conclusão de que deveria ser deduzido do MDE:

> as eventuais despesas com inativos e pensionistas liquidadas nas naturezas de despesas...", bem como "deduzir as eventuais despesas com amortização de passivo atuarial, mediante alíquota suplementar ou aporte, liquidadas nas naturezas de despesas (...).

Sabe-se que não é recente o entendimento da Secretaria do Tesouro Nacional sobre a impossibilidade de inclusão de despesas com inativos e pensionistas no cálculo do MDE, contudo, o entendimento do Ministério da Economia nunca se sobrepôs, no âmbito do Rio Grande do Sul, à interpretação da Corte de Contas local, como não poderia ser diferente.

Sucede que, agora, o Tribunal de Contas parece equiparar seu entendimento ao preconizado pelo órgão federal.

Contudo, tal entendimento é equivocado, sobretudo se analisarmos a situação peculiar do Município de XXX.

Como já afirmamos, a novidade constitucional é a vedação da utilização dos recursos decorrentes da arrecadação de impostos e destinados ao MDE para o *pagamento de aposentadorias e pensões*.

*Esse fato nunca ocorreu no Município de XXX. Vejamos.*

## 4 Análise normativa dos gastos com inativos no âmbito do município de XXX

Com efeito, os pagamentos de aposentadorias e pensões no Município de XXX são de responsabilidade do PREVIMPA, pessoa jurídica distinta do seu instituidor, com autonomia administrativa, financeira, contábil e personalidade jurídica própria, responsável por gerir o Regime Próprio de Previdência Social dos Servidores Públicos do Município de XXX. Nos termos da LC 478 de 2002:

> Art. 1º O Departamento Municipal de Previdência dos Servidores Públicos do Município de Porto Alegre - PREVIMPA, entidade autárquica, com sede e foro na Cidade de Porto Alegre, dotado de personalidade jurídica de direito público, *é o ente responsável pela gestão do Regime Próprio de Previdência Social dos Servidores Públicos do Município de Porto Alegre -RPPS.*

Art. 2º O PREVIMPA terá autonomia administrativa, financeira e contábil, personalidade jurídica própria e funcionará de acordo com a legislação específica.
Art. 5º Constituem receitas do PREVIMPA:
I - contribuição previdenciária do servidor ativo;
I - contribuição previdenciária do servidor ativo e inativo e do pensionista; (Redação dada pela Lei Complementar nº 815/2017)
II - contribuição previdenciária do Município;
III - doações, subvenções e legados;
IV - receitas decorrentes de aplicações financeiras e investimentos patrimoniais;
V - valores recebidos a título de compensação financeira de regimes previdenciários, em razão do §9º do art. 201 da Constituição Federal;
VI - recursos orçamentários destinados pelo Município provenientes da Administração Centralizada, Autárquica, Fundacional e da Câmara Municipal, inclusive os recursos para cobertura de eventuais diferenças para o custeio das atuais aposentadorias e pensões, bem como os recursos destinados ao custeio das aposentadorias e pensões dos servidores ativos, e seus dependentes, que ingressaram anteriormente a 10 de setembro de 2001;
VII - outros recursos.

Como se pode verificar, o financiamento exclusivo pelo Tesouro do pagamento das aposentadorias e pensões dos servidores efetivos, há muito, não ocorre no Município de XXX, sendo as despesas previdenciárias de responsabilidade do PREVIMPA, por meio de recursos próprios, financiadas por uma série de receitas legalmente instituídas.

Hoje, compete ao Tesouro Municipal arcar com a contribuição social municipal ao regime Próprio de Previdência, bem como a responsabilidade pela cobertura de eventuais insuficiências financeiras do respectivo regime. Trata-se de encargos sociais (obrigação tributária) do ente federativo, previsto em lei, decorrentes do vínculo funcional dos servidores.

Assim, nos termos da Lei Nacional nº 9.717 de 1998:

Art. 2º A contribuição da União, dos Estados, do Distrito Federal e dos Municípios, incluídas suas autarquias e fundações, aos regimes próprios de previdência social a que estejam vinculados seus servidores não poderá ser inferior ao valor da contribuição do servidor ativo, nem superior ao dobro desta contribuição. (Redação dada pela Lei nº 10.887, de 2004)
§1º A União, os Estados, o Distrito Federal e os Municípios são responsáveis pela cobertura de eventuais insuficiências financeiras do

respectivo regime próprio, decorrentes do pagamento de benefícios previdenciários. (Redação dada pela Lei nº 10.887, de 2004)
Art. 6 Fica facultada à União, aos Estados, ao Distrito Federal e aos Municípios, a constituição de fundos integrados de bens, direitos e ativos, com finalidade previdenciária, desde que observados os critérios de que trata o artigo 1º e, adicionalmente, os seguintes preceitos:
II - existência de conta do fundo distinta da conta do Tesouro da unidade federativa (...).

No município de XXX, para dar efetividade ao disposto na lei nacional antes mencionada, foi instituída, em 2001, pela Lei Complementar nº 466/01, a contribuição social para o custeio do Regime Próprio de Previdência municipal, sendo responsabilidade dos servidores ativos, inativos e do próprio Município.

Para o recolhimento das referidas contribuições, foi criado "em caráter transitório, o Fundo Municipal de Previdência dos Servidores Públicos de XXX (FMPA), de natureza contábil especial, que será integrado por bens, direitos e outros ativos, com a finalidade de custear o pagamento dos benefícios previdenciários do Regime Próprio de Previdência Social dos Servidores Públicos do Município de XXX (RPPS), observados a legislação federal e, adicionalmente, os seguintes preceitos" (Artigo 5º da LC 466/01).

Como se pode verificar, a lei de 2001 criou um fundo municipal com a finalidade de custear o pagamento dos benefícios previdenciários do Regime Próprio de Previdência. Este fundo foi substituído pelo PREVIMPA, regulamentado pela Lei Complementar 478 de 2002, atual responsável pela gestão do Regime Próprio de Previdência Social dos Servidores Públicos do Município de XXX – RPPS, bem como pelo pagamento dos benefícios previdenciários por ele previstos.

Desse modo, *é seguro afirmar que não há pagamento de benefícios previdenciários aos servidores ativos ou inativos da educação pelo Município de XXX, com os recursos decorrentes de quaisquer receitas próprias.*

O acréscimo realizado pelo constituinte derivado reformador, salvo melhor juízo, visava a atingir os entes que não possuem um Regime Próprio instituído e gerido por pessoa jurídica autônoma, como acontece com alguns municípios do Estado do Rio Grande do Sul e do Brasil. Há, também, casos em que o Regime Próprio foi extinto pelo Ente federativo, ficando a responsabilidade pelo pagamento dos proventos dos servidores já inativos a cargo do Tesouro. Definitivamente, não é o caso de XXX.

O que há aqui, na verdade, é uma obrigação legal do Município de XXX ao pagamento de um tributo ao Regime Próprio dos seus servidores, não podendo sua contribuição ser inferior à dos seus servidores.

Trata-se de contribuição social relativamente aos seus servidores, para o custeio do seu regime próprio de previdência, com fundamento nos arts. 40 e 149, §1º da CF.

## 5 Da não caracterização do pagamento de aposentadorias e pensões com os recursos do FUNDEB - natureza jurídica tributária dos encargos sociais dos servidores

Deveras, a Constituição é expressa ao estabelecer que o regime de previdência dos servidores de quaisquer esferas tem caráter contributivo.

Essa previsão, a partir da redação dada pela EC nº 20/98, passou a prever o caráter contributivo para os regimes próprios municipais, e possui a seguinte redação atual, dada pela EC nº 103/2019:

> Art. 40. O regime próprio de previdência social dos servidores titulares de cargos efetivos terá caráter contributivo e solidário, mediante contribuição do respectivo ente federativo, de servidores ativos, de aposentados e de pensionistas, observados critérios que preservem o equilíbrio financeiro e atuarial. (Redação dada pela Emenda Constitucional nº 103, de 2019).

A contribuição do ente público prevista no art. 40, como não poderia ser diferente, possui a mesma natureza da contribuição criada com base no art. 149, §1º da CF, e cobrada dos seus servidores para o custeio, em benefício destes, do seu regime previdenciário próprio.

Na definição de Geraldo Ataliba contribuição social é o tributo vinculado cuja hipótese de incidência consiste numa atuação estatal indireta e mediata (mediante uma circunstância intermediária) referida ao obrigado.[1]

Conforme os ensinamentos de Leandro Paulsen e Andrei Pitten Velloso:[2]

> O caráter tributário das contribuições especiais é nítido, haja vista que elas se amoldam à perfeição ao conceito de tributo, cujos traços essenciais foram bem captados pelo Código Tributário Nacional, ao defini-lo como: (...) toda prestação pecuniária compulsória, em moeda ou cujo valor nela se possa exprimir, que não constitua sanção de ato ilícito, instituída em lei e cobrada mediante atividade administrativa plenamente vinculada (art. 3º). De fato, as contribuições especiais são prestações pecuniárias compulsórias, pois se originam da mera ocorrência do fato imponível, independentemente da vontade do sujeito passivo: como todos os demais tributos, correspondem a obrigações heterônomas. São instituídas em lei. E têm de ser cobradas mediante atividade administrativa plenamente vinculada, dado ser inconcebível que a sua cobrança dependa do alvedrio das autoridades administrativas.

Sacha Calmon afirma:

> Nos termos do art. 149 da CF, as contribuições parafiscais em geral estão submetidas aos princípios retores da tributação, e às normas gerais de direito tributário, isto é, ao Código Tributário Nacional. São, pois, ontológica e normativamente, tributos. Em relação a elas incidem os princípios da legalidade, anterioridade, intertempo de 90 dias, irretroatividade e os conceitos de tributo, lançamento, obrigação etc., enfeixados no Código Tributário Nacional.[3]

O STF também já afirmou, por diversas vezes, o caráter tributário das contribuições sociais para a seguridade social, não merecendo receber tratamento diverso a cota patronal devida pelo ente público.

Nesse sentido, foram os precedentes firmados na Súmula Vinculante nº 8, no RE nº 138284/CE e RE nº 556664/RS, dentre outros. Veja-se julgado que pode ser usado como paradigma:

> EMENTAS: 1. Inconstitucionalidade. *Seguridade social. Servidor público. Vencimentos. Proventos de aposentadoria e pensões.* Sujeição à incidência

---

[1] ATALIBA, 1996.
[2] PAULSEN; VELLOSO, 2019, p. 25.
[3] COÊLHO, 1997, p. 37.

de contribuição previdenciária. Ofensa a direito adquirido no ato de aposentadoria. Não ocorrência. *Contribuição social. Exigência patrimonial de natureza tributária.* Inexistência de norma de imunidade tributária absoluta. Emenda Constitucional nº 41/2003 (art. 4º, *caput*). Regra não retroativa. Incidência sobre fatos geradores ocorridos depois do início de sua vigência. Precedentes da Corte. Inteligência dos arts. 5º, XXXVI, 146, III, 149, 150, I e III, 194, 195, II e §6º, da CF, e art. 4º, *caput*, da EC nº 41/2003. No ordenamento jurídico vigente, não há norma, expressa nem sistemática, que atribua à condição jurídico-subjetiva da aposentadoria de servidor público o efeito de lhe gerar direito subjetivo como poder de subtrair ad aeternum a percepção dos respectivos proventos e pensões à incidência de lei tributária que, anterior ou ulterior, os submeta à incidência de contribuição previdencial. Noutras palavras, não há, em nosso ordenamento, nenhuma norma jurídica válida que, como efeito específico do fato jurídico da aposentadoria, lhe imunize os proventos e as pensões, de modo absoluto, à tributação de ordem constitucional, qualquer que seja a modalidade do tributo eleito, donde não haver, a respeito, direito adquirido com o aposentamento. 2. Inconstitucionalidade. Ação direta. Seguridade social. Servidor público. Vencimentos. Proventos de aposentadoria e pensões. Sujeição à incidência de contribuição previdenciária, por força de Emenda Constitucional. Ofensa a outros direitos e garantias individuais. Não ocorrência. *Contribuição social. Exigência patrimonial de natureza tributária.* Inexistência de norma de imunidade tributária absoluta. Regra não retroativa. Instrumento de atuação do Estado na área da previdência social. Obediência aos princípios da solidariedade e do equilíbrio financeiro e atuarial, bem como aos objetivos constitucionais de universalidade, equidade na forma de participação no custeio e diversidade da base de financiamento. Ação julgada improcedente em relação ao art. 4º, *caput*, da EC nº 41/2003. Votos vencidos. Aplicação dos arts. 149, 150, I e III, 194, 195, II e §6º, e 201, *caput*, da CF. Não é inconstitucional o art. 4º, *caput*, da Emenda Constitucional nº 41, de 19 de dezembro de 2003, que instituiu contribuição previdenciária sobre os proventos de aposentadoria e as pensões dos servidores públicos da União, dos Estados, do Distrito Federal e dos Municípios, incluídas suas autarquias e fundações. 3. Inconstitucionalidade. Ação direta. Emenda Constitucional (EC nº 41/2003, art. 4º, §únic, I e II). Servidor público. Vencimentos. Proventos de aposentadoria e pensões. Sujeição à incidência de contribuição previdenciária. Bases de cálculo diferenciadas. Arbitrariedade. Tratamento discriminatório entre servidores e pensionistas da União, de um lado, e servidores e pensionistas dos Estados, do Distrito Federal e dos Municípios, de outro. Ofensa ao princípio constitucional da isonomia tributária, que é particularização do princípio fundamental da igualdade. Ação julgada procedente para declarar inconstitucionais as expressões "cinquenta por cento do" e "sessenta por cento do", constante do art. 4º, parágrafo único, I e II, da EC nº 41/2003. Aplicação dos arts. 145, §1º, e 150, II, cc. art. 5º, §1º, e 60, §4º,

IV, da CF, com restabelecimento do caráter geral da regra do art. 40, §18. São inconstitucionais as expressões "cinquenta por cento do" e "sessenta por cento do", constantes do parágrafo único, incisos I e II, do art. 4º da Emenda Constitucional nº 41, de 19 de dezembro de 2003, e tal pronúncia restabelece o caráter geral da regra do art. 40, §18, da Constituição da República, com a redação dada por essa mesma Emenda.
(STF - ADI: 3105 DF, Relator: Min. ELLEN GRACIE, Data de Julgamento: 18/08/2004, Tribunal Pleno, Data de Publicação: DJ 18-02-2005 PP-00004 EMENT VOL-02180-02 PP-00123 RTJ VOL-00193-01 PP-00137 RDDT n. 140, 2007, p. 202-203)

A contribuição previdenciária para fins de custeio do RPPS de XXX foi regulamentada pela Lei Complementar nº 505, de 2004, cujo artigo 2º prevê:

Art. 2º Ficam fixadas as seguintes alíquotas de contribuição social para o custeio do RPPS:
I - para o servidor ativo, inativo e pensionistas:
a) 9% (nove por cento), com vigência a partir do prazo estabelecido no art. 7º desta Lei Complementar até 28 de fevereiro de 2005;
b) 10% (dez por cento), a partir de 1º de março de 2005 até 31 de agosto de 2005;
c) 11% (onze por cento), a partir de 1º de setembro de 2005.
d) 14% (quatorze por cento); (Redação acrescida pela Lei Complementar nº 818/2017)
II- para o Município:
a) 18% (dezoito por cento), com vigência a partir do prazo estabelecido no art. 7º desta Lei Complementar até 28 de fevereiro de 2005;
b) 20% (vinte por cento), a partir de 1º de março de 2005 até 31 de agosto de 2005;
c) 22% (vinte e dois por cento), a partir de 1º de setembro de 2005, observada a modificação de alíquota prevista na al. d deste inciso para o grupo sob regime de capitalização; e (Redação dada pela Lei Complementar nº 723/2013)
d) 18,969% (dezoito vírgula novecentos e sessenta e nove por cento) de alíquota normal e 5,175% (cinco vírgula cento e setenta e cinco por cento) de alíquota suplementar, a partir de 1º de janeiro de 2013, para o grupo sob o regime de capitalização. (Redação acrescida pela Lei Complementar nº 723/2013)
§4º Para o grupo sob o regime de repartição simples, a alíquota permanece em 22% (vinte e dois por cento). (Redação acrescida pela Lei Complementar nº 723/2013)
§5º A alíquota suplementar referente à al. d do inc. II deste artigo destina-se à amortização do deficit atuarial do grupo sob o regime de capitalização, pelo prazo de 34 (trinta e quatro) anos, compreendido

de janeiro 2013 a dezembro de 2046. (Redação acrescida pela Lei Complementar nº 723/2013)

Como se pode verificar da simples leitura dos dispositivos legais, referidas contribuições estão longe de configurar pagamento de aposentadoria ou pensão, mas, na verdade, são encargos sociais, compulsórios, criados por lei, periódicos, de cujo cumprimento não se pode afastar o poder público.

No caso dos servidores em exercício na educação, não há como afastar o entendimento de que se configuram como despesas relacionadas ao desenvolvimento da educação. Ao se contratar um profissional de educação ou ao investir mais recursos na sua remuneração, é inafastável que se leve em consideração as repercussões dos encargos sociais obrigatórios e atrelados ao vínculo funcional.

Quanto à cota patronal dos servidores ativos, não há muita polêmica. Com efeito, o próprio MDF/2022, 12ª edição, considera para fins de cálculo do MDE que "a contribuição patronal aos regimes de previdência referente às despesas com pessoal ativo consideradas como MDE também se enquadram nesse conceito e devem ser incluídas no cálculo do limite constitucional".[4]

Sucede que, quanto à cota patronal dos servidores inativos, o mesmo não pode ser dito, sendo possível verificar diversas resistências para a sua contabilização para o MDE. Tal resistência, salvo melhor juízo, não encontra guarida no ordenamento jurídico. Deveras, sendo a contribuição social devida pelo ente federativo um tributo, e o é, a ela deve ser aplicada todos os princípios e regras do regime jurídico tributário, não existindo que se falar em diferenciação entre a cota patronal dos servidores ativos e inativos.

Roque Carrazza é categórico:

> Todas as contribuições têm natureza nitidamente tributária, mesmo porque, com a expressa alusão aos arts. 146, III, e 150, I e III, ambos da CF, fica óbvio que deverão obedecer ao regime jurídico tributário, isto é, aos princípios que informam a tributação, no Brasil.[5]

---

[4] BRASIL, 2022, p. 296.
[5] CARAZZA, 2017, p. 684.

*Nessa esteira, vale lembrar o teor do art. 4º do CTN que determina que a "natureza jurídica específica do tributo é determinada pelo fato gerador da respectiva obrigação, sendo irrelevantes para qualificá-la a denominação e demais características formais adotadas pela lei, bem como a destinação legal do produto da sua arrecadação.*

Desse modo, independentemente das características dos sujeitos que fazem surgir a obrigação tributária, se agentes públicos ativos ou inativos, tais características são incapazes de retirar a natureza jurídica de contribuição social da cota patronal.

Exatamente por esse motivo que a Lei de Diretrizes e Bases da Educação Nacional (Lei nº 9.394/96 – LDBEN) *não faz, nem nunca fez, distinção entre as despesas com ativos e inativos, sendo lógico e justificável compreender que as despesas com os encargos sociais relacionados à aposentadoria e pensão dos servidores da educação fazem parte do investimento em ensino*, merecendo evidentemente ser considerado.

Também não se pode confundir os encargos sociais decorrentes do vínculo funcional, de natureza tributária, com o pagamento de aposentadorias e pensões. Caso assim se entendesse, chegaríamos ao absurdo de ter que considerar que a própria contribuição paga pelo servidor teria natureza de pagamento de aposentadoria, já que possui a mesma natureza daquelas vertidas pelo ente público.

Mesma natureza possuem as contribuições patronais suplementares do Município de XXX para cobertura do déficit com pensionistas e inativos da área da educação, nos termos das regras imponíveis, previstas na Lei Complementar Municipal nº 505, de 2004 e Lei Nacional nº 9.717/98, bem como nas normas correlatas.

Nesse ponto específico, ofício circular DCF nº33/2021 do TCE parece encampar a tese aqui defendida, ao dispor que "A partir do exercício de 2021 serão computadas como aplicação em manutenção e desenvolvimento do ensino as despesas realizadas com amortização do passivo atuarial mediante alíquota suplementar que se refiram a servidores ativos". Novamente, defendemos não existir razões jurídicas para distinguir a alíquota suplementar que se refira a servidores ativos daquela que se refira a inativos.

Não há como dissociar os gastos com remuneração dos servidores ativos, dos encargos sociais decorrentes da sua contratação, tendo em vista que quanto maior o investimento em profissionais com vínculo estatutário, maior será o encargo previdenciário decorrente desse vínculo, por evidente. A seguir o texto da LDBEN que deixa patente a ausência da distinção:

> Art. 70. Considerar-se-ão como de manutenção e desenvolvimento do ensino as despesas realizadas com vistas à consecução dos objetivos básicos das instituições educacionais de todos os níveis, compreendendo as que se destinam a:
> I - remuneração e aperfeiçoamento do pessoal docente e demais profissionais da educação;
> II - aquisição, manutenção, construção e conservação de instalações e equipamentos necessários ao ensino;
> III – uso e manutenção de bens e serviços vinculados ao ensino; IV - levantamentos estatísticos, estudos e pesquisas visando precipuamente ao aprimoramento da qualidade e à expansão do ensino;
> V - realização de atividades-meio necessárias ao funcionamento dos sistemas de ensino;
> VI - concessão de bolsas de estudo a alunos de escolas públicas e privadas;
> VII - amortização e custeio de operações de crédito destinadas a atender ao disposto nos incisos deste artigo;
> VIII - aquisição de material didático-escolar e manutenção de programas de transporte escolar.
> Art. 71. Não constituirão despesas de manutenção e desenvolvimento do ensino aquelas realizadas com:
> I - pesquisa, quando não vinculada às instituições de ensino, ou, quando efetivada fora dos sistemas de ensino, que não vise, precipuamente, ao aprimoramento de sua qualidade ou à sua expansão;
> II - subvenção a instituições públicas ou privadas de caráter assistencial, desportivo ou cultural;
> III - formação de quadros especiais para a administração pública, sejam militares ou civis, inclusive diplomáticos;
> IV - programas suplementares de alimentação, assistência médico-odontológica, farmacêutica e psicológica, e outras formas de assistência social;
> V - obras de infraestrutura, ainda que realizadas para beneficiar direta ou indiretamente a rede escolar; VI - pessoal docente e demais trabalhadores da educação, quando em desvio de função ou em atividade alheia à manutenção e desenvolvimento do ensino.

A supramencionada lei também não incluiu os encargos sociais como despesas que não devem ser consideradas como de manutenção e desenvolvimento do ensino. Trata-se, na verdade, de um silêncio eloquente do legislador pátrio, não podendo ser interpretado de forma ampliativa pelo aplicador da norma.

Não há outra interpretação possível, tendo em vista que todas as normas de direito orçamentário e financeiro, ao tratar dos gastos com servidores, consideram todos os gastos decorrentes do vínculo funcional, não somente aqueles pagos a título de vencimentos ou proventos. Trata-se de custo indireto que deve ser considerado por qualquer administração fiscalmente responsável.

Nesta mesma linha, prevê o artigo 18 da Lei de Responsabilidade Fiscal:

> Art. 18. Para os efeitos desta Lei Complementar, entende-se como despesa total com pessoal: o somatório dos gastos do ente da Federação com os ativos, os inativos e os pensionistas, relativos a mandatos eletivos, cargos, funções ou empregos, civis, militares e de membros de Poder, com quaisquer espécies remuneratórias, tais como vencimentos e vantagens, fixas e variáveis, subsídios, proventos da aposentadoria, reformas e pensões, inclusive adicionais, gratificações, horas extras e vantagens pessoais de qualquer natureza, *bem como encargos sociais e contribuições recolhidas pelo ente às entidades de previdência.*
> §3º Para a apuração da despesa total com pessoal, será observada a remuneração bruta do servidor, sem qualquer dedução ou retenção, ressalvada a redução para atendimento ao disposto no art. 37, inciso XI, da Constituição Federal. (Incluído pela Lei Complementar nº 178, de 2021)

Essa previsão traz um enorme paradoxo: o Município precisa considerar os encargos sociais decorrentes do vínculo funcional dos profissionais de educação para fins de teto de gastos. Contudo, na hora de computar os gastos mínimos em educação, é proibido de fazer esse computo, de modo que, ao passo que o mesmo ordenamento obriga o Gestor a conter seus gastos com servidores, considerando o total global de seus gastos, outra norma, prevista no mesmo ordenamento jurídico, o obriga a aumentar suas despesas, desconsiderando os encargos sociais decorrentes dos gastos com a remuneração dos profissionais da educação básica, para atingir o mínimo em educação.

O artigo 19 da Lei de Responsabilidade Fiscal, em seu parágrafo 3º, prevê, expressamente, que:

> *§3º Na verificação do atendimento dos limites definidos neste artigo, é vedada a dedução da parcela custeada com recursos aportados para a cobertura do déficit financeiro dos regimes de previdência.* (Incluído pela Lei Complementar nº 178, de 2021)

A situação fica mais contraditória ainda, quando se analisa o artigo 26 da 14.113/2020, que regulamenta o FUNDEB, que, ao determinar a aplicação mínima de 70% dos recursos dos fundos do FUNDEB no pagamento da remuneração dos profissionais da educação básica em efetivo exercício, determina a inclusão dos encargos sociais no conceito de remuneração, na linha do afirmado. Veja-se:

> Art. 26. Excluídos os recursos de que trata o inciso III do *caput* do art. 5º desta Lei, proporção não inferior a 70% (setenta por cento) dos recursos anuais totais dos Fundos referidos no art. 1º desta Lei será destinada ao pagamento, em cada rede de ensino, da remuneração dos profissionais da educação básica em efetivo exercício.
> Parágrafo único. Para os fins do disposto no *caput* deste artigo, considera-se:
> I - remuneração: o total de pagamentos devidos aos profissionais da educação básica em decorrência do efetivo exercício em cargo, emprego ou função, integrantes da estrutura, quadro ou tabela de servidores do Estado, do Distrito Federal ou do Município, conforme o caso, inclusive os encargos sociais incidentes (...).

Assim, não havia até a EC nº 108/20 e ainda não há qualquer referência na legislação que determine a exclusão das despesas com os encargos sociais dos servidores ativos e inativos na contabilização dos investimentos em educação para fins do disposto no art. 212 da CF/88.

A Lei nº 7.348/85, aliás, classifica como despesa em educação aquelas que decorrem da "manutenção do pessoal inativo, estatutário, originário das instituições de ensino, em razão da aposentadoria", norma esta que não foi revogada até o presente momento, demonstrando a coerência normativa e lógica do entendimento.

Não por outra razão este sempre foi o entendimento do Tribunal de Contas do Estado do Rio Grande do Sul.

Com efeito, não há qualquer razão lógica ou jurídica capaz de justificar tal diferenciação. Imaginemos a situação dos profissionais aposentados que gozam de paridade, essa situação torna ainda mais evidente a irracionalidade na diferenciação, tendo em vista que um aumento salarial destinado aos professores da ativa imediatamente redundará em reflexos financeiros aos inativos.

De fato, o aumento nos investimentos em educação passa em grande parte pela valorização salarial e remuneratória dos seus profissionais em atividade, logo, com o mesmo impacto financeiro para os aposentados com paridade. Portanto, ainda que se quisesse defender a diferenciação entre o tratamento dado aos servidores ativos e aos inativos, essa diferenciação jamais poderia ser tão genérica quanto à pretendida, tendo em vista que, pelo menos quanto aos servidores com direito à paridade e à integralidade de vencimentos, essa diferenciação seria impossível.

## 6 Da necessidade de uma regra de transição

Vê-se que a Emenda Constitucional n. 108, de 2020 introduziu disposição até então inexistente no ordenamento e que, se adotarmos a interpretação pretendida por alguns, afastaria de imediato do gasto mínimo constitucional para Manutenção e Desenvolvimento do Ensino ("MDE") as despesas com aposentadorias e pensões dos servidores em educação.

A regra, instituída sem um mecanismo esperado de transição, diverge das orientações até então emanadas deste Tribunal de Contas do Estado do Rio Grande do Sul. Não houve por parte do legislador constitucional o estabelecimento de um período mínimo para ajustes na estrutura orçamentária dos entes federados.

A dificuldade de execução imediata da regra produziu reação de estados e municípios que seguiam outra metodologia desde o advento da Constituição Federal de 1988.

Por força desta inconformidade, já se tem notícia de iniciativa de outra PEC por parte do Senador Carlos Viana, motivada pela *impossibilidade fática de cumprimento imediato por parte dos entes federados* do quanto dispõe o §7º do art. 212 da CF/88. A proposta referida acrescentaria o art. 60-B no Ato das Disposições Constitucionais Transitórias, conforme segue:

> Art. 60-B. Os Estados, o Distrito Federal e os Municípios terão prazo de seis anos para atender à vedação prevista no §7º do art. 212 da Constituição Federal, quanto à utilização de recursos de manutenção e desenvolvimento do ensino e do salário-educação, previstos nos §§5º e 6º do referido art. 212, para fins de pagamento de inativos e pensões, respeitados os seguintes percentuais mínimos anuais de redução escalonada dos gastos, em função dos realizados em 2020:
> I – 15% (quinze por cento) a menos, no primeiro ano;

II – 32% (trinta e dois por cento) a menos, no segundo ano;
III – 49% (quarenta e nove por cento) a menos, no terceiro ano;
IV – 56% (cinquenta e seis por cento) a menos, no quarto ano;
V – 73% (setenta e três por cento) a menos, no quinto ano.

Outra proposta, é aquela prevista pela PEC nº 13/21, que acrescenta o art. 115 ao Ato das Disposições Constitucionais Transitórias, para determinar que os Estados o Distrito Federal e os Municípios, bem como seus agentes, não poderão ser responsabilizados pelo descumprimento, no exercício financeiro de 2020, do disposto no *caput* do art. 212 da Constituição Federal.

Inegavelmente, a mudança na Constituição sem previsão de uma regra de transição acaba por malferir, direta e indiretamente, a própria Carta Magna, diante da impossibilidade fática do ajuste imediato pelos entes federados.

Princípios constitucionais relevantes acabam agredidos neste contexto, dentre eles o Princípio Federativo (cláusula pétrea), que assegura autonomia entre os entes da federação (arts. 1º e 8º da CF/88), os Princípios da Proporcionalidade e Razoabilidade e, até mesmo, o conhecido Princípio da Reserva do Possível.

*Importante destacar que a Emenda Constitucional n. 29/2000, quando previu a aplicação anual mínima de percentual das receitas em serviços públicos de saúde, concomitantemente estabeleceu regra clara de transição, com o crescimento progressivo dos investimentos, conforme se verifica do art. 77 no ADCT por ela introduzido, verbis:*

> Art. 77. Até o exercício financeiro de 2004, os recursos mínimos aplicados nas ações e serviços públicos de saúde serão equivalentes:
> (...)
> III – no caso dos Municípios e do Distrito Federal, quinze por cento do produto da arrecadação dos impostos a que se refere o art. 156 e dos recursos de que tratam os arts. 158 e 159, inciso I, alínea b e §3º.
> *§1º Os Estados, o Distrito Federal e os Municípios que apliquem percentuais inferiores aos fixados nos incisos II e III deverão elevá-los gradualmente, até o exercício financeiro de 2004, reduzida a diferença à razão de, pelo menos, um quinto por ano, sendo que, a partir de 2000, a aplicação será de pelo menos sete por cento.*

A previsão da regra de transição era necessária para evitar, justamente, a ruptura do Pacto Federativo pois não pode o legislador constitucional impor norma que desestruture de uma hora para outra a autonomia e capacidade de auto-gestão dos ente subnacionais.

Certo é que dispõe a Constituição Federal, em seu art. 60, §4º, I, que "não será objeto de deliberação a proposta de emenda tendente a abolir a forma federativa de Estado".

E como ensina Manoel Gonçalves Ferreira Filho, citando o constitucionalista alemão Robert Alexy, uma restrição afeta o conteúdo essencial da cláusula pétrea quando não é adequada, não é necessária ou é desproporcional em sentido estrito (FILHO, 2017, p. 216-217).

No caso, a Emenda Constitucional nº 108/2020 impôs a entes federados obrigação impossível de se cumprir de um exercício para o outro, tendo ainda como sanção a possibilidade de intervenção da União nos Estados e dos Estados nos Municípios, conforme prevê o art. 35, III da CF/88.

Assim, inegavelmente, a introdução do §7º ao art. 212 da Carta Magna sem o estabelecimento de regra gradativa de transição, viola o art. 1º, *caput* e por consequência o art. 60, §4º, I da Constituição Federal, ultrapassando os limites concedidos ao poder constituinte derivado.

Luiz Roberto Barroso em obra clássica do moderno direito constitucional, aponta ser o Estado Federal caracterizado pela presença dos seguintes elementos:

> i) repartição de competências;
> ii) *autonomia de cada ente, compreendendo nesta os poderes de auto-organização, autogoverno e autodeterminação;*
> iii) partição da formação da vontade com a estruturação do Senado Federal.
> (BARROSO, 2015, p. 207).

Nas lições do eminente doutrinador e Ministro do Supremo Tribunal Federal, quando a alteração constitucional agride o núcleo essencial do princípio federativo esvaziando competências substantivas, como é o caso da autonomia, está caracterizada a emenda inconstitucional por violação a cláusulas pétreas, que conferem segurança à estrutura do Estado.

Vale lembrar, também, que é possível que uma determinada norma, seja ela uma lei ou uma emenda constitucional, seja inconstitucional apenas na aplicação a determinados grupos de pessoas ou de situações específicas de tempo ou espaço. É o caso da inconstitucionalidade parcial, em que a lei pode ser formalmente e materialmente constitucional, mas a sua aplicação em determinado período seria inconstitucional, como ocorreria, por exemplo, na cobrança de um tributo no mesmo exercício da sua instituição. O tributo seria formal e materialmente constitucional, mas a sua aplicação naquele exercício seria inconstitucional.

Gilmar Mendes, citando Lúcio Bittencourt, explica sobre a declaração de nulidade parcial sem redução de texto:

> Ainda no que tange à constitucionalidade parcial, vale considerar a situação paralela em que uma lei pode ser válida em relação a certo número de casos ou pessoas e inválida em relação a outros. É a hipótese, verbi gratia, de certos diplomas redigidos em linguagem ampla e que se consideram inaplicáveis a fatos pretéritos, embora perfeitamente válidos em relação às situações futuras. Da mesma forma, a lei que estabelecesse, entre nós, sem qualquer distinção, a obrigatoriedade do pagamento de imposto de renda, incluindo na incidência deste os proventos de qualquer natureza, seria inconstitucional no que tange à remuneração dos jornalistas e professores.[6]

Continua:

> Não raro o Supremo Tribunal Federal constata a inconstitucionalidade da cobrança de tributo sem a observância do princípio da anterioridade (Constituição de 1946, art. 141, §34; Constituição de 1967/69 970, art. 153, §29; Constituição de 1988, art. 150, III, b) 971. Dessarte, firmou-se orientação sumulada segundo a qual "é inconstitucional a cobrança de tributo que houver sido criado ou aumentado no mesmo exercício financeiro" (Súmula 67). *Como se vê, essas decisões não levam, necessariamente, à cassação da lei, uma vez que ela poderá ser aplicada, sem nenhuma mácula, já no próximo exercício financeiro. (...) Também aqui se limita o Tribunal a considerar inconstitucional apenas determinada hipótese de aplicação da lei, sem proceder à alteração do seu programa normativo.*[7]

Parece-nos ser o caso da EC nº 108/2020. Não que a emenda seja formalmente ou materialmente inconstitucional, mas qualquer

---

[6] BITTENCOURT, 1949, p. 128 citado por MENDES; BRANCO; COELHO, 2018.
[7] MENDES; BRANCO; COELHO, 2018.

interpretação no sentido de que ela já seja aplicável no presente exercício seria inconstitucional, por ferir os princípios referidos.

É importante mencionar, ainda, que diante da crise sanitária e financeira que a pandemia da covid-19 ocasionou, exigir-se um incremento exponencial nos gastos públicos é irrazoável tanto do ponto de vista fático, quanto do ponto de vista jurídico, tendo em vista as limitações impostas pela Lei Complementar nº 173, de 2020.

Cediço é que a crise sanitária decorrente da pandemia da covid-19 atingiu fortemente os orçamentos dos entes federativos, ora pela perda de arrecadação, ora pela necessidade imediata e imprevisível de dispêndio de vasta soma de recursos nas áreas diretamente relacionadas ao enfrentamento da pandemia. Soma-se a isso o contexto fático de extrema dificuldade de alavancagem dos gastos em educação justamente no momento em que as atividades educacionais ficaram suspensas por longo período.

A aplicação fria e literal do texto constitucional sem que se passe os olhos na supramencionada situação material em que se encontram os entes subnacionais revela uma nítida aplicação inconstitucional da norma prevista na EC nº 108/2020. É caso, portanto, de se interpretar a norma de modo a preservar a sua constitucionalidade.

No caso específico de XXX, a situação é ainda mais grave, tendo em vista que o comportamento até então adotado era fruto de orientação do próprio Tribunal de Contas, que, acompanhando durante longos anos a apuração do computo do MDE pela capital do estado, jamais vedou o cômputo aqui debatido.

Assim, é possível defender, diante da impossibilidade de Prefeitos e Municípios demandarem diretamente em face de emenda constitucional, que o instrumento adequado para a realização dessa filtragem constitucional, por parte do Poder Executivo Municipal, seja por meio da interpretação constitucional,[8] determinando-se aos seus agentes e órgãos que não apliquem a lei de conteúdo flagrantemente

---

[8] "Os Poderes Executivo e Legislativo, por sua chefia– e isso mesmo tem sido questionado com o alargamento da legitimação ativa na ação direta de inconstitucionalidade –, podem tão só determinar aos seus órgãos subordinados que deixem de aplicar administrativamente as leis ou atos com força de lei que considerem inconstitucionais" (BRASIL, 1993, p. 28).

inconstitucional, tendo em vista o princípio da supremacia da Constituição.[9]

Vale destacar, contudo, que quanto ao objeto da presente consulta, conforme já se demonstrou amplamente, a Constituição Federal não trouxe efetivamente nova redação quanto à apuração do MDE e a vedação do computo com os encargos sociais dos servidores ativos e inativos. Trata-se de sinalização de mudança de interpretação da própria corte de contas, diante da alteração de entendimento promovido pela IN nº 18/20 TCE/RS.

Nesse aspecto, a Lei nº 13.655/2018 (lei da segurança para a inovação pública) trouxe importante avanço ao inserir o artigo 30 à LINDB, que dispõe: "as autoridades públicas devem atuar para aumentar a segurança jurídica na aplicação das normas, inclusive por meio de regulamentos, súmulas administrativas e respostas a consultas".

Nas palavras do professor Floriano de Azevedo Marques Neto:

> O dispositivo teve o objetivo de realizar o trespasse da *stare decisis* às decisões administrativas – racional que remonta ao precedente *London Tramways v London Country Council*, de 1898, no qual se consagrou, pela primeira vez, a vinculação da *House of Lords* às suas próprias decisões. De acordo com tal teoria, terá o julgador de, preliminarmente, definir o holding, *assim considerado como a norma, a ser extraída do caso concreto, que deverá vincular as futuras decisões*. Sua identificação passa pela identificação dos fatos (*material facts*) e dos fundamentos necessários à constituição do precedente (*racionale*), excluindo-se, porém, o *obter dictum*, que são as considerações marginais ao julgado paradigma, que não terão efeitos vinculantes.[10]

Desse modo, havendo identidade subjetiva, ou seja, possuindo os fatos as mesmas características, a interpretação materializada em uma decisão deverá ser aplicada futuramente, no âmbito da mesma entidade administrativa.

O chamado holding (norma que se extrai do motivo e do objeto do julgamento do órgão de controle) é vinculante para o próprio órgão em decisões posteriores.

---

[9] Nesse sentido, CLÈVE, 1995, p. 247-248 e BINENBOJM, 2014, p. 216 e ss.
[10] MARQUES NETO; FREITAS, 2018.

É de se reconhecer que a LINDB trouxe inúmeros avanços nesse ponto. Contudo, a teoria do precedente administrativo, aqui incluído os órgãos de controle, já vinha sendo defendida pela doutrina por meio de uma interpretação do novo CPC, diante da combinação do art. 927, I a V, do CPC/2015, combinado com o art. 15, que resguarda a sua aplicação aos processos administrativos.[11]

Trata-se de importante mudança estabelecida com o objetivo de promover a segurança jurídica (art. 5, XXXVI da CF), em especial na interpretação do direito público, que atinge, inevitavelmente, toda a sociedade e que passa, sem dúvida alguma, por um quadro de incerteza e de mudança permanente.

Não é defeso ao Tribunal de Contas evoluir o seu pensamento, de modo a, demonstrando a necessidade de se realizar um *overruling*, superar o seu precedente, trazendo nova interpretação à aplicação do ordenamento jurídico.

O que não se admite, por óbvio, é que essa mudança de entendimento seja realizada de forma abrupta, alterando de surpresa completamente o seu entendimento anterior, causando mais prejuízo do que a manutenção da interpretação que se julga equivocada.

Nessa esteira, surge importante mudança trazida pela Lei de Introdução às Normas do Direito Brasileiro, prevista no art. 23, que possui a seguinte redação:

> Art. 23. A decisão administrativa, controladora ou judicial que estabelecer interpretação ou orientação nova sobre norma de conteúdo indeterminado, impondo novo dever ou novo condicionamento de direito, deverá prever regime de transição quando indispensável para que o novo dever ou condicionamento de direito seja cumprido de modo proporcional, equânime e eficiente e sem prejuízo aos interesses gerais.

Portanto, a norma geral do Direito Brasileiro impõe, desde 2018, a obrigação de que o órgão de controle, nos casos em que pretenda alterar o seu posicionamento anterior, preveja um regime de transição, modulando os efeitos de sua aplicação, sem que seja possível a sua aplicação imediata ao caso submetido.

---

[11] Sobre o tema: OLIVEIRA, 2018.

Desse modo, pode-se afirmar que seria possível ao TCE, quando da análise das contas do Município de Porto Alegre, sinalizar uma mudança de entendimento, recomendando ao ente municipal que, em um período razoável, organize suas finanças para se enquadrar no novo entendimento.

Analisando o novel dispositivo, o eminente professor titular da Faculdade de Direito do Largo São Francisco (USP) Floriano de Azevedo Marques Neto, cita exemplos que se amoldam à perfeição ao caso submetido à consulta:

> Note-se que a sujeição às regras da LINDB deve se dar mesmo para os órgãos que tenham regime constitucional especial, como as cortes de contas e o Ministério Público, mesmo nas suas atividades não jurisdicionais. De sorte que recomendações ou determinações emanadas pela esfera de controle devem observar o que prediz o art. 23. Assim, por exemplo, se numa comarca o Ministério Público entende que o atendimento a uma regra de direito ambiental é observada pela Municipalidade com uma dada providência e com o tempo passa a entender necessário algo mais rigoroso, necessariamente deverá ser aplicado o art. 23, estabelecendo-se um período de transição razoável e com sopesamento dos ônus. (...) Pois o que faz o art. 23 da LINDB é ampliar o dever de transição em prol da segurança jurídica, evitando surpresas, mudanças drásticas, "cavalos-de-pau hermenêuticos".
> 
> *Assim, por exemplo, quando um Tribunal de Contas muda seu entendimento sobre o que deve e o que não deve ser computado nos gastos obrigatórios com educação nas contas públicas, a alteração de entendimento sobre a licitude ou ilicitude de um gasto deverá vir acompanhada de uma regra de transição para que o destinatário, governo estadual ou municipal, se adapte a ponto tal de absorver e implantar a interpretação novel.*
> 
> *Temos então que presente a* fattispecie *exposta no item anterior, tem o agente, órgão ou ente emissor da decisão, de prever, no mesmo ato, regime de transição que, basicamente (i) module temporalmente a eficácia da nova interpretação; e (ii) distribua os ônus e consequências dela derivados dentro de critérios de proporcionalidade.*[12]

A imposição de uma transição proporcional impõe ao órgão decisor o ônus argumentativo de demonstrar a adequação, necessidade e proporcionalidade da sua decisão, acarretando a sua nulidade nos casos em que não observada, sem qualquer alternativa de sua preservação.

---

[12] MARQUES NETO, 2018.

Outro ponto importante do supramencionado artigo é a necessidade de distribuição equânime dos ônus e consequências da nova interpretação, dentro de critérios de proporcionalidade.

Assim, é inadmissível que o Tribunal de Contas imponha toda a carga de sua mudança repentina de entendimento ao Poder Executivo Municipal e, indiretamente, à população de XXX, que necessitando, urgentemente, de novos investimentos em outros setores da sociedade, bem como sofrendo com a falta de novas fontes de receitas, diante da crise trazida pela pandemia do Coronavírus, terá que alocar recursos de forma repentina e não planejada para atender a mudança de interpretação.

Como se pode verificar, a Corte deverá ponderar para que uma eventual decisão em sentido contrário ao definido nesse parecer não traga consigo efeitos deletérios desnecessários, bem como para que seja proporcional e equânime, sem impor ao Município e aos cidadãos porto-alegrenses ônus ou perdas anormais ou excessivas.

A consideração das consequências jurídicas e administrativas de qualquer decisão invalidante é um dever imposto pelo ordenamento jurídico ao julgador. Vejamos:

> Art. 21. A decisão que, nas esferas administrativa, controladora ou judicial, decretar a invalidação de ato, contrato, ajuste, processo ou norma administrativa deverá indicar de modo expresso suas consequências jurídicas e administrativas. (Incluído pela Lei nº 13.655, de 2018) (Regulamento)
> Parágrafo único. A decisão a que se refere o *caput* deste artigo deverá, quando for o caso, indicar as condições para que a regularização ocorra de modo proporcional e equânime e sem prejuízo aos interesses gerais, não se podendo impor aos sujeitos atingidos ônus ou perdas que, em função das peculiaridades do caso, sejam anormais ou excessivos. (Incluído pela Lei nº 13.655, de 2018)

Distribuição equânime dos ônus é cognato associado à ideia de *fairness*, ou seja, de distribuição equivalente de cargas.

Ora, se mesmo com nenhuma alteração significativa no texto constitucional que indique a necessidade de alteração do computo dos gastos com os encargos sociais dos profissionais de educação na apuração do MDE, o TCE entender que deve mudar o seu posicionamento, mesmo diante do acompanhado de perto pelos órgãos técnicos do TCE durante esses longos anos, bem como o entendimento expresso revelado por meio das suas INs, tal rejeição de contas será fruto de um erro de todos os atores envolvidos, inclusive da própria Corte de Contas.

Assim, entendemos que não seria possível uma mudança de interpretação repentina por parte do Tribunal de Contas do Estado do Rio Grande do Sul, com aplicação imediata para o presente exercício.

# 7 Conclusões e recomendações

Forte no exposto, sem prejuízo do afirmado, que não se dispensa a leitura, conclui-se que:

I. É inegável que Emenda Constitucional 108/2020 e as alterações legislativas da Lei 14.113/2020 tiveram o intuito de incrementar os gastos dos entes federativos com Manutenção e Desenvolvimento de Ensino. Desse modo, vale ressaltar a importância do Gestor Municipal ter em mente a necessidade de incremento nos gastos com Educação, motriz da atuação do Poder Constituinte Derivado na referida alteração. Assim, é recomendável a atuação do Município no sentido de alavancar, quanto possível, a destinação de recursos à manutenção e desenvolvimento do ensino (MDE) visando ao cumprimento do texto constitucional;

II. Nesse ponto, ressalte-se também a necessidade de verificar se o município tem computado como MDE todos os gastos admitidos pela legislação de regência após as recentes alterações, a exemplo dos gastos direcionados para as escolas comunitárias, confessionais, filantrópicas, bem como a ampliação do rol de profissionais admitidos no cômputo dos gastos em MDE (como não é o objeto da presente consulta, não avançaremos no tema);

III. Quanto à mudança introduzida pela EC 108/2020 no tocante ao pagamento de aposentadorias e pensões, limitando-se a analisar apenas os aspectos jurídicos da questão, entendemos que este ponto não atinge de forma significativa o Município de Porto Alegre. Não há no Município de Porto Alegre pagamento de aposentadorias e pensões com recursos do Tesouro, tampouco seria realizado o cômputo de tais gastos no MDE;

IV. O que ocorre é o cômputo da contribuição patronal do Município, bem como da contribuição patronal extraordinária, instituída para a cobertura do déficit previdenciário com inativos e pensionistas da educação. Tais despesas configuram despesas de natureza tributária, conforme se demonstrou amplamente no bojo deste parecer;

V. Em relação aos encargos sociais referentes aos servidores ativos, não parece existir muita discussão, existindo entendimento do

TCE, veiculado no ofício circular DCF nº 33/2021, defendendo a possibilidade de se computar como aplicação em MDE as despesas realizadas com amortização do passivo atuarial mediante alíquota suplementar, bem como a cota patronal referente aos servidores ativos;

VI. Defende-se neste parecer a inexistência de razões jurídicas para a distinção entre as contribuições sociais pagas em relação aos servidores ativos daquelas realizadas em decorrência do vínculo dos servidores inativos. Ambas mantêm suas naturezas jurídicas tributárias, não podendo ser consideradas como pagamento de aposentadoria, tendo em vista o disposto no art. 4º do CTN;

VII. É preciso interpretar a EC 108/2020 conforme a Constituição, à luz da realidade fática a qual está submetido o Município de Porto Alegre, tanto pela dura realidade imposta pela Pandemia do Coronavírus, quanto pela realidade jurídico-institucional decorrente das orientações e jurisprudência do Tribunal de Contas do Estado do Rio Grande do Sul, de modo que a aplicação imediata da alteração constitucional revelaria situação mais inconstitucional do que a não aplicação da norma. Trata-se de clássico exemplo da chamada inconstitucionalidade parcial sem redução de texto.

É o parecer, que ora se submete à apreciação superior.

# Referências

ATALIBA, Geraldo. *Hipóteses de incidência tributária*. 5. ed. São Paulo: Malheiros, 1996.

BARROSO, Luiz. *Curso de Direito Constitucional contemporâneo*. 5. ed. São Paulo: Saraiva, 2015.

BINENBOJM, Gustavo. *A nova jurisdição constitucional brasileira*. Rio de Janeiro, Renovar, 2014.

BITTENCOURT, Carlos Alberto Lúcio. *O controle jurisdicional da constitucionalidade das leis*.

BRASIL. Supremo Tribunal Federal. ADI 221-MC/DF. Relator: Min. Moreira Alves. *Dje*: Brasília, DF, 22 out. 1993.

BRASIL. Manual de Demonstrativos Fiscais (MDF). *Tesouro Nacional Transparente*, 14. mar. 2022. Disponível em: https://www.tesourotransparente.gov.br/publicacoes/manual-de-demonstrativos-fiscais-mdf/40050.

CARAZZA, Roque. *Curso de Direito Constitucional Tributário*. 31. ed. São Paulo: Malheiros2017.

CLÈVE, Clèmerson Merlin. A fiscalização abstrata de constitucionalidade no Direito brasileiro. 2. ed. São Paulo: Editora Revista dos Tribunais, 1995.

COÊLHO, Sacha Calmon Navarro. *Comentários à Constituição de 1988* – sistema tributário 3. ed. Rio de Janeiro, Forense, 1997.

FILHO, Manoel Gonçalves Ferreira. *Curso de Direito Constitucional*. 40. ed. São Paulo: Saraiva, 2017.

MARQUES NETO, Floriano de Azevedo. *Revista de Direito Administrativo*, Rio de Janeiro, Edição Especial: Direito Público na Lei de Introdução às Normas de Direito Brasileiro – LINDB (Lei nº 13.655/2018), p. 93-112, nov. 2018.

MARQUES NETO, Floriano de Azevedo; FREITAS, Rafael Véras de. A nova LINDB e a incorporação da teoria dos precedentes administrativos ao país. *ConJur*, 4 jun. 2018. Disponível em: https://www.conjur.com.br/2018-jun-04/opiniao-lindb-teoria-precedentes-administrativos.

MENDES, Gilmar Ferreira; BRANCO, Paulo Gustavo Gonet; COELHO, Inocêncio Mártires. *Curso de Direito Constitucional*. 13. ed. rev. e atual. São Paulo: Saraiva Educação, 2018.

OLIVEIRA, Rafael Carvalho Rezende de. Precedentes no Direito Administrativo. Editora Gen: Rio de Janeiro, 2018.

PAULSEN, Leandro; VELLOSO, Andrei Pitten. *Contribuições no sistema tributário brasileiro*. 4. ed. 2019. São Paulo: Saraiva.

---

Informação bibliográfica deste texto, conforme a NBR 6023:2018 da Associação Brasileira de Normas Técnicas (ABNT):

NERY, Cristiane da Costa; SILVA, Jhonny Prado. Parecer. *In*: DOSSO, Taisa Cintra; TAVARES, Gustavo Machado; SILVA, Thiago Viola Pereira da. (Coords.). *Direito Municipal em Debate*. Belo Horizonte: Fórum, 2022. p. 271-301. ISBN 978-65-5518-406-8. Parecer.

# PARECER

## MARCELO RODRIGUES MAZZEI

**Assunto:** Análise jurídica sobre sanção ou veto de projeto de lei complementar de iniciativa parlamentar. Autorização para criação de programa destinado a conceder isenções de débitos tributários e não tributários. Projeto de lei autorizativo que, na verdade, embute caráter cogente de aplicação. Inconstitucionalidade da inclusão de créditos públicos decorrentes de condenação em ação judicial de qualquer natureza em que figure como credora a Fazenda Pública Municipal. Abrangência de condenações de ressarcimento de atos ímprobos e lesivos ao erário. Configuração de renúncia de receita. Ausência de estimativa do seu impacto orçamentário e financeiro acompanhando o projeto de lei. Inconstitucionalidade por desrespeito ao art. 113 do ADCT. Mudança do entendimento do STF quanto ao alcance da norma. Norma de caráter nacional e não meramente federal. Parecer pelo veto integral do projeto de lei.

## Relatório

Trata-se o presente de parecer jurídico sobre análise da oposição de sanção ou veto ao autógrafo nº 83/2021, de iniciativa parlamentar (nº 46/2021) que "autoriza o Município a criar programa destinado a oferecer aos devedores da administração pública, oportunidade de regularizar suas dívidas, conforme especifica". O projeto de lei autoriza o Poder Executivo a conceder isenções parciais e integrais de débitos tributários e não-tributários, incluindo créditos públicos decorrentes "de condenação em ação judicial de qualquer natureza em que figure como credora a Fazenda Pública Municipal". O projeto de lei de iniciativa parlamentar foi encaminhado para sanção ou veto do Chefe do Poder Executivo desacompanhado de estimativa do seu impacto orçamentário e financeiro. A Secretaria Municipal da Fazenda opinou pelo veto do projeto de lei. É o relatório.

## Desenvolvimento

Inicialmente, quanto à eventual vício de iniciativa em matéria tributária, o Supremo Tribunal Federal, através de recurso submetido ao regime da repercussão geral, decidiu pela iniciativa legislativa concorrente entre Poder Executivo e Legislativo com relação à matéria tributária (Tema nº 682),[1] inclusive quando há renúncia fiscal. Esse entendimento também é seguido pela atual jurisprudência do Órgão Especial do Tribunal de Justiça de São Paulo.[2]

Como visto, os projetos de lei que tratam de benefícios fiscais não se submetem à iniciativa exclusiva do Chefe do Poder Executivo (reserva de Administração), não constituindo ingerência nas prerrogativas do Poder Executivo a aprovação de projeto de lei de iniciativa parlamentar em matéria tributária,[3] ainda que implique reflexos orçamentários, na medida em que o ato de legislar sobre direito tributário não se confunde com o ato de legislar sobre o orçamento.[4]

Assim, é concorrente entre o Poder Executivo e o Poder Legislativo a iniciativa legislativa quanto aos débitos tributários constantes no art. 1º, *caput* do projeto de lei.[5]

---

[1] "Tributário. Processo legislativo. Iniciativa de lei. 2. Reserva de iniciativa em matéria tributária. Inexistência. 3. Lei municipal que revoga tributo. Iniciativa parlamentar. Constitucionalidade. 4. Iniciativa geral. Inexiste, no atual texto constitucional, previsão de iniciativa exclusiva do Chefe do Executivo em matéria tributária. 5. Repercussão geral reconhecida. 6. Recurso provido. Reafirmação de jurisprudência" (STF, ARE 743480 RG, Relator(a): Min. Gilmar Mendes, julgado em 10/10/2013).

[2] "AÇÃO DIRETA DE INCONSTITUCIONALIDADE Caçapava. Lei nº 5.727, de 22.10.19 alterando a redação do art. 3º da Lei nº 3.672, de 01.12.98 que dispõe sobre a isenção de IPTU a contribuintes que especifica. Alteração de autoria parlamentar fixando prazo para apresentação do pedido de isenção e afastando disposição quanto a elaboração de relatório social para comprovação da capacidade financeira do requerente. Iniciativa concorrente em matéria tributária. Tese fixada pela Suprema Corte no julgamento da repercussão geral – Tema nº 682. Inocorrência de violação ao princípio da separação dos poderes. Precedentes. Ação improcedente, na parte conhecida" (TJSP; Direta de Inconstitucionalidade 2024414-33.2020.8.26.0000; Relator (a): Evaristo dos Santos; Órgão Julgador: Órgão Especial; Tribunal de Justiça de São Paulo - N/A; Data do Julgamento: 09/09/2020; Data de Registro: 11/09/2020). No mesmo sentido: TJSP; Direta de Inconstitucionalidade 2037843-09.2016.8.26.0000; Relator Renato Sartorelli; Data do Julgamento: 01/06/2016 e Direta de Inconstitucionalidade 2028808-54.2018.8.26.0000; Relator Moacir Peres; Data do Julgamento: 20/06/2018).

[3] STF, RE 362.573-AgR, Segunda Turma, rel. Min. Eros Grau, DJe de 17/8/2007.

[4] "A iniciativa de leis que versem sobre matéria tributária é concorrente entre o chefe do poder executivo e os membros do legislativo. II – A circunstância de as leis que versem sobre matéria tributária poderem repercutir no orçamento do ente federado não conduz à conclusão de que sua iniciativa é privativa do chefe do Executivo" (STF, RE 590697 ED, Relator(a): Ricardo Lewandowski, Segunda Turma, julgado em 23/08/2011)

[5] "A iniciativa para início do processo legislativo em matéria tributária pertence concorrentemente ao Poder Legislativo e ao Poder Executivo (art. 61, §1º, II, b, da CF)". Precedentes: STF, ADI 724-MC, Tribunal Pleno, Rel. Min. Celso de Mello, DJ de 15.05.92;

Ocorre que o art. 1º, *caput*, do projeto de lei também autoriza o parcelamento e descontos em débitos não-tributários (como preços públicos, tarifas e multas administrativas), inclusive aqueles débitos não inscritos em dívida ativa, invadindo, neste aspecto, a competência privativa da iniciativa legislativa do Chefe do Poder Executivo.

Quanto a isenção de tarifas decorrentes de serviços públicos objetos de contrato de concessão, é pacífica a jurisprudência do Supremo Tribunal Federal no sentido de que "compete ao Chefe do Poder Executivo a iniciativa de leis que interfiram na gestão de contratos de concessão de serviços públicos"[6]. Assim, é vedada, por constituir ofensa à reserva de Administração e à separação entre os Poderes (art. 2º da Constituição Federal), a iniciativa parlamentar que isente ou reduza de qualquer forma os valores tarifários decorrentes da contraprestação devida ao concessionário, seja por matriz tarifária instituída por Decreto ou seja por disposição constante no contrato de concessão, já que a iniciativa legislativa dessa matéria é de competência privativa do Chefe do Poder Executivo, por estar afeta, diretamente, ao equilíbrio econômico-financeiro inerente ao contrato de concessão dos serviços públicos e seu respetivo regime tarifário.[7]

A mesma intepretação se aplica aos preços públicos. O preço público e a tarifa são débitos não-tributários, uma vez que têm natureza negocial, pois derivam de uma contraprestação efetiva por parte do delegatário, concessionário ou da própria Administração Pública. Há possibilidade aos usuários de fruir ou não pelo serviço que originou o preço público ou a tarifa.[8] Não há

---

RE 590.697-ED, Primeira Turma, Rel. Min. Ricardo Lewandowski, Dje de 06.09.2011; RE 362.573-AgR, Segunda Turma, Rel. Min. Eros Grau, Dje de 17.08.2007.

[6] STF, ARE 1075713 AgR, Relator(a): Roberto Barroso, Primeira Turma, julgado em 29/06/2018.

[7] "Ofende a denominada reserva de administração, decorrência do conteúdo nuclear do princípio da Separação de Poderes (CF, art. 2º), a proibição de cobrança de tarifa de assinatura básica no que concerne aos serviços de água e gás, em grande medida submetidos também à incidência de leis federais (CF, art. 22, IV), mormente quando constante de ato normativo emanado do Poder Legislativo fruto de iniciativa parlamentar, porquanto supressora da margem de apreciação do Chefe do Poder Executivo Distrital na condução da Administração Pública, no que se inclui a formulação da política pública remuneratória do serviço público" (STF, ADI 3.343, Rel. Min. Luiz Fux, Plenário, DJe de 22/11/2011).

[8] "Enquanto os tributos têm como fonte exclusiva a lei e se caracterizam pela compulsoriedade, os preços públicos constituem receita originária decorrente da contraprestação por um bem, utilidade ou serviço numa relação de cunho negocial em que está presente a

compulsoriedade típica dos tributos[9] (art. 3º do CTN), "de forma que não se aplica o regime jurídico tributário das taxas de serviço público".[10] Nesse sentido já decidiu o Órgão Especial do Tribunal de Justiça de São Paulo:

> Ação Direta de Inconstitucionalidade. Lei municipal nº 11.496 de Sorocaba, de 02 de março de 2017, que "altera a Lei nº 10.307, de 17 de outubro de 2012, a fim de instituir taxa para utilização da calçada e área pública nas hipóteses em que especifica e dá outras providências". Projeto de lei de autoria do Prefeito Municipal. Dispositivos inseridos por meio de emendas parlamentares. Matéria não reservada à iniciativa exclusiva do Chefe do Poder Executivo. Inexistência de afronta ao artigo 24, §2º, da Constituição Estadual de São Paulo. Vício de iniciativa não verificado. Aumento de despesa não explicitado na inicial. Emendas parlamentares que incluíram dispositivos com pertinência temática com o texto original do PL e com as diretrizes e objetivos estabelecidos na legislação em que incluído. Parecer da Procuradoria-Geral de Justiça nesse sentido. Precedentes do Plenário do STF e deste OE. Inconstitucionalidade formal. Fundamento diverso dos trazidos na inicial. Causa de pedir aberta das ADI. Precedentes do STF. Instituição de cobrança com natureza de preço público, privativa do chefe do Poder Executivo. Afronta à separação dos poderes. Violação ao artigo 159, parágrafo único, c.c. o artigo 47, inciso XIV, ambos da Constituição do Estado de São Paulo. Precedentes deste OE. Declaração da inconstitucionalidade: (i) da expressão "mediante pagamento de Taxa de Uso da Área Pública", constante do artigo 3º, *caput*; (ii) do §3º do artigo 3º; (iii) e do §4º do artigo 3º; todos da Lei nº 10.307/12 de Sorocaba, todos com redação trazida pela Lei 11.496/17 do mesmo município. Pedido julgado parcialmente procedente. (TJSP; Direta de Inconstitucionalidade 2260643-76.2018.8.26.0000; Relator (a):

---

voluntariedade (não há obrigatoriedade do consumo). A obrigação de prestar, em se tratando de preço público, decorre da vontade do contratante de lançar mão do bem ou serviço oferecido. Por isso, a fixação do preço público independe de lei; não sendo tributo, não está sujeito às limitações do poder de tributar" (PAULSEN, 2020).

[9] "Las tasas, como todos los tributos, son siempre obligatorias, en virtud de la decisión unilateral del Estado. Lo que puede ser voluntaria u obligatoria es la utilización, o mejor dicho, la puesta en marcha del funcionamiento del servicio. Naturalmente los servicios que proporcionan ventajas directas son demandados voluntariamente por los beneficiados, y los demás, especialmente los que ocasionan perjuicios en forma directa o indirecta, funcionan necesariamente de oficio" (COSTA, 1996. p. 158).

[10] "Esta Suprema Corte tem entendimento consolidado no sentido de que a cobrança pela prestação de serviços de água e esgoto tem natureza de tarifa/preço público, de forma que não se aplica o regime jurídico tributário das taxas de serviço público. Precedentes. Pertence ao Chefe do Poder Executivo a iniciativa de leis que disponham sobre serviços públicos, no que se inclui a revisão das tarifas de água e esgoto. Precedentes" (STF, ARE 1283445 AgR, Relator(a): Alexandre de Moraes, Primeira Turma, julgado em 08/02/2021).

Márcio Bartoli; Órgão Julgador: Órgão Especial; Tribunal de Justiça de São Paulo - N/A; Data do Julgamento: 15/05/2019; Data de Registro: 17/05/2019).

AÇÃO DIRETA DE INCONSTITUCIONALIDADE. Lei nº 5.355, de 13 de agosto de 2018, que dispõe sobre "o valor da tarifa para o serviço de transporte coletivo urbano de Mauá aos domingos e feriados". VÍCIO DE INICIATIVA E OFENSA AO PRINCÍPIO DA SEPARAÇÃO DOS PODERES. Reconhecimento. Lei impugnada, de autoria parlamentar, que ao dispor sobre tarifa do transporte público avançou sobre área de planejamento, organização e gestão administrativa, especificamente sobre serviços públicos, ou seja, tratou de matéria que é reservada à iniciativa do Chefe do Poder Executivo. Inconstitucionalidade manifesta, não só por incompatibilidade da norma com as disposições dos artigos 5.º, 47, II, XIV e XIX, "a", e 144 da Constituição Paulista, mas, também (e mais especificamente) por violação da regra expressa do artigo 159, parágrafo único, desse mesmo diploma legal, no sentido de que "os preços públicos serão fixados pelo Executivo". Ação julgada procedente. (TJSP; Direta de Inconstitucionalidade 2221293-81.2018.8.26.0000; Relator (a): Ferreira Rodrigues; Órgão Julgador: Órgão Especial; Tribunal de Justiça de São Paulo - N/A; Data do Julgamento: 13/02/2019; Data de Registro: 26/02/2019).

Já a multa administrativa é decorrente do exercício do poder de polícia por parte da Administração Pública. É certo que todos os Poderes (Executivo, Legislativo e Judiciário) exercem certas atribuições dotadas dos elementos do poder de polícia[11] (presunção de legitimidade,[12] a imperatividade,[13] a exigibilidade ou coercibilidade[14] e a autoexecutoriedade),[15] constituindo efeito direto

---

[11] "O poder de polícia administrativa, quando emanado do Poder Executivo, é um ato administrativo. Possui, portanto, os mesmos atributos de todo ato administrativo: presunção de legitimidade, imperatividade (ou coercibilidade), exigibilidade e autoexecutoriedade" (JÚNIOR, 2007, p. 60).

[12] "Ante a presunção de legitimidade, atos administrativos, portanto, sob vestes de direito público, presumem-se verdadeiros e escorreitos, até prova em contrário (presunção juris tantum, e não juris et de jure)" (VITTA, 2010, p. 216).

[13] A imperatividade é o "atributo que impõe irrestrita obediência aos atos administrativos, independentemente de concordância" (BACELLAR FILHO, 2008. p.73).

[14] "A polícia administrativa, como é natural, não pode curvar-se ao interesse dos administrados de prestar ou não obediência às imposições. Se a atividade corresponder a um poder, decorrente do ius imperii estatal, há de ser desempenhada de forma a obrigar todos a observarem os seus comandos. Diga-se, por oportuno, que é intrínseco a essa característica o poder que tem a Administração de usar a força, caso necessária para vencer eventual recalcitrância" (CARVALHO FILHO, 1999. p. 55).

[15] DI PIETRO, 2002, p. 189.

do princípio da supremacia do interesse público sobre o privado, o qual legitima a imposição de limitações e sanções administrativas que envolvam a esfera de direitos de particulares em prol do interesse da coletividade.

Contudo, a iniciativa legislativa quanto às multas administrativas decorrentes do exercício do poder de polícia do Poder Executivo está inserida na cláusula de reserva de Administração,[16] vez que está no âmbito das atividades de gestão típicas do Chefe do Poder Executivo.[17] Trata-se, portanto, de iniciativa legislativa privativa do Chefe do Poder Executivo. Esse entendimento não diverge da jurisprudência firmada no âmbito do Supremo Tribunal Federal. Cabe ressaltar, ainda, que não se aplica à multa administrativa as disposições do Código Tributário Nacional,[18] já que não são submetidas ao regime típico dos tributos.

Ainda se apresenta inconstitucional a inclusão da autorização de parcelamento e descontos de créditos públicos decorrentes "de condenação em ação judicial de qualquer natureza em que figure

---

[16] "RESERVA DE ADMINISTRAÇÃO E SEPARAÇÃO DE PODERES. - O princípio constitucional da reserva de administração impede a ingerência normativa do Poder Legislativo em matérias sujeitas à exclusiva competência administrativa do Poder Executivo. É que, em tais matérias, o Legislativo não se qualifica como instância de revisão dos atos administrativos emanados do Poder Executivo. Precedentes. Não cabe, desse modo, ao Poder Legislativo, sob pena de grave desrespeito ao postulado da separação de poderes, desconstituir, por lei, atos de caráter administrativo que tenham sido editados pelo Poder Executivo, no estrito desempenho de suas privativas atribuições institucionais. Essa prática legislativa, quando efetivada, subverte a função primária da lei, transgride o princípio da divisão funcional do poder, representa comportamento heterodoxo da instituição parlamentar e importa em atuação ultra vires do Poder Legislativo, que não pode, em sua atuação político-jurídica, exorbitar dos limites que definem o exercício de suas prerrogativas institucionais" (STF, ADI 2364 MC, Relator(a): Celso de Mello, Tribunal Pleno, julgado em 01/08/2001).

[17] "A Prefeitura não pode legislar, como a Câmara não pode administrar. (...) O legislativo edita normas; o Executivo pratica atos segundo as normas. Nesta sinergia de funções é que residem a harmonia e independência dos Poderes, princípio constitucional (art. 2º) extensivo ao governo local. Qualquer atividade, da Prefeitura ou Câmara, realizada com usurpação de funções é nula e inoperante", e conclui que "todo ato do Prefeito que infringir prerrogativa da Câmara como também toda deliberação da Câmara que invadir ou retirar atribuição da Prefeitura ou do Prefeito é nulo, por ofensivo ao princípio da separação de funções dos órgãos do governo local (CF, art. 2º c/c o art. 31), podendo ser invalidado pelo Poder Judiciário" (MEIRELLES, 2006. p. 708-712).

[18] "A jurisprudência do Superior Tribunal de Justiça firmou-se no sentido de que as disposições do art. 106 do Código Tributário Nacional não são aplicáveis às hipóteses de multa administrativa, as quais possuem natureza jurídica não tributária" (STJ, AgInt no AgInt no AREsp 1701937/SP, Rel. Ministro Sérgio Kukina, Primeira Turma, julgado em 03/05/2021, DJe 06/05/2021).

como credora a Fazenda Pública Municipal", uma vez que seu caráter genérico permite o parcelamento e descontos em quaisquer ações judiciais promovidas pela Prefeitura Municipal, incluindo ações de ressarcimento ao erário, ações de improbidade administrativa, ações populares, ações cíveis para execução de sentença penal e ações judiciais já transitadas em julgado a favor da Prefeitura Municipal, prejudicando sensivelmente o interesse público, com clara ofensa aos princípios da moralidade, razoabilidade, interesse público e eficiência, previstos – implicitamente ou explicitamente – no art. 37, *caput*, a Constituição Federal.

O parcelamento e descontos de créditos públicos decorrentes de condenação em ação judicial de qualquer natureza em que figure como credora a Fazenda Pública Municipal, configura-se como ato de gestão administrativa, que inclui a deliberação pela disponibilidade ou não do crédito público devido mediante chancela do Poder Judiciário, cuja iniciativa é privativa do Chefe do Poder Executivo, estando inserido na cláusula de reserva de Administração derivado do princípio da separação e harmonia entre os Poderes (art. 2º da CF).

Importa notar que o caráter autorizativo do projeto de lei não afasta a inconstitucionalidade de origem acerca da competência para iniciativa de leis. Como o Supremo Tribunal Federal já decide há muito tempo, "o só fato de ser autorizativa a lei não modifica o juízo de sua invalidade por falta de legítima iniciativa" (STF, Rp 993, Relator(a): Néri da Silveira, Tribunal Pleno, julgado em 17/03/1982). Nesse sentido ainda as seguintes decisões do Órgão Especial do Tribunal de Justiça de São Paulo:

> AÇÃO DIRETA DE INCONSTITUCIONALIDADE. Lei nº 4.964, de 31 de março de 2016, do Município de Suzano, de iniciativa do Poder Legislativo, que autoriza o Poder Público a conceder auxílio financeiro às famílias atingidas por enchentes no ano de 2015. VÍCIO DE INICIATIVA E OFENSA AO PRINCÍPIO DA SEPARAÇÃO DOS PODERES. Reconhecimento. Lei impugnada, de iniciativa parlamentar, que ao dispor sobre concessão de auxílio financeiro às vítimas de enchentes, avançou sobre área administrativa, ou seja, tratou de matéria que - por se referir a ações de socorro à população (em situação de emergência) e por envolver gestão de recursos públicos – é reservada à iniciativa exclusiva do Chefe do Poder Executivo. E essa inconstitucionalidade fica ainda mais evidente quando se nota que

a norma impugnada – ao contrário de se revestir de generalidade e abstração – foi editada para atendimento (ou gerenciamento) de situações específicas e pontuais (enchentes e inundações), ocorridas no passado (dezembro de 2015), além do que atribuiu novas obrigações aos órgãos da administração municipal ao determinar que a Defesa Civil (assim entendida a Secretaria Municipal da Defesa Civil e Social), criada pelo art. 5º da Lei 4.632, de 14 de janeiro de 2013, e com as atribuições originais fixadas no art. 20, também efetue levantamento da extensão e natureza dos prejuízos causados pelo evento danoso; ou (ii) que o Poder Executivo crie uma Comissão Especial para esse fim, quando, na verdade, "é indispensável a iniciativa do Chefe do Poder Executivo (mediante projeto de lei ou mesmo, após a EC 32/01, por meio de decreto) na elaboração de normas que de alguma forma remodelem as atribuições de órgão pertencente à estrutura administrativa de determinada unidade da Federação" (ADIN nº 3.254-ES, Rel. Min. Ellen Gracie, j. 16/11/2005). Como já decidiu o Supremo Tribunal Federal, em outro precedente, "não se pode compreender que o Poder Legislativo, sem iniciativa do Poder Executivo, possa alterar atribuições de órgãos da Administração Pública, quando a este último cabe a iniciativa de Lei para criá-los e extingui-los. De que adiantaria ao Poder Executivo a iniciativa de Lei sobre órgãos da administração pública, se, ao depois, sem sua iniciativa, outra Lei pudesse alterar todas as suas atribuições e até suprimi-las ou desvirtuá-las. Não há dúvida de que interessa sempre ao Poder Executivo a iniciativa de Lei que diga respeito a sua própria organização, como ocorre, também, por exemplo, com o Poder Judiciário" (ADIN nº 2.372, Rel. Min. Sydnei Sanches, j. 21/08/2002). Lei meramente autorizativa. Irrelevância. O Prefeito não precisa de autorização do Legislativo para o exercício de atos de sua exclusiva competência. Inconstitucionalidade manifesta. Ação julgada procedente. (TJSP -ADIN nº 2144637-54.2016.8.26.0000 - Relator(a): Ferreira Rodrigues; Comarca: São Paulo; Órgão julgador: Órgão Especial; Data do julgamento: 07/12/2016; Data de registro: 15/12/2016)

Ação Direta de Inconstitucionalidade - Lei Municipal nº 4.385, de 31 de julho de 2006, do Munícipio de Americana - Autorização para o Prefeito Municipal fornecer colete antibalístico ao efetivo da guarda municipal de Americana – Vício de Iniciativa – Ocorrência. 1. A norma de iniciativa do Poder Legislativo, em matéria de competência exclusiva do Poder executivo, e que cria despesa sem explicitar a respectiva fonte de custeio, evidência vício de iniciativa caracterizador de sua inconstitucionalidade. 2. A circunstância de se cuidar de lei meramente autorizativa não elide, suprime ou elimina a sua inconstitucionalidade, pelo fato de estar ela dispondo sobre matéria reservada à iniciativa privativa do Poder Executivo. Ação procedente. (TJSP – ADIN nº 0121647-11.2013.8.26.0000 - Relator(a): Itamar Gaino; Comarca: São Paulo; Órgão julgador: Órgão Especial; Data do julgamento: 27/11/2013; Data de registro: 09/12/2013).

AÇÃO DIRETA DE INCONSTITUCIONALIDADE. LEI MERAMENTE AUTORIZATIVA. INICIATIVA DE VEREADOR COM VETO DO PREFEITO REJEITADO PELA CÂMARA VÍCIO FORMAL EVIDENTE INCOMPATIBILIDADE RECONHECIDA AÇÃO DIRETA DE INCONSTITUCIONALIDADE. LEI AUTORIZATIVA, POR DESNECESSÁRIA NO ESTADO DE DIREITO, NA VERDADE CONSTRANGE A ADMINISTRAÇÃO A PRÁTICA ONEROSA QUE INTERFERE NA EXECUÇÃO DOS PROJETOS PREVISTOS NO PLANO PLURIANUAL E DEMAIS NORMAS ORDENADORAS AÇÃO PROCEDENTE (TJSP – ADIN - 9033761-59.2006.8.26.0000- Relator(a): José Renato Nalini; Comarca: Comarca nâo informada; Órgão julgador: 1ª Câmara de Direito Criminal; Data de registro: 07/08/2007; Outros números: 1403000100).

Para além dos vícios de inconstitucionalidade apontados, tem-se que resta evidente outro vício formal de inconstitucionalidade, que macula o próprio processo legislativo de criação de leis, que é a ausência de estudo de impacto financeiro instruindo o projeto de lei.

A Constituição Estadual prevê norma geral remissa à Constituição Federal, atraindo para o bloco de constitucionalidade para fins de controle concentrado das normas municipais frente à Constituição Estadual a observância obrigatória das disposições constantes na Constituição Federal.

Por força do art. 125, §2º da Constituição Federal, em sede de fiscalização abstrata (controle concentrado de constitucionalidade) perante os Tribunais de Justiça locais, o parâmetro de controle a ser invocado nas ações diretas deve ser a Constituição do próprio Estado-membro, e não a Constituição Federal.

Ocorre que se houver conteúdo remissivo na Constituição Estadual para observância de normas da Constituição Federal, torna-se legítimo considerá-lo como padrão de referência para o fim específico do controle concentrado de constitucionalidade perante o Tribunal de Justiça local.

O parâmetro para o presente controle de constitucionalidade da norma municipal está presente na própria Constituição Estadual, que contém norma remissiva à Constituição Federal ao dispor que os Municípios, com autonomia política, legislativa, administrativa e financeira se auto-organizarão por Lei Orgânica, atendidos os princípios estabelecidos na Constituição Federal e nesta Constituição.

Cabe apontar, neste ponto, que o Supremo Tribunal Federal tem admitido,[19] como parâmetro de confronto, para os fins a que alude o art. 125, §2º, da Constituição Federal, a referência constante de dispositivos, que, inscritos no texto da Constituição Estadual, limitam-se a fazer mera remissão normativa a regras positivadas na Constituição Federal:

> Agravo regimental em reclamação constitucional. 2. Competência dos tribunais de justiça estaduais para exercer controle abstrato de constitucionalidade de leis ou atos normativos estaduais ou municipais contestados em face de constituição estadual. 3. Legitimidade da invocação, como referência paradigmática para controle concentrado de constitucionalidade de leis ou atos normativos municipais/estaduais, de cláusula de caráter remissivo que, inscrita na Constituição estadual, remete a norma constante da própria Constituição Federal, incorporando-a, formalmente, ao ordenamento constitucional do Estado-membro. 4. Invocação de paradigma. Reclamação 7.396. Processo de caráter subjetivo. Efeitos restritos às partes. 5. Agravo regimental a que se nega provimento. (STF, Rcl 10406 AgR, Relator(a): Gilmar Mendes, Segunda Turma, julgado em 26/08/2014).
>
> ARGÜIÇÃO DE DESCUMPRIMENTO DE PRECEITO FUNDAMENTAL. INCIDÊNCIA, NA ESPÉCIE, DO PRINCÍPIO DA SUBSIDIARIEDADE, PORQUE INSTAURÁVEL, PERANTE O TRIBUNAL DE JUSTIÇA LOCAL, PROCESSO OBJETIVO DE CONTROLE NORMATIVO ABSTRATO DE LEIS MUNICIPAIS (CF, ART. 125, §2º). POSSIBILIDADE DE CONCESSÃO, EM REFERIDO PROCESSO DE ÍNDOLE OBJETIVA, DE MEDIDA CAUTELAR APTA A SANAR, DE IMEDIATO, A LESIVIDADE DO ATO NORMATIVO IMPUGNADO. ADPF NÃO CONHECIDA. - A possibilidade de instauração, no âmbito do Estado-membro, de processo objetivo de fiscalização normativa abstrata de leis municipais contestadas em face da Constituição Estadual (CF, art. 125, §2º) torna inadmissível, por efeito da incidência do princípio da subsidiariedade (Lei nº 9.882/99, art. 4º, §1º), o acesso imediato à arguição de descumprimento de preceito fundamental. É que, nesse processo de controle abstrato de normas locais, permite-se, ao Tribunal de Justiça estadual, a concessão, até mesmo "in limine", de provimento cautelar neutralizador da suposta lesividade do diploma legislativo impugnado, a evidenciar a existência, no plano local, de instrumento processual de caráter objetivo apto a sanar, de modo pronto e eficaz, a situação de lesividade, atual ou potencial, alegadamente provocada por leis ou

---

[19] Nesse sentido: AgRg na Reclamação nº 10.406/GO, Rel. Min. Gilmar Mendes, j. 26/08/2014; Rcl 2.462, Rel. Min. Celso de Mello, DJe de 06/05/2014; Rcl. 15.826, Rel. Min. Luiz Fux, DJe de 29/10/2013; Rcl. 16.862, Rel. Min. Marco Aurélio, DJe de 19.12.2013.

atos normativos editados pelo Município. Doutrina. Precedentes. - A questão da parametricidade das cláusulas constitucionais estaduais, de caráter remissivo, para fins de controle concentrado, no âmbito do Tribunal de Justiça local, de leis e atos normativos estaduais e/ou municipais contestados em face da Constituição Estadual. Revela-se legítimo invocar, como referência paradigmática, para efeito de controle abstrato de constitucionalidade de leis ou atos normativos estaduais e/ou municipais, cláusula de caráter remissivo, que, inscrita na Constituição Estadual, remete, diretamente, às regras normativas constantes da própria Constituição Federal, assim incorporando-as, formalmente, mediante referida técnica de remissão, ao plano do ordenamento constitucional do Estado-membro. Com a técnica de remissão normativa, o Estado-membro confere parametricidade às normas, que, embora constantes da Constituição Federal, passam a compor, formalmente, em razão da expressa referência a elas feita, o "corpus" constitucional dessa unidade política da Federação, o que torna possível erigir-se, como parâmetro de confronto, para os fins a que se refere o art. 125, §2º da Constituição da República, a própria norma constitucional estadual de conteúdo remissivo. - ADPF não conhecida. (STF, ADPF nº 100/TO, Relator Celso de Mello, julgado em 15/04/2008).

Recurso Extraordinário. Repercussão Geral. Ação direta de inconstitucionalidade estadual. Parâmetro de controle. Regime de subsídio. Verba de representação, 13º salário e terço constitucional de férias. 1. Tribunais de Justiça podem exercer controle abstrato de constitucionalidade de leis municipais utilizando como parâmetro normas da Constituição Federal, desde que se trate de normas de reprodução obrigatória pelos Estados. Precedentes. 2. O regime de subsídio é incompatível com outras parcelas remuneratórias de natureza mensal, o que não é o caso do décimo terceiro salário e do terço constitucional de férias, pagos a todos os trabalhadores e servidores com periodicidade anual. 3. A "verba de representação" impugnada tem natureza remuneratória, independentemente de a lei municipal atribuir-lhe nominalmente natureza indenizatória. Como consequência, não é compatível com o regime constitucional de subsídio. 4. Recurso parcialmente provido. (STF, RE 650898, Relator(a): Marco Aurélio, Relator(a) p/ Acórdão: ROBERTO BARROSO, Tribunal Pleno, julgado em 01/02/201)

RECLAMAÇÃO - FUNÇÃO CONSTITUCIONAL DO INSTRUMENTO RECLAMATÓRIO (RTJ 134/1033 - RTJ 166/785) - COMPETÊNCIA DOS TRIBUNAIS DE JUSTIÇA PARA EXERCER O CONTROLE ABSTRATO DE CONSTITUCIONALIDADE DE LEIS E ATOS NORMATIVOS ESTADUAIS E/OU MUNICIPAIS CONTESTADOS EM FACE DA CONSTITUIÇÃO ESTADUAL - A "REPRESENTAÇÃO DE INCONSTITUCIONALIDADE" NO ÂMBITO DOS ESTADOS-MEMBROS (CF, ART. 125, §2º) - A QUESTÃO DA PARAMETRICIDADE DAS CLÁUSULAS CONSTITUCIONAIS ESTADUAIS, DE CARÁTER

REMISSIVO, PARA FINS DE CONTROLE CONCENTRADO DE LEIS E ATOS NORMATIVOS ESTADUAIS E/OU MUNICIPAIS CONTESTADOS, PERANTE O TRIBUNAL DE JUSTIÇA LOCAL, EM FACE DA CONSTITUIÇÃO ESTADUAL - DOUTRINA - PRECEDENTES - RECURSO DE AGRAVO IMPROVIDO. - O único instrumento jurídico revestido de parametricidade, para efeito de fiscalização concentrada de constitucionalidade de lei ou de atos normativos estaduais e/ou municipais, é, tão-somente, a Constituição do próprio Estado-membro (CF, art. 125, §2º), que se qualifica, para esse fim, como pauta de referência ou paradigma de confronto, mesmo nos casos em que a Carta Estadual haja formalmente incorporado, ao seu texto, normas constitucionais federais que se impõem à observância compulsória das unidades federadas. Doutrina. Precedentes. - Revela-se legítimo invocar, como referência paradigmática, para efeito de controle abstrato de constitucionalidade de leis ou atos normativos estaduais e/ou municipais, cláusula de caráter remissivo, que, inscrita na Constituição Estadual, remete, diretamente, às regras normativas constantes da própria Constituição Federal, assim incorporando-as, formalmente, mediante referida técnica de remissão, ao plano do ordenamento constitucional do Estado-membro. - Com a técnica de remissão normativa, o Estado-membro confere parametricidade às normas, que, embora constantes da Constituição Federal, passam a compor, formalmente, em razão da expressa referência a elas feita, o "corpus" constitucional dessa unidade política da Federação, o que torna possível erigir-se, como parâmetro de confronto, para os fins a que se refere o art. 125, §2º da Constituição da República, a própria norma constitucional estadual de conteúdo remissivo. Doutrina. Precedentes (STF, Rcl 10500 AgR, Relator(a): Celso de Mello, Tribunal Pleno, julgado em 22/06/2011).

Como bem destacou o Ministro Roberto Barroso, relator para o acórdão no julgamento do Tema nº 484 de Repercussão Geral (RE 650898), é possível utilizar norma geral remissiva à Constituição Federal, prevista na Constituição Estadual, para fins de exercer o controle concentrado de constitucionalidade de norma municipal em face da própria Constituição Estadual, que expressamente agrega as nomas da Constituição Federal em seu texto:

> "Digno de registro o fato de que a reprodução dos preceitos constitucionais mercê de não serem expressos na sua literalidade não retiram do Tribunal de Justiça a possibilidade de exercer o controle de constitucionalidade, como já ficou assentado no julgamento do RE nº598.016-AgR:"A omissão da Constituição estadual não constitui óbice a que o Tribunal de Justiça local julgue a ação direta de inconstitucionali-

dade contra lei municipal que cria cargos em comissão em confronto com o art. 37, V, da CB, norma de reprodução obrigatória." (RE 598.016-AgR, Rel. Min. Eros Grau, julgamento em 20-10-2009, Segunda Turma, DJE de 13-11-2009.). Além disso, o fato de haver na Constituição Estadual a determinação para que sejam observados os preceitos da Constituição Federal no que toca o subsídio do Prefeito e Vice-Prefeito é remissão suficiente para justificar que o Tribunal de Justiça possa validamente decidir sobre a constitucionalidade da lei ou ato normativo municipal em parâmetro com a Constituição Estadual. Nesse sentido o seguinte precedente ilustra a questão: 'Revela-se legítimo invocar, como referência paradigmática, para efeito de controle abstrato de constitucionalidade de leis ou atos normativos estaduais e/ou municipais, cláusula de caráter remissivo, que, inscrita na Constituição estadual, remete, diretamente, às regras normativas constantes da própria CF, assim incorporando-as, formalmente, mediante referida técnica de remissão, ao plano do ordenamento constitucional do Estado-membro. Com a técnica de remissão normativa, o Estado-membro confere parametricidade às normas, que, embora constantes da CF, passam a compor, formalmente, em razão da expressa referência a elas feita, o corpus constitucional dessa unidade política da Federação, o que torna possível erigir-se, como parâmetro de confronto, para os fins a que se refere o art. 125, §2º, da CR, a própria norma constitucional estadual de conteúdo remissivo.' (Rcl 10.500-MC, Rel. Min. Celso de Mello, decisão monocrática, julgamento em 18-10-2010, DJE de 26-10-2010.). Diante desse cenário, como não se está perante controle de constitucionalidade de lei ou ato normativo municipal diretamente com a Constituição Federal, mas de norma de reprodução obrigatória pela Constituição Estadual, é válido o exercício do controle concentrado de constitucionalidade feito pelo Tribunal de Justiça sobre a lei municipal.

Importante destacar que a omissão da Constituição Estadual em prever norma expressa quanto à obrigatoriedade de prévio estudo de impacto financeiro para projetos de lei que impliquem renúncia de receita, como exige o art. 113 do ADCT,[20] não afasta a aplicação da norma remissiva geral constante na Constituição Estadual como parâmetro do controle abstrato (concentrado), conforme já decidiu o Supremo Tribunal Federal:

AGRAVO REGIMENTAL NO RECURSO EXTRAORDINÁRIO. AÇÃO DIRETA DE INCONSTITUCIONALIDADE. LEI MUNICIPAL

---

[20] "Art. 113. A proposição legislativa que crie ou altere despesa obrigatória ou renúncia de receita deverá ser acompanhada da estimativa do seu impacto orçamentário e financeiro."

CONTESTADA EM FACE DA CONSTITUIÇÃO ESTADUAL. NORMA DE REPETIÇÃO OBRIGATÓRIA. OMISSÃO DA CONSTITUIÇÃO MARANHENSE. A omissão da Constituição Estadual não constitui óbice a que o Tribunal de Justiça local julgue a ação direta de inconstitucionalidade contra Lei municipal que cria cargos em comissão em confronto com o artigo 37, V, da Constituição do Brasil, norma de reprodução obrigatória. Agravo regimental provido (STF, RE 598016 AgR, Relator(a): Eros Grau, Segunda Turma, julgado em 20/10/2009).

O presente projeto de lei, que implica em renúncia de receita, está desacompanhado da estimativa do seu impacto orçamentário e financeiro conforme exige o art. 113 do ADCT.

Em que pese a jurisprudência do Órgão Especial do Tribunal de Justiça de São Paulo[21] caminhar pelo entendimento de que o art. 113 do ADCT tem mero caráter federal, sendo somente aplicável à União dentro do Regime Fiscal dos Orçamentos Fiscal e da Seguridade Social da União, desqualificando-se como norma de reprodução obrigatória, tem-se que o Supremo Tribunal Federal, alterando o seu próprio entendimento anterior,[22] ostenta atual entendimento de que o art. 113 do ADCT tem caráter nacional, irradiando obrigações a todos os entes federativos, incluindo os Municípios:

---

[21] Ação direta de inconstitucionalidade. Andradina. Lei Municipal nº 3.710, de 15 de setembro de 2020, que "dispõe sobre incentivo ao plantio e manutenção de árvores em frente a residências, além da instalação de lixeiras suspensas, mediante desconto no IPTU e dá outras providências". Iniciativa parlamentar. Alegada ofensa à separação de poderes e ingerência em matéria sujeita ao trato exclusivo do Executivo. Inocorrência. Lei local que dispôs sobre matéria tributária, cuja iniciativa não é reservada ao Chefe do Poder Executivo. Tema 682 do Supremo Tribunal Federal. Inaplicabilidade, ademais, do art. 113 do ADCT no âmbito dos Municípios. Precedentes do Supremo Tribunal Federal e deste Órgão Especial. Ação improcedente. (TJSP; Direta de Inconstitucionalidade 2245179-41.2020.8.26.0000; Relator Antonio Celso Aguilar Cortez; Órgão Julgador: Órgão Especial; Tribunal de Justiça de São Paulo - N/A; Data do Julgamento: 16/06/2021; Data de Registro: 17/06/2021). No mesmo sentido: TJSP, Direta de Inconstitucionalidade 2213427-51.2020.8.26.0000, Relator Xavier de Aquino, Data do Julgamento: 05/05/2021; Agravo Interno Cível 2096496-62.2020.8.26.0000, Relator Jacob Valente, Data do Julgamento: 28/04/2021; Direta de Inconstitucionalidade 2026791-74.2020.8.26.0000, Relator Márcio Bartoli, Data do Julgamento: 03/03/2021; Data de Registro: 05/03/2021; Direta de Inconstitucionalidade 2120640-03.2020.8.26.0000, Relator Ferraz de Arruda, Data do Julgamento: 03/03/2021; Data de Registro: 04/03/2021; Direta de Inconstitucionalidade 2150456-30.2020.8.26.0000, Relator Moreira Viegas, Data do Julgamento: 03/03/2021; Data de Registro: 04/03/2021; Direta de Inconstitucionalidade 2141404-10.2020.8.26.0000; Relator João Carlos Saletti, Data do Julgamento: 27/01/2021; Direta de Inconstitucionalidade nº 2246409-55.2019.8.26.0000, Relator Moacir Peres, Data do Julgamento: 17/06/2020 e Direta de Inconstitucionalidade 2025513-38.2020.8.26.0000, Relator Renato Sartorelli, Data do Julgamento: 16/09/2020".

[22] STF, RE 1158273 AgR, Relator Celso de Mello, Segunda Turma, julgado em 06/12/2019.

AÇÃO DIRETA DE INCONSTITUCIONALIDADE. DIREITO TRIBUTÁRIO E FINANCEIRO. LEI Nº 1.293, DE 29 DE NOVEMBRO DE 2018, DO ESTADO DE RORAIMA. ISENÇÃO DO IMPOSTO SOBRE A PROPRIEDADE DE VEÍCULOS AUTOMOTORES (IPVA) PARA PESSOAS PORTADORAS DE DOENÇAS GRAVES. ALEGAÇÃO DE OFENSA AOS ARTIGOS 150, II, DA CONSTITUIÇÃO FEDERAL, E 113 DO ATO DAS DISPOSIÇÕES CONSTITUCIONAIS TRANSITÓRIAS – ADCT. O ARTIGO 113 DO ADCT DIRIGE-SE A TODOS OS ENTES FEDERATIVOS. RENÚNCIA DE RECEITA SEM ESTIMATIVA DE IMPACTO ORÇAMENTÁRIO E FINANCEIRO DA LEI IMPUGNADA. INCONSTITUCIONALIDADE FORMAL RECONHECIDA. AUSÊNCIA DE VIOLAÇÃO DO ARTIGO 150, II, DA CARTA MAGNA: CARÁER EXTRAFISCAL DA ISENÇÃO COMO CONCRETIZAÇÃO DA IGUALDADE MATERIAL. PRECEDENTES. AÇÃO DIRETA CONHECIDA E JULGADA PROCEDENTE. MODULAÇÃO DOS EFEITOS DA DECISÃO. 1. A Lei nº 1.293/2018 do Estado de Roraima gera renúncia de receita de forma a acarretar impacto orçamentário. A ausência de prévia instrução da proposta legislativa com a estimativa do impacto financeiro e orçamentário, nos termos do art. 113 do ADCT, aplicável a todos os entes federativos, implica inconstitucionalidade formal. 2. A previsão de incentivos fiscais para atenuar situações caracterizadoras de vulnerabilidades, como ocorre com os portadores de doenças graves, não agride o princípio da isonomia tributária. Função extrafiscal, sem desbordar do princípio da proporcionalidade. Previsão abstrata e impessoal. Precedentes. Ausência de inconstitucionalidade material. 3. O ato normativo, não obstante viciado na sua origem, acarretou a isenção do IPVA a diversos beneficiários proprietários de veículos portadores de doenças graves, de modo a inviabilizar o ressarcimento dos valores. Modulação dos efeitos da decisão para proteger a confiança legítima que resultou na aplicação da lei e preservar a boa-fé objetiva. 4. Ação direta conhecida e julgada procedente para declarar a inconstitucionalidade da Lei nº 1.293, de 29 de novembro de 2018, do Estado de Roraima, com efeitos ex nunc a contar da data da publicação da ata do julgamento. (STF, ADI 6074, Relator(a): Rosa Weber, Tribunal Pleno, julgado em 21/12/2020)

AÇÃO DIRETA DE INCONSTITUCIONALIDADE. DIREITO FINANCEIRO. LEI Nº 1.237, DE 22 DE JANEIRO DE 2018, DO ESTADO DE RORAIMA. PLANO DE CARGOS, CARREIRAS E REMUNERAÇÕES DOS SERVIDORES PÚBLICOS EFETIVOS DA ÁREA ADMINISTRATIVA DA UNIVERSIDADE ESTADUAL DE RORAIMA – UERR. ALEGAÇÃO DE OFENSA AOS ARTIGOS 169, §1º, DA CONSTITUIÇÃO FEDERAL, E 113 DO ATO DAS DISPOSIÇÕES CONSTITUCIONAIS TRANSITÓRIAS – ADCT. A AUSÊNCIA DE PRÉVIA DOTAÇÃO ORÇAMENTÁRIA NÃO IMPLICA INCONSTITUCIONALIDADE. IMPEDIMENTO DE APLICAÇÃO DA LEI CONCESSIVA DE VANTAGEM OU AUMENTO

DE REMUNERAÇÃO A SERVIDORES PÚBLICOS NO RESPECTIVO EXERCÍCIO FINANCEIRO. NÃO CONHECIMENTO DA AÇÃO DIRETA QUANTO À SUPOSTA VIOLAÇÃO DO ARTIGO 169, §1º, DA CONSTITUIÇÃO FEDERAL. O ARTIGO 113 DO ADCT DIRIGE-SE A TODOS OS ENTES FEDERATIVOS. AUSÊNCIA DE ESTIMATIVA DE IMPACTO ORÇAMENTÁRIO E FINANCEIRO DA LEI IMPUGNADA. INCONSTITUCIONALIDADE FORMAL. CONHECIMENTO PARCIAL DA AÇÃO E, NA PARTE CONHECIDA, JULGADO PROCEDENTE O PEDIDO. MODULAÇÃO DOS EFEITOS DA DECISÃO. 1. A jurisprudência desta Casa firmou-se no sentido de que a ausência de dotação orçamentária prévia apenas impede a aplicação da legislação que implique aumento de despesa no respectivo exercício financeiro, sem que disso decorra a declaração de sua inconstitucionalidade. Precedentes. Ação direta não conhecida quanto à suposta violação do artigo 169, §1º, da Constituição Federal. 2. O artigo 113 do ADCT tem caráter nacional e irradia obrigações a todos os entes federativos. Precedentes. 3. A Lei nº 1.237/2018 do Estado de Roraima cria e altera despesas obrigatórias de forma a gerar impacto orçamentário. A ausência de prévia instrução da proposta legislativa com a estimativa do impacto financeiro e orçamentário, nos termos do art. 113 do ADCT, aplicável a todos os entes federativos, implica inconstitucionalidade formal. 4. O ato normativo, não obstante viciado na sua origem, acarretou o pagamento a servidores. O caráter alimentício das verbas auferidas demonstra a inviabilidade de ressarcimento dos valores. Modulação dos efeitos da decisão para proteger a confiança legítima que resultou na aplicação da lei e preservar a boa-fé objetiva. 5. Conhecimento parcial da ação direta e, na parte conhecida, julgado procedente o pedido para declarar a inconstitucionalidade formal da Lei nº 1.237, de 22 de janeiro de 2018, do Estado de Roraima, com efeitos ex nunc a contar da data da publicação da ata do julgamento. (STF, ADI 6102, Relator(a): Rosa Weber, Tribunal Pleno, julgado em 21/12/2020).

CONSTITUCIONAL. TRIBUTÁRIO. IMUNIDADE DE IGREJAS E TEMPLOS DE QUALQUER CRENÇA. ICMS. TRIBUTAÇÃO INDIRETA. GUERRA FISCAL. CONCESSÃO DE BENEFÍCIO FISCAL E ANÁLISE DE IMPACTO ORÇAMENTÁRIO. ART. 113 DO ADCT (REDAÇÃO DA EC 95/2016). EXTENSÃO A TODOS OS ENTES FEDERATIVOS. INCONSTITUCIONALIDADE. 1. A imunidade de templos não afasta a incidência de tributos sobre operações em que as entidades imunes figurem como contribuintes de fato. Precedentes. 2. A norma estadual, ao pretender ampliar o alcance da imunidade prevista na Constituição, veiculou benefício fiscal em matéria de ICMS, providência que, embora não viole o art. 155, §2º, XII, "g", da CF – à luz do precedente da CORTE que afastou a caracterização de guerra fiscal nessa hipótese (ADI 3421, Rel. Min. MARCO AURÉLIO, Tribunal Pleno, julgado em 5/5/2010, DJ de 58/5/2010) –, exige a apresentação da estimativa de impacto orçamentário e financeiro no curso do processo legislativo para a sua aprovação. 3. A Emenda Constitucional 95/2016, por meio da nova redação do art. 113 do ADCT, estabeleceu requisito adicional para a validade formal de leis que criem despesa ou concedam benefícios fiscais, requisitos esse que, por expressar medida indispensável para o equilíbrio da atividade financeira do Estado, dirige-se a todos os níveis federativos. 4. Medida cautelar confirmada e Ação Direta julgada procedente (STF, ADI 5816, Relator(a): Alexandre de Moraes, Tribunal Pleno, julgado em 05/11/2019).

O art. 113 do ADCT detém caráter nacional e não meramente federal, representando norma de reprodução obrigatória na Constituição Estadual, sendo que o conteúdo remissivo desse preceito constitucional – que representa elemento do devido processo legislativo na elaboração das normas- torna legítimo considerá-lo como padrão de referência para o fim específico de Ação Direta de Inconstitucionalidade em face de norma municipal perante o Tribunal de Justiça local,[23] mesmo que ausente previsão expressa na Constituição Estadual, conforme ensina Gilmar Mendes e Paulo Gustavo Gonet:

> As normas de reprodução obrigatória – ou de observância obrigatória, como também são denominadas – consistem em dispositivos da Constituição Federal de 1988 que devem ser reproduzidos nas constituições dos estados brasileiros. Apesar de tais normas não estarem expressamente elencadas na Carta de 1988, a jurisprudência do STF indica, de forma não taxativa, algumas normas dessa qualidade. Pode-se mencionar, como exemplos delas, as regras que disciplinam o processo legislativo, o processo eleitoral, a separação dos poderes e a forma republicana de governo. É importante salientar a desnecessidade de as normas de reprodução obrigatória estarem literalmente positivadas nas constituições estaduais, de modo que, ainda que as cartas sejam

---

[23] "CONSTITUCIONAL. FINANCEIRO. PROCESSO LEGISLATIVO. CONCESSÃO DE VANTAGEM REMUNERATÓRIA E ANÁLISE DE IMPACTO ORÇAMENTÁRIO. ART. 169, §1º, INCISO I, DA CF. ART. 113 DO ADCT (REDAÇÃO DA EC 95/2016). EXTENSÃO A TODOS OS ENTES FEDERATIVOS. POSSIBILIDADE DE CONTROLE DE NORMAS ESTADUAIS COM FUNDAMENTO NESSE PARÂMETRO. AGRAVO REGIMENTAL PROVIDO. 1. É possível o exame da constitucionalidade em sede concentrada de atos normativos estaduais que concederam vantagens remuneratórias a categorias de servidores públicos em descompasso com a atividade financeira e orçamentária do ente, com fundamento no parâmetro constante do art. 169, §1º, inciso I, da Constituição Federal, e do art. 113 do ADCT (EC 95/2016). 2. Agravo Regimental provido" (STF, ADI 6080 AgR, Relator(a): Marco Aurélio, Relator(a) p/ Acórdão: Alexandre de Moraes, Tribunal Pleno, julgado em 17/02/2021).

silentes quanto a elas, presumem-se presentes essas regras nos textos constitucionais estaduais.[24]

O voto vencedor do Ministro Alexandre de Moraes na ADI nº 6080/AgR, julgada em 17/02/2021, deixa clara a natureza nacional do art. 113 do ADCT, já que apesar da EC nº 95/2016 estabelecer cominações específicas para o âmbito da União, sobressai o preponderante caráter nacional daquelas normas que, no corpo da Emenda Constitucional, veiculam disposições sobre processo legislativo e orçamentário. Importante transcrever trechos do voto do Ministro Alexandre de Moraes para maiores esclarecimentos acerca da conclusão do caráter nacional do art. 113 do ADCT:

> Entendo que a EC 95/2016, embora tendo por principal escopo a instituição de regime fiscal aplicável à União, instituiu, pela inclusão do art. 113 no ADCT, um requisito adicional para a validade formal de leis que criem despesa ou concedam benefícios fiscais, como era o caso debatido naquela ADI 5816. Esse requisito, por expressar regra de processo legislativo e concretizar medida indispensável para o equilíbrio da atividade financeira do Estado, dirige-se a todos os níveis federativos. De fato, a obrigatoriedade de instrução da proposta legislativa de concessão de benefício fiscal com a adequada estimativa do impacto financeiro e orçamentário, já constante do art. 14 da Lei Complementar101/2000, foi incorporada ao texto constitucional pela EC 95/2016, ao incluir o art. 113 no ADCT, estabelecendo exigência semelhante. (...) O que o art. 113 do ADCT, por obra do constituinte derivado, na linha do art. 14 da LRF, propõe-se a fazer é justamente organizar uma estratégia, dentro do processo legislativo, para que os impactos fiscais de um projeto de concessão de benefícios tributários sejam mais bem quantificados, avaliados e assimilados em termos orçamentários. Tratando especificamente sobre renúncias fiscais, manifestei-me, no curso daquele julgamento, no sentido de que o processo legislativo sobre medidas de impacto fiscal deve ser pautado pela observância de duas condições: (a) a inclusão da renúncia da receita na estimativa da lei orçamentária; ou (b) a efetivação de medidas de compensação, por meio de elevação de alíquotas, da expansão da base de cálculo ou da criação de tributo. Incentiva-se, assim, a decisão sobre benefícios tributários na arena apropriada, que é a deliberação sobre o orçamento, quando o custo-benefício poderá ser melhor ponderado.(...) O que o art. 113 do ADCT, por obra

---

[24] MENDES; GONET, 2018.

do constituinte derivado, na linha do art. 14 da LRF, propõe-se a fazer é justamente organizar uma estratégia, dentro do processo legislativo, para que os impactos fiscais deum projeto de concessão de benefícios tributários sejam melhor quantificados, avaliados e assimilados em termos orçamentários.

A renúncia de receita engendrada implicou no exercício negativo de uma competência tributária, sem o necessário exame prévio do impacto financeiro.

Por envolver a concessão de benefício fiscal e o tratamento especial a contribuintes (com renúncia de receita), deveria o processo legislativo que originou o projeto de lei em questão ter seguido à risca o procedimento constitucional obrigatório fixado pelo art. 113 do ADCT.

Com esses fundamentos, entendo que, ao suprimir a formalização desse mecanismo de diagnóstico financeiro do processo legislativo, foi descumprido o art. 113 do ADCT. Em razão da omissão quanto à estimativa do impacto orçamentário e financeiro, o projeto de lei está eivado de inconstitucionalidade formal por ausência de requisito essencial ao processo legislativo, cuja reprodução é obrigatória nas Constituições Estaduais.[25]

Importante ressaltar que a presente análise é feita estritamente no campo jurídico, sendo que o veto, na qualidade de ato privativo do Chefe do Poder Executivo, é ato político formal[26] no qual "o

---

[25] "Agravo regimental no recurso extraordinário. Constitucional. Representação de inconstitucionalidade de lei municipal em face de Constituição Estadual. Processo legislativo. Normas de reprodução obrigatória. Criação de órgãos públicos. Competência do Chefe do Poder Executivo. Iniciativa parlamentar. Inconstitucionalidade formal. Precedentes. 1. A orientação deste Tribunal é de que as normas que regem o processo legislativo previstas na Constituição Federal são de reprodução obrigatória pelas Constituições dos Estados-membros, que a elas devem obediência, sob pena de incorrerem em vício insanável de inconstitucionalidade. 2. É pacífica a jurisprudência desta Corte no sentido de que padece de inconstitucionalidade formal a lei resultante de iniciativa parlamentar que disponha sobre atribuições de órgãos públicos, haja vista que essa matéria é afeta ao Chefe do Poder Executivo. 3. Agravo regimental não provido" (STF, RE 505476 AgR, Relator(a): Dias Toffoli, Primeira Turma, julgado em 21/08/2012).

[26] "No processo legislativo, o ato de vetar, por motivo de inconstitucionalidade ou de contrariedade ao interesse público, e a deliberação legislativa de manter ou recusar o veto, qualquer seja o motivo desse juízo, compõem procedimentos que se hão de reservar à esfera de independência dos Poderes Políticos em apreço. Não é, assim, enquadrável, em princípio, o veto, devidamente fundamentado, pendente de deliberação política do Poder Legislativo – que pode, sempre, mantê-lo ou recusá-lo, - no conceito de "ato do Poder Público", para os fins do art. 1º, da Lei nº 9882/1999. Impossibilidade de intervenção

titular do poder executivo nega a sua aquiescência ao projeto de lei submetido à sua apreciação, após a manifestação e decisão sobre ele tomada pelo poder legislativo, impedindo, em princípio, a sua transformação em norma no sistema jurídico".[27]

Por fim, cabe apontar que a sanção do Chefe do Poder Executivo não convalida o projeto de lei inquinado com vício de iniciativa.[28]

## Conclusão

Ante o exposto, diante das inconstitucionalidades destacadas, opino pelo veto total do projeto de lei. Este é o parecer *sub censura*.

## Referências

BACELLAR FILHO, Romeu Felipe. *Direito Administrativo*. 4. ed. São Paulo: Saraiva, 2008.

CARVALHO FILHO, José dos Santos. *Manual de Direito Administrativo*. 2. ed. Rio de Janeiro: Lúmen Júris, 1999.

COSTA, Ramón Valdés. *Curso de Derecho Tributario*. Editorial Temis: Santa Fé de Bogotá, 1996.

JÚNIOR, Dirley da Cunha. *Curso de Direito Administrativo*. 5. ed. Salvador: JusPodivm, 2007.

MEIRELLES, Hely Lopes. *Direito Municipal brasileiro*. 15. ed. São Paulo: Malheiros, 2006.

MENDES, Gilmar Ferreira; GONET, Paulo Gustavo. *Curso de Direito Constitucional*. 13. ed. São Paulo: Saraiva Educação, 2018. (Série IDP). *E-book*.

PAULSEN, Leandro *Curso de Direito Tributário completo*. 11. ed. São Paulo: Saraiva Educação, 2020. *E-book*.

ROCHA, Cármen Lúcia Antunes. *Constituição e Constitucionalidade*. Belo Horizonte: Lê, 1991.

VITTA, Heraldo Garcia. *Poder de polícia*. São Paulo: Malheiros, 2010.

---

antecipada do Judiciário, - eis que o projeto de lei, na parte vetada, não é lei, nem ato normativo, – poder que a ordem jurídica, na espécie, não confere ao Supremo Tribunal Federal, em via de controle concentrado. (...)" (STF, ADPF 1 QO, Relator(a): NÉRI DA SILVEIRA, Tribunal Pleno, julgado em 03/02/2000).

[27] ROCHA, 1991, p. 172-173.

[28] "A ulterior aquiescência do Chefe do Poder Executivo, mediante sanção do projeto de lei, ainda quando dele seja a prerrogativa usurpada, não tem o condão de sanar o vício radical da inconstitucionalidade. Insubsistência da Súmula nº 5/STF. Doutrina. Precedentes" (STF, ADI 2867, Relator(a): Min. Celso de Mello, Tribunal Pleno, julgado em 03/12/2003).

Informação bibliográfica deste texto, conforme a NBR 6023:2018 da Associação Brasileira de Normas Técnicas (ABNT):

MAZZEI, Marcelo Rodrigues. Parecer. *In*: DOSSO, Taisa Cintra; TAVARES, Gustavo Machado; SILVA, Thiago Viola Pereira da. (Coords.). *Direito Municipal em Debate*. Belo Horizonte: Fórum, 2022. p. 303-323. ISBN 978-65-5518-406-8. Parecer.

# PEÇA

## NATHÁLIA SUZANA COSTA SILVA TOZETTO

**Assunto:** Contestação. Não incidência de imunidade de ISTI/ITBI – SPE, criada com a finalidade de afetação patrimonial a garantir a construção imobiliária. Relação comercial entre Construtora e adquirentes de unidades imobiliárias omitida. Simulação. Ausência de interesse na manutenção de atividade empresarial da SPE LTDA criada.

Excelentíssimo(a) Senhor(a) Doutor(a) Juiz (a) de Direito da UPJ dos Juizados Especiais da Fazenda Pública Municipal da comarca de XXXXXXX,

O Município de XXXXX, pessoa jurídica de Direito Público interno, inscrito no CNPJ sob o nº XXXXXX, com endereço profissional abaixo indicado, por intermédio de seu Procurador que esta subscreve (mandato *ex lege*), vem, respeitosamente, à presença de Vossa Excelência, com fulcro nos artigos 183 e 335 do Código de Processo Civil, considerando a citação realizada apresentar sua CONTESTAÇÃO à pretensão constante dos autos, pelos motivos de fato e de direito que se passa a expor.

## I   Da síntese da pretensão

Trata-se de ação com pretensão de reconhecimento de imunidade ou não incidência de ISTI/ITBI sobre operações societárias movida em face do Município de XXXXX, alega o autor Pedro XXXX que "integrou" o quadro societário da sociedade empresarial de propósito específico ANPM SPE LTDA, constituída em 2013 com *capital social integralizado (R$ 39 milhões 956 mil reais) dividido em cotas equivalentes ao aporte de capital suficiente tão somente* para a respectiva unidade correspondente ao apartamento, parte comuns, garagens, escaninhos e dependências de direito de cada um dos sócios.

Relata que referida sociedade empresarial foi parcialmente dissolvida com retirada de *todos os sócios* e liquidação de seus haveres *mediante a entrega das unidades habitacionais, garagens e escaninhos e* consignou-se na escritura de dissolução que o recolhimento do imposto por transmissão de bens imóveis seria recolhido em tempo hábil junto ao Cartório de Registro de Imóveis.

Entretanto, relata o autor que não concorda com a hipótese de incidência de tal imposto no caso em análise entendendo que seria caso de imunidade prevista no texto constitucional para integralização de bens ao capital social da sociedade empresarial.

Informa que solicitou administrativamente a imunidade (Processo Administrativo nº 84790435/2020) e que houve o indeferimento nos termos do Parecer nº 256/2020 – ISTI, acolhido pelo Diretor da Receita Tributária, no Despacho nº 881/2020 – DIRTRIB da Secretaria Municipal de Finanças de XXXXX.

Por não concordar, entendendo que nunca realizou qualquer operação comercial nem mesmo a sociedade empresária constituída, trouxe a pretensão de reconhecimento da imunidade tributária a juízo.

## II Do Direito

### II.I Sociedade de propósito específico, sua finalidade e a impertinência de seu uso para a simulação de negócio jurídico

Conforme a doutrina a sociedade de propósito específico pode ser conceituada:

> (...) como sendo uma sociedade, *organizada sob um dos tipos societários existentes na ordem jurídica brasileira*, de objeto social único e que objetiva a criação de um ente para a realização de um propósito específico, motivo pelo qual sua duração coincidirá com o tempo necessário à consecução de seu objeto social.
> Ainda, caracteriza-se a SPE por ser um modelo de organização empresarial constituído de personalidade jurídica própria e autonomia patrimonial, pelo qual se constitui uma nova empresa, limitada ou anônima, *com o principal objetivo de segregar determinados ativos e riscos de forma efetiva*. Portanto, a eficiência de uma SPE depende do seu grau de independência em relação às demais partes e atividades envolvidas em determinado projeto.[1]

---

[1] Petrechen, Lígia Caram. O Patrimônio de Afetação e a Sociedade de Propósito Específico nas Incorporações Imobiliárias / L. C. Petrechen - São Paulo, 2016. 144 p. Monografia (MBA

O que motivou a utilização da Sociedades de Propósito Específico em incorporações imobiliárias no Brasil foi a trágica falência da Construtora Encol que deixou 710 (setecentas e dez) obras inacabadas e 42 (quarenta e dois) mil mutuários sem imóveis, o que evidenciou a necessidade de instrumentos de segregação patrimonial como forma adequada a dar segurança jurídica aos investidores, financiadores e adquirentes.

A *forma legítima de ser constituída* seria pela união entre *construtora e adquirentes de unidades imobiliárias - os quais seriam sócios da SPE – tendo estes últimos a garantia de que haveria a segregaram patrimonial necessária para que a Construtora não utilizasse o capital da SPE em seus outros empreendimentos imobiliários.*

No caso dos autos, a construtora responsável pelo empreendimento é a Construtora XXXXX *(que não consta como sócia).*

Referida construtora tem como diretor fundador *Maurício XXXX,* segundo a mesma página no *site* da sociedade empresária ele "é o diretor fundador da Construtora XXXXX. Antes da criação da empresa, Maurício atuava fortemente na área de projetos e construção civil em XXXXX e em 2003 sua experiência o levou a formar seu primeiro grupo de construção de edifício residencial".

Pois bem, o autor alegar que a sociedade só foi criada para esse fim específico por sócios interessados na construção, *mas na verdade, existe uma sociedade empresária precedente que é uma Construtora e que reuniu referidos interessados na compra de uma unidade habitacional, a sociedade de propósito específico não foi criada para que todos conjuntamente cooperassem na construção do empreendimento –* pelo contrário, apenas a Construtora XXXX foi responsável pela construção, tendo todos os demais sócios apenas contribuído com valores financeiros correspondentes ao custo das unidades imobiliárias (comprando) e ao lucro que a construtora teve com o empreendimento.

Não se trata de mera suspeita, nos documentos trazidos pela parte autora em sua petição inicial, *o sócio fundador da construtora*

---

em Real Estate – Economia Setorial e Mercados) - Escola Politécnica da Universidade de São Paulo. Departamento de Engenharia de Construção Civil. Disponível em: http://poliintegra.poli.usp.br/library/pdfs/43908e001c8f13b7fa1d5ffdcf656317.pdf. Acesso em: 10 jun. 2021.

*vende cotas que seriam referentes ao valor correspondente de uma unidade imobiliária*, vejamos:

> Parágrafo 2º - O capital do sócio [_____] de R$ 1.461.974,00 (um milhão e quatrocentos e sessenta e um mil e novecentos e setenta e quatro reais), divididos em 1.461.974 (um milhão e quatrocentos e sessenta e um mil e novecentos e setenta e quatro) cotas de capital no valor nominal de R$ 1,00 (um real) cada cota, já totalmente subscrito e integralizado, em moeda corrente nacional, fica reduzido para R$ 594.373,00 (quinhentos e noventa e quatro mil trezentos e setenta e tres reais), divididos em 594.373 (quinhentos e noventa e quatro mil e trezentos e setenta e tres) cotas de capital no valor nominal de R$ 1,00 (um real) cada cota, mediante entrega ds respectiva unidade habitacional e garagens, sendo:

Referido sócio da SPE, na verdade, é diretor da Construtora responsável pela construção do empreendimento, conforme documentação que se apresenta em seu sítio eletrônico.

Ora Excelência, do exposto já se constata que em nenhum momento a SPE foi criada com a finalidade de manutenção de uma sociedade empresária, mas para mera segregação patrimonial dos valores investidos nas unidades habitacionais a serem construídas pela Construtora XXXX que auferiu lucro com a venda de tais imóveis.

Afirma o requerente a ausência de alienação de unidades imobiliárias pela SPE. Pois bem, é fato que os sócios adquirentes não alienaram, quem fez e faz a alienação foi a Construtora. A prova de que a Construtora aliena imóveis está em seu próprio *site* no qual se verifica a indicação de unidades imobiliárias disponíveis para a venda alienação nos SPEs _XXXX_ e _XXX_, bem como constam a publicidade de unidades no prédio construído (indisponibilidade de unidades)

Em uma rápida pesquisa no *site* há um *link* "saiba como adquirir" destinado às pessoas interessadas a compra de uma unidade habitacional no empreendimento. Seguindo, ainda, o que já resta comprovado no *site* - de que há uma Construtora responsável pelo imóvel e não que os sócios são responsáveis, como quer aduzir a parte autora, há relato de uma compradora..

Excelência, do que se expos resta claro que o requerente é adquirente da unidade imobiliária, não tendo havido incorporação a patrimônio jurídico de sociedade empresária em realização de capital conforme determina o texto constitucional, nesse caso a única finalidade da Sociedade de Propósito Específico é como se sabe, a afetação patrimonial do que ingressa na referida sociedade ao investimento imobiliário (o que não prejudica por certo os lucros da Construtora que poderá retirar os valores referentes à Administração) – o que tem por consequência que os compradores não precisem mais contar apenas com a honestidade da Construtora para a entregue de suas unidades imobiliárias.

Assim, sendo evidenciado o uso da Sociedade de Propósito Específico como forma *de concretização do investimento imobiliário (afetação patrimonial) entre os adquirentes e a Construtora XXXX* trata-se de caso de pagamento de ITBI. Nesse sentido o entendimento da jurisprudência sobre a incidência de ITBI em SPE, vejamos:

> Recuperação Judicial. Recurso tirado contra r. *decisão que concluiu pela incidência do ITBI sobre a operação de dação em pagamento do imóvel à SPE formada pelos credores*, prevista no plano de recuperação como meio de pagamento. Incompetência do Juízo da recuperação para interferir em questão tributária. Manutenção da rejeição do pedido, mas por fundamento diverso. Recurso desprovido (TJSP; Agravo de Instrumento 2199961-24.2019.8.26.0000; Relator (a): Araldo Telles; Órgão Julgador: 2ª Câmara Reservada de Direito Empresarial; Foro de Águas de Lindoia - Vara Única; Data do Julgamento: 02/06/2020; Data de Registro: 02/06/2020).

Ademais, não pode tal relação entre compradores e construtor *induzir simulação de negócio diverso como se todos fossem sócios com responsabilidades idênticas*, vez que é evidenciado que tal alegação da parte autora trata-se de subterfúgio para a fuga ao pagamento do ITBI devido no caso.

Ressalte-se, que não se está falando aqui da completa nulidade do negócio jurídico, mas apenas, no tocante ao que está sendo simulado, devendo ser ressalvados os direitos do Fisco Municipal ao que lhe é devido, aplicando-se o Artigo 167[2] do Código Civil.

---

[2] "Art. 167. É nulo o negócio jurídico simulado, mas subsistirá o que se dissimulou, se válido for na substância e na forma. §1º Haverá simulação nos negócios jurídicos quando: I - aparentarem conferir ou transmitir direitos a pessoas diversas daquelas às quais realmente se conferem, ou transmitem; II - contiverem declaração, confissão, condição ou cláusula não verdadeira; III - os instrumentos particulares forem antedatados, ou pós-datados. §2º

## II.II Legalidade da cobrança de ISTI/ITBI no caso

Estabelece o art. 156, inciso II, da vigente Constituição Federal a competência dos Municípios para instituir imposto sobre transmissão "intervivos", a qualquer título, por ato oneroso, de bens imóveis, por natureza ou acessão física, e de direitos reais sobre imóveis, exceto os de garantia, bem como cessão de direitos a sua aquisição.

Todavia, aludido imposto não incide sobre a transmissão de bens ou direitos incorporados *ao patrimônio de pessoa jurídica em realização de capital*, nem sobre a transmissão de bens ou direitos decorrentes de fusão, incorporação, cisão ou extinção de pessoa jurídica, salvo se, nesses casos, a atividade preponderante do adquirente for a compra e venda desses bens ou direitos, locação de bens imóveis ou arrendamento mercantil (artigo 156, §2º, I, CF).

Trata-se, pois, de uma imunidade objetiva, que visa *estimular a capitalização e o crescimento das sociedades empresárias*, evitando que o ISTI estimule a informalidade.

Sobre o assunto, leciona o i. doutrinador Ricardo Alexandre (2017), *in verbis*:

> *A principal característica de uma pessoa jurídica é possuir direitos e obrigações diferente dos relativos às pessoas físicas que integram seu quadro societário.*
> A título de exemplo, na criação de uma sociedade por quotas de responsabilidade limitada, o sócio incorpora ao patrimônio da pessoa jurídica um valor a título de realização de capital. Suponha-se que um dos sócios integralizou sua quota por meio da entrega de um imóvel. A transferência não se deu a título gratuito, pois o sócio passa a ter uma quota do capital da empresa e, se não existisse regra imunizante objeto de estudo, haveria a incidência do ITBI.
> *Na situação proposta, a incidência tributária serviria como um estímulo para que a criação da empresa não fosse formalizada, o que levou o legislador constituinte a estatuir a regra imunizante.*

Entrementes, consoante já dito, *para que esteja acobertada pela imunidade, a atividade preponderante da empresa não pode ser imobiliária*, nos termos da ressalva feita no §2º, inciso I, do artigo 156, da

---

Ressalvam-se os direitos de terceiros de boa-fé em face dos contraentes do negócio jurídico simulado."

Constituição Federal, ou seja, não são imunes as transferências feitas a adquirentes cuja atividade preponderante for a compra e venda desses bens ou direitos, locação de bens imóveis ou arrendamento mercantil.

No caso dos autos, *a sociedade empresária que vendeu as unidades imobiliárias* Construtora XXXX tem como atividade preponderante a alienação de unidades imobiliárias a serem construídas, mas *sequer apareceu como sócia da Sociedade de Propósito Específico* juntamente com os adquirentes das unidades imobiliárias *justamente* com a finalidade de simular a inexistência de relação comercial entre "o sócio diretor da Construtora" e "demais sócios adquirentes", com o que quer o requerente aduzir como consequência a imunidade tributária.

*Note-se, Excelência, que não há no caso dos autos sociedade empresária constituída por sócios agindo coordenadamente para a finalidade de construção do imóvel, o que há é o uso pelo Construtora de mero instrumento jurídico garantidor de proteção patrimonial aos investidores – a SPE. Conforme demonstrado no tópico anterior a construtora vende os imóveis e já incorpora seu lucro por ocasião da venda de cada unidade habitacional (no caso denominada como integralização de capital da SPE), com o que pretende o requerente simular a ausência de uma relação de compra para não ser necessário o pagamento de tributo.* O Tribunal de Justiça do Estado de São Paulo já decidiu idêntica lide no sentido do descabimento da imunidade tributária, vejamos:

> APELAÇÃO CÍVEL - Ação declaratória - ITBI - Transmissão de imóvel para a integralização de capital social da empresa. 1) *Pretendido reconhecimento de imunidade tributária - Impossibilidade - Sociedade de propósito específico (SPE), cujo objeto consiste na incorporação imobiliária e venda de unidades imobiliárias a serem construídas no imóvel integralizado ao capital social, sobre o qual se pretende a imunidade* - Imunidade afastada. 2) Sucumbência recursal - Majoração dos honorários fixados em R$ 5.000,00 para R$ 6.000,00 - Inteligência do §11 do Art. 85 do CPC. Sentença mantida - Recurso improvido (TJSP; Apelação Cível 1011363-26.2016.8.26.0577; Relator (a): Eutálio Porto; Órgão Julgador: 15ª Câmara de Direito Público; Foro de São José dos Campos - 1ª Vara da Fazenda Pública; Data do Julgamento: 13/07/2017; Data de Registro: 20/07/2017).

Assim, não há que se falar em imunidade tributária, em nenhum momento houve a intenção de que o ingresso dos bens fosse corroborar com a manutenção da atividade empresarial da sociedade constituída (a SPE) – pelo contrário a sociedade que teve seu patrimônio aumentado foi a Construtora XXXX, esta que conforme demonstrado pela visita em seu sítio eletrônico tem como *finalidade alienação e construção de unidades habitacionais*. Assim, se fossemos discutir imunidade nestes autos seria quando a esta sociedade empresária, mas ainda assim é a jurisprudência contrária haja vista a atividade preponderante da mesma. *Nesse sentido vejamos a jurisprudência do TJGO:*

> AGRAVO DE INSTRUMENTO. MANDADO DE SEGURANÇA. DIREITO TRIBUTÁRIO. *ITBI*. INTEGRALIZAÇÃO DE CAPITAL. TRANSFERÊNCIA DE IMÓVEIS. ATIVIDADE PREPONDERANTE. DECISÃO MANTIDA. 1. Não incide *ITBI* sobre a transmissão de bens ou direitos incorporados ao patrimônio de pessoa jurídica em realização de capital, salvo se, nesses casos, a atividade preponderante do adquirente for a compra e venda desses bens ou direitos, *locação* de bens imóveis ou arrendamento mercantil. 2. *Na espécie, tudo indica que a principal atividade da empresa impetrante consiste em comprar e vender imóveis, o que impediria a concessão da imunidade*. Assim, nesse primeiro momento, verifica-se que o ato administrativo em análise não apresenta ilegalidade. Agravo de Instrumento desprovido. (5650996-41.2020.8.09.0000, 2ª Câmara Cível, *SEBASTIÃO LUIZ FLEURY (DESEMBARGADOR), Publicado em 03/05/2021)*
>
> APELAÇÃO CÍVEL. AÇÃO DECLARATÓRIA DE IMUNIDADE TRIBUTÁRIA. ITBI. TRANSFERÊNCIA DE IMÓVEIS A PESSOA JURÍDICA. REALIZAÇÃO DE CAPITAL. ATIVIDADE IMOBILIÁRIA NÃO PREPONDERANTE.
>
> 1. *Na incorporação de imóvel ao patrimônio de pessoa jurídica, para integralização do capital social, não há incidência do ITBI, salvo se a atividade preponderante dessa pessoa jurídica adquirente for a atividade imobiliária, consistente na compra, venda, locação e arrendamento mercantil de bens imóveis ou de direitos a eles relacionados.*
>
> 2. Se os bens transferidos possuem valores superiores ao das cotas que se prestam a integralizar, é de se admitir que o excedente não se destina a compor o capital social da pessoa jurídica, constituindo verdadeira transferência patrimonial ao acervo da empresa, suscetível, portanto, de tributação, não sendo este, porém, o caso dos autos, pois o valor dos bens transferidos não supera o capital social da pessoa jurídica adquirente. APELO CONHECIDO E DESPROVIDO. (APELAÇÃO CÍVEL N. 5579564-16.2018.8.09.0134, 2ª Câmara Cível, JOSÉ CARLOS DE OLIVEIRA - (DESEMBARGADOR), Publicado em 10/02/2021)
>
> APELAÇÃO CÍVEL. AÇÃO DECLARATÓRIA DE INEXIGIBILIDADE DE EXAÇÃO FISCAL. COBRANÇA DE ITBI/ISTI. INTEGRALIZAÇÃO

DO CAPITAL SOCIAL. EMPRESA INATIVA. ATIVIDADE PREPONDERANTE. NÃO COMPROVAÇÃO. 1. A transmissão de bens ou direitos ao patrimônio da pessoa jurídica em realização de capital consubstancia hipótese de *imunidade* do ISTI que somente é excepcionada quando a atividade preponderante do adquirente for a compra e venda desses bens ou direitos, locação de bens imóveis ou arrendamento mercantil (art. 156, II, §2º, da Constituição Federal). 2. O Código Tributário Nacional (art. 37) considera como caracterizada a atividade preponderante quando mais da metade da receita operacional auferida nos 02 anos anteriores e posteriores à *aquisição decorrer de vendas, administração ou cessão de direitos à aquisição de imóvel. 3. Se o laudo pericial é conclusivo no sentido de que não se extrai com certeza a natureza da atividade preponderante da sociedade insurgente, tampouco que não versa sobre a incorporação, administração e locação de imóveis, pois a pessoa jurídica passou o lapso em questão em inatividade, não há como acolher o pedido, mesmo porque, ao contrário do que afirma a apelante, a operação realizada não visa à integralização de patrimônio empresarial, posto que não houve atividade econômica da sociedade desde a sua constituição, caracterizando apenas a simples transferência de titularidade do bem.* 4. Deve ser mantida a improcedência do pedido, justamente, pela inexistência de receitas no período de verificação da preponderância, uma vez que não se desincumbiu a autora com o ônus de comprovar o fato constitutivo de seu direito (art. 373, I, do CPC), ou seja, que a atividade preponderante não é a de comercialização de imóveis. 5. Uma vez desprovido o recurso, impõe-se a majoração dos honorários advocatícios de sucumbência, nos termos do §11 do art. 85 do CPC (APELAÇÃO CÍVEL Nº 0258163.53.2013.8.09.0051 APELANTE: ALVORADA SOCIEDADE DE ADMINISTRAÇÃO E PARTICIPAÇÃO LTDA. APELADO: MUNICÍPIO DE GOIÂNIA RELATOR: DESEMBARGADOR CARLOS ESCHER CÂMARA: 4ª CÍVEL).

No mesmo sentido a *jurisprudência do TJSP*:

APELAÇÃO - Ação Declaratória de Inexigibilidade de Débito Tributário cumulada com Repetição de Indébito – ITBI incidente sobre transmissão de imóvel para a integralização de capital social da empresa – Requerimento de imunidade tributária, nos termos do do inciso I, do §2º, do artigo 156 da CF – Não cabimento – *Autora tem por propósito específico a incorporação, realização e implantação de empreendimento imobiliário – Atividade preponderante da autora é a de venda de imóveis* – Sentença mantida – RECURSO DESPROVIDO (TJSP; Apelação / Remessa Necessária 1018463-82.2020.8.26.0224; Relator (a): Mônica Serrano; Órgão Julgador: 14ª Câmara de Direito Público; Foro de Guarulhos -1ª Vara da Fazenda Pública; Data do Julgamento: 10/06/2021; Data de Registro: 21/06/2021).

## VI Pedido

Ao cabo do exposto, nos termos da fundamentação antes vertida, o Município de XXXXX requer:

*i) No tocante à produção de provas*

*Determinação de juntada de documentos* – solicita-se a determinação ao requerente de que junte aos autos *a)* os documentos constitutivos da sociedade empresarial de propósito específico XXXXXXX *SPE LTDA*, incluindo todas as alterações havidas; *b)* o contrato firmado entre o mesmo com a Construtora XXXXX; *c)* o contrato firmado entre a SPE e a Construtora XXXX; *d)* documentação contábil da empresa XXXXX SPE LTDA *no período*;

*Oitiva de testemunhas* – pretende-se a oitiva de XXXXXXXXXX a ser feita diretamente mediante intimação expedida pelo juízo.

*ii) No mérito, o julgamento improcedente da ação reconhecendo-se a inexistência de imunidade tributária no caso em análise, nos termos do exposto nos tópicos anteriores.*

Termos em que pede deferimento.
Procurador do Município
OAB-XXX

## Referências

ALEXANDRE, Ricardo. *Direito Tributário*. 11. ed. rev. atual. e ampl. Salvador: JusPodivm, 2017.

---

Informação bibliográfica deste texto, conforme a NBR 6023:2018 da Associação Brasileira de Normas Técnicas (ABNT):

TOZETTO, Nathália Suzana Costa Silva. Peça. *In*: DOSSO, Taisa Cintra; TAVARES, Gustavo Machado; SILVA, Thiago Viola Pereira da. (Coords.). *Direito Municipal em Debate*. Belo Horizonte: Fórum, 2022. p. 325-334. ISBN 978-65-5518-406-8. Peça.

# PEÇA

## JULIA RODRIGUES CARVALHO

**Assunto:** Impugnação ao pedido de uniformização. Suspensão contratos temporários. Covid-19.

Excelentíssimo Senhor Doutor Juiz Presidente do Colégio Recursal da ... Circunscrição Judiciária – Comarca de ... – Estado de ...
Processo nº:
Suscitante:
Suscitado: Município de

O Município de ..., pessoa jurídica de Direito Público interno, regularmente inscrito junto ao CNJP sob o número ..., com sede administrativa na Avenida ..., número ..., no bairro ..., CEP ..., no Município de ..., Estado de ..., por meio de seus Procuradores que esta subscrevem, vem respeitosamente à presença de Vossa Excelência apresentar *impugnação ao pedido de uniformização de interpretação de lei* interposto pela parte Suscitante acima nominada, conforme fundamentação em anexo.

Requer, na oportunidade, o recebimento e remessa da presente impugnação ao Colendo Superior Tribunal de Justiça.

Termos em que pede deferimento.

Procurador Municipal
OAB-...

Impugnação ao pedido de uniformização de interpretação de lei federal
Processo nº:
Suscitante:
Suscitado: Município De...
Origem: 1ª Turma do Colégio Recursal da Comarca de ...

Egrégio Superior Tribunal de Justiça
Doutos ministros
Insigne relator

Apesar do inconformismo da parte Suscitante, o Acórdão proferido pela Turma Recursal local não merece qualquer reparo, como se verá na fundamentação a seguir.

## I Breve síntese fática

Como se extrai do processo de origem, a parte Suscitante se insurge contra a suspensão de contratos temporários providenciada pelo Município de ... no ano de 2020, ato que foi motivado na interrupção do sistema presencial de ensino e consequente desnecessidade dos serviços prestados pelos servidores públicos temporários.

O juízo singular e a Turma Recursal de origem rejeitaram a tese da parte Suscitante, com supedâneo na legalidade e razoabilidade das medidas adotadas pelo Município, sobretudo diante da natureza precária das contratações temporárias.

Irresignada, a parte Suscitante arrazoa, entre outros argumentos, a nulidade e inconstitucionalidade do decreto municipal editado pelo Município, a falta de razoabilidade da medida, e a ocorrência de prejuízos financeiros aos servidores, trazendo como paradigma jurisdicional duas decisões singulares proferidas na Vara Única da Comarca de..., Estado do...

Assim, requerem os autores, ora Suscitantes, que seja uniformizada a interpretação de Lei Federal e, por conseguinte, reformado o Acórdão de origem, pleito que não comporta acolhimento, conforme se verá adiante.

## II Das preliminares obstativas ao conhecimento do incidente

## II.1 Ausência de discussão de lei federal – questionamento de decreto municipal

De prólogo, verifica-se que a discussão central do processo que originou o presente incidente paira sobre decreto municipal que determinou a suspensão de contratos de servidores públicos temporários.

*Não há questionamento de alguma lei federal específica, mas tão somente insurgência contra o Decreto Municipal nº 10.528/2020 editado pelo ente público*, cujo ato infralegal não se sujeita ao presente incidente, o qual se presta exclusivamente à uniformização de LEI FEDERAL (art. 18 da Lei nº 12.153/2009).

Alexandre Chini[1] bem discorre sobre a questão:

> (...) Logo, o pedido de uniformização não comporta discussão em torno de exegese constitucional – sendo possível, neste caso, em tese, a interposição de recurso extraordinário, se presentes as condições do artigo 102, III, da CF – *e, tampouco, será cabível se relacionado a normas infralegais, como decretos, portarias, resoluções, atos normativos, provimentos etc.*

Desta feita, ante a ausência de lei federal a ser uniformizada, patente o descabimento do presente incidente, uma vez que ausente pressuposto essencial para sua admissão.

## II.2 Rediscussão de fatos e provas

Ademais, colhe-se que a *peça jurídica em análise desce às minúcias do contexto fático-probatório já examinado pelas instâncias ordinárias*, trazendo profundas considerações acerca da razoabilidade das medidas adotadas por meio de ato infralegal municipal, inclusive, trazendo novos elementos de prova, tais como notícias de canais de comunicação, precedentes de tribunais de contas estaduais, entre diversas informações sobre a realidade financeira das partes envolvidas.

Evidente, com efeito, o intuito de rediscussão da causa e reexame da matéria fático-probatória já exaustivamente analisada tanto pelo juízo singular quanto pelo órgão colegiado, sendo totalmente incabível o uso do presente incidente para tal desiderato.

A Corte Cidadã já se pronunciou por diversas vezes sobre tal atecnia no manejo de incidentes desta natureza, a exemplo do Acórdão a seguir ementado:

> Ementa: PROCESSUAL CIVIL. AGRAVO REGIMENTAL. INCIDENTE DE UNIFORMIZAÇÃO DE JURISPRUDÊNCIA. JUIZADOS ESPECIAIS

---

[1] CHINI, 2019, p. 185, grifos nossos.

DA FAZENDA PÚBLICA. ART. 18, §3º, DA LEI 12.153/2009. FALTA DE SIMILITUDE FÁTICA E JURÍDICA. INCIDENTE NÃO CONHECIDO. 1. Trata-se de Agravo Regimental contra decisão monocrática que não conheceu do Incidente de Uniformização de Jurisprudência proposto contra decisão de Turma Recursal da Fazenda Pública (art. 18, §3º, da Lei 12.153/2009). (...) *5. Os recursos de uniformização jurisprudencial são destinados a dirimir teses jurídicas conflitantes, e não exame específico de elementos fáticos do caso concreto para aplicar o melhor direito à espécie.* Nesse sentido: Pet 9.554/SP, Rel. Ministro Humberto Martins, Primeira Seção, DJe 21.3.2013. 6. Agravo Regimental não provido.[2]

Assim sendo, considerando a intenção de rediscussão de matéria fático-probatória já apreciada pelas instâncias ordinárias, novamente incabível o incidente aviado pelos Suscitantes.

## II.3 Decisão paradigma proferida por juízo comum de 1º grau – ausência de divergência entre turmas recursais

Por fim, além das disparidades outrora apontadas, denota-se ainda que a decisão utilizada como paradigma pela parte Suscitante consiste em decisão interlocutória e sentença proferidas *singularmente* pelo *juízo comum* da Comarca de .../... .

O artigo 18, *caput*, da Lei 12.153/2009 é cristalino ao asseverar que o pedido de uniformização se presta a dirimir divergência entre decisões proferidas por Turmas Recursais sobre questões de direito material.

Ocorre que as decisões paradigma trazidas pela parte Suscitante, além de proferidas por *órgão singular* e não colegiado, são oriundas da *Justiça comum* e não dos juizados especiais da fazenda pública, o que é totalmente incompatível com o presente incidente.

Chini[3] leciona com maestria sobre o assunto:

> A divergência interpretativa de que trata o artigo 18 da Lei nº 12.153/2009 há de ser dar entre julgados de turmas recursais, a saber, proferidos por órgãos julgadores colegiados inerentemente de segundo grau

---

[2] BRASIL, 2014, grifos nossos.
[3] CHINI, 2019, p. 187.

integrantes do sistema dos juizados especiais estaduais da fazenda pública, *o que afasta a possibilidade de provocação desse instrumento quando a dissonância se der entre sentenças proferidas prejuízos de primeiro grau, mesmo que pertencentes ao sistema, ou por acórdão proferido pelo Tribunal de Justiça, ou, ainda, por acórdão proferido por turma recursal que não seja de fazenda pública estadual.*

Nessas condições, inconteste a total inadequação do incidente de uniformização manejado cujo *paradigma se furta ao sistema dos juizados especiais da fazenda pública*, baseando-se em ato judicial singular e, ainda, da justiça comum, razão pela qual uma vez mais se revela totalmente inadequado o presente incidente, impondo-se sua inadmissão de plano.

## III Do mérito

Quanto à matéria de mérito, observa-se que as premissas fáticas e jurídicas em que se ancora a parte postulante não coadunam com a realidade e com o ordenamento legal.

De prólogo, é de bom alvitre lembrar que os Suscitantes ingressaram no serviço público municipal para ocupar cargo de *natureza temporária*, já que sua contratação foi engendrada para atender à necessidade temporária de excepcional interesse público (art. 37, inciso IX, da CF/88), submetendo-se, destarte, a *regime jurídico administrativo especial*, com regras próprias traçadas pela Lei Complementar Municipal nº 351 de 21 de novembro de 2017, não sendo, portanto, celetistas nem estatutários.

Vale repisar, portanto, que os servidores públicos temporários, cuja contratação encontra guarida na própria CF/88 (art. 37, inciso IX, da CF/88) e na lei local que rege tal categoria (LC 351/2017), são contratados para atender à necessidade temporária de excepcional interesse público.

Por seu turno, o art. 3º da LC 351/2017, que dispõe sobre o Regime Jurídico Administrativo Especial aplicável aos servidores temporários, dispõe o seguinte:

> Art. 3º. (...).
> II - nas hipóteses dos incisos IV, V, VI, VII e VIII do artigo 2.º desta Lei Complementar, *a contratação perdurará somente até que o servidor efetivo*

*titular do cargo retorne às suas funções ou até que os cargos vagos, criados ou ampliados sejam providos por concurso público*, não podendo a contratação perdurar por período superior a 12 (doze) meses, nestas hipóteses.

Nota-se do dispositivo legal em foco que as contratações temporárias *visam atender contingências cotidianas que geram o desfalque de pessoal*, tais como a substituição de professores efetivos em caso de ausências diversas (como gozo de licenças), e vacâncias ocorridas até a data do provimento dos cargos por meio de concurso público.

No início do período pandêmico (meados de março/2020), houve a suspensão de atividades letivas na rede pública de ensino municipal, e, por conseguinte, houve a suspensão dos contratos temporários por meio do Decreto nº 10.528 de 13 de maio de 2020.

De fato, a LC nº 351/2017 não chegou a prever a possibilidade de suspensão do contrato de trabalho temporário por motivo de completa interrupção das atividades educacionais, já que tal situação jamais poderia ser cogitada pelo legislador local ou mesmo pelos legisladores das outras esferas federativas, consubstanciando circunstância totalmente imprevisível e repentina, cuja menção legislativa seria totalmente impensável.

Com efeito, não apenas a interrupção de atividades educacionais, mas o cerceamento ao livre exercício de inúmeras outras atividades profissionais são fatos que, inevitavelmente, ocorreram de forma totalmente abrupta, exigindo das autoridades governamentais medidas imediatas e eficazes para minorar os efeitos sociais, econômicos e sanitários advindos da pandemia de covid-19, gerando uma onda de atos normativos e medidas administrativas jamais protagonizada no cenário local e nacional.

*In casu*, os servidores temporários foram contratados para suprir uma contingência administrativa ordinária, qual seja, a substituição temporária de pessoal do magistério, fato corriqueiro nas escolas públicas em geral, contudo, jamais se poderia imaginar que os próprios professores efetivos em exercício passariam vários meses sem exercer presencialmente suas funções diante do imediato fechamento das escolas como medida imprescindível para resguardar a incolumidade física dos profissionais e dos alunos que frequentam o recinto escolar.

Assim, à semelhança de vários outros servidores temporários que atuavam em atividades igualmente suspensas pelo Poder Público, o contrato destes servidores passou a se tornar excessivamente oneroso à Administração Pública, mormente porque o Município continuava com a obrigação de responder pela remuneração do quadro permanente do funcionalismo público municipal.

Desta feita, em que pese a natural expectativa dos Suscitantes em relação aos cargos temporários ocupados, é inviável atribuir à suspensão dos contratos praticada pela Administração Pública um fato caracterizador de ato ilícito pela simples ausência de previsão legal, já que tal medida remonta aos pilares da razoabilidade e proporcionalidade, sobretudo por ser a medida menos drástica encontrada para equilibrar os interesses públicos e privados em conflito.

A propósito, é válido ressaltar que *o poder público poderia, inclusive, ter rescindido de plano e sem qualquer indenização tais contratos temporários, já que o pressuposto para a contratação (necessidade urgente de substituição de pessoal) já havia desaparecido*, situação expressamente prevista na Lei Complementar nº 351/2017, *in verbis*:

> Art. 15. O contrato firmado de acordo com esta Lei Complementar extinguir-se-á:
> I - pelo término do prazo contratual;
> II - *imediatamente, pelo término da causa que originou a contratação temporária*
> (...).[4]

Perceba-se que, como bem ponderaram os julgadores da origem, *se o Município poderia até mesmo rescindir imediatamente os contratos de servidores temporários diante do desaparecimento da causa que ensejou a contratação, quanto mais seria possível a simples suspensão destes contratos*, afinal, quem pode o "mais" pode o "menos", lembrando ainda que em um cenário de possibilidade real de desemprego, a suspensão de um contrato com chances de retomada a qualquer tempo foi vantajosa para os próprios servidores temporários.

E não bastasse a vantagem da suspensão contratual, que de longe afigura-se muito mais benéfica que a simples rescisão com

---
[4] Grifos nossos.

dispensa imediata do pessoal contratado, *o ente público ainda concedeu um auxílio financeiro mensal no valor de R$ 650,00 a tais servidores*, inclusive o estendendo para o exercício de 2021 (Lei Municipal nº 5.997/2021), benesse que, além de totalmente facultativa, possuía valor bastante superior ao auxílio-emergencial concedido pelo governo federal.

Noutro giro, é certo que se os servidores temporários ainda assim não tivessem qualquer interesse na suspensão contratual, poderiam naturalmente pedir a rescisão de seus contratos para gozarem dos benefícios federais que alegam ter perdido, porém não o fizeram, pretendendo, ao revés, se beneficiar do vínculo administrativo buscando a percepção de salários integrais sem qualquer prestação de serviços.

É válido ressaltar ainda que tanto a jurisprudência do Colégio Recursal local quanto do Tribunal de Justiça do Estado de ... já assentaram a legalidade e razoabilidade na suspensão contratual providenciada pelo Município de ... na situação específica em análise, vejamos:

> Ementa: MANDADO DE SEGURANÇA – PROFESSORA CONTRATADA PELO REGIME JURÍDICO ESPECIAL (TEMPORÁRIA - LEI COMPLEMENTAR Nº 351/2017) – MUNICÍPIO DE ... – *Contrato suspenso pelo Decreto Municipal n.º 10.528, de 13 de maio de 2020, com efeitos retroativos – Cabimento, tendo em vista a suspensão das atividades escolares, em decorrência da crise sanitária causada pelo COVID-19 – Inexistindo necessidade de substituição de pessoal, não há falar-se em ilegalidade da suspensão dos contratos temporários, em prol do interesse público em época de pandemia –* Sentença que denegou a segurança mantida. PRETENSÃO DE RESTITUIÇÃO DE VALORES DESCONTADOS DOS VENCIMENTOS – Inteligência da Súmula nº 269 do E. STF – Inadequação da via eleita configurada – Sentença mantida. Recurso não provido. (TJ-...; Apelação Cível 1003699-80.2020.8.26.0066; Relator (a): Spoladore Dominguez; Órgão Julgador: 13ª Câmara de Direito Público; Foro de ... - 2ª Vara Cível; Data do Julgamento: 25/06/2021; Data de Registro: 25/06/2021)

> Ementa: *Professora temporária – Inaplicabilidade da MP nº 936/2020 – Ausência de direito a tempo mínimo de contrato – Previsão legal de possibilidade de encerramento do contrato por mera conveniência da Administração Pública – Inexistência de legalidade na suspensão do contrato –* Recurso improvido (TJ-...; Recurso Inominado Cível 1004909-69.2020.8.26.0066; Relator (a): Carlos Fakiani Macatti; Órgão Julgador: Primeira Turma Cível; Foro de... -Vara do Juizado Especial Cível e Criminal; Data do Julgamento: 24/06/2021; Data de Registro: 24/06/2021)

Por fim, importa salientar que o Decreto Municipal que suspendeu os contratos temporários não dispôs sobre o regime jurídico de tais servidores, matéria sujeita à lei e que se encontra regulamentada pela LC nº 351/2017, mas tão somente providenciou a suspensão dos contratos vigentes naquele momento, sendo que tal suspensão já está revogada desde agosto 2020 (Decreto Municipal nº 10.657/2020), momento em que os servidores temporários começaram a receber o auxílio financeiro, o qual foi estendido para o ano de 2021 por meio da Lei Municipal nº 5.997/2021.

Diante do exposto, não há qualquer razão lógica ou jurídica para acolhimento do presente incidente.

## IV Dos pedidos

Por tudo quanto foi exposto, *requer* o Município que seja, inicialmente, *inadmitido* o presente incidente de uniformização, haja vista a ausência de inúmeros pressupostos de cabimento, e, no mérito, que seja completamente *rejeitado*.

Termos em que pede deferimento.

Procurador Municipal
OAB-...

## Referências

BRASIL. Supremo Tribunal Federal (1. Seção). AgRg na Pet 10.116/SC. Relator: Min. Herman Benjamin. *Dje*: Brasília, DF, 05 dez. 2014.

CHINI, Alexandre *et al. Juizados especiais da Fazenda Pública*: Lei 12.153/2009 comentada. Salvador: JusPodivm, 2019.

---

Informação bibliográfica deste texto, conforme a NBR 6023:2018 da Associação Brasileira de Normas Técnicas (ABNT):

CARVALHO, Julia Rodrigues. Peça. *In*: DOSSO, Taisa Cintra; TAVARES, Gustavo Machado; SILVA, Thiago Viola Pereira da. (Coords.). *Direito Municipal em Debate*. Belo Horizonte: Fórum, 2022. p. 335-343. ISBN 978-65-5518-406-8. Peça.

# PEÇA

**PATRÍCIA CANDEMIL FARIAS SORDI MACEDO**

**Assunto:** Informações no incidente de arguição de inconstitucionalidade. Decreto fila única das creches.

Excelentíssimo Senhor Doutor Desembargador Relator do Processo nº do Órgão Especial do Egrégio Tribunal de Justiça do Estado

*Prefeito Municipal*, qualificação, vêm, respeitosamente, à presença de Vossa Excelência, por sua Procuradora abaixo assinada, nos termos do art. 224 e seguintes do RITJ, prestar *informações no incidente de arguição de inconstitucionalidade*, nos termos que a seguir passa a expor:

Egrégio Órgão Especial
Eminente Desembargador Relator,

## I Síntese da demanda

Trata-se de incidente de arguição de inconstitucionalidade instaurado pelo Desembargador da Apelação Cível nº, na qual se debate sobre a obrigação de o Município efetuar a matrícula da menor em período integral, em centro educacional infantil pertencente à rede pública do Município ou fornecer vaga, nas mesmas condições, em estabelecimento da rede conveniada ou privada.

Afirma que existem indícios de inconstitucionalidade material nos dispositivos do Decreto nº 12.365/2019, em específico nos seus artigos 4º, 7º, inciso VIII, que exigem comprovação da renda familiar; e dos artigos 10 e 11, que permitem o oferecimento de matrícula apenas para período parcial.

Em parecer, o Ministério Público se manifestou no sentido da declaração parcial de inconstitucionalidade dos artigos 4º, 7º, incisos VII e VIII, 10, 11 e 13, §2º, do Decreto supramencionado, ficando de fora da declaração de inconstitucionalidade o dispositivo que exige a comprovação de que os responsáveis pela criança trabalhem em período integral (artigo 7º, inciso VI), critério já admitido pela jurisprudência do Tribunal de Justiça.

Todavia, o Município vem prestar as informações e defesa do Decreto impugnado, senão vejamos.

## II Fundamentação

### a) Da constitucionalidade da política pública de "fila de espera" e entendimento jurisprudencial

Embora o direito à educação infantil seja garantido pela Constituição Federal (art. 208, IV),[1] tendo como norma de repetição na Constituição do Estado (art.163, I)[2] e assegurado pelo Estatuto da Criança e do Adolescente (art. 54, IV) e Lei de Diretrizes e Bases da Educação (art. 4º, IV), sua concretização está vinculada a políticas públicas e obedece a uma organização por meio de uma ordem de inscrição e chamada de todos.

Havendo "lista de espera" para organização da chamada à matrícula, a intervenção judicial no sentido de compelir o Município a efetivar a matrícula, sem atenção aos critérios classificatórios ou ordem da lista de espera constituiria violação ao princípio da isonomia, em relação àquelas crianças que se encontram classificadas à frente e que estão igualmente protegidas pela mesma garantia constitucional prevista no art. 208, IV, da CF e art. 163, I, da CE.

É certo que nunca foi a pretensão do Município deixar de matricular nenhuma criança nas creches municipais, muito pelo contrário, o Município tem envidado esforços para reduzir o número de demandas judiciais, e em especial a partir da edição do novo Decreto nº 12.365/2019, a redução da judicialização em 2021 foi notável e vertiginosa, resultando no êxito do modelo adotado pelo município.

---

[1] "Art. 208. O dever do Estado com a educação será efetivado mediante a garantia de: IV - educação infantil, em creche e pré-escola, às crianças *até 5 (cinco) anos* de idade; (Redação dada pela Emenda Constitucional nº 53, de 2006) (BRASIL, 1988).

[2] "Art. 163. O dever do Estado com a educação será efetivado mediante a garantia de: I - oferta de creches e pré-escola para as crianças de zero a seis anos de idade (...)" (BRASIL, 1988).

Torna-se imprescindível a consciência de que a efetivação das determinações constitucionais envolve prestações positivas, para além da discussão sobre a autoaplicabilidade dos referidos dispositivos constitucionais (art. 208, IV, CF e art. 163, I, da CE), conforme a realidade de cada município.

Diogo de Figueiredo Moreira Neto[3] discorre sobre o *princípio da realidade*, aplicado ao campo do Direito Administrativo, como um princípio de natureza substantiva, apresentando especiais conexões com os princípios da razoabilidade e da motivação, no sentido de que o motivo de agir, o objeto da ação e o seu resultado devem ser *realizáveis, tangíveis, com condições objetivas para cumprir e obter resultados em prol da sociedade*:

> Tanto as normas jurídicas quanto os seus desdobramentos de execução, administrativos e judiciais, *não devem enveredar pela fantasia nem, tampouco, exigir o irrealizável*, como bem se exprime no brocardo *ad impossibilia nemo tenetur*. O Direito Público, em especial, por ter em seu campo de ação um expressivo contingente de interesses indisponíveis, *não se pode perder em formulações quiméricas e pretensões impossíveis, porque ademais estaria fugindo à sua finalidade, uma vez que, sob este princípio da realidade*, os comandos da Administração, sejam abstratos ou concretos, *devem ter todas as condições objetivas de serem efetivamente cumpridos para a obtenção de resultados para a sociedade a que se destinam.*
> De resto, o sistema legal-administrativo não se pode constituir em um repositório de *determinações utópicas, irrealizáveis e inatingíveis*, mas em instrumento sério de cumprimento da ordem jurídica, na disciplina possível da *realidade da convivência humana*.

Assim, a autoaplicabilidade do art. 208, IV da Constituição Federal e, art. 163, I da Constituição Estadual, por simetria, exige muito mais do que a mera construção de prédios para a instalação de creches e pré-escolas.

Faz-se necessário a realização de concursos públicos para a contratação de professores, de pessoal administrativo e de serviços gerais, a aquisição de imóveis e terrenos para a construção dos prédios, a aquisição de mobiliário para as salas de aula e para o estabelecimento como um todo, a aquisição de insumos, alimentos e materiais para a manutenção do estabelecimento, dentre inúmeros

---

[3] MOREIRA NETO, 2014.

outros atos administrativos que demandam planejamento pelo ente público. Portanto, o direito subjetivo à educação não implica na transformação do mundo real de modo imediato.

Não se pode olvidar a necessidade de ser estabelecido um prévio e técnico planejamento para que seja materialmente viável a implementação da política públicade educação infantil, especialmente embasada por medidas efetivas, reais e progressivas.

A exemplo, o Supremo Tribunal Federal (STF) julgou a Ação Direta de Inconstitucionalidade nº 1698/DF, reconhecendo o esforço do Poder Executivo ao emitir leis e programas na seara da educação:

> AÇÃO DIRETA DE INCONSTITUCIONALIDADE POR OMISSÃO EM RELAÇÃO AO DISPOSTO NOS ARTS. 6º, 23, INC. V, 208, INC. I, e 214, INC.I, DA CONSTITUIÇÃO DA REPÚBLICA. ALEGADA INÉRCIA ATRIBUÍDA AO PRESIDENTE DA REPÚBLICA PARA ERRADICAR O ANALFABETISMO NO PAÍS E PARA IMPLEMENTAR O ENSINO FUNDAMENTAL OBRIGATÓRIO EGRATUITO A TODOS OS BRASILEIROS.
> 1. Dados do recenseamento do Instituto Brasileiro de Geografia e Estatística demonstram redução do índice da população analfabeta, complementado peloaumento da escolaridade de jovens e adultos.
> 2. Ausência de omissão por parte do Chefe do Poder Executivo federal em razão do elevado número de programas governamentais para a área de educação.
> 3. A edição da Lei n. 9.394/96 (Lei de Diretrizes e Bases da Educação Nacional) e da Lei n. 10.172/2001 (Aprova o Plano Nacional de Educação) *demonstra atuação do Poder Público dando cumprimento à Constituição.*
> 4. Ação direta de inconstitucionalidade por omissão improcedente (STF. ADI 1698, Relator(a): Min. CÁRMEN LÚCIA, Tribunal Pleno, julgado em 25/02/2010, DJe-067 DIVULG 15-04-2010 PUBLIC 16-04-2010 EMENT VOL- 02397-02 PP-00693 RTJ VOL-00214- PP-00016 RSJADV mai., 2010, p. 32- 38).

No julgado acima, destaca-se do voto do ministro Gilmar Mendes:[4]

> ao identificar que vem sendo feito *um esforço no sentido de atender à demanda constitucional,* quanto à erradicação do analfabetismo, e a essa satisfação dos requisitos pertinentes à educação, o Tribunal não está

---

[4] Disponível em: http://www.stf.jus.br/arquivo/cms/publicacaoRTJ/anexo/214_1.pdf.

a dizer que nós atingimos índices satisfatórios. Em outra ocasião, tive a oportunidade de anotar, com base na doutrina alemã da chamada – *"Teoria / Doutrina da Aproximação"* –, que estamos muitas vezes diante de desafios que exigem *não a satisfação completa, mas a realização de políticas que se aproximem do desiderato constitucional estabelecido.*

De acordo com a teoria da aproximação (*Annäherrungslehre*),[5] recomenda-se ao Tribunal abster-se de pronunciar a inconstitucionalidade nos casos em que se reconheça estar o legislador (e o Administrador, o Poder Executivo) empreendendo esforços para superar, gradualmente as dificuldades na implementação do direito à educação, com medidas progressivas para atendimento em creches e pré-escolas.

De outro vértice, a legalidade e a constitucionalidade do sistema de Lista de Espera para a organização e acesso a vagas em creche, já foram afirmados por diversos Tribunais no país, *in verbis*:

DIREITO CONSTITUCIONAL. DIREITO PROCESSUAL CIVIL. AGRAVO DE INSTRUMENTO E AGRAVO INTERNO. VAGA EM CRECHE PÚBLICA. OBRIGAÇÃO DE FAZER. EDUCAÇÃO. DIREITOS FUNDAMENTAIS SOCIAIS DE NATUREZA PRESTACIONAL E DE FRUIÇÃO COLETIVA. MATRÍCULA EM CRECHE PRÓXIMA À RESIDÊNCIA DA CRIANÇA. INEXISTÊNCIA DE VAGA. ORDEM DE ALOCAÇÃO. LISTA DE ESPERA. CRITÉRIOS OBJETIVOS. ISONOMIA. PODER JUDICIÁRIO. POLÍTICAS PÚBLICAS. 1. (...). 2. O direito à educação deve ser compreendido sob a perspectiva do sentido comunitário da sua fruição, de natureza comum, coletiva, indivisível e escassa, envolvendo discussão sobre o papel do Poder Judiciário frente *à alocação de recursos para a realização de políticas públicas, a isonomia entre os infantes incluídos em lista de espera e ao impacto da decisão judicial no âmbito coletivo.* 3. A decisão sobre a pretensão de matrículas em creches se localiza no marco de análise da efetividade das políticas públicas que concretizam os direitos fundamentais, assim como a discussão mais ampla sobre o direito à educação. 4. Ante a existência de critérios clarificados e objetivos para alocação em vagas, o princípio de que todos são iguais perante a lei demarca a fixação de regras *que devem afastar a seletividade judicial, sendo defeso ao Poder Judiciário tomar decisões políticas pela sociedade, a não ser em casos limite nos quais se verifique um flagrante e relevante esvaziamento de um direito.* 5. Agravos interno e de instrumento improvidos. Órgão

---

[5] MENDES, 2005, p. 296.

1ª Turma Cível Processo AGRAVO DE INSTRUMENTO 0702614-04.2019.8.07.0000 Relator Desembargador ROBERTO FREITAS Acórdão Nº 1185190 – julgamento em 2019.

AGRAVO DE INSTRUMENTO. ANTECIPAÇÃO DE TUTELA. OBRIGAÇÃO DE FAZER. MATRÍCULA. CRECHE. DIREITO SUBJETIVO. LISTA DE ESPERA. PRINCÍPIO DA ISONOMIA. I - A oferta de creche pelo Estado, embora prevista no art. 54, inc. IV, do ECA, não está abrangida no conceito de educação básica obrigatória, a qual configura direito subjetivo da criança e do adolescente, art. 208 da CF e arts. 4º e 5º da Lei 9.364/96. II - *Compelir o Estado a matricular a autora, que está em fila aguardando disponibilização de vaga, resultaria em tratamento diferenciado em relação aos demais inscritos classificados à sua frente.* III - Agravo de instrumento desprovido. (TJ/DFT: AGRAVO DE INSTRUMENTO N. 20160020071028AGI (0008018-82.2016.8.07.0000). 6ª Turma Cível. Rel. Des. VERA ANDRIGHI.

DIREITO ADMINISTRATIVO E CONSTITUCIONAL. OBRIGAÇÃO DE FAZER. DISTRITO FEDERAL. APELAÇÃO CÍVEL. MENOR. MATRÍCULA. CRECHE PÚBLICA. NECESSIDADE. OBSERVÂNCIA. CRITÉRIO OBJETIVO DE PONTUAÇÃO. PRINCÍPIO DA ISONOMIA. A Constituição Federal estabelece, em seu art. 208, IV, que compete ao Estado ofertar a educação infantil gratuita às crianças de até cinco anos de idade. O direito público subjetivo em exame é de eficácia limitada e depende de políticas programáticas estatais para a sua implementação, observado o princípio da reserva do financeiramente possível. *Em que pese o preenchimento de requisitos necessários à concessão de vaga em creche da rede pública, a concessão do pedido acarretaria desrespeito ao princípio da isonomia, uma vez que violaria o direito das demais crianças que, preenchendo, de igual forma, os requisitos necessários, aguardam na fila de espera.* Ressalva do entendimento da Relatora (TJ/DFT: AGRAVO DE INSTRUMENTO 20150110284566APC (0006139-20.2015.8.07.0018. 2ª Turma Cível. Rel. Des. CARMELITA BRASIL).

No mesmo sentido, decidiu o Tribunal de Justiça de Minas Gerais:

REMESSA NECESSÁRIA - MANDADO DE SEGURANÇA - MATRÍCULA EM UMEI - AUSÊNCIA DE VAGAS - DEVER DO MUNICÍPIO - DIREITO CONSTITUCIONAL À EDUCAÇÃO.
EMENTA: APELAÇÃO CÍVEL – ADMINISTRATIVO – DIREITO À EDUCAÇÃO – EDUCAÇÃO INFANTIL – CRECHE – PRÉ-ESCOLA – MENOR – PRINCÍPIO DA PROTEÇÃO INTEGRAL À CRIANÇA – LIMITAÇÕES ORÇAMENTÁRIAS – UNIDADE MUNICIPAL DE ENSINO INFANTIL (UMEI): INSERÇÃO: CRITÉRIOS. 1. É dever do Estado garantir a educação às crianças até 5 (cinco) anos de idade em

creche e pré-escola, competindo ao Município manter programas de educação infantil, com a cooperação técnica e financeira da União e do Estado, área em que atuará prioritariamente (CF) 2. *A inserção de menores nas Unidades Municipais de Ensino Infantil (UMEI) deve obedecer às prioridades eleitas pelo gestor municipal, sob pena de comprometimento da proposta pedagógica* (APELAÇÃO CÍVEL Nº 1.0024.17.108735-6/001 - COMARCA DE BELO HORIZONTE - APELANTE(S): H.L.A. REPRESENTADO(A)(S) P/ MÃE G.L.P. - APELADO(A)(S): PREFEITO DO MUNICIPIO DE BELO HORIZONTE)

E ainda, o Tribunal de Justiça do Estado do Acre, em idêntico sentido:

AGRAVO DE INSTRUMENTO. AÇÃO CIVIL PÚBLICA. DIREITO À EDUCAÇÃO INFANTIL. DISPONIBILIZAÇÃO DE VAGA PARA CRIANÇA EM CRECHE MUNICIPAL. AUSÊNCIA DE VAGAS POR EXCESSO DE LOTAÇÃO NA REDE PÚBLICA DE ENSINO. POSSIBILIDADE DE PREJUÍZOS À SEGURANÇA E AOS CUIDADOS DO INFANTE ANTE A FALTA DE ESTRUTURA ADEQUADA. OBSERVÂNCIA AO PRINCÍPIO DO MELHOR INTERESSE DA CRIANÇA. APLICABILIDADE DO PRINCÍPIO DA ISONOMIA. RESPEITO À LISTA DE ESPERA QUANDO DO SURGIMENTO DE NOVAS VAGAS. RECURSO PROVIDO.

1. Não obstante a educação infantil em creche e pré-escola figurar como direito fundamental das crianças entre 0 (zero) e 5 (cinco) anos de idade, *é de se considerar os critérios fixados pela Administração Pública para o atendimento da demanda, ante a existência de elementos limitadores, tais quais recursos financeiros/econômicos para o custeio do sistema público educacional.*

2. Constatando-se que as creches municipais apresentam superlotação e que a Administração Pública vem tentando promover condições reais e adequadas aos infantes assistidos, mediante aplicação de critérios pedagógicos e isonômicos visando atender o público-alvo em questão, é de se concluir que *o limite de alunos por sala e a observância da ordem das filas daqueles que aguardam vagas afigura-se plausível, dada a realidade orçamentária que os Entes Públicos vivenciam atualmente.*

3. *A matrícula de uma criança em creche da rede municipal que apresenta superlotação, geraria um excedente de alunos nas classes, o que seria prejudicial a todos, bem como ensejaria nítida violação ao princípio da isonomia, uma vez que existem outras crianças em fila de espera, aguardando o surgimento de novas vagas.*

4. Recurso conhecido e provido.
Agravo de Instrumento n. 1000875-85.2019.8.01.0000, Segunda Câmara Cível do Tribunal de Justiça do Estado do Acre, à unanimidade, dar provimento ao recurso, nos termos do voto da relatora e mídias digitais gravadas. Julgamento: Setembro de 2019.

Observa-se interessante trecho do acórdão do TJDFT, *verbis*:

> O direito à educação enquanto direito social não é bilateral, mas plurilateral, continuativo e prestacional. Por isso, demanda uma estratégia orçamentária, de distribuição equânime dos recursos, que reforça o acesso igualitário e universal do ensino, e uma atuação decisória consequencialista de quem formula e gere essa política pública.
>
> Logo, não é incoerente ou ilógica a adoção de critérios objetivos em torno de programas prestacionais, que detêm demanda quantitativa do erário e qualitativa do ensino.
>
> Assim, não se afigura razoável exigir do Estado que garanta a matrícula do menor em creche pública localizada nas proximidades de sua residência ou do trabalho da representante legal, quando *não* há vagas disponíveis, em detrimento de outros infantes que, igualmente, se encontram inseridos em lista de espera.
>
> (...)
>
> Aliás, *admitir judicialmente critérios outros para uma política pública estabelecida e aplicá-los de forma atomizada, traz o risco de não poder replicá-los para toda a coletividade sem que se comprometa a distribuição isonômica das vagas na creche, in casu* (Acórdão 1194834, 07013404820198070018, Relator: FÁBIO EDUARDO MARQUES, 7ª Turma Cível, Data de Julgamento: 21/8/2019, Publicado no PJe: 28/8/2019).

O direito à educação deve ser compreendido sob a ótica de sua fruição comunitária, de natureza comum, coletiva, indivisível e escassa, envolvendo discussão sobre o papel do Poder Judiciário frente à alocação de recursos para a realização de políticas públicas, a isonomia entre os incluídos em lista de espera e ao impacto da decisão judicial no âmbito coletivo.

A decisão sobre a pretensão de matrículas em creches se localiza no marco de análise da efetividade das políticas públicas que concretizam os direitos fundamentais, assim como a discussão mais *ampla* sobre o direito à educação.

Ante a existência de critérios clarificados e objetivos para alocação em vagas, o princípio de que todos são iguais perante a lei demarca a fixação de regras que devem afastar a seletividade judicial, sendo defeso ao Poder Judiciário tomar decisões políticas pela sociedade, a não ser em *casos limite* nos quais se verifique um flagrante e relevante esvaziamento de um direito.

Diante do exposto, com base na *teoria da aproximação* e nos *princípios da realidade e razoabilidade*, a concretização de *políticas públicas de educação* relacionadas às vagas em creche, efetuadas pelo Município, por meio de organização da ordem de inscrição e chamada, conforme o Decreto n. 12.365/2019 deve ser considerada *constitucional*, demonstrando os esforços da Administração Pública para superar, gradualmente as dificuldades na implementação do direito à educação, como medida progressiva para o atendimento em creches e pré-escolas.

## b) Da autoaplicabilidade condicionada do art. 208, IV, da CF: meta 1 do plano nacional de educação da Lei nº 13.005/14 e a ampliação progressiva da oferta de educação infantil em creches

A estrutura da norma prevista no art. 208, IV da Constituição Federal e na norma de repetição obrigatória contida no art. 163, I, da Constituição Estadual, quando prevê o direito à matrícula em creches e pré-escolas às crianças até 05 anos de idade não pode ser lida sob a perspectiva do silogismo do "tudo ou nada".

O atendimento na educação infantil não se traduz em obrigação imediata dos Municípios. Trata-se de norma programática que tem de ser concretizada em parceria com a União e Estados Federados. É meta programática, pois do ordenamento jurídico vigente não se extrai norma cogente quanto à imediata universalidade do atendimento educacional em creches, conquanto se estabeleça a necessidade de efetivação da educação infantil.

Neste compasso, é preciso observar que a educação básica no Brasil é dividida em educação infantil, ensino fundamental e médio, nos termos previstos no art. 21 da Lei de Diretrizes e Bases da Educação – LDBE (Lei nº 9.394/96):

> Art. 21. A educação escolar compõe-se de:
> I – *educação básica, formada pela educação infantil, ensino fundamental e ensino médio*
> II - educação superior.

A educação infantil, espécie do gênero educação básica, a seu turno, é composta pelo atendimento em *creches e pré-escolas*, conforme se depreende do art. 30 da LDBE:

> Art. 30. A *educação infantil* será oferecida em:
> I - *creches*, ou entidades equivalentes, para *crianças de até três anos* de idade;
> II - *pré-escolas*, para as *crianças de 4 (quatro) a 5 (cinco) anos* de idade. (Redação dada pela Lei nº 12.796, de 2013).

E o art. 4º da mesma Lei estabelece que:

> Art. 4º O dever do Estado com educação escolar pública será efetivado mediante a garantia de:
> I - educação *básica obrigatória* e gratuita dos *4 (quatro) aos 17 (dezessete) anos de idade*, organizada da seguinte forma: (Redação dada pela Lei nº 12.796, de 2013)
> a) *pré-escola*; (Incluído pela Lei nº 12.796, de 2013)
> b) ensino fundamental; (Incluído pela Lei nº 12.796, de 2013)
> c) ensino médio; (Incluído pela Lei nº 12.796, de 2013)
> II - *educação infantil gratuita às crianças de até 5 (cinco) anos de idade;* (Redação dada pela Lei nº 12.796, de 2013)
> (...)
> X – *vaga na escola pública de educação infantil* ou de ensino fundamental mais próxima de sua residência *a toda criança a partir do dia em que completar 4 (quatro) anos de idade* (Incluído pela Lei nº 11.700, de 2008).

No que não destoa da Constituição Federal:

> Art. 208. O dever do Estado com a educação será efetivado mediante a garantia de:
> I - *educação básica obrigatória* e gratuita dos *4 (quatro) aos 17 (dezessete) anos de idade*, assegurada inclusive sua oferta gratuita para todos os que a ela não tiveram acesso na idade própria;
> (...)
> IV - educação infantil, *em creche e pré-escola*, às crianças até 5 (cinco) anos de idade (...) (grifos nossos).

E o art. 5º da LDBE arremata dispondo que:

> Art. 5º *O acesso à educação básica obrigatória é direito público subjetivo*, podendo qualquer cidadão, grupo de cidadãos, associação comunitária, organização sindical, entidade de classe ou outra legalmente constituída

e, ainda, o Ministério Público, acionar o poder público para exigi-lo. (Redação dada pela Lei nº 12.796, de 2013)
(...)
§2º Em todas as esferas administrativas, o Poder Público assegurará em primeiro lugar o acesso ao ensino obrigatório, nos termos deste artigo, contemplando em seguida os demais níveis e modalidades de ensino, conforme as prioridades constitucionais e legais.

Destarte, a leitura sistemática do Texto Constitucional (por simetria, a Constituição Estadual) e da legislação infraconstitucional do sistema educacional brasileiro não deixa dúvidas de que no tocante ao atendimento em creches, de zero aos três anos de idade, sem olvidar da importância que possui para o desenvolvimento da criança, trata-se de meta programática a ser implementada pelos Municípios nas medidas de suas possibilidades, progressivamente, especialmente porque os Municípios, com o menor aporte de recursos financeiros (em comparação aos Estados e União), precisam priorizar o atendimento obrigatório no ensino pré-escolar e fundamental.[6]

Assim, o ensino infantil em pré-escola e o ensino fundamental são imposições intransigíveis. Trata-se de direito público subjetivo e o seu não oferecimento pela Administração, ou sua oferta irregular, importará responsabilidade da autoridade competente (art. 208, §§1º e 2º, da CF).

Todavia, a disponibilização de vagas em creches, para crianças de zero a três anos, é meta programática que o Poder Público tem o dever de implementar na medida de suas possibilidades.

Neste sentido é a elucidativa jurisprudência do Tribunal de Justiça do Distrito Federal e Territórios:

> AGRAVO DE INSTRUMENTO. OBRIGAÇÃO DE FAZER. DISTRITO FEDERAL. MENOR. MATRÍCULA. CRECHE PÚBLICA. 1. A Constituição da República estabelece, em seu art. 208, I, e, §§1º e 2º, que compete ao Estado ofertar a educação básica obrigatória e gratuita para a crianças e adolescente de 4 (quatro) a 17 (dezessete) anos de

---

[6] LDBE (Lei nº 9.394/96): "Art. 11. Os Municípios incumbir-se-ão de: (...) V - oferecer a educação infantil em creches e pré-escolas, e, com prioridade, o ensino fundamental, permitida a atuação em outros níveis de ensino somente quando estiverem atendidas plenamente as necessidades de sua área de competência e com recursos acima dos percentuais mínimos vinculados pela Constituição Federal à manutenção e desenvolvimento do ensino."

idade, sendo certo que, por ser um direito público subjetivo, a sua não implementação importa responsabilidade da autoridade competente. 2. A Magna Carta preconiza, ainda, que é dever do Estado ofertar educação infantil, em creche e pré-escola, às crianças até 5 (cinco) anos de idade (art. 208, IV, CRFB/1988). 3. Ao contrário do preceito constitucional sobre a educação básica, *a norma constitucional acerca da educação infantil, segundo a abalizada doutrina, é de eficácia limitada a depender de políticas programáticas estatais para ser implementada*, observado o princípio da reserva do financeiramente possível. 4. Em que pese o preenchimento dos requisitos para a concessão de vaga em creche da rede pública, quais sejam, a idade da criança (de zero a três anos), baixa renda e condição de mãe trabalhadora, *a concessão do pedido acarretaria desrespeito ao princípio da isonomia, uma vez que violaria o direito das demais crianças que, preenchendo, de igual forma, os requisitos necessários, aguardam na fila de espera, sem esquecer, também, que se encontram protegidas pela mesma garantia constitucional*. 5. Agravo de Instrumento conhecido e desprovido (TJ/DFT: AGRAVO DE INSTRUMENTO N. 20160020047017AGI (0005378-09.2016.8.07.0000). 2ª Turma Cível. Rel. Des. LEILA ARLANCH).

Evidente que o fato de ser uma regra programática não isenta a Municipalidade de estabelecer as políticas pertinentes. Não é isso o que se defende. O Município tem o dever de oferecer atendimento às crianças de 0 (zero) a 3 (três) anos vagas em creches. Não, porém, de forma universal e imediata. Não se deve descurar da realidade social e econômica em que estamos inseridos.

Cabe ao administrador público, valendo-se dos rumos traçados na Constituição da República, e, calcado no poder discricionário, estabelecer as políticas públicas. Neste sentido, sustenta Pinto Ferreira: "(...) *o atendimento em creche e pré-escola às crianças de zero a seis anos de idade está disciplinado por uma regra programática, que dificilmente o governo poderá cumprir*". (Comentários à Constituição Federal. São Paulo: Saraiva, 1995, p. 128).

Nesta senda, no âmbito do Município, o direito público subjetivo preconizado no §1º do art. 208 da *Lex Mater* e na norma de reprodução obrigatória contida na Constituição Estadual, consistente no poder da vontade humana que, protegido e reconhecido pela ordem jurídica, tem por objetivo um bem ou um interesse, somente pode ser invocado em relação ao ensino básico, dos 04 aos 17 anos de idade. Aí sim, teremos translúcido o direito público subjetivo.

A Secretaria Municipal de Educação, na organização e planejamento educacional, leva em consideração *critérios científicos*.

Por tais critérios, e isso não escapa à observação mesmo de leigos no assunto, pedagogicamente falando, é de todo desaconselhável exceder o número máximo de alunos, pois isso prejudica todo o trabalho educativo, por isso a relevância da organização dos termos do Programa "Fila Única". Demais disso, ao beneficiar um menor, considera o prejuízo que poderia advir às demais crianças, bem assim àquelas constantes na lista e que viram esvair-se seu direito à eventual vaga.

Portanto, tanto os provimentos judiciais que atendem o interesse individual da criança beneficiada, quanto à ocorrência dos chamados "fura fila", quando ausente os critérios de chamamento socioeconômico (favorecimentos no ingresso de creches), acabam afetando o interesse coletivo, na medida em que afetam e inviabilizam o planejamento municipal na área da educação, e colocam em risco o programa didático-pedagógico em desenvolvimento. Em respeito ao princípio constitucional da tripartição dos poderes e à teoria da reserva de administração, ao Poder Judiciário falece competência para interferir na política pública educacional implementada pelo Poder Executivo, quando esta é derivada de norma programática, e não imperativa, sob pena de o Judiciário se tornar no gestor de políticas públicas, já que se criará uma ordem em razão de decisões judiciais.

Desta forma, é de rigor a conclusão acerca da inexistência de direito público subjetivo a ser amparado de imediato, porquanto o Município não está obrigado a disponibilizar, *imediatamente*, vaga em estabelecimentos de educação infantil, na subespécie creche, para toda a demanda existente.

A META 1 do Plano Nacional de Educação (PNE) exigia universalizar, até 2016, a educação infantil na pré-escola para as crianças de 4 (quatro) a 5 (cinco) anos de idade e ampliar a oferta de educação infantil em creches de forma a atender, no mínimo, 50% (cinquenta por cento) das crianças de até 3 (três) anos até o final da vigência do PNE (que é em 2024).

Assim, não se olvida do desiderato constitucional e legal de universalização do atendimento em creches, mas é preciso estar atento que tal objetivo é dispendioso e sua efetivação é inviável em curto espaço de tempo. Além do que é de se reconhecer que a realidade do Município é muito satisfatória em comparação com outros municípios e está de acordo com o cronograma de universalização proposto em Lei Nacional – Lei nº 13.005/14, e demonstra que, conquanto se trate de uma norma programática, o Município tem envidado todos os esforços para efetivar a universalização do atendimento. Ou seja, não há aqui desídia ou omissão do Município.

Acontece que especificamente o Município tem recebido um influxo crescente em decorrência do processo migratório (diante da saturação dos grandes centros urbanos) e imigratório de todas as regiões do país e fora do Brasil, pelo atrativo de empregos nas indústrias e empresas, somados ao crescimento populacional com número elevado de nascimentos diários.

Cumpre salientar que tramita na Câmara dos Deputados projeto de lei que obriga os municípios a organizarem listas de espera nas creches públicas, com divulgação dos critérios de atendimento e acesso público aos nomes dos responsáveis pelas crianças, sempre que a demanda superar a oferta de vagas (PL nº 8722/17[7] altera a Lei de Diretrizes e Bases da Educação, Lei nº 9.394/96).

Segundo suas justificativas, a obrigatoriedade se deve às conhecidas dificuldades que os Municípios, responsáveis constitucionais pela oferta de educação infantil, enfrentam para garantir a expansão da oferta de creches no ritmo demandado pela população. A "lista de espera" oferece maior transparência e publicidade no processo de preenchimento das vagas disponíveis, bem como maior respeito aos direitos de cidadania das famílias e vem sendo adotada em muitos municípios como forma de administrar e organizar o acesso à educação infantil.

Ainda, o PL é tratado como "demanda manifesta", conceito presente nas estratégias da meta 1 do Plano Nacional de Educação (Lei nº 13.005/2014). Os sistemas de ensino deverão organizar listas de espera, com divulgação dos critérios de atendimento definidos localmente, seja a idade da criança, o local de residência, a renda familiar, ou outros, com acesso público.

Segundo o relatório constante no mencionado PL, a meta 1 do Plano Nacional de Educação (PNE) preceitua atingir o percentual

---

[7] https://www.camara.leg.br/proposicoesWeb/fichadetramitacao?idProposicao=2153291.

de 50% de atendimento em creche até 2024. De acordo com o Anuário Brasileiro da Educação Básica 2017, mantida a atual taxa de crescimento da oferta em creches, a meta do PNE somente será atendida em 2042.

O relatório menciona ainda que a insuficiência de vagas reflete desigualdades históricas: entre os 25% mais ricos, o atendimento em creches já superou a meta 1 do PNE, alcançando 52,3%, ao passo que entre os 25% mais pobres – os que mais precisam de suporte social –, apenas 21,9% das crianças frequentam creches.

O Município está atuando no cumprimento de seu mandato constitucional, no sentido de garantir a ampliação e o atendimento à educação infantil no que se refere à creche para todos e a maneira de organização da fila com determinados critérios, não nega a matrícula a quaisquer dos inscritos.

Cumpre afirmar que a elaboração do novo Decreto nº 12.365/2019 é uma política pública fruto de esforço conjunto e apoio do Ministério Público Estadual, da Defensoria Pública do Estado, juntamente com a Administração Pública Municipal, por meio da Secretaria de Educação e Procuradoria-Geral, engajados para que a organização da fila de espera relacionada às creches seja efetiva, cumprindo os princípios da impessoalidade, moralidade, razoabilidade e isonomia.

A Secretaria Municipal de Educação apresentou os dados atualizados de evolução das matrículas, considerados os anos anteriores: diminuição da fila de espera de alunos e redução significativa da judicialização nos anos seguintes, após o novo decreto (2020 e no atual ano de 2021).

Com o novo Decreto, já no ano de 2020 reduziu-se pela metade a quantidade de alunos na fila de espera. E os anos de 2016, 2017, 2018 e 2019 em comparação com o ano de 2021, houve redução de mais de 80% da fila. Os remanescentes na fila atualmente, ou mudaram de endereço ou buscam outra recolocação em outro CEI ou mesmo não se interessaram em buscar matrícula (desistência, mudança de cidade etc.).

Segundo a Secretaria de Educação, ainda foram ampliadas as vagas em 2020 (mais 747 vagas parciais) e compra de vagas na rede privada (592 vagas) e neste ano de 2021 foram compradas até o momento, mais 832 vagas parciais. Frise-se ainda que serão entregues pelo Município mais 04 Centros de Educação Infantis, com ampliação de aproximadamente 320 vagas integrais (640 vagas parciais).

Portanto, a "fila de espera" é somente critério de política pública administrativa, conforme a ordem cronológica de chamada, como forma de organização.

Ante o exposto, sendo o atendimento em creches norma programática, cuja ampliação de vagas está prevista na Lei Nacional nº 13.005/14 a ser implementada, no mínimo de 50%, até 2024 e estando o Município dentro do cronograma nela proposto, não há que se falar em direito subjetivo à vaga imediata em creche, sendo legal e constitucional, a política pública de *lista de espera*, sendo constitucional o Decreto Municipal nº 12.365/2019.

## c) Da constitucionalidade do critério de hipossuficiência e *dever constitucional da família* em assegurar o direito à educação

Bem verdade que se possa invocar a tese de que o ensino seria direito subjetivo e que o Estado deve disponibilizar a todos, independentemente da renda familiar. Contudo, não há direito fundamental absoluto e em especial, o direito fundamental social à educação não possui caráter absoluto. Essa ainda não é a realidade do país e a Constituição Federal está atenta a isso, senão de nada teria valia a sua normativa contida no art. 214 (e na norma de repetição obrigatória contida na Constituição Estadual), que justamente busca a universalização do atendimento escolar com base em um plano de educação.

Logo, de modo a dar plena efetividade, o Município conta com Plano Municipal de Educação e uma das metas é universalizar o ensino no município. Mas para que isso ocorra, primeiro deve se dar preferência aos hipossuficientes (social e economicamente) para, na medida em que estes forem inseridos na educação pública, famílias de melhor renda sejam atendidas e assim sucessivamente, ou seja, todos serão chamados, mas a ordem preferencial é do hipossuficiente.

É sabido, ainda, que cabe ao Poder Judiciário garantir o mínimo existencial em prol da dignidade de pessoa humana, nas chamadas "escolhas trágicas".

Atento a essa realidade, o Egrégio Tribunal de Justiça começou a aperfeiçoar seus julgados, a exemplo da seguinte decisão recentemente proferida em sede monocrática nos autos do AI nº 0309520-55.2017.8.24.0038, em que analisa o critério da renda familiar:

> Em assim sendo, *a priori*dade absoluta que se deve observar no trato dos interesses de crianças e adolescentes, *as dificuldades com que o Poder Público se defronta no cumprimento de suas obrigações sociais* e as necessidades diversas que cada caso apresenta, conduzem a soluções diferenciadas. Da doutrina destaco substantiva contribuição:
> (...).
> Apesar da relevância da efetivação dos direitos fundamentais, não se desconhece que o Poder Público se depara com grandes dificuldades para implementá-los mas, embora reconhecendo, também, que não existe direito fundamental absoluto, há que se convir que *determinados grupos sociais merecem tratamento diferenciado, próprio e individualizado*, como é o caso das crianças e adolescentes. Em analisando situação similar, este Tribunal de Justiça assim decidiu:
> (...).
> A renda da família totaliza, então R$ 6.232,00 (seis mil e duzentos e trinta e dois reais), o que, *de modo algum*, pode ser considerado um baixo rendimento.
> (...).
> Diante da realidade do grupo familiar, em que pese ambos os genitores trabalharem em turno integral, manter o impetrante matriculado em período integral em instituição de educação infantil da rede pública, seria, a meu sentir, extirpar a expectativa de outra criança, talvez em situação financeira mais vulnerável, ocupar a mesma vaga em uma parte deste período".

Assim, se a família consegue garantir o mínimo existencial a(o) infante, o Estado deve dedicar seus maiores esforços (tanto o Poder Executivo quanto o Judiciário) para garantir o mínimo existencial àqueles que realmente necessitem, qual seja, os realmente hipossuficientes.

Tanto o art. 227, da CF/88, quanto o art. 4º do Estatuto da Criança e do Adolescente, determinam o dever da família em assegurar o direito à educação:

> Art. 227. É dever da família, da sociedade e do Estado *assegurar à criança, ao adolescente e ao jovem*, com absoluta *priori*dade, o direito à vida, à saúde, à alimentação, *à educação*, ao lazer, à profissionalização, à cultura, à dignidade, ao respeito, à liberdade e à convivência familiar e comunitária,

além de colocá-los a salvo de toda forma de negligência, discriminação, exploração, violência, crueldade e opressão.
Art. 4º É dever da família, da comunidade, da sociedade em geral e do poder público *assegurar*, com absolut*a priori*dade, *a efetivação dos direitos referentes* à vida, à saúde, à alimentação, *à educação*, ao esporte, ao lazer, à profissionalização, à cultura, à dignidade, ao respeito, à liberdade e à convivência familiar e comunitária.

Na mesma linha segue o art. 2º, da Lei de Diretrizes e Bases da educação nacional (Lei nº 9.394/96):

> Art. 2º *A educação, dever da família* e do Estado, inspirada nos princípios de liberdade e nos ideais de solidariedade humana, tem por finalidade o pleno desenvolvimento do educando, seu preparo para o exercício da cidadania e sua qualificação para o trabalho.

Perceba-se que a família não pode ser esquecida quanto às suas obrigações legais e constitucionais, mormente quando possui condições financeiras a tanto. Por este quadro é que a Secretaria de Educação põe em prática nos critérios de seleção de vagas, dando preferência aos hipossuficientes na fila de espera e o Decreto confere sistemática de cálculo socioeconômico familiar.

Necessário que haja a devida ponderação ao caso concreto, conforme já decidiu o egrégio Tribunal de Justiça (AI nº 0031444-52.2016.8.24.0000 e 0031428- 98.2016.8.24.0000):

> Dessarte, ressalto que a imposição aos entes federados de obrigações que atendam às garantias fundamentais, como *o direito à educação, não pode se dar de forma indiscriminada, merecendo contemplar as singularidades assentadas em cada caso concreto*, sob pena de pôr em risco todo o sistema público, *inviabilizando, via de consequência, as necessidades daqueles cidadãos que, deveras, necessitam da tutela do Estado*, o que configura, por sua vez, o *periculum in mora*.

Registre-se que o Decreto não visa excluir alunos da matrícula, mas simplesmente a organiza, priorizando os mais vulneráveis para na sequência atender os menos necessitados.

O Município está atendendo a demanda na medida do possível, não sendo razoável, tampouco justo que se "fure a fila", seja por meio de ausência de critérios na organização da chamada, seja por meio de ações judiciais. Esse mecanismo tira a vaga de

outra criança mais necessitada, ferindo o princípio da isonomia. A distribuição das vagas em creches conforme a vulnerabilidade econômica e social de cada família é medida paliativa até que a oferta de vagas se equipare à demanda.
Nesse sentido já decidiu o TJRS:

> APELAÇÃO CÍVEL. MANDADO DE SEGURANÇA. ESTATUTO DA CRIANÇA E DO ADOLESCENTE. RESERVA DE VAGA EM CRECHE DA REDE PÚBLICA DE ENSINO. DIREITO LÍQUIDO E CERTO NÃO COMPROVADOS. *Não há ilegalidade ou abusividade na fixação de critérios, pela Administração Pública, para garantir o acesso às creches da rede pública de ensino às pessoas mais carentes.* Não comprovado pelo impetrante o atendimento aos critérios definidos pelo Ente Público, inexiste direito líquido e certo a ensejar a concessão da segurança. Mandado de segurança que não se presta para discutir inconstitucionalidade ou interpretação de lei em tese. APELAÇÃO DESPROVIDA. (SEGREDO DE JUSTIÇA) (Apelação Cível Nº 70026431601, Sétima Câmara Cível, Tribunal de Justiça do RS, Relator: André Luiz Planella Villarinho, Julgado em 22/10/2008).

*A priori*zação de vagas às famílias necessitadas também vem sendo tratada no Município de São Paulo, conforme se extrai do portal da Secretaria de Educação:

> De cada dez crianças que a Secretaria Municipal de Educação tem matriculado desde o início do ano nas creches da Rede Municipal de Ensino de São Paulo, duas vivem em condições de extrema pobreza e consequente vulnerabilidade social. Com isso, foram matriculadas 4.315 crianças que tinham a *prioridade de matrícula* e que já aguardavam vaga em creche. Elas estavam inseridas em situações de extrema pobreza e vulnerabilidade.
> O critério diferenciado para a matrícula nas creches passou a valer neste ano. Crianças de 0 a 3 anos nessas condições têm prioridade para o atendimento nas creches do município. A norma, publicada em dezembro do ano passado no Diário Oficial da Cidade, diz que, *atendidas as crianças em situação de vulnerabilidade social, a compatibilização do restante da demanda seguirá a ordem do cadastro*, que era o único critério vigente até então.
> Das 243 creches previstas no plano de metas da Prefeitura de São Paulo até 2016, 172 são em parceria com o MEC, que já empenhou a primeira parcela relativa à construção de 79 unidades, no valor de R$ 17.845.586,48. Esse valor é destinado à execução da obra. Os custos das desapropriações dos terrenos são do Município.

O Município entende que o Judiciário poderia intervir apenas se houver desrespeito por parte da Administração Pública quanto à inobservância dos critérios de eleição/ordem da fila.

De acordo com o *Superior Tribunal de Justiça (STJ)*, a medida liminar deve ser concedida quando haja nos autos comprovação de que o Poder Público não esteja cumprindo sua obrigação, por meio de políticas públicas de acesso à educação, o que não ocorre no Município, haja vista a existência do Programa Fila Única:

> AGRAVO DE INSTRUMENTO. AÇÃO DE OBRIGAÇÃO DE FAZER. MATRÍCULA EM CRECHE PÚBLICA. ANTECIPAÇÃO DE TUTELA CONTRA A FAZENDA PÚBLICA. ESGOTAMENTO DO MÉRITO DA AÇÃO PRINCIPAL. IMPOSSIBILIDADE. DECISÃO AGRAVADA MANTIDA. (...) 2. Em se tratando de medida liminar em face do Poder Público, deve-se observar, também, o disposto no art. 1º, §3º, da Lei n.º 8.437/92, aplicável ao caso, por força do art. 1º da Lei 9.494/97, que disciplina a tutela antecipada contra a Fazenda Pública, no sentido de que a medida liminar não pode esgotar, no todo ou em parte, o objeto da ação. 3. *A matrícula em qualquer instituição de ensino ou de assistência social pressupõe a existência de vaga, e esta, em regra, está condicionada a uma lista de espera e à estrutura e espaço físico da instituição pretendida, sob pena de ofensa ao princípio da isonomia.* 4. Agravo conhecido e não provido (Acórdão n.846438, 20140020244896AGI, Relator: ANA CANTARINO, 3ª Turma Cível, Data de Julgamento: 28/01/2015, Publicado no DJE: 05/02/2015. Pág.: 119).

Importante ressaltar que incumbe apenas ao Poder Executivo a estipulação dos mecanismos de controle de matrícula e distribuição de alunos nas escolas, não cabendo ao Poder Judiciário imiscuir-se nessa atividade sem violar o princípio da separação de poderes e o princípio da isonomia.

Logo, há a necessidade de observância de parâmetros objetivos estabelecidos no novo Decreto para que haja a efetividade da política pública.

A ideia de justiça distributiva para crianças que se encontram em tais situações do cotidiano de um país de contrastes como o Brasil, já que filhos de cidadãos que podem pagar por creches ou têm acesso a esse recurso possuem, ao final, melhor acesso aos cuidados pré-educacionais e condições futuras de empregabilidade melhores do que os que não o têm.

Quando não se observam esses critérios traçados e se adentra uma eletividade judicial que não incorpora a reflexão sobre os limites que os parâmetros impõem como condição de tratamento isonômico, incorre-se na seguinte situação: uma criança que se submeteu a esse certame especial e cumpriu as determinações contidas, apresentando os documentos necessários e habilitando-se no processo será preterida e desalojada da ordem prioritária, mesmo que esteja em condição de observância plena das regras aplicáveis à situação em que se encontra.

Se o Poder Judiciário determina que uma criança que não se enquadra naqueles critérios para a matrícula deva, assim mesmo, ser matriculada, a consequência imediata dessa decisão não é que haverá a criação de mais uma vaga, mas sim que uma vaga existente será ocupada em detrimento de outra criança na mesma fila de espera e que está jungida ao comando da regra que estipula critérios objetivos de alocação.

O Poder Judiciário não é o formulador das políticas públicas prestacionais por meio das quais se efetivam os direitos fundamentais, mas, antes, um fiador da legalidade e da justiça dessas mesmas políticas.

O tratamento individual da pretensão formulada em juízo coloca os beneficiários da tutela em posição de privilégio, em detrimento de todos aqueles outros que aguardam um lugar em determinada creche e pré-escola. É o que os leigos denominam de "fura-fila". Não é crível que o Poder Judiciário, voltado à defesa da ordem jurídica, estimule conduta não isonômica.

Atentando ao art. 5º, XXXV da Constituição Federal: "a lei não excluirá da apreciação do Poder Judiciário lesão ou ameaça de direito", podemos inferir a partir dele uma limitação às atividades do Judiciário, que não faz escolhas políticas, mas exerce o controle de legalidade das decisões dos agentes responsáveis por elas. Isso significa que, havendo norma (regra) válida a ser observada para que se possa fruir um serviço público qualquer, ela deve ser observada da forma mais efetiva possível.

Assim, por mais relevante que seja o argumento acerca do dever estatal de assegurar a educação como corolário de uma existência digna, importante ressaltar, no âmbito do que as políticas públicas representam em termos de compromisso do Estado, a existência de limites ao Judiciário, cujo extrapolamento acarreta, por via de resultado, invasão na esfera de competência originalmente firmada no plano constitucional, comprometendo, assim, os pilares democráticos da separação entre os poderes.

A organização da "fila única" de ordem de chamada utiliza critérios de vulnerabilidade econômica. Sobre o tema, encontramos diversos julgados de todas as Câmaras de Direito Público que analisam as condições financeiras dos genitores, como forma de seleção e oferta de vagas.

Em importante decisão para o Município, a Egrégia 2ª Câmara de Direito Público por unanimidade decidiu sobre a questão, em Agravo de Instrumento, para determinar a concessão da vaga em período parcial, em face de decisão que havia concedido período integral, mesmo diante da renda familiar (mais de 10 mil reais). Foi provido parcialmente o recurso e pela decisão, o critério renda é relevante, ou seja, a família possui condições e deve custear creche particular ou cuidadora ao menos em meio período.

Importante precedente, pois o Município não nega a vaga ao que possui capacidade econômica, apenas defende a espera em fila única, com precedência dos hipossuficientes. Não é justo permitir ao que possui renda superior "fure" a fila e os pobres continuem esperando na fila. Como muito bem consignado no voto condutor do Relator, a família poderá custear o contraturno particular ou mesmo providenciar uma cuidadora para a criança:

> AGRAVO DE INSTRUMENTO Nº 5004469-63.2020.8.24.0000/SC - RELATOR: DESEMBARGADOR HENRY PETRY JUNIOR - AGRAVANTE: MUNICÍPIO DE BLUMENAU
> EMENTA: AGRAVO DE INSTRUMENTO. ADMINISTRATIVO E ECA. MANDADO DE SEGURANÇA. VAGA EM CRECHE. PERÍODO INTEGRAL. TUTELA ANTECIPADA. - INTERLOCUTÓRIO DE DEFERIMENTO NA ORIGEM. (1) INSURGÊNCIA DO MUNICÍPIO. PERÍODO INTEGRAL. *IMPOSSIBILIDADE. DEVER SOLIDÁRIO DA FAMÍLIA. RENDA FAMILIAR SATISFATÓRIA. ACOLHIMENTO PARCIAL.*
> - Na dicção do Enunciado X do Grupo de Câmaras de Direito Público deste Tribunal, deve-se verificar a efetiva necessidade do núcleo familiar interessado em obter vaga em creche por período integral. Se, como aqui, *os genitores auferem renda mensal conjunta em patamar suficiente, urge decidir no sentido do seu custeio em creche na rede particular, pelo menos no contraturno.*
> - O fornecimento de *vaga parcial* em creche, noutro sentido, isto é, albergando apenas um dos turnos do dia, revela-se possível, visto que

consiste em direito social a abranger todas as crianças, *independentemente da jornada de trabalho e respectivo salário percebido por seus pais*. (...) DECISÃO REFORMADA. RECURSO PARCIALMENTE PROVIDO.

Em outro precedente, decisão da lavra da eminente Desembargadora Denise de Souza Luiz Francoski da Egrégia 5ª Câmara de Direito Público, tendo o Município como recorrente:

*AGRAVO DE INSTRUMENTO Nº 5003428-61.2020.8.24.0000/SC*
(...) Impossível se distanciar do fato de que há amplo regramento a respeito da matéria do direito à educação, sobretudo, a infantil.
Entretanto, *há aspectos socioeconômicos da família que devem ser levados em conta.*
Quanto a isso, o primeiro ponto que se analisa é o período de concessão, que pode ser parcial ou integral.
Em relação ao tema, o enunciado X, do Grupo de Câmaras de Direito Público desta Corte definiu que *"deve ser promovida a conciliação entre a oferta de educação infantil em período integral e parcial a partir da demonstração da efetiva necessidade de todos aqueles que compõe o núcleo familiar de que participa o (a) infante, analisando-se o caso concreto".*
No caso concreto, houve declarações acostadas sob os anexos 9 e 10, da inicial, pelas quais *demonstraram laborar em horário comercial.*
*Entretanto, por outro ângulo, o que merece atenção é a renda familiar.*
Conforme declaração de renda do genitor (anexo 10) e contracheque da genitora (anexo 12), foi possível constatar que a renda familiar chega, em média, *a mais de R$ 7.000,00 (sete mil reais).*
Deixaram, os ora agravados, de trazer aos autos originários comprovação quanto aos gastos mensais.
Dessa forma, levando-se em conta a condição socioeconômica da família, o pleito de concessão da vaga pelo período integral parece *extrapolar o mínimo existencial,* visto *existir a possibilidade de a família arcar com as custas do ensino, ao menos pelo período parcial*, de modo que exigir do recorrente a disponibilidade de vaga em período integral caracterizaria *situação voltada ao máximo desejável, o que, no caso, por existir lista de espera, poderia constituir afronta ao princípio da isonomia.*
Por tais motivos, *se reconhece comprovada a probabilidade do direito do agravante.*
O *perigo de dano,* por sua vez, encontra alicerce no fato de que a manutenção da decisão agravada pode dar prevalência a interesse particular sobre o da coletividade *sem haver elementos suficientes para a comprovação de que a recorrida efetivamente faz jus.*
(...)
Portanto, a análise condizente com o momento processual impõe o *deferimento* do pedido de efeito suspensivo formulado pelo recorrente.
*DISPOSITIVO* - Ante o exposto, por estarem preenchidas as exigências

do art. 995, parágrafo único, do CPC/2015, *defere-se o pedido de efeito suspensivo formulado pelo Município de Blumenau, para suspender a decisão agravada ao menos até o pronunciamento definitivo desta Câmara.*

E ainda outro julgado relevante, da lavra do eminente Desembargador Paulo Henrique Moritz Martins da Silva, da Egrégia 1ª Câmara de Direito Público, em que ambos os genitores trabalhavam em período integral na empresa de titularidade do pai da criança, determinando a concessão em meio período, pois os pais possuíam condições de cuidar do menor em período parcial por evidentemente não haver relação empregatícia tradicional e horários rígidos de entrada e saída do trabalho:

> *AGRAVO DE INSTRUMENTO Nº 5004471-33.2020.8.24.0000/SC*
> *AGRAVANTE*: PREFEITO - MUNICÍPIO DE BLUMENAU - BLUMENAU
> *AGRAVANTE*: MUNICÍPIO DE BLUMENAU
> (...) Por outro lado, a concessão de vaga que abrange o dia todo está subordinada à demonstração da necessidade *pois, em regra, o meio período é considerado suficiente.*
> 1. CONSTITUCIONAL E ADMINISTRATIVO. AÇÃO DE OBRIGAÇÃO DE FAZER. DIREITO FUNDAMENTAL À EDUCAÇÃO. MATRÍCULA DE CRIANÇA EM CRECHE MUNICIPAL. (...) FREQUÊNCIA ESCOLAR EM PERÍODO INTEGRAL. AUSÊNCIA DE IMPOSIÇÃO LEGAL. DESNECESSIDADE NO CASO. PECULIARIDADES. TURNO DE MEIO PERÍODO ESTIPULADO EM 6 HORAS DIÁRIAS NO MUNICÍPIO. GENITORA DESEMPREGADA. POSSIBILIDADE DE CUIDAR DO FILHO. AUSÊNCIA DE COMPROVAÇÃO DE BUSCA DE NOVOS VÍNCULOS EMPREGATÍCIOS. FAMILIA SUSTENTADA COM OS RENDIMENTOS DO GENITOR. FREQUÊNCIA ESCOLAR POR MEIO PERÍODO SUFICIENTE PARA SALVAGUARDAR O DIREITO CONSTITUCIONAL À EDUCAÇÃO DO INFANTE. (...)
>
> Com relação à concessão de matrícula no período integral, mister salientar que muito embora inexista previsão legal quanto à sua obrigatoriedade, a jurisprudência deste Tribunal vem conferindo às crianças o direito de permanência por turno integral quando comprovada a necessidade do infante e dos seus responsáveis legais, a fim de concretizar o direito à educação, o direito ao trabalho e à subsistência familiar, mormente em razão do primado da dignidade humana de todo o núcleo familiar. Entretanto, as provas juntadas aos autos são insuficientes para determinar a matrícula por período integral, notadamente porque a genitora é desempregada e não junta prova de busca de novos vínculos de emprego, o genitor é

empregado e a família é sustentada, *a priori*, com seus rendimentos. Manutenção da criança na creche por meio período que não ofende o direito de acesso à educação infantil e tampouco o direito ao trabalho dos genitores, principalmente, por ausência de provas nesse sentido. (...) (grifou-se) (AC n. 0301959-49.2016.8.24.0091, da Capital, rel. Des. Francisco Oliveira Neto, Segunda Câmara de Direito Público, j. 18-4-2017)

2. MANDADO DE SEGURANÇA. VAGA EM CRECHE. EDUCAÇÃO INFANTIL GARANTIDA PELA CONSTITUIÇÃO FEDERAL DE 1988. DEVER IMPOSTO AO PODER PÚBLICO MUNICIPAL. (...) INEXISTÊNCIA DE PREVISÃO LEGAL QUANTO À OBRIGATORIEDADE DE MATRÍCULA EM TURNO INTEGRAL. MEIO PERÍODO QUE, EM REGRA, REVELA-SE ADEQUADO E SUFICIENTE A ATENDER O ALUDIDO DIREITO, INCLUSIVE DO PONTO DE VISTA PEDAGÓGICO. CASO CONCRETO. GENITORA DESEMPREGADA. INEXISTÊNCIA DE EFETIVA NECESSIDADE DO ATENDIMENTO EM JORNADA INTEGRAL. SUBSTITUIÇÃO PELO MEIO PERÍODO. (...) REMESSA CONHECIDA E PARCIALMENTE PROVIDA. (grifou-se) (RN n. 0313277-43.2015.8.24.0033, de Itajaí, rel. Des. Ronei Danielli, Terceira Câmara de Direito Público, j. 25-4-2017)

Nessa linha, *o Grupo de Câmaras de Direito Público editou o Enunciado n. X:*

Deve ser promovida a conciliação entre a oferta de educação infantil em período integral e parcial a partir da demonstração da efetiva necessidade de todos aqueles que compõe o núcleo familiar de que participa o (a) infante, analisando-se o caso concreto. (DJe n. 2.678, de 29-9-2017, p. 1)

No caso dos autos, *ambos os genitores trabalham na empresa de titularidade do pai da criança (Leonardo Evaristo ME). Portanto, têm condições de cuidar do menor em meio período pois não há, evidentemente, relação empregatícia tradicional e horários rígidos de entrada e saída do trabalho se eles são seus próprios empregadores.*

Assim, *defiro o pedido de efeito suspensivo em parte* para determinar que a vaga seja fornecida em meio período" (AGRAVO DE INSTRUMENTO N° 5004471-33.2020.8.24.0000/SC).

Importante citar relevante decisão que concedeu efeito suspensivo, proferida pela Egrégia 1ª Câmara de Direito Público, *com base na renda familiar*, em que ressalta que "o fim último obstinado pelo legislador, fixado no art. 205 da Constituição Federal, tem força bastante para suplantar qualquer retórica quanto à compulsoriedade do múnus correspondente ao fornecimento de vaga no sistema escolar, bem como quanto à alteração correspondente à interferência de fila de espera":

(...) No caso em tela, não desconheço que a genitora labora como professora no CEI-Centro de Educação Infantil Maike Andresen, de segunda à sexta-feira, com jornada de trabalho de 40 (quarenta) horas, percebendo mensalmente a quantia aproximada de R$ 2.542,41 (dois mil, quinhentos e quarenta e dois reais e quarenta e um centavos), conforme comprova o Registro Funcional (Evento n. 1 - DECL9 dos autos originários).

E nos termos da Declaração de Trabalho (Evento 1-DECL8), depreende-se que o genitor faz parte do quadro de funcionários da Santa Clara-Comércio de Veículos Ltda., exercendo o cargo de mecânico, no horário das 07h45min às 18h30min.

Partindo do pressuposto de que ambos laboram em horário comercial, concluir-se-ia pela necessidade de vaga em creche em período integral.

Mas a comuna aponta que *a renda familiar declarada pelos genitores no cadastro de intenção de matrícula é incompatível com o direito almejado, tese esta que, a princípio, prospera.*

*A conclusão deriva do cálculo disposto no art. 4º, parágrafo único, do Decreto n. 12.365 de 10/10/2019, de que "a renda per capita será calculada pela soma da renda familiar, incluindo as crianças, dividida pelo número de pessoas do núcleo familiar".*

*Logo, informado pelos genitores que a renda per capita corresponde a R$ 3.004,04 (três mil, quatro reais e quatro centavos - Evento 1 - ANEXO2), sendo o núcleo composto por 3 (três) membros, chega-se à razoável quantia de R$ 9.012,12 (nove <u>mil, doze reais e doze centavos), que certamente permite a contratação de pessoa ou instituição capaz de prestar atendimento à H. S. T. no contraturno escolar, por meio período.</u>*

Alie-se a isso *a ausência de prova de que a família possui gastos extraordinários, ou necessidades de cunho especial,* de modo que, embora tenha o autor demonstrado a necessidade de vaga em centro público de ensino, ao menos por ora afigura-se suficiente sua matrícula em período parcial.

De gizar que *"a cada vaga concedida em período integral, frustra-se a possibilidade de outra criança conseguir vaga em período parcial, visto que o Poder Público não consegue se organizar a ponto de atender, de imediato, essa demanda. Nesse cenário, ante a ausência de prova suficiente para ensejar a concessão da vaga em período integral, entende-se que se apresenta como medida suficiente a concessão da vaga em período parcial, a fim de garantir à infante o acesso à educação infantil"* (TJSC, Apelação Cível n. 0304961-68.2016.8.24.0045, rel. Des. Jaime Ramos, j. em 11/08/2020).

Em arremate, ressaio que o fim último obstinado pelo legislador, fixado no art. 205 da Constituição Federal, tem força bastante para suplantar qualquer retórica quanto à compulsoriedade do múnus correspondente ao fornecimento de vaga no sistema escolar, bem como quanto à altercação correspondente à interferência de fila de espera.

Dessarte e do mais que dos autos consta, defiro parcialmente a tutela antecipada para - acolhendo o pedido subsidiário do Município de Blumenau -, determinar a matrícula de H. S. T. em centro de ensino infantil, preferencialmente em instituição próxima à sua residência, em período *parcial*. *AGRAVO DE INSTRUMENTO N. 5025616-48.2020.8.24.0000 – DES. LUIZ FERNANDO BOLLER DA 1ª CÂMARA DE DIREITO PÚBLICO/TJSC.*

Consigna-se ainda a decisão da Egrégia 3ª Câmara de Direito Público, em julgamento na Apelação 5012494-75.2019.8.24.0008, que reafirma as teses acima, além de louvar a iniciativa do Município na edição do Decreto Municipal, exemplo aos demais Municípios, ora questionado:

(...) Registre-se que *a iniciativa de organização e otimização das vagas ofertadas em creches e pré-escolas, efetivada mediante o Programa Fila Única*, inclusive com *a edição de legislação própria como o Decreto Municipal n. 12.365/2019, é louvável e deveria servir de exemplo para os demais Municípios que não possuem políticas públicas em igual sentido*, apesar *de sofrerem com a crescente solicitação de vagas para crianças de até cinco anos.*

(...)

Com relação à concessão de matrícula no período integral, imperioso salientar que, muito embora inexista previsão legal quanto à sua obrigatoriedade, há que se analisar as peculiaridades de cada caso, conforme tese firmada em Incidente de Resolução de Demandas Repetitivas pelo Grupo de Câmara de Direito Público deste Tribunal, que assim decidiu: INCIDENTE DE RESOLUÇÃO DE DEMANDAS REPETITIVAS - IRDR. ART. 976 E SEGUINTES DO CPC. JUÍZO DE ADMISSIBILIDADE. AGRAVO DE INSTRUMENTO. EDUCAÇÃO INFANTIL. MATRÍCULA EM CRECHE MUNICIPAL. SUPOSTA DIVERGÊNCIA JURISPRUDENCIAL EM RELAÇÃO À JORNADA DE ENSINO, SE INTEGRAL OU PARCIAL. MATÉRIA PACIFICADA NESTA CORTE DE JUSTIÇA. AUSÊNCIA DE RISCO DE OFENSA À ISONOMIA E À SEGURANÇA JURÍDICA. A aparente controvérsia jurisprudencial restou superada, tendo sido pacificado o entendimento de que deve ser promovida *a conciliação entre a oferta de educação infantil em período integral e parcial a partir da demonstração da efetiva necessidade de todos aqueles que compõem o núcleo familiar de que participa o(a) infante, analisando-se o caso concreto.* PRESSUPOSTOS NÃO PREENCHIDOS. PROCESSAMENTO NÃO ADMITIDO. (TJSC, Incidente de Resolução de Demandas Repetitivas n. 0025410-61.2016.8.24.0000, de Joinville, rel. Desª. Vera Lúcia Ferreira Copetti, Grupo de Câmaras de Direito Público, j. 26-7-2017, grifei).

Nesse sentido é a orientação do Grupo de Câmaras de Direito Público, que editou o *Enunciado n. X*: Deve ser promovida a conciliação entre a oferta de educação infantil em período integral e parcial a partir da *demonstração da efetiva necessidade de todos aqueles que compõe o núcleo familiar de que participa o (a) infante, analisando-se o caso concreto* (DJe n. 2.678, de 29/9/2017, pág. 1).

O *sistema educacional brasileiro não estabelece a obrigatoriedade da educação em período integral*, porquanto o art. 34 da Lei n. 9.394/96 que dispõe sobre as diretrizes e bases da educação nacional dita que a jornada escolar de ensino fundamental deve ser de, *no mínimo, quatro horas diárias* e, de acordo com as possibilidades do ente público, este período deve ser ampliado. Contudo, referida lei nada dispõe sobre o tempo de permanência das crianças no ensino infantil.

(...) Evidentemente que cabe ao Município acompanhar a condição dos genitores, para daí, em *sendo evidenciada condição financeira suficiente para arcar com custos de uma creche particular sem prejuízo da manutenção da família, revisar a necessidade da vaga ora ofertada* (grifos nossos).

Em outra decisão recente da Egrégia 4ª Câmara de Direito Público, o Município conseguiu a reforma da sentença, por unanimidade, com o provimento de sua Apelação, para redução do período de integral para o período parcial. Demonstra-se assim a formação de um novo posicionamento jurisprudencial relevante, no sentido de que se possui renda, pode pagar o contraturno:

APELAÇÃO CÍVEL E REMESSA OFICIAL. AÇÃO DE OBRIGAÇÃO DE FAZER. CRECHE. PROCEDÊNCIA NA ORIGEM, COM A CONCESSÃO DA VAGA EM PERÍODO INTEGRAL. RECLAMO DEFENSIVO. (...) JORNADA ESCOLAR. ÔNUS DO POSTULANTE. EXCEPCIONALIDADE NÃO REVELADA. AJUSTE DEVIDO. A obrigatoriedade do ente público é, em regra, viabilizar matrícula em creche (CEI/NEIM) em período parcial. E por se tratar de providência excepcional, a demonstração da necessidade em turno cheio compete ao postulante (Enunciado X do Grupo de Câmaras de Direito Público deste Tribunal).

Se a prova produzida indica que os genitores do menor trabalham em horário comercial, *mas a renda auferida pelo núcleo familiar não se mostra ínfima, há de prevalecer a exigência apenas em meio período.*
RECURSO CONHECIDO E PARCIALMENTE PROVIDO. REEXAME NECESSÁRIO CONHECIDO, COM AJUSTE NO JULGADO (APELAÇÃO Nº 5006865-86.2020.8.24.0008).

Em recentíssima decisão (02/08/2021) da lavra da Desembargadora Vera Lúcia Ferreira Copetti, determinou-se a alteração, em parte, da sentença, para modificar o período da vaga, de integral, para parcial, no caso de renda mensal mais de R$ 11.000,00 (onze mil reais), nos seguintes termos:

> No caso dos autos, infere-se do caderno processual que o genitor trabalha no horário das 8h às 18h (Evento 1, OUT10, Eproc 1º Grau) e a genitora é servidora pública municipal (Evento 1, OUT9, Eproc 1º Grau), assim como declaração apresentada para a inscrição na fila única de que a genitora aufere *renda mensal de R$ 2.451,67 e o genitor de R$ 9.000,00* (Evento 11, ANEXO 2, Eproc 1º Grau)
> Nesse cenário, merece reparo a sentença, *para deferir a vaga em período parcial, diante da não comprovação da necessidade da concessão, excepcional, de vaga em dois turnos, eis que não restou demonstrada a total impossibilidade de os pais promoverem o cuidado da criança no contraturno escolar,* assim como não provada a impossibilidade de custeio do outro período em estabelecimento educacional privado.
> Nesse norte:
> RECURSO DE APELAÇÃO E REEXAME NECESSÁRIO. AÇÃO DE OBRIGAÇÃO DE FAZER. VAGA EM CRECHE EM PERÍODO INTEGRAL. NEGATIVA PELA VIA ADMINISTRATIVA. DIREITO SUBJETIVO ÀS CRIANÇAS DE ATÉ 5 (CINCO) ANOS, CONFORME ART. 208, V, DA CONSTITUIÇÃO. TAMBÉM REITERADO E REGULAMENTADO PELOS ARTS. 53 E 54 DO ESTATUTO DA CRIANÇA E DO ADOLESCENTE, BEM COMO NO ART. 11 DA LEI DE DIRETRIZES E BASES DA EDUCAÇÃO NACIONAL (N. 9.394/96). SENTENÇA DE PROCEDÊNCIA QUE DETERMINA A PROVIDÊNCIA A MATRÍCULA DO INFANTE, EM PERÍODO INTEGRAL, EM INSTITUIÇÃO DE ENSINO PRÓXIMA À SUA RESIDÊNCIA. PERÍODO. ENUNCIADO X DO GRUPO DE CÂMARAS DE DIREITO PÚBLICO DESTE TRIBUNAL. GENITORA QUE, NÃO OBSTANTE INICIALMENTE DESEMPREGADA, NÃO LOGROU ÊXITO EM DEMONSTRAR O EXERCÍCIO DE ATIVIDADES LABORAIS EM PERÍODO INTEGRAL. NÃO DEMONSTRAÇÃO DA IMPRESCINDIBILIDADE DA MEDIDA. REFORMA QUE SE IMPÕE. DETERMINAÇÃO DE SEQUESTRO DE VALORES EM CASO DE DESCUMPRIMENTO. MANUTENÇÃO. MEDIDA MAIS EFICAZ E MENOS GRAVOSA. HONORÁRIOS ADVOCATÍCIOS. MONTANTE FIXADO DE FORMA RAZOÁVEL, DE ACORDO COM A JURISPRUDÊNCIA DESTA CÂMARA. MANUTENÇÃO. HONORÁRIOS RECURSAIS FIXADOS, DE OFÍCIO, NOS TERMOS DO ART. 85, §11 DO NCPC. RECURSO DE APELAÇÃO CONHECIDO E PARCIALMENTE PROVIDO. REEXAME NECESSÁRIO CONHECIDO E DESPROVIDO. (TJSC, Apelação / Remessa Necessária n. 0313353-13.2019.8.24.0038, de Joinville, rel. Artur Jenichen Filho, Quinta Câmara de Direito Público, j. 05-03-2020).

Por derradeiro, não se pode olvidar que as creches do Município são reconhecidas e famosas pelo excelente serviço público prestado, o que é relevante. Todavia, não há como atender a demanda excessiva de forma imediata, principalmente se analisar a atratividade entre pais de elevada renda social, sem se priorizar o mais vulnerável na ordem de chamada.

Portanto, diante de todo exposto, o Decreto Municipal estabelece importante critério baseado na renda familiar, como forma de organização na chamada e ingresso nas creches públicas municipais, em cumprimento ao princípio da isonomia material, sendo constitucional a organização da "fila de espera" baseada em critérios econômicos e sociais.

## III Requerimento

Diante do exposto, requer-se que seja julgado *improcedente este incidente de arguição de inconstitucionalidade, mantendo-se incólume o decreto municipal.*

Nestes termos, pede e espera deferimento.

## Referências

BRASIL. [Constituição (1988)]. *Constituição da República Federativa do Brasil de 1988*. Brasília, DF: Presidência da República, [1988].

MENDES, Gilmar Ferreira. *Jurisdição constitucional*: o controle abstrato de normas no Brasil e na Alemanha. 5. ed. São Paulo: Saraiva, 2005.

MOREIRA NETO, Diogo de Figueiredo. *Curso de Direito Administrativo*. 16. ed. Rio de Janeiro: Editora Forense, 2014. Disponível em: https://biblioteca.isced.ac.mz/bitstream/123456789/758/1/Curso%20de%20Direito%20Administrativo%20-%20Diogo%20de%20Figueiredo%20%281%29.pdf. Acesso em: 18 ago. 2021.

---

Informação bibliográfica deste texto, conforme a NBR 6023:2018 da Associação Brasileira de Normas Técnicas (ABNT):

MACEDO, Patrícia Candemil Farias Sordi. Peça. *In*: DOSSO, Taisa Cintra; TAVARES, Gustavo Machado; SILVA, Thiago Viola Pereira da. (Coords.). *Direito Municipal em Debate*. Belo Horizonte: Fórum, 2022. p. 345-374. ISBN 978-65-5518-406-8. Peça.

# PEÇA

## NATHÁLIA SUZANA COSTA SILVA TOZETTO

**Assunto:** Urbanismo e Meio Ambiente. Petição inicial. Ação de obrigação de fazer para retirada de ocupações irregulares/invasões. Tentativa prévia de resolução consensual infrutífera. Sentença anterior condenando o ente à desocupação de área de preservação permanente, reflorestamento e realização de obras de infraestrutura.

Excelentíssimo Senhor Doutor Juiz de Direito da __ª Vara da Fazenda Pública Municipal da Comarca de XXXX-XXXX

Processo relacionado nº XXXXXX (55, §3º, do NCPC)

MUNICÍPIO DE XXXX, pessoa jurídica de direito público interno, sito no Paço Municipal, localizado na Avenida XXXXX, nº XX, Bairro XXXX, inscrito no CNPJ sob o n.º XXXXXXXXXX, por intermédio da Procuradora do Município que esta subscreve (mandato *ex lege*), vem, à digna presença de Vossa Excelência, nos termos dos Artigos 247 a 249 do Código Civil e Artigo 497 do Código de Processo Civil, propor a presente AÇÃO DE OBRIGAÇÃO DE FAZER com pedido LIMINAR em desfavor de *MARIA DE TAL* (CPF XXXXX) ou *qualquer outra pessoa que resida no imóvel situado na Avenida dos ferroviários, nº XXXX, Município XXXX*; PEDRO DE TAL E RICARDA DE TAL, ambos residentes e domiciliados no endereço situado na Avenida dos Ferroviários, nº XXXX, Município XXXX; XXXXXXXXX residente e domiciliada no endereço situado na Avenida dos Ferroviários, n. 656, Município XXXX; JOAQUIM DE TAL, residente e domiciliada no endereço situado na Rua 06, quadra N, lote 01, n. 557, Setor Norte Ferroviário, Município XXXX; BRUNA DE TAL (CPF XXXX), residente e domiciliado no endereço situado na Rua 06, N. XXXX, Setor Norte Ferroviário, Município XXXX; LUZINETE DE TAL (CPF XXXX), residente e domiciliada no endereço situado na Rua 06, n. XXX, Setor Norte Ferroviário, Município XXXX; pelos fatos e fundamentos jurídicos a seguir expostos.

## I  Dos fatos

O Município XXX foi condenado na Ação Civil Pública nº XXXXXX a promover a desocupação de todas as ocupações irregulares que localizadas nas faixas bilaterais de preservação permanente do Córrego XXXX – de 50 metros contadas a partir da cota de inundação ou margem do córrego conforme a sentença proferida (doc. 15, evento 003, processo judicial nº XXXX – apenso). Também fora condenado à promoção do reflorestamento da área e realização de obras de infraestrutura.

O ente federativo desde que intimado da decisão tem sido diligente em tentar uma solução pacífica do caso, tendo ofertado aos moradores do local a realocação em habitações fornecidas em outros locais que possuam condições de habitabilidade sem prejuízo ao meio ambiente, conforme se pode constatar do Processo Administrativo nº XXXXX/2016 em anexo na íntegra.

Em que pese tais esforços apenas parte dos moradores aceitou ser realocado em residência disponibilizada, não tendo os réus da presente ação aceito a proposta de realocação.

Esclareça-se que a permanência dos réus na área de preservação permanente do Córrego Capim Puba, está em completo desrespeito a legislação ambiental, urbanística e sanitária – tanto que a Municipalidade fora condenada em decisão transitada em julgado a tomar providências no sentido de retirar as ocupações irregulares do local.

E mais, a negativa de desocupação impossibilita que o ente federativo pleiteante implemente as obrigações em que foi condenado – desocupar e reflorestar o local, com o que serão evitadas a poluição e alagamentos comprovados nos autos, seguindo-se o entendimento do Ministério Público sobre a necessidade de preservação ambiental.

O risco e os prejuízos da permanência das moradias dos réus que se encontram inseridas em área de preservação permanente são evidentes: a) há comprovado risco de alagamento no local; b) pela proximidade ao córrego existe possibilidade de danos à salubridade dos próprios moradores (ora réus); c) e, há risco de danos ao meio ambiente conforme comprovado na ACP com decisão transitada em julgado. Motivos estes pelos quais se busca a tutela do Poder Judiciário para a solução do caso.

## II Do Direito

### II.I Da obrigação de fazer decorrente da necessidade de respeito a área de preservação permanente - Decisão Judicial autos nº 0508698.75.2008.8.09.0051

O Código Florestal traz em seu bojo quais as regras que devem ser respeitadas em relação à área de preservação permanente, vejamos:

> Art. 7º A vegetação situada em Área de Preservação Permanente deverá ser mantida pelo proprietário da área, possuidor ou ocupante a qualquer título, pessoa física ou jurídica, de direito público ou privado.
>
> §1º Tendo ocorrido supressão de vegetação situada em Área de Preservação Permanente, o proprietário da área, possuidor ou ocupante a qualquer título é obrigado a promover a recomposição da vegetação, ressalvados os usos autorizados previstos nesta Lei.
>
> §2º A obrigação prevista no §1º tem natureza real e é transmitida ao sucessor no caso de transferência de domínio ou posse do imóvel rural.
>
> §3º No caso de supressão não autorizada de vegetação realizada após 22 de julho de 2008, é vedada a concessão de novas autorizações de supressão de vegetação enquanto não cumpridas as obrigações previstas no §1º.
>
> Art. 8º A intervenção ou a supressão de vegetação nativa em Área de Preservação Permanente somente ocorrerá nas hipóteses de utilidade pública, de interesse social ou de baixo impacto ambiental previstas nesta Lei.
>
> §1º A supressão de vegetação nativa protetora de nascentes, dunas e restingas somente poderá ser autorizada em caso de utilidade pública.
>
> §2º A intervenção ou a supressão de vegetação nativa em Área de Preservação Permanente de que tratam os incisos VI e VII do caput do art. 4º poderá ser autorizada, excepcionalmente, em locais onde a função ecológica do manguezal esteja comprometida, para execução de obras habitacionais e de urbanização, inseridas em projetos de regularização fundiária de interesse social, em áreas urbanas consolidadas ocupadas por população de baixa renda.
>
> §3º É dispensada a autorização do órgão ambiental competente para a execução, em caráter de urgência, de atividades de segurança nacional e obras de interesse da defesa civil destinadas à prevenção e mitigação de acidentes em áreas urbanas.

§4º Não haverá, em qualquer hipótese, direito à regularização de futuras intervenções ou supressões de vegetação nativa, além das previstas nesta Lei.

Art. 9º É permitido o acesso de pessoas e animais às Áreas de Preservação Permanente para obtenção de água e para realização de atividades de baixo impacto ambiental.

Em que pesem as obrigações dos proprietários e/ou cidadãos de manter a Área de Preservação Permanente intacta, tal obrigação legal que é oponível a todos, não foi respeitada, ficando concluído no bojo da ação civil pública que houve a supressão de vegetação ali situada, bem como ocupações irregulares próximas ao córrego. No contexto, por ser o Município ente federativo responsável pela proteção e promoção do meio ambiente em seu território e pela fiscalização quanto ao cumprimento da legislação urbanística, foi condenado a proceder a recomposição da vegetação e construção da infraestrutura necessária para o respeito ao meio ambiente.

Entretanto, para cumprir a sentença é necessário que os moradores, sejam proprietários ou invasores, desocupem o local, não se trata de área de preservação permanente passível de regularização fundiária das construções ali inseridas, conforme já analisado no Relatório de Vistoria Técnica de fls. 103 e 105 do Processo Judicial nº 0508698.75.2008.8.09.0051, no qual constatou-se que existe risco na permanência de pessoas no local. Passo a transcrever o relatório para que se utilize seus fundamentos como prova emprestada:

> O objetivo da vistoria técnica foi identificar as famílias que permaneceram no Capim Puba e levantar informações quanto ao risco de permanência das mesmas tanto no que tange aos prejuízos as mesmas quanto ao meio ambiente.
> (...) Avaliação de risco
> Quanto às famílias:
> Risco a saúde:
> Falta de abastecimento de água tratada;
> Falta de coleta de esgoto – lançamento de esgoto no córrego Capim Puba;
> Falta de Condições de conforto das residências – ventilação, iluminação e conforto término;
> Material das residências que propicia o surgimento do barbeiro transmissor da doença de chagas – casa de tábuas;
> Risco das condições de moradia
> Proximidade com o Córrego Capim Puba propicia o desmoronamento das construções;

Cerca eletrificada na área vizinha pertencente a empresa de turismo pode provar choque elétrico nos moradores da área; Água da chuva invade as casas com grande velocidade podendo provocar o desmoronamento das construções.

Quanto ao meio ambiente:

O Córrego Capim Puba é agredido pelo lançamento de esgoto e lixos domésticos produzindo mau cheiro e entupimento dos bueiros, podendo provocar em períodos de chuva intensa elevação do nível do Córrego inundando áreas mais baixas das margens.

(...)

Agravantes:

A caixa de passagem para o esgoto das pias e lavatórios coincide com a canalização da água de fonte utilizada para o consumo das famílias. O muro que divide a área das casas está a menos de 1,5m da margem do córrego.

Denota-se do contexto dos autos, a licitude na conduta do Município em requerer a desocupação do local, de forma a impedir maiores danos aos próprios moradores e ao meio ambiente que está sendo poluído com esgoto e desmatamento.

Esclareça-se que foram procedidas diligências ofertando moradias em empreendimentos habitacionais do Município de XXX aos cidadãos que ocupam a área de preservação permanente, mas os réus se negaram a aceitar. De modo que não houve possibilidade de resolução amigável do caso em relação aos mesmos, nem se pode falar em inércia do Município quanto à necessidade de imediata desocupação da área de preservação permanente, demonstram-se a utilidade da presente ação ante a negativa dos réus a desocuparem o local.

Assim, necessária a presente ação visto que servirá como instrumento a garantia da efetividade da decisão já transitada em julgado proferida na ACP XXXXX, para que ao final se garanta a proteção do meio ambiente – direito de todos os cidadãos que residem nesta cidade, que se encontra violado pela ocupação da área de preservação permanente do Córrego XXXX.

Assim, é a presente para que se determine aos réus a desocupação do local para que possa o Município cumprir as obrigações que lhe foram impostas na sentença proferida nos autos n. 0508698.75.2008.8.09.0051 proferida pelo Douto Juízo da 2ª Vara da Fazenda Pública Municipal.

## III Do pedido

Pelo exposto, requer a Vossa Excelência:

a) liminarmente, que seja deferida a liminar de tutela de urgência com fulcro no Artigo 300 do CPC, por estarem presentes seus requisitos (*fumus boni iuris* e o *periculum in mora*) com a expedição de mandado de desocupação/desobstrução das áreas de preservação permanente do Córrego Capim Puba pelos réus, bem como de qualquer outro ocupante que se encontre no local, para que estes desocupem imediatamente a Área de preservação permanente do Córrego Capim Puba.

b) a citação pessoal dos moradores da área de preservação permanente do Córrego Capim Puba para, querendo, contestem a presente ação, no prazo legal, sob pena de revelia; SENDO ESPECIFICAMENTE OS SENHORES: MARIA DE TAL (CPF XXXXX) ou *qualquer outra pessoa que resida no imóvel* situado na Avenida dos ferroviários, n. XXXX, Município; PEDRO DE TAL E RICARDA DE TAL, ambos residentes e domiciliados no endereço situado na Avenida dos Ferroviários, nº XXXX, Município; XXXXXXXXX residente e domiciliada no endereço situado na Avenida dos Ferroviários, n. 656, Município; JOAQUIM DE TAL, residente e domiciliada no endereço situado na Rua 06, quadra N, lote 01, n. 557, Setor Norte Ferroviário, Município - GO; BRUNA DE TAL (CPF XXXX), residente e domiciliado no endereço situado na Rua 06, N. XXXX, Setor Norte Ferroviário, Município; LUZINETE DE TAL (CPF XXXX), residente e domiciliada no endereço situado na Rua 06, n. XXX, Setor Norte Ferroviário, Município.

c) que seja a presente ação recebida, processada e ao final julgada procedente para que seja determinado aos réus o cumprimento da obrigação de fazer correspondente a desocupação/desobstrução das áreas de preservação permanente do Córrego Capim Puba, Município XXXX, nos endereços especificados acima.

d) por fim, requer o deferimento de todas as provas eventualmente necessárias e não proibidas por lei, nos termos do que reza o artigo 369 do CPC.

e) requer-se a utilização como prova emprestada de todas as provas produzidas no Processo Judicial nº 0508698.75.2008.8.09.0051 apenso ao presente.

## IV Valor da causa

Dá-se a causa o valor de R$ 1.000,00 (um mil reais).
Termos em que, pede e espera deferimento.
Local, data.
Procuradora do Município
OAB-XXX

---

Informação bibliográfica deste texto, conforme a NBR 6023:2018 da Associação Brasileira de Normas Técnicas (ABNT):

TOZETTO, Nathália Suzana Costa Silva. Peça. *In*: DOSSO, Taisa Cintra; TAVARES, Gustavo Machado; SILVA, Thiago Viola Pereira da. (Coords.). *Direito Municipal em Debate*. Belo Horizonte: Fórum, 2022. p. 375-381. ISBN 978-65-5518-406-8. Peça.

# PEÇA

## JULIA RODRIGUES CARVALHO

**Assunto:** Contestação. Ação Civil Pública. Piso salarial do magistério. Base de cálculo para promoções.

Excelentíssimo Senhor Doutor Juiz de Direito da .... vara cível da comarca de ...estado de ...

PROCESSO Nº...
REQUERENTE: DEFENSORIA PÚBLICA DO ESTADO DE ...
REQUERIDO: MUNICÍPIO DE ...

O MUNICÍPIO DE ..., pessoa jurídica de direito público, inscrita no CNJP nº ..., com sede na Avenida ..., nesta cidade, por meio de sua Procuradora que esta subscreve, vem respeitosamente à presença de Vossa Excelência apresentar CONTESTAÇÃO à presente demanda ajuizada em seu desfavor, o que faz com fundamento nas razões de fato e de direito adiante apresentadas.

## I Do contexto fático da ação

Em brevíssima síntese, o processo consiste na pretensão da parte autora de que seja utilizado o valor do piso salarial nacional do magistério estabelecido pelo MEC como base de cálculo para promoções da carreira no âmbito municipal, uma vez que a utilização do vencimento do cargo como referência para tais vantagens estaria gerando defasagem nos vencimentos dos respectivos profissionais.

Em que pese as razoáveis considerações trazidas pela Defensoria Pública, *a demanda não se refere a uma mera "ausência de pagamentos", mas sim a critérios de cálculo de vantagens funcionais que estão estipulados em lei local e que a parte autora pretende alterar por meio da presente ação judicial, o que não se pode admitir.*

Tanto é controversa a questão que já *foram impetrados diversos mandados de segurança individual envolvendo o assunto e que já contam com sentença de improcedência proferida*, sendo a decisão liminar proferida nos autos antagônica ao que foi decidido em outras Varas Cíveis desta comarca em processos individuais sobre idêntica questão (sentenças anexas).

Assim, nos capítulos a seguir serão debatidas e enfrentadas todas as questões que conduzem inevitavelmente à total improcedência da ação.

## II Do direito

### II.1 Da diferença entre piso salarial e reajuste salarial

Como o próprio nome sugere, piso salarial é o valor mínimo unificado nacionalmente que um profissional deve receber pelo exercício de sua profissão, contudo, a parte autora pretende que este valor seja utilizado *como uma base de cálculo para promoções na carreira*.

Sabe-se que a Lei nº 11.738/2008 estabeleceu o piso salarial profissional nacional para os profissionais da educação básica, trazendo em seu art. 2º, §1º, o conceito do referido piso salarial, *in verbis*:

> Art. 2º O piso salarial profissional nacional para os profissionais do magistério público da educação básica será de R$ 950,00 (novecentos e cinqüenta reais) mensais, para a formação em nível médio, na modalidade Normal, prevista no art. 62 da Lei nº 9.394, de 20 de dezembro de 1996, que estabelece as diretrizes e bases da educação nacional.
> §1º O *piso salarial profissional nacional é o valor abaixo do qual* a União, os Estados, o Distrito Federal e os Municípios *não poderão fixar o vencimento INICIAL das Carreiras do magistério público da educação básica*, para a jornada de, no máximo, 40 (quarenta) horas semanais. – destaque nosso

Na órbita municipal, consta do parágrafo único do art. 3º do Plano de Carreira do Magistério (LC 300/2016) o seguinte:

> Art. 3º - A valorização dos profissionais do magistério será assegurada por meio de: (...)
> V - piso salarial profissional; e

(...)
Parágrafo único. O *piso salarial* profissional a que se refere o inciso V deste artigo *será reajustado*, anualmente, com base no índice de reajuste divulgado pelo *MEC* em atendimento à Lei Federal n.º 11.738, de 16 de julho de 2008, para o ano em curso e para todos os cargos da carreira, desde que haja disponibilidade financeira.

Note-se que a lei municipal prevê que o valor utilizado como piso salarial pelo município deve ser reajustado de acordo com o valor que vier a ser divulgado pelo MEC e aplicado aos respectivos integrantes do quadro do magistério, *e isto tem sido cumprido pelo Município*, já que anualmente edita Lei Municipal reajustando seu piso salarial mínimo nos mesmos patamares estipulados pelo Governo Federal (o que ocorreu no exercício de 2020 através da *Lei Complementar Municipal nº 449/2020*).

Mas a Defensoria Pública, em descompasso com a natureza jurídica do piso salarial nacional do magistério, argumenta que tal indicador deveria ser aplicado de forma linear a todos os profissionais do quadro do magistério e não apenas aos profissionais que acabam de ingressar na carreira.

Ora, o legislador federal deixa claro que o piso salarial corresponde ao vencimento INICIAL das carreiras do magistério público, tema que foi inclusive objeto da ADI nº 4.167, na qual foi confirmada a tese de que o valor do piso salarial corresponde ao vencimento e não à remuneração total do servidor (somatória de todas as vantagens).

É cristalino que ao prever que o piso salarial nacional dos profissionais do magistério deve corresponder ao vencimento INICIAL destas carreiras, o *legislador quis simplesmente estabelecer um valor abaixo do qual os profissionais do magistério não podem receber a título de vencimento INICIAL, mas não um parâmetro percentual para reajuste automático de todos os vencimentos do respectivo quadro profissional ou uma base de cálculo para vantagens funcionais diversas.*

Assim, é de extrema importância que não sejam confundidos os conceitos de PISO SALARIAL com REAJUSTE SALARIAL, pois o primeiro possui uma única função precípua, que é a de *definir um valor mínimo* de vencimento *inicial* dos profissionais do magistério, e o segundo consiste na revisão geral anual promovida pelos entes públicos.

Tanto é assim que o piso salarial nacional sequer é estabelecido em forma percentual, mas sim fixado num valor nominal fixo *(R$ 2.886,24 em 2020)*, e ainda, por meio de um ato infralegal *(Portaria Interministerial MEC/ME 3/2019)* de competência exclusivamente federal, não afetando em nada a competência legislativa municipal, com exceção do valor *mínimo inicial* que deve ser respeitado pelo legislador local.

Portanto, *quando se altera no âmbito federal o valor do piso salarial nacional em determinado exercício, não se estão reajustando vencimentos específicos dos servidores do magistério, mas tão somente estipulando o valor mínimo (piso) que devem receber*, pois a revisão geral anual que se presta a recompor as perdas inflacionárias já é feita anualmente por meio de lei municipal própria, consoante previsto na norma constitucional.

Assim, a diferenciação entre *reajuste salarial* (revisão geral anual de vencimentos) e *piso salarial nacional* é de extrema importância, pois o conceito de piso salarial não possui o condão de imiscuir-se em planos de carreira estabelecidos pelos entes federativos no exercício de suas competências constitucionais, servindo apenas de *referência ao valor mínimo inicial* que um profissional do magistério deve auferir.

Admitir o contrário implicaria em nítida violação ao pacto federativo, já *que o legislador federal estaria extrapolando de sua competência constitucional se, além de definir o valor mínimo aplicável à classe, estipulasse que o reajuste de tal indicador se projetasse em forma percentual como reajuste salarial de todos os profissionais, independentemente da esfera em que se encontrem (estadual, distrital ou municipal)*, exercendo a revisão geral anual do ente federativo municipal.

E mais, se assim fosse, estaríamos a utilizar um parâmetro federal (piso salarial nacional) como indexador para o reajuste do funcionalismo público no âmbito municipal, numa espécie de correção monetária distorcida, o que é absolutamente vedado inclusive por meio de *súmula vinculante* (SV nº 42 do STF), *in verbis*:

> É inconstitucional a vinculação do reajuste de vencimentos de servidores estaduais ou municipais a índices federais de correção monetária.

Outrossim, é certo que se o próprio legislador federal não pode aumentar de forma geral os vencimentos de servidores públicos de outros entes, tampouco ao Judiciário é possível tal missão, ainda que se venha a alegar algum tipo de distorção a longo prazo, já que assim fazendo, o Poder Judiciário acabaria se substituindo ao legislador para aumentar vencimentos de servidores públicos sob fundamento de isonomia, prática igualmente vedada por *súmula vinculante* (SV nº 37 do STF), *in verbis*:

> Não cabe ao Poder Judiciário, que não tem função legislativa, aumentar vencimentos de servidores públicos sob o fundamento de isonomia.

Insta ressaltar ainda que o STJ já conta com *recurso especial repetitivo* sobre o tema:

> PROCESSUAL CIVIL E ADMINISTRATIVO. PISO SALARIAL NACIONAL PARA OS PROFESSORES DA EDUCAÇÃO BÁSICA. VIOLAÇÃO AO ART. 535 DO CPC/1973. INOCORRÊNCIA. VENCIMENTO BÁSICO. REFLEXO SOBRE GRATIFICAÇÕES E DEMAIS VANTAGENS. INCIDÊNCIA SOBRE TODA A CARREIRA. TEMAS A SEREM DISCIPLINADOS NA LEGISLAÇÃO LOCAL. MATÉRIAS CONSTITUCIONAIS. ANÁLISE EM SEDE DE RECURSO ESPECIAL. IMPOSSIBILIDADE. 1. Não viola o art. 535 do CPC/1973 o acórdão que contém fundamentação suficiente para responder às teses defendidas pelas partes, pois não há como confundir o resultado desfavorável ao litigante com a falta de fundamentação. 2. A Lei n. 11.738/2008, regulamentando um dos princípios de ensino no País, estabelecido no art. 206, VIII, da Constituição Federal e no art. 60, III, "e", do ADCT, estabeleceu o piso salarial profissional nacional para o magistério público da educação básica, sendo esse o valor mínimo a ser observado pela União, pelos Estados, o Distrito Federal e os Municípios quando da fixação do vencimento inicial das carreiras. 3. O Supremo Tribunal Federal, no julgamento da ADI 4167/DF, declarou que os dispositivos da Lei n. 11.738/2008 questionados estavam em conformidade com a Constituição Federal, registrando que a expressão "piso" não poderia ser interpretada como "remuneração global", mas como "vencimento básico inicial", não compreendendo vantagens pecuniárias pagas a qualquer outro título. Consignou, ainda, a Suprema Corte que o pagamento do referido piso como vencimento básico inicial da carreira passaria a ser aplicável a partir de 27/04/2011, data do julgamento do mérito da ação. 4. *Não há que se falar em reflexo imediato sobre as vantagens temporais, adicionais e gratificações ou em reajuste geral para toda a carreira do magistério, visto que não há nenhuma determinação na Lei Federal de incidência escalonada com aplicação dos mesmos índices utilizados para a classe inicial da carreira.* 5. Nos termos da Súmula 280 do STF, é defesa a análise de lei local em sede de recurso especial, de

modo que, uma vez determinado pela Lei n. 11.738/2008 que os entes federados devem fixar o vencimento básico das carreiras no mesmo valor do piso salarial profissional, compete exclusivamente aos Tribunais de origem, mediante a análise das legislações locais, verificar a ocorrência de eventuais reflexos nas gratificações e demais vantagens, bem como na carreira do magistério. 6. Hipótese em que o Tribunal de Justiça estadual limitou-se a consignar que a determinação constante na Lei n. 11.738/2008 repercute nas vantagens, gratificações e no plano de carreira, olvidando-se de analisar especificamente a situação dos profissionais do magistério do Estado do Rio Grande do Sul. 7. Considerações acerca dos limites impostos pela Constituição Federal - autonomia legislativa dos entes federados, iniciativa de cada chefe do poder executivo para propor leis sobre organização das carreiras e aumento de remuneração de servidores, e necessidade de prévia previsão orçamentária -, bem como sobre a necessidade de edição de lei específica, nos moldes do art. 37, X, da Constituição Federal, além de já terem sido analisadas pelo STF no julgamento da ADI, refogem dos limites do recurso especial. 8. Para o fim preconizado no art. 1.039 do CPC/2015, *firma-se a seguinte tese: "A Lei n. 11.738/2008, em seu art. 2º, §1º, ordena que o vencimento inicial das carreiras do magistério público da educação básica deve corresponder ao piso salarial profissional nacional, sendo vedada a fixação do vencimento básico em valor inferior, não havendo determinação de incidência automática em toda a carreira e reflexo imediato sobre as demais vantagens e gratificações, o que somente ocorrerá se estas determinações estiverem previstas nas legislações locais."* 9. Recurso especial parcialmente provido para cassar o acórdão a quo e determinar o retorno dos autos ao Tribunal de origem, a fim de que reaprecie as questões referentes à incidência automática da adoção do piso salarial profissional nacional em toda a carreira do magistério e ao reflexo imediato sobre as demais vantagens e gratificações, de acordo com o determinado pela lei local. Julgamento proferido pelo rito dos recursos repetitivos (art. 1.039 do CPC/2015 (REsp 1426210/RS, Rel. Ministro GURGEL DE FARIA, PRIMEIRA SEÇÃO, julgado em 23/11/2016, DJe 09/12/2016, grifos meus).

A Corte Paulista também acompanha, com unanimidade, o raciocínio aqui esposado, senão vejamos:

> Piso nacional do magistério. Lei federal 11.738, de 2008. *Professora estadual de ensino básico aposentada, buscando seja reajustado seu salário básico, e em consequência seus proventos, na mesma proporção em que reajustado nos últimos anos o piso nacional do magistério. Sentença de improcedência que se mantém. Piso nacional que consagra valor mínimo do vencimento básico do magistério de educação básica, não se destinando a reajustar a remuneração global do magistério na mesma proporção. Apelação da autora improvida.* (TJSP; Apelação Cível 1024624-52.2017.8.26.0309; Relator (a): Aroldo

Viotti; Órgão Julgador: 11ª Câmara de Direito Público; Foro de Jundiaí - Vara da Fazenda Pública; Data do Julgamento: 26/07/2019; Data de Registro: 26/07/2019).

AÇÃO CIVIL PÚBLICA – Município de Presidente Venceslau – Implementação do piso salarial do magistério público fixado pela Lei nº 11.738/08 – LCM nº 81/10 – Tabela de vencimentos vigente em 2010 cujo salário da classe inicial está correto, de acordo com os cálculos do próprio autor – DM nº 08/17 – Norma editada justamente para garantir aos profissionais do magistério público local o recebimento do piso salarial nacional, estabelecendo uma complementação incidente sobre "todas as vantagens de natureza pecuniária" (art. 1º, §1º), logo, configurando-se como um benefício incorporado aos vencimentos dos servidores, o que corresponde aos termos do art. 2º da Lei nº 11.738/08 e ao decidido pelo STF nos autos da ADIn. nº 4.167-DF – Ausência de prejuízo aos servidores locais – Regularidade na edição do DM nº 08/17 confirmada pelos termos do pedido inicial – Descumprimento do piso salarial nos anos posteriores não comprovado – *Impossibilidade de acolhimento do pedido de "incidência escalonada com aplicação dos mesmos índices utilizados para a classe inicial da carreira, em relação aos demais níveis, faixas e classes da carreira do magistério"* – Inteligência do decidido pelo STJ no julgamento do REsp. nº 1.426.210-RS, rel. Min. Gurgel de Faria, j. 23/11/2016, pelo rito dos recursos repetitivos (tema nº 911) – Art. 2º da Lei nº 11.738/08 que não estabeleceu forma de reajuste geral e anual de salários a todos os integrantes do magistério – Precedentes – Recurso não provido (TJSP; Apelação Cível 1001167-17.2018.8.26.0483; Relator (a): Luís Francisco Aguilar Cortez; Órgão Julgador: 1ª Câmara de Direito Público; Foro de Presidente Venceslau - 2ª Vara; Data do Julgamento: 02/04/2019; Data de Registro: 03/04/2019).

SERVIDORES PÚBLICOS MUNICIPAIS. Município de Pitangueiras. *Pretensão de aplicação de reajustes salariais nos mesmos termos do reajuste do piso salarial da categoria, definido em Lei Federal – Impossibilidade. Autonomia dos municípios para organizarem sua estrutura administrativa e a política remuneratória de seus funcionários, que se submetem ao estatuto próprio. Servidores do magistério municipal que recebem acima do piso salarial. Lei Federal nº 11.738/08 não estabelece reajuste salarial geral, mas apenas do piso, cabendo à municipalidade apenas zelar pela observância da remuneração mínima da categoria. Incidência do art. 39 da Constituição Federal.* Sentença mantida. RECURSO DESPROVIDO (TJSP; Apelação Cível 1000825-49.2016.8.26.0459; Relator (a): Isabel Cogan; Órgão Julgador: 12ª Câmara de Direito Público; Foro de Pitangueiras – 2ª Vara; Data do Julgamento: 21/05/2014; Data de Registro: 12/04/2019).

**Nessa esteira, patente a diferença entre piso salarial e reajuste salarial, sendo de clareza solar que o piso salarial constitui o valor**

mínimo que o profissional do magistério deve receber como vencimento inicial, o que tem sido cumprido pelo Município, *conforme reconhecido na própria petição inicial.*

Por fim, como se verá adiante, o objeto da ação vai ainda além desta realidade, pois também há pretensão de que tal indicador (piso salarial nacional*) seja transmudado para servir de base de cálculo de outras vantagens da categoria,* o que também não coaduna com o ordenamento jurídico e a jurisprudência.

## II.2  Da intenção de utilizar o piso salarial como base de cálculo para a incidência de promoções dos servidores do magistério

Como se extrai da petição inicial, a parte autora almeja que as promoções dos servidores do magistério venham a incidir não sobre o padrão de vencimento, mas sim sobre o valor do piso salarial nacional.

As promoções em questão são de duas espécies.

A primeira, permite a mudança do padrão de vencimento (promoção por padrão), e a segunda permite a mudança do nível de vencimento (promoção por nível).

A promoção por padrão encontra-se prevista no art. 43 da LC nº 300/2016:

> Art. 43 - O integrante do Quadro do Magistério terá direito a esta promoção, que consiste na atribuição de 5% (cinco por cento) entre os padrões, a partir da data do requerimento, desde que atendida as exigências legais, na seguinte conformidade:
> I - pela via acadêmica, considerado o fator habilitação acadêmica obtido em nível superior de ensino; e
> II - pela via não acadêmica, considerados os fatores relacionados à atualização, aperfeiçoamento e produção profissional – ANEXO VI.
> * A promoção por padrão, seja pela via acadêmica, seja pela via não acadêmica, encontra-se regulamentada nos artigos 44 a 56 da referida lei.

Já a promoção por nível encontra-se prevista nos artigos 57 e 58 da LC 300/2016:

Art. 57 - Para os titulares de cargo do Quadro do Magistério Público do Município de (...), fica instituída a Promoção por Nível na Tabela de Vencimentos, denominada Promoção Bienal de Magistério.
Art. 58 - A Promoção Bienal de Magistério consiste na atribuição de 2% (dois por cento) a cada período de 02 (dois) anos consecutivos de efetivo exercício em cargo do Quadro do Magistério Público do Município de (...).

Nesta senda, de acordo com a lei municipal as promoções aplicáveis aos integrantes do magistério *se baseiam no padrão de vencimento* dos respectivos cargos, sendo esta a base de cálculo das referidas vantagens *e não o piso salarial nacional*.

Como dito no capítulo precedente, o piso salarial nacional não é e nunca foi indexador para qualquer espécie de vantagem funcional prevista na lei municipal, sendo sua única função estabelecer o valor mínimo que o servidor da carreira do magistério deve receber no exercício de sua profissão.

*A Lei Municipal não prevê em nenhum de seus comandos a utilização do piso salarial como base de cálculo de promoções, prevendo unicamente que o piso salarial municipal deve ser reajustado nos moldes definidos pelo MEC (art. 3º, parágrafo único, LC 300/2016), o que não implica, por óbvio, o atrelamento de vantagens funcionais ao referido indicador, sobretudo porque, repita-se, as promoções incidem sobre os padrões de vencimento, conforme se extrai claramente da legislação municipal.*

Com a máxima vênia, a parte autora pretende, por meio da presente ação, *obter verdadeira modificação de base de cálculo de vantagens funcionais por meio de ação judicial*, o que afronta totalmente o princípio da legalidade e representa grave violação ao princípio da separação dos poderes, já que não pode o Poder Judiciário imiscuir--se em critérios de cálculo de vantagens funcionais, ao arrepio do que foi expressamente consignado pelo legislador.

*Ad argumentandum*, é evidente que o *Poder Judiciário somente pode deixar de aplicar comandos legais caso reconheça, de forma concentrada ou incidental, a inconstitucionalidade do diploma legal*, de sorte que a única forma de respaldar a presente ação civil pública seria reconhecendo a inconstitucionalidade da utilização do padrão de vencimento como base de cálculo das promoções funcionais, *o que, contudo, acabaria esbarrando na Súmula Vinculante 37, já que o Poder*

*Judiciário, com fundamento na isonomia entre os servidores públicos, estaria nitidamente majorando seus vencimentos.*

Convém lembrar, apenas a título de exaustiva subsidiariedade, que ainda que a sistemática adotada pela lei local não estivesse atendendo de forma integral aos valores sociais que a Defensoria Pública tenciona amparar na presente ação, tal desconformidade deveria ser corrigida por outras vias (notadamente a legislativa ou o ajuizamento de ação direta de inconstitucionalidade perante o Tribunal de Justiça), mas não por meio de ação judicial com intenção direta de pagamento de diferenças salariais, tal como feito nos autos desta ação civil pública.

Vale reforçar que o fato aqui discutido já foi, inclusive, objeto de diversos mandados de segurança individuais impetrados na justiça local, dos quais todos já restaram denegados em primeira instância.

Assim, o que se colhe do processo não é a discussão sobre cumprimento ou descumprimento do piso salarial, até porque *a própria Defensoria Pública reconhece que tal piso tem sido cumprido pelo Município*, que não tem pagado a nenhum profissional valor inferior ao estipulado anualmente pelo MEC. Vê-se, pois, que o objeto da ação é a verdadeira alteração de base de cálculo de vantagens funcionais, o que não pode ser admitido por esta via jurisdicional, impondo-se a total improcedência da ação.

## II.3 Dos impactos orçamentários imediatos

Por fim, calha ressaltar que o acolhimento da tese exordial implicaria em vultoso impacto financeiro, sem qualquer previsão orçamentária, e onerando em demasia os cofres públicos.

Nessa conjuntura, notadamente pelo estado de calamidade pública vivenciado no Município e declarado pelos órgãos legislativos (decretos anexos), não se mostra adequada qualquer interpretação que acarrete incremento exponencial de vantagens salariais sem orçamento e recursos financeiros para tanto, fatos devidamente comprovados por meio dos demonstrativos contábeis em anexo.

## III  Do pedido

Por tudo quanto foi exposto, requer a parte ré a IMPROCEDÊNCIA de todos os pedidos da inicial, por ausência de fundamento legal.
Termos em que pede deferimento.
..., 12 de agosto de 2020.
Procuradora Municipal
OAB-XXX

---

Informação bibliográfica deste texto, conforme a NBR 6023:2018 da Associação Brasileira de Normas Técnicas (ABNT):

CARVALHO, Julia Rodrigues. Peça. In: DOSSO, Taisa Cintra; TAVARES, Gustavo Machado; SILVA, Thiago Viola Pereira da. (Coords.). *Direito Municipal em Debate*. Belo Horizonte: Fórum, 2022. p. 383-393. ISBN 978-65-5518-406-8. Peça.

# SOBRE OS AUTORES

**Alexsandro Rahbani Aragão Feijó**
Mestre em Direito Constitucional pela Universidade de Fortaleza (UNIFOR). Professor Assistente do Departamento de Direito da UFMA. Procurador do município de São Luís.

**Bárbara Roedel Berri**
Especialista em Direito Processual Civil pelo Instituto Catarinense de Pós-Graduação (ICPG). Vice-presidente da Comissão de Procuradores Municipais da OAB-SC (Indaial-SC). Procuradora do município de Indaial.

**Carolina Guimarães Ayupe**
Mestranda em Direito e Inovação pela Universidade Federal de Juiz de Fora. Pós-graduanda em Direito Público. Graduada em Direito pela Universidade Federal de Juiz de Fora. Graduada em Relações Internacionais pela UNINTER. Advogada.

**Célio Natal dos Santos Júnior**
Mestre em Direito e Políticas Públicas pela Universidade Federal de Goiás (UFG). Especialista em Direito Constitucional pela Universidade Federal de Goiás (UFG). Procurador do município de Goiânia.

**Cristiane da Costa Nery**
Procuradora municipal de Porto Alegre, no exercício da Procuradoria-Geral Adjunta de Assuntos Fiscais. Graduada em Direito pela PUC-RS. Pós-graduada em Direito Municipal pela UFRGS/ESDM. Conselheira estadual da OAB-RS. Diretora de atividades culturais da ESA/OAB-RS. Mestranda em Direito pela Fundação Escola Superior do Ministério Público do RS. Integrante do grupo de pesquisas da Faculdade de Direito da UFRGS sobre Reforma Tributária, coordenado pelo prof. Igor Danilevicz e vinculado ao CNPq. Coordenadora científica da *Revista Brasileira de Direito Municipal*, periódico da Editora Fórum. Membro da FESDT. Membro Conselho Superior do IARGS. Procuradora-geral de Porto Alegre (2015-2017). Diretora geral da ESDM (2006-2008, 2008-2010). Presidente da ANPM (2008-2010).

**Edcarlos Alves Lima**
Mestrando em Direito Político e Econômico pela Universidade Presbiteriana Mackenzie, pela qual também possui o título de especialista em Direito Tributário (2012). Especialista em Gestão Pública pela Universidade Tecnológica Federal do Paraná (2013). Membro do grupo de pesquisa Modelos de Gestão e Eficiência do Estado, liderado pela Prof.ª Dr.ª Irene Patrícia Nohara. Membro da Comissão Especial de Direito Administrativo da OAB-SP. Advogado-chefe do Departamento de Consultoria Jurídica em Licitações, Contratos e Ajustes Congêneres, da Secretaria Municipal de Assuntos Jurídicos e da Justiça do Município de Cotia. Autor de artigos jurídicos e instrutor na área de licitações e contratos.

**Eduardo de Souza Floriano**
Procurador-geral adjunto do município de Juiz de Fora. Superintendente da Agência de Proteção e Defesa do Consumidor (em exercício). Graduado em Direito pela Universidade Federal de Juiz de Fora. Pós-graduado em Direito Público (2005) e em Direito Social (2007) pela Universidade Newton Paiva. Pós-graduado em Direito do Consumidor (2015) pela Universidade Federal de Juiz de Fora. Professor de Direito do Consumidor na Escola Estadual de Defesa do Consumidor (MPMG) e em cursos preparatórios para concursos. Secretário-geral da Associação Nacional de Procuradores Municipais (biênio 2016-2018). Diretor de eventos científicos da Associação Nacional de Procuradores Municipais (biênio 2018-2020).

**Eliane Pires Araújo**
Possui graduação em Direito pela Universidade Federal de Goiás (2012) e especialização em Direito Público, com capacitação para o ensino no Magistério Superior pela Faculdade de Direito Damásio de Jesus (2015). Exerce o cargo de procuradora do município de Goiânia-GO, desde 2016. Subprocuradora chefe-judicial, desde 2021. Discente do Programa de Pós-Graduação em Direito e Políticas Públicas da Universidade Federal de Goiás (2020-2021). Associada da Rede de Pesquisa Empírica em Direito (REED) desde 2020.

**Guilherme Sanini Schuster**
Possui graduação em Direito pela Universidade Federal de Goiás (2015) e especialização em Direito Público pela Verbo Jurídico (2016). Atualmente, exerce o cargo de procurador do município de Goiânia-GO e foi subprocurador da Procuradoria de Assuntos Administrativos. Mestrando do Programa de Pós-Graduação em Direito e Políticas Públicas da Universidade Federal de Goiás.

**Helena Marques Lima**
Graduanda do Curso de Direito no 10º período da Universidade Federal do Maranhão. Estagiária de Direito na Procuradoria-Geral do Município de São Luís.

## Hugo Vidigal Ferreira Neto
Mestrando em Direito e Inovação pela Universidade Federal de Juiz de Fora. Pós-graduando em Direito Público. Graduado em Direito pela Universidade Federal de Juiz de Fora. Advogado.

## Jhonny Prado Silva
Procurador do município de Porto Alegre, onde ocupa o cargo de procurador para assuntos estratégicos, junto ao Gabinete do Procurador-Geral. Coordenador da força-tarefa do município de Porto Alegre para o combate à covid-19. Advogado. Membro do Conselho Deliberativo da Escola Superior de Direito Municipal. Membro da Comissão de Direito Eleitoral da ANPM. Master of Laws (LL.M.) em Direito Tributário pelo INSPER. Pós-graduado em Direito Público pela Faculdade de Direito de Coimbra. Especialista em Direito Constitucional e em planejamento tributário pelo IBMEC. Ex-procurador do município de Mogi das Cruzes-SP, onde ocupou o cargo de procurador-chefe do Consultivo Administrativo. Autor e coautor de livros e artigos jurídicos.

## Júlia Rodrigues Carvalho
Pós-graduação *lato sensu* em Direito Público e Direito Processual Civil. Procuradora do município de Barretos-SP.

## Lucas Andrade Pereira de Oliveira
Doutorando em Direito Público pela Universidade Federal da Bahia (UFBA). Mestre em Direito Público pela Universidade Federal da Bahia (2011). Pós-graduado em Processo pelo Centro de Cultura Jurídica da Bahia. Procurador do município de Salvador. Ex-procurador do estado da Bahia.

## Marcelo Rodrigues Mazzei
Doutorando e mestre e Cidadania pela Universidade de Ribeirão Preto-SP (UNAERP). Especialista em Processo Civil. Procurador do município no cargo de chefe da Procuradoria Patrimonial (2014-2016) e de procurador-coordenador (2017-2021) na Comissão do Advogado Público da 12ª Subseção da OAB-SP (Ribeirão Preto, triênio 2010-2012).

## Marco Antônio Magalhães dos Santos
Especialista em Direito Municipal e Especialista em Direito Tributário. Procurador-geral do município de Cordeirópolis.

## Marcus Mota Monteiro de Carvalho
Procurador-geral do município de Juiz de Fora. Graduado em Direito pela Universidade Federal de Juiz de Fora. Especialista em Tutela dos Direitos Subjetivos pela Fundação Universidade de Itaúna. Professor universitário.

**Miguel Gustavo Carvalho Brasil Cunha**
Procurador do município de Belém. Advogado. Graduado pela Universidade da Amazônia. Pós-graduado em Direito Municipal e Direito Tributário pela Universidade Federal do Pará. Mestrando em Direito e Desenvolvimento da Amazônia (PPGDDA) da Universidade Federal do Pará.

**Nathália Suzana Costa Silva Tozetto**
Especialista em Direito Processual Civil pela UEPG Paraná. Mestranda de Direito e Políticas Públicas na Universidade Federal de Goiás. Atualmente é procuradora do município de Goiânia (2016).

**Patricia Candemil Farias Sordi Macedo**
Procuradora do município de Blumenau, atuante nas áreas de Direito Público referentes ao Direito à Saúde e Direito à Educação. Discente no Curso de Mestrado do Programa de Pós-Graduação em Direito da Universidade Regional de Blumenau (FURB), na área de concentração em Direito Público e Constitucionalismo e na linha de pesquisa "Estado Democrático e Políticas Constitucionais". Membro do grupo de pesquisa Constitucionalismo, Cooperação e Internacionalização (CONSTINTER), cadastrado no CNPq e certificado pela FURB. Especialista em Direito Constitucional pela Universidade do Vale do Itajaí (UNIVALI) em 2019. Especialista em Direito Tributário pela Universidade Anhanguera (UNIDERP) em 2011. Especialista em Direito Processual: Grandes Transformações, pela Universidade da Amazônia (UNAMA) em 2007. Especialista em Direito Processual Civil pela Universidade Federal de Santa Catarina (UFSC) em 2002.

**Rafael de Moraes Brandão**
Possui graduação em Direito pela Universidade Federal de Goiás (2011) e especialização em Direito Constitucional pela Universidade Federal de Goiás (2014). Atualmente, exerce o cargo de procurador do município de Goiânia-GO.

**Suelane Ferreira Suzuki**
Mestranda em Direito pela Universidade de São Paulo. Especialista em Direito Imobiliário e Urbanístico e em Direito Empresarial e Processo Falimentar pela Universidade Cândido Mendes. Graduada em Direito pela Faculdade de Direito de Garanhuns. Procuradora do município de Ribeirão Preto.

Esta obra foi composta em fonte Palatino Linotype, corpo 10,5
e impressa em papel Pólen Bold 70g (miolo) e Supremo 250g (capa)
pela Gráfica Formato, em Belo Horizonte/MG.